全国中级导游等级考试教材
QUANGUO ZHONGJI DAOYOU DENGJI KAOSHI JIAOCAI

汉语言文学知识

Chinese Language and Literature

全国中级导游等级考试教材编写组 编

中国旅游出版社

责任编辑：刘志龙
责任印制：冯冬青
封面设计：中文天地

图书在版编目（CIP）数据

汉语言文学知识 / 全国中级导游等级考试教材编写
组编. -- 3版. -- 北京：中国旅游出版社，2022.8（2024.8重印）
全国中级导游等级考试教材
ISBN 978-7-5032-7009-3

Ⅰ.①汉…　Ⅱ.①全…　Ⅲ.①汉语—导游—资格考试
—自学参考资料　Ⅳ.①H1

中国版本图书馆CIP数据核字（2022）第145008号

书　　名：汉语言文学知识

作　　者：全国中级导游等级考试教材编写组编
出版发行：中国旅游出版社
　　　　　（北京静安东里6号　邮编：100028）
　　　　　http://www.cttp.net.cn　E-mail: cttp@mct.gov.cn
　　　　　营销中心电话：010-57377103，010-57377106
　　　　　读者服务部电话：010-57377107
排　　版：北京中文天地文化艺术有限公司
印　　刷：三河市灵山芝兰印刷有限公司
版　　次：2022年8月第3版　2024年8月第3次印刷
开　　本：720毫米×970毫米　1/16
印　　张：24
字　　数：350千
定　　价：65.00元
ＩＳＢＮ　978-7-5032-7009-3

目　录

第一编　汉字及其文化知识

第二编　旅游解说、导游语言与导游词

第三编　旅游文学

第四编　诗词、游记、楹联、碑铭作品选

| 第一编 汉字及其文化知识 |

第一章
汉字基础知识

第一节 语言与文字

一、语言

语言是人类社会最重要的交际工具，是人类进行沟通交流的表达方式。语言是组成社会必不可少的一个因素，是联系社会成员的桥梁和纽带，没有语言，人类无法交际，人与人之间的联系就会中断，社会就会崩溃，不复存在。一般来说，各个民族都有自己的语言，语言是民族的重要特征之一。汉语、英语、西班牙语、俄语、阿拉伯语、法语是世界上的主要语言。

语言是一个符号系统。语言符号，和所有其他类型的符号一样，都有形式和内容两方面，都是形式和内容的统一体。语言符号的形式是声音，即语音；语言符号的内容是符号表达的意义，即语义。因此，语言符号是语音和语义的结合体。语言符号的音和义之间的联系是社会成员约定俗成的，个人不能任意改变。

语音、词汇和语法是构成语言的三要素。语音是语言的物质外壳，词汇是语言的建筑材料单位，语法是语言的结构规律。

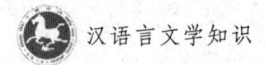

二、文字

文字是记录语言的书写符号系统，是人类社会最重要的辅助性交际工具。大约在一万年前，人类开始在原始记事图画的基础上逐渐把语言这种听觉符号转化为视觉符号，成为书面语言。

作为一种视觉符号，文字首要的特点是有"形"。文字不同于其他的视觉符号，它因专门记录语言这一音义结合的符号系统而同时具有音和义，因此，文字是形、音、义三位一体的。

文字的创造和发明是人类社会发展的重要里程碑，标志着人类社会进入了文明时代。文字使语言能够超越时空，克服语言不能传于异时异地的局限。文字将人类社会的历史、知识、经验和技术积累并流传下来，传播开去。文字还可以促进思维的发展，不断提高人脑的素质和潜力。

公认的世界三大代表性古典文字是产生于西亚两河流域的楔形文字、北非尼罗河流域的埃及圣书字和中国黄河流域的汉字，其中，楔形文字和圣书字都早已退出历史舞台，只有汉字一直传承使用至今。

三、语言与文字的关系

人类自从创造了语言，才从类人猿而成为真人；人类创造了文字，才开始了人类文明史。语言的历史久远而漫长，人类在 50 万年到 100 万年以前逐渐创造了语言。而文字的历史则比语言的历史短得多，现在知道的最古老的文字不过只有几千年的历史。而且，即使在今天，也不是所有的语言都有记录它的文字，如我国境内的赫哲族、东乡族、德昂族等少数民族就还没有记录他们本民族语言的民族文字。因此，对人类而言，先有语言，后有文字，口说的语言是第一性的，书写的文字是第二性的。儿童在孩提时期自然而然就学会了语言，文字书写则要经过有意识的学习才能掌握。

文字的产生使语言具有了书面形式，有了书面形式，人们就可以更好地对语言进行加工，所以，书面语往往比口语更严密、细致。因此，文字的产生促进了语言的发展，使语言更加严密和丰富。

第二节 汉字

一、汉字名称的演变

汉字历史悠久，最初指称汉字的名称有"书""书契""名""文""言""文字""字""文章""书文"等。

"书""书契"曾作为汉字的名称。《吕氏春秋·君守》"奚仲作车，仓颉作书"，"作书"就是造字，"仓颉作书"说的是黄帝的史官仓颉创造了汉字。《周易·系辞下》："上古结绳而治，后世圣人易之以书契。""书契"指的就是汉字。

汉字的名称还有"名"。《论语·子路》："必也正名乎！"汉代学者郑玄注解"名"时说，"正名谓正书字也，古者曰名，今世曰字。"

在古代，"文"和"字"都用来指称汉字，不过二者是有区别的，"独体为文，合体为字"。独体是指一个不可分析的单一的形体，比如"人""一""手"，合体是指由两个或两个以上的独体作为部件结合而成的形体，如"从""河""涉"。"文"和"字"连在一起成为"文字"一词，是到了秦朝才开始出现的。

前面冠以修饰语的汉字名称肇始于东汉时期的佛经翻译，自东汉末年以降，前面冠以修饰语的汉字名称有"汉文""汉字""唐字""中华文字""华字""华文""中国文字""中国字""中国文""中文""国文""国字"等。其后在汉民族与其他民族文化交流的过程中又出现了一些新名称。

与现代汉语意义相同的"汉字"这一名称，始见于唐代佛经文献，常与其他文字相提并举。世界上的文字有很多，我国境内也有除汉字以外的其他文字种类，所以单说"文字"不能和其他民族的文字区别开来，于是在"字"前冠以"汉"，就成了"汉字"。"汉字"这个名称是到了现代才流行开来的。

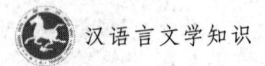
二、汉字的定义、性质与特点

（一）汉字的定义

汉字是记录汉语的书写符号系统。

（二）汉字的性质

汉字的性质可以从两个角度来认识。

第一，从记录语言单位的大小看汉字的性质。

语言是一个由上下两层构成的层级体系：下层是语音层，分为音素和音节两级；上层是音义结合的语言符号层，分为四级，依次是语素、词、词组、句子。汉字的基本单位是一个个字，这一个个字记录的绝大多数是汉语的一个个语素（极少数汉字记录的不是语素，而只是一个无意义的音节，如"玛瑙"的"玛"和"瑙"，"徘徊"的"徘"和"徊"，"蝴蝶"中的"蝴"等），如汉字"休"记录的是汉语中的语素"休"，汉字"马"记录的是汉语中的语素"马"，汉字"大"记录的是汉语中的语素"大"。所以汉字基本可以说是语素文字。

第二，从汉字记录语言时所使用的符号的性质看汉字的性质。

文字所使用的符号有三大类：意符、音符和记号。

意符是跟文字所代表的语素或词在意义上发生联系的字符。比如，字符 （甲骨文），是侧面的人形，记录"人"这个词，该字符的字形表示"人"这个词的意义。字符 （金文），山的形状，记录"山"这个词，该字符的字形表示"山"这个词的意义。象形字、指事字和会意字所使用的字符都是意符。形声字的形旁跟形声字所代表的词也只有意义上的联系，所以也是意符。

音符是跟文字所代表的语素或词在读音上发生联系的字符。形声字的声旁就是音符。比如，"洋""请""浅"这几个字的声旁"羊""青""戋"，对所记录的词来说起到的是表音作用，记录这几个词的读音。

记号是跟文字所代表的语素或词在读音和意义上都没有联系的字符。比如古汉字里记录数字的 （五）等。

汉字在演变过程中，其构造不断发生变化，隶变以前，主要由意符、音符构成，记号极少。隶变以后，汉字形体发生了较大变化，独体表意字作为字符大都丧失了原来的表意作用，变成记号。但占汉字绝大多数的合体字仍然是由意符、音符构成的，即形声字。因此，汉字是使用意符和音符的文字，其性质应属于意音文字。

（三）汉字的特点

1. 汉字是形音义的统一体

从本质上来说，作为由线条组合构成的视觉符号的汉字记录的是音义结合的语言符号，必然集形、音、义三位于一体。每一个汉字都有它一定的形体（即字形）、读音（即字音）和意义（即字义）。只有极少数汉字只有字形和字音而没有字义，前文讲到"汉字的性质"时曾举例指出，极少数汉字记录的不是语素，而只是一个无意义的音节，这样的汉字只有和另一个字组合在一起后才有意义。比如，"蝴蝶"的"蝴"必须和"蝶"组合起来才有意义。这样的汉字属于极少数的例外。

汉语里的同音词比较多，但用汉字写下来，因为字形不同，也就把不同的词分别开来了。比如发 gōng 这个音的词有"弓""公""工""宫""功"等，口语说出来是同一个音，但写下来的汉字却是不同的字形，每个字形所代表的意义也不同。

2. 汉字是形体复杂的方块结构

在汉字形体由大篆向小篆，再由小篆向隶书的演变过程中，通过线条和笔画的改变，汉字逐渐发展成为方正、整齐的方块字。和拼音文字的线性排列不同，汉字是方块结构，一个汉字的所有笔画均衡地分布在一个方方正正的框架内，呈现为方块形式。所以汉字又叫作"方块字"。

3. 汉字有较强的超时空性

尽管汉字含有表音成分，但它不是纯粹的表音文字，汉字和语音没有直接的、固定的联系，当语言中词语的语音发生变化时，汉字字形并不随之变化。中国有众多民族语言，汉语有多种方言。不同民族语言之间，不同方言之间的语音差别很大，但是汉字却可以成为全国通行的书面语言交际工具，来自不同民族地区、不同方言地区的人们，口语交流往往很困难，但是写出字来通过书面交际却可以毫无阻碍。汉语发展过程中语音发生了变异，今音古音不同，但是汉字却可以保持相对稳定，如"街"字的声母由上古的舌根音经过舌面化后在今天的北京音中成为舌面音，而这个字从战国时开始使

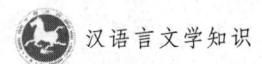

用一直到今天还是个常用字。可见，汉字具有较强的"跨空间""超历史"的超时空性。

4. 汉字字数繁多，结构复杂，缺少完备的表音系统

从汉字的数量来说，汉字字数繁多，从古到今，汉字的总字数已达到 8 万多个，现代汉语用字在 1 万左右。不过，现代汉语常用字和通用字的字量没有这么大。《通用规范汉字表》一级字表共收 3500 字，是使用频度最高的常用字集。二级字表共收 3000 字，使用频度低于一级字表。两级字表的 6500 字是现代汉语通用字的字量。

汉字的结构复杂，一方面，汉字笔画很多，有的汉字笔画多达二十多笔、三十多笔，如"麟""爨""馕"等。另一方面，汉字的笔画和部件的组合方式也多样复杂。例如，按第一级部件的组合模式，合体字可以分为四大类十三小类：

并列结构

    ①左右并列结构，如：语　河　磕

    ②左中右并列结构，如：班　浙　淋

上下结构

    ①上下结构，如：台　要　竟

    ②上中下结构，如：高　菩　煎

包围结构

    ①全包围结构，如：回　困　国

    ②上三包围结构，如：问　同　风

    ③左三包围结构，如：匣　匿　臣

    ④下三包围结构，如：凶　函　幽

    ⑤上左包围结构，如：压　病　居

    ⑥上右包围结构，如：句　可　氧

    ⑦下左包围结构，如：建　翘　勉

    ⑧下右包围结构，如：头　斗

间架结构，如：坐　乖　噩

此外，一些汉字字形十分相近，很容易认错或写错。比如，"戍、戌、戊、戎"，"己、已、巳"，这些字笔画虽不多，却容易混淆。

汉字缺少完备的表音系统，记音符号不如拼音文字精确。虽然汉字系统中有数量众多的形声字，但是形声字的音符并不是专门的表音符号，很多依然是独立成字的，而且，现代汉字形声字的音符绝大部分已经失去了表音作用。

三、汉字的起源与形成

（一）汉字的起源

1. 汉字是一种自源文字

汉字是一种自源文字。从文字发生学角度来说，文字分为自源文字和借源文字。自源文字是从文字产生开始就独立发展的文字，文字的形体、体系都是自己独创的。借源文字是借用或参照其他文字形体或系统建立起来的文字。汉字是汉族先民在中华大地上创造出来的自源文字。

2. 汉字起源的时间

汉字起源的确切年代难以确定，但根据考古学家推断，大致可以确定在原始社会晚期，距今五六千年。

考古学家在我国多个地区的新石器时代文化遗存中发现了与文字起源关系密切的刻画符号。原始社会晚期的文化遗址仰韶、马家窑、龙山、良渚等出土的陶器上发现刻画有许多记号，这些虽不是文字，但是对汉字的形成可能有一定的影响。汉字发展到殷商时代的甲骨文，已经是一种相当完善的文字体系了。

3. 有关汉字起源的传说

有关汉字的起源有多种传说，如结绳说、八卦说，影响最深远的是仓颉造字说。

《周易·系辞下》："上古结绳而治，后世圣人易之以书契。"东汉许慎在《说文解字·叙》中更进一步认为："及神农氏结绳为治而统其事，庶业其繁，饰伪萌生。黄帝之史仓颉见鸟兽蹄迒之迹，知分理之可相别异也，初造书契。"结绳记事是文字产生以前人们普遍使用的实物记事的方法，直至今天，还在中国西南少数民族以及世界一些地区流行。但结绳并不像文字那样可表达有声的语言，也不具有全民性与社会性，所以它既区别于文字，而且也不可能发展为文字，与文字的起源没有关系。

仓颉造字的传说广为流传，世传仓颉为黄帝的史官，由他创造了汉字。《淮南子·本经训》记载了仓颉造字时"天雨粟，鬼夜哭"的故事，《韩非子》《荀子》《吕氏春秋》等书中也均有记载。但这种推测也不可靠，首先，仓颉是否实有其人，学界看法不尽一致，有人认为仓颉是"创契"的转音，并不是一个人。更重要的原因是，文字具有社会性，它是约定俗成的，即使实有仓颉其人，汉字也不可能是他一人所造，应为远古先民所共同创造，仓颉可能是众多造字者之一，他的功绩可能在于他做了整理汉字的工作。

4. 汉字起源于记事图画

现在普遍认为文字是由原始记事图画发展演变而成的，是在人民群众长期的社会生产实践中逐渐产生的。这个过程缓慢而漫长，要经历成千上万年的时间。记事图画是古人用来记事的一种重要方法，但记事图画本身不是文字，只有当图画与有声语言联系起来，一定的图形代表语言中有固定声音、固定意义的词，图画才发展成为文字。文字的起源，需要有充分的社会条件。大约在原始社会末期或奴隶社会初期，社会生活日益复杂，交际范围也不断扩大，记事图画已无法满足社会的需要，于是人们企盼一种能够完善地代表语言的符号。这种需要最终导致了文字的产生。

（二）汉字的形成

现在能够见到的最早成体系的古文字是商代后期的甲骨文。甲骨文已经比较成熟，可以比较完整地记录语言。它不但经过相当长时期的积累，而且经过某种程度上的整理规范，肯定不是最初的汉字。从最初的原始汉字发展成能完整地记录语言的汉字体系，需要经历很长一段时间。

1. 汉字的萌芽

最初的汉字是什么样子，需要从考古资料中寻找答案。20世纪以来的中国考古发现了大量的文物资料，在龙山文化、大汶口文化、仰韶文化和前仰韶文化（新石器时代早期文化）时期的遗物上刻画或绘写着许多符号，这些符号有些是象实物之形的，主要发现于山东的大汶口文化晚期遗址，一般都刻在一种大口的陶尊上（图1-1）。有些是几何形符号，绝大部分刻画或绘写在陶器上，小部分刻在龟甲、兽骨或骨器上，以陕西西安半坡出土的陶器上的符号最受人关注（图1-2）。这些刻符由于出现的时间与夏商文化相距年代久远，目前，还缺乏足够的与甲骨文字相联系的证据，无法断定这些刻画符号与夏商文化有必然的联系，故这些刻文或符号目前只能认定其可能是汉字的萌芽或前身。

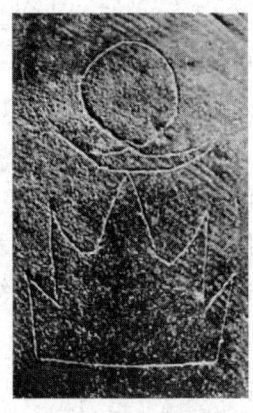

图1-1　大汶口陶尊符号

图1-2　半坡遗址彩陶器上的刻画符号

2. 汉字体系的形成

据学者推断，汉字形成完整的文字体系的时间很可能是夏商之际。商代后期的甲骨文在某些方面已经比较成熟，可以比较完整地记录语言。

（1）汉字体系成形的条件

最初的汉字，还是很原始的，形体没有完全定型，字形和语言单位的对应关系也没有完全固定，而且有一些语言单位还没有造出字来表示，还不能无遗漏地记录语言。由原始的文字发展为独立的文字体系必须具备如下条件：

第一，把整幅的图画简化或拆散成单个的图形，一个图形跟语言里一个单位（比如词）相当。

第二，这种图形可以重复使用而所表达的意义不变。

第三，把这些图形做线性的排列，依照它们的顺序念出来，也就是语言里词语的顺序。

第四，从原始文字进化到独立的文字体系，用借音的办法扩大文字所能记录的词语的范围，是非常重要的一步。文字发展到这种程度，才能完整地、全面地记录一种语言，使原始的文字发展为独立的、科学的文字体系。

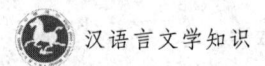

（2）甲骨文已是成熟的汉字体系

第一，甲骨文的每一个字有相对固定的写法，约定俗成，可以自由运用。

第二，甲骨文是已经连文成句成段，人们自觉地用以记事。

第三，甲骨文有了记事物、概念、形状、行为等的实词以及某些虚词或虚化用法。

第四，甲骨文中已有很多假借字，即通过借音的方法使用汉字。

尽管甲骨文之后汉字的形态还发生了一些变化，但是，汉语文字系统的结构并没有根本性的改变，所发生的改变主要是书写上的发展，而非结构上的变化。

第三节　汉字形体演变

一、汉字形体演变的两大阶段

汉字形体演变过程可分为两大阶段：古文字阶段和隶楷阶段（也称今文字阶段）。两个阶段的分水岭是隶书，汉字由古文字演变为隶书，是汉字发展史上最重大的变革。

（一）古文字阶段

古文字阶段指从商代到秦代这一时期。包括甲骨文、金文、篆文。古文字阶段的显著特点是象形色彩浓厚，文字使用的意符以形符为主，即通过字符的形象起表意作用的字符。构成汉字的符号有三类：音符、意符和记号。其中，意符又包括形符和义符两类：通过字符的形象起表意作用的称为形符；通过字符本身的意义起表意作用的称为义符。

尽管古文字阶段汉字的象形色彩浓厚，但在整个古文字阶段，汉字的象形程度随着汉字形体的演变在不断降低，由早期古文字的象形程度较高的图画逐渐变为由比较平直的线条构成的象形程度较低的符号，这一变化可称为"线条化"。

（二）隶楷阶段

隶楷阶段自汉代起一直延续到现代。隶变是古文字和今文字的分界，隶楷阶段，属于今文字阶段。在从古文字演变为隶书的过程中，绝大多数字符完全失去了象形的特点，而成为用点、撇、捺等笔画组成的符号，这一变化可称为"笔画化"。隶书奠定了现代汉字字形的基础，自隶书产生后，汉字形体又演变出草书、行书、楷书。两汉时期隶书是主要的通行字体，草书作为辅助字体。大约东汉中期，隶书演变出一种比较简便的俗体，称为新隶体，东汉末期，在新隶体和草书的基础上形成了行书。楷书兴起于汉代末年，开始盛行于魏晋时代，隋唐之际基本成熟、定型，楷书最终发展成为占统治地位的主要字体。

二、甲骨文

（一）定义

甲骨文主要指殷商时期刻写在龟甲兽骨上的占卜记事文字，也指非占卜用的骨器上其他性质的文字。是目前能见到的最早的成熟汉字。

甲骨文出土于河南安阳小屯村。此处为殷王朝都城的遗址，称殷墟，故甲骨文又叫殷墟文字。甲骨文是刻写在龟甲和兽骨上的文字，又称为龟甲兽骨文、契文。因文字内容多为占卜记录，故而又称甲骨卜辞、贞卜。

目前出土的甲骨文，据粗略统计有15万片以上，整理出的文字有4500多个，其中目前能确切辨认的还不到1800字。

许多原始民族都有占卜的习惯，在商代，占卜之风极盛，君王出征、狩猎、祭祀、问天时、问疾病，都要叫"贞人"占卜，以定凶吉，占卜是国家政治生活的一个重要组成部分。占卜时用火烧龟甲和兽骨背面的钻凿处，然后根据正面的兆纹断定吉凶。占卜的人常常将卜问的话刻在龟甲兽骨上，有时还把应验与否的情况也记在甲骨上。这些刻辞就被称为甲骨文。占卜的内容和结果用文字刻在甲骨上，以作记载，是为卜辞。一条完整的卜辞包含四个部分：前辞、命辞、占辞、验辞。图1-3中记录的卜

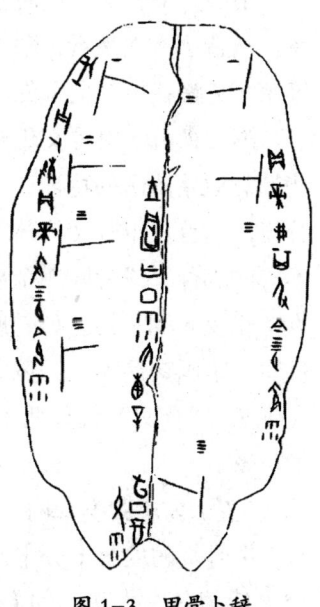

图1-3 甲骨卜辞

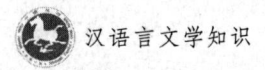

辞为:

前辞:戊子卜,㱿贞。

命辞:帝及四月令雨?

帝弗其及今四月令雨?

占辞:王占曰:丁雨,不隹辛。

验辞:旬丁酉,允雨。

纪数字:一 二 三 三

(二)使用时期

甲骨文主要是商代后期的,距今约 3500 年,也有西周、春秋时期的甲骨文。

(三)形体特点

甲骨文绝大多数是用刀刻出来的,而龟甲兽骨是很硬的,刻直线比较容易,所以,甲骨文的笔画以直线居多,是细瘦的线条,拐笔多是方笔,字字有棱有角,圆笔、肥笔极少,因而显得刚劲有力,富有刀笔味。

(四)文字系统的特点

甲骨文文字系统的特点表现为:

第一,甲骨文已摆脱了原始图画的性质,形成了一个比较完整的文字体系。从造字方法来看,象形、指事、会意、形声等造字方法以及转注和假借等用字方法在甲骨文中都已经存在了。

第二,由于甲骨文仍属于初期发展阶段,象形程度仍然是相当高的,有些带有原始图画的特征,在体系上仍有不够完善的地方,未定型化的现象十分突出。首先甲骨文形体不固定,部件的位置比较灵活,同一个字可以使用不同的部件,或者同一个部件有笔画繁简不同多种写法,有些字的部件刻写方向正反侧倒不拘。如"鹿"字,甲骨文共有 49 种写法。许多字可以正写、反写,笔画繁简不一,偏旁不固定,异体字较多。其次,甲骨文经常出现合文现象,"合文"就是两个或两个以上的字合写在一起,挤着刻写在一个字的位置。

(五)内容归类举例

甲骨文的内容十分丰富,其中绝大多数是记录商王占卜的卜辞,涉及社会生活的各个方面,如农业、天象、凶吉、祭祀、征伐、田猎、吉梦、使令、往来、婚娶。也有小部分和占卜无关的非卜辞。非卜辞中有一部分与占卜有间接关系，附刻在占卜的材料上，内容主要是干支表和有关甲骨纳贡、收藏的记事刻辞。除此以外，还有一些有关历史事件的纯粹记事刻辞，这类刻辞数量不多，主要是记录田猎、征伐等历史事件。

下面，对涉及日常生活的甲骨文进行归类举例。

1. 人体形态

人，像侧面站立的人形。

大，天大，地大，人亦大。故大像人形。

目，像眼睛形，外边轮廓像眼眶，里面像瞳孔。

2. 婚丧养育

夫，像站着的人形（大），上面的"一"，表示头发上插一根簪，意思是成年男子。古时男子成年束发加冠才算丈夫，故加"一"做标志。

好，从女，从子。指女子美貌。

取（娶），从又，从耳。左边是耳朵，右边是手（又），合起来表示用手割耳朵。古代战争中以割取敌人尸体首级或左耳以计数献功。

3. 蚕桑稼穑

禾，像垂穗的禾本科农作物。

年，上面是"禾"，下面是"人"，禾谷成熟，人在负禾。表示谷物成熟后收获谷物。

力，像犁地的耒形，有柄有尖，用以翻地。本义为耒。

4. 居室宫观

宫，像房屋形。外围像洞门，里面像彼此连通的小窟，即人们居住的地方。

室，从宀（mián）从至。本义是内室。

向，本义是朝北开的窗户。从宀，从口。"宀"表示房屋，字形像是房屋墙壁开了一个口，有窗户之形。

5. 星辰日月

日，像太阳形。本义指太阳。

月，像半月形。本义指月亮。

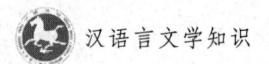

雨，像天上落雨形。本义指下雨。

6.祭祀占卜

丰，繁体写作"豐"，上面像一器物盛有玉形，下面是豆（古代盛器）。《说文解字》："豐，豆之豐满者也。"

祝，像一个人在祭台（"示"表示祭台）跪拜，大声祈祷。本义是祭祀时主持祭礼念颂词的人。

牲，从牛，从生。本义是指古代供祭祀用的全牛。

7.征战讨伐

戈，像兵器形，长柄，横刃，上面有装饰物。本义是一种长柄横刃的兵器。

矢，像镝栝羽之形，前面有尖尖的箭头，后面有尾翼以保持平衡。本义指箭。

武，从止（脚），从戈（兵器）。人拿着武器行进，表示要动武。

三、金文

（一）定义

金文，是我国古代铸或刻在青铜器上的文字。

商周时期，青铜器有礼器、食器、乐器、兵器等。礼器中"鼎"最多，乐器中"钟"最多，所以人们把"金文"也叫作"钟鼎文"。古人把适于冶炼铸造的青铜称为"吉金"，金文也叫"吉金文字"。铸刻在器物上的文字古时称"铭"，金文又叫"铜器铭文"。青铜器常用于祭祀先祖，是宗庙常器，旧称"彝器"，因此金文又被称作"彝铭""彝器文字""彝器款识"。

（二）使用时期

金文从商、周到秦、汉一直都在使用，盛行于西周。

最早的金器铭文约在商代中期，比甲骨文还早。如河南安阳出土的著名的商代后母戊大方鼎，重约833千克，高133厘米，口长110厘米，宽78厘米，鼎身以雷纹为地，上有龙纹盘绕，四角绘饕餮纹。内有三字铭文"后母戊"，表明鼎的意义。商代铭文许多是记名式的，很简短。西周时期，青铜器得到极大发展，篇幅越来越长，记录内容也更为丰富。至今发现字数最多的是毛公鼎铭文，达497字。

（三）形体特点

与甲骨文刀刻不同，金文是范铸的，因此，其笔势既有方折，也有圆笔，笔画有粗有细，常有肥笔，丰满粗壮，字形长圆。早期金文比较象形，演变趋势是线条化、平直化、字形方块化，象形色彩逐渐淡化。西周晚期变化最为显著，肥笔为线条所代替，笔画基本是用圆的转折。金文行款渐趋整饬，每行的字数趋于一致，每个字的大小也力求相等。与甲骨文相比，金文进一步规范化，但结构仍尚未定型，异体较多，一个字常常有多种写法，金文中也有合文现象。

四、篆文

篆文是流行于春秋战国和秦代的文字。分为大篆和小篆。

（一）大篆

1. 定义

大篆有广义、狭义之分。广义的大篆指先秦所有的古文字，包括甲骨文、金文、籀文和春秋战国时代通行于六国的文字。狭义的大篆指春秋战国时期秦国的文字。

大篆一般以籀文和石鼓文为典型代表。籀文一般认为是《史籀篇》中的文字。史籀是周宣王（前 827~ 前 782）的史官，《史籀篇》是他编的一部字书。也有学者认为，籀文应该是春秋战国时期秦国通用的文字。春秋战国间秦国有刻有文字的石头，形状像鼓，一般称为石鼓，这上面的字被称为石鼓文。石鼓文是由大篆向小篆衍变而又尚未定型的过渡性字体。

2. 使用时期

大篆主要通行于春秋到战国前期。籀文是西周晚期或春秋战国时期的文字。石鼓文的制作年代存在很多分歧，但时代不会早于春秋后期，也不会晚于战国前期。

3. 形体特点

大篆的字形具有以下几个特点：

（1）字体方正微长，行款整齐，笔画匀称。

（2）字形规整，异体罕见。

（3）大篆介于西周文字与小篆之间，它的形体比西周文字更简化。可是

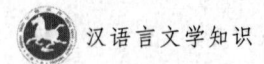

大篆也有不少繁复的写法，其中有一部分是从前代继承来的，有一部分可能是秦人为了突出地方特色而有意加繁的。

（二）小篆

1. 定义

小篆是在春秋战国时期秦国文字的基础上逐渐演进而来。秦统一后实施"书同文"，在秦国大篆的基础上进行简省删改，并吸收了一些民间字体中的简体、俗体字，经过整理规范，成为在全国推行的标准字体。这是汉字历史上第一次统一文字的运动。我国第一部字书《说文解字》分析汉字结构依据的就是小篆。

2. 使用时期

小篆形成于秦始皇统一六国后，直到汉代，仍是标准字体。

3. 形体特点

由大篆变成小篆是经过一千多年的演变逐渐形成的。二者有显著的差别：第一，大篆的字形比较接近物形，许多字还保存着记事图画的色彩。小篆的笔画发生了变化，从原来的"画成其物，随体诘诎"的画图式线条，变成圆活的定型线条。第二，早期的大篆常常因字的繁简和字形而大小不同，这种情况到春秋时逐渐改变，铭文每行的字数趋于一致，每个字的大小也力求相等。到了秦代，这种趋势越来越明显，就变成秦刻石文字那种行款整齐、一丝不苟的小篆写法。

小篆的字形特点主要是：线条婉曲规整、粗细一致，笔画疏密匀称。小篆笔画无论横竖，都是粗细等均的线条，笔画分布十分讲究均匀对称，整体结构环抱紧密，多有团聚内向的精神。章法平正划一，每个字大小一样，排列方正，横竖成行，具有整齐美。小篆偏旁的写法和部位的安排都比较固定，异体字基本废除。

小篆是汉字在古文字阶段迈出的最后一步。古文字在今天已基本丧失实用的功能，但在书法、篆刻等领域还具有重要的艺术价值。

五、隶书

隶书，在秦系文字的基础上用方折的笔画改变篆书圆转的线条，字形方正平直、笔画形态有波磔变化。隶书有秦隶和汉隶，秦隶是隶书的早期形式，汉隶则为隶书之成熟字体。隶书从战国晚期到秦代，经过两汉到三国，在楷书未创制以前都使用它。

（一）秦隶

1. 定义

秦隶又称古隶，是带有较多古汉字笔意的秦代隶书和汉代早期隶书字体。这种字体据说在下层小官吏、差役、工匠、奴隶中较为流行，所以称为"隶书"。这一时期是古文字阶段向隶楷阶段过渡的时期，秦隶是这一时期产生的过渡形态的汉字，是尚未成熟的早期隶书。

2. 使用时期

秦隶通行于战国末期到西汉前期。战国中期的楚国文字已经有了初期隶书的笔意。秦国的隶书，以湖北云梦县睡虎地秦墓中出土的秦简文字为代表，这些文字同秦刻石的小篆大不相同，基本上已经完成了隶书的笔画变化，可见隶书在秦代已经流行。

3. 形体特点

从小篆向隶书演变的第一步，最显著的变化是从婉曲的线条变为平直的笔画，变为横、撇、捺等笔画。这些线条的变化有利于汉字方正、整齐，而且容易书写。到这时，汉字才真正成为名副其实的方块字。秦隶在字形结构上还处于不断变动的状态，但现代汉字的基本笔画已经逐步形成。

（二）汉隶

1. 定义

汉隶，又称八分，汉代中期以后逐渐成熟定型，汉隶脱离了古汉字结构形体特点，是比较规整成熟的隶书字体。

2. 使用时期

隶书发展到汉代便取代了小篆的地位，东汉中期以后，隶书成为官方承认的正式字体。

3. 形体特点

汉隶在秦隶的基础上增加了"波势挑法"，即在一些横、撇、捺等笔画上要挑起来，表现出波折，笔势舒展，字形呈扁方形。汉隶相较秦隶的拘谨变得放纵恣肆，而且更加规整美观，但基本笔画没有大的变化。秦隶还残存着篆书的某些痕迹，汉隶则很少有篆书的痕迹。

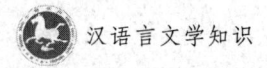
（三）隶变

1. 隶变的内容与意义

小篆演变为隶书是汉字字体最大的变化。文字学上把汉字在由篆书向隶书演变过程中所出现的形体和结构方面的变化称为"隶变"。

隶变在汉字形体演变过程中具有十分重要的意义。隶变使汉字完全失去象形的特点，是汉字形体和结构上一次重大的突破，成为古文字和今文字的分水岭。

2. 隶变的主要特点

（1）解散篆体，改曲为直

隶书不再顾及文字的象形，把原来不规则的曲线线条变成方折的笔画，字形方正平直，从而使汉字进一步符号化。经过隶变，汉字的象形字变成了"不象形的象形字"。这样的变化也有利于汉字方正、整齐而且容易书写。

（2）偏旁分化

在隶书里，独立成字和用作偏旁的写法明显不同。小篆里的同一个偏旁在隶书中随位置不同而有不同的写法。

（3）偏旁归并

隶书为求简便，把某些生僻的或笔画较多的偏旁，改成形状相近、笔画较少又比较常见的偏旁。

（4）结构简省

隶书往往把篆文的两笔并为一笔，或是把两个以上的偏旁或偏旁所包含的部分合并起来，改成较简单的笔画结构。

六、楷书

（一）定义

楷书是正体书法的意思，意为端端正正、可为楷模的书体，又叫"正书""真书"。因楷书是隶书的脱化，晋唐人常把楷书仍称为隶书。楷书是现代汉字的标准字体。

（二）使用时期

楷书兴起于汉代末年，开始盛行于魏晋时代，隋唐之际基本成熟、定

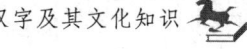

型，一直使用到今天。是我国历史上通用时间最长的标准字体。

（三）形体特点

楷书从隶书演变而来，又对隶书作了进一步简化。

楷书继承了隶书笔画平直，结构方正的特点，而去掉了隶书的"波势挑法"，把波磔改为平笔，字形由扁平改为竖长方形。另外，楷书注重点画结构的照应；严格讲究合体字不同部件的位置与比例。

楷书和隶书的基本结构相同，主要区别是笔形不同。楷书在隶书点、横、竖、撇、捺、折六种笔画之外增加了钩和挑两种笔形。隶书中没有"钩"，比如"水"字中间为一竖，或者竖笔下部略向左弯，而楷书则变成钩。隶书中也没有"挑"，比如隶书中"扌"第三笔写作短横，楷书则变为挑形。

楷书和隶书的对比见图1-4。

隶书·取自《东汉乙瑛碑》拓本

楷书·取自《王处士顾墓志铭》拓本

图1-4　隶书和楷书

七、草书

草书，在隶书基础上因快速草率书写导致笔画连写、省略而产生的一种适于日用的简便手写字体。广义上说，任何字体都可以草写，但文字学上的"草书"是一种特定的字体，由隶书演变而来。草书字形过于简单，普通人难以辨认，损害了汉字的交际功能，所以它并没有代替隶书，只是一种辅助性字体，不能同篆文、隶书和楷书同等对待。但草书作为一种书法艺术，还是为人们所珍视。

西汉初期的帛书和简牍中就已有带有草意的连笔书写，东汉时草书广泛流行。

草书分为章草、今草和狂草。

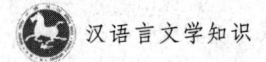

（一）章草

1. 定义

章草，是秦汉之际出现的脱胎于隶书而仍带有隶意的早期草书。因可以用在官方场合，如给皇帝的奏章，而得"章草"之名。

2. 使用时期

两汉。

3. 形体特点

章草在隶书的基础上减省了一些笔画，书写时一字之中笔画相连，但字与字不相连。章草保留了较多隶书的笔势和笔意。

（二）今草

1. 定义

今草是由章草进一步演变而成的一种草书类型，隶意全无、笔势楷化，书写时不但笔画相连，而且字字也相连。

2. 使用时期

魏晋时代。

3. 形体特点

今草由章草变化而来，但改掉了跟隶书相近的笔法，去其波磔之势，有时对笔画还略有省并，比章草书写起来更方便。今草比章草连笔多，一字笔画之间和上下字之间多顾盼、连缀。总之，今草比章草更"草"，因而更不易辨认。

（三）狂草

1. 定义

狂草是在今草基础上进一步减损笔画，奇诡难识的草书字体。

2. 使用时期

狂草兴起于唐代。

3. 形体特点

狂草用笔连绵环绕，上下相属，书写风格狂放不羁，字形略具大意。狂草写出来一般人都不能辨识，丧失了汉字的实用功能，完全成为一种供人欣赏的艺术品。

八、行书

（一）定义

行书是一种介于楷书和草书之间的字体，行书的笔画既不像楷书那样规整，也不像草书那样打破了楷书的笔画结构。行书也是一种辅助性字体。

（二）使用时期

行书产生于东汉末期，魏晋时代已十分流行。自晋代二王（王羲之、王献之）以来，一直广为流行，直至今日。

（三）形体特点

行书是楷书疾书的一种形式。既有楷书的形体、点画，又有草书的简易、流畅，笔画连绵，字字独立，字形较易辨认。行书没有严格的书写规则，写得规矩一些，接近楷书的，被称为行楷；写得草一些，有草书意味的，被称为行草。行书书写起来比楷书快，又不像草书那么难以辨识，所以具有很高的使用价值。现在以楷书为正体，但人们平时书写时写的字多半是行书。

第四节　六书

一、汉字造字法之"六书说"

传统文字学中有"六书说"，"六书"指"象形""指事""会意""形声""转注""假借"，是对古人造字方法的总结。"六书"一词，最早见于战国时代的《周礼·地官·保氏》，"保氏掌谏王恶，而养国子以道。乃教之六艺：一曰五礼，二曰六乐，三曰五射，四曰五驭，五曰六书，六曰九数。"古代贵族子弟学习的"六艺"之中即有"六书"，但这个"六书"与汉代人所说的作为造字法的"六书"不是一回事。把"六书"解释为关于汉字的六种造字方法是从汉代开始的。最先做出这样解释的是刘歆，他的观点被班固采录在《汉书·艺文志》中："古者八岁入小学，故周官保氏掌养国子，教之六书，谓象形、象事、象意、象声、转注、假借，造字之本也。"许慎在《说文解字·叙》中，沿用了班固的说法，不过名称略有不同。后人解释六书，于名称大都采用许慎的，于次序则是采用刘歆的。六书的名称和次序是：象形、指事、会意、形声、转注、假借。许慎对六种造字法一一给予解说，并且举了例字，这是汉代人对汉字造字法最权威的说明，也为后世文字学所推崇，至今仍有重要的参考价值。

"六书"是古人对于汉字造字方法的总结，不过，只有"象形""指事""会意""形声"是造字方法，"假借""转注"和造字根本无关。"假借"是本无其字，同音相借，这是用字的方法，并不造出新字。对于"转注"解释，历来众说纷纭，没有统一的定论。清代学者戴震提出"四体二用"说，"指事、象形、形声、会意四者，字之体也；转注、假借二者，字之用也"。"体"是造字法，"用"是用字法。

此外，需要注意的是，"六书说"成熟于汉代，分析的对象主要是小篆。因此，用于现代汉字，并不能都适用。

二、象形

（一）定义

象形是用简洁线条描摹物体形状来表达字义的造字方法。

许慎《说文解字》所下的定义和所举例字是："象形者，画成其物，随体诘诎，日月是也。""诘诎"的意思是曲折。"画成其物，随体诘诎"的意思是，画成那种物体，随着那种物体的样子曲曲折折地画。例字是"日、月"。

象形字是构成会意字、形声字的基础，是汉字体系的基本符号。

（二）类型与例析

用象形的方法造出的汉字是象形字。许慎对字形的分析凭借的是小篆，小篆中的许多象形字已经失去所像之形，而甲骨文往往保留了原来的形状。例如甲骨文 ☐ （目）像人眼睛之形， ☐ （齿）像牙齿之形， ☐ （水）像流水之形， ☐ （车）像车之形。

象形字有两类：独体象形字和合体象形字。

独体象形字，即通过描摹事物的轮廓以表示该事物，这类字每一个字都是一个整体，像所表示的事物之形，不能拆解为独立的构成部件。如：

人——☐ 描摹人的臂胫，像人侧立之形。

女——☐ 描摹交手屈膝状，像女人侧坐之形。

手—— 描摹人的五指，像人手正视之形。

止—— 描摹人的脚趾，像人足正视之形。

牛—— 描摹牛的头角，像牛头之形。

合体象形字，能拆解为多个部件，其中任何一个部件的形态都像物体之形，但必须各个部件形态互相结合才显其义。如：

果—— 像树木上结的果实之形。

州—— 像水中的陆地之形。

眉—— 像眼睛上面的眉毛之形。

夫—— 像头上束发插簪的成人之形。

立—— 像人直立之形。

三、指事

（一）定义

指事是用抽象性符号组合字形或在象形字上增加抽象性符号来标指字义的造字方法。

许慎《说文解字》所下的定义和所举的例字是："指事者，视而可识，察而见意，上下是也。""视而可识，察而见意"的意思是：看到字的形体就能够认识它，但是需要经过观察分析才可以领悟它的意义。例字是"上、下"。

（二）类型与例析

用指事的方法造出的汉字是指事字。指事字有两类：

第一类是用抽象性符号组合字形造出的汉字，即纯符号性的指事字。例如，许慎所举"上、下"这两个字，小篆写作二、二都是由一长一短两横组成，"上"短横在上，"下"短横在下。又如，一、二、三、四，这几个字分别是用一至四条横线构成的，这些横线像什么形，很难说清楚，古人就是用这种抽象的横线表示数目。这类指事字为数甚少。

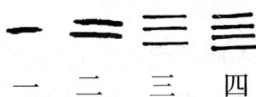

一　二　三　四

第二类是在象形字上增加指事符号的方法造出的汉字，大多数指事字都是这一类。例如，金文"本"字写作，是在"木"下部加一个指示符号，以示根本之所在。"末"字写作▓，是在"木"字的顶端加一个指示符号，表示树梢之义。"亦"字写作▓，模拟正面人形，两侧的两点指示人的腋下部位，"亦"是"腋"的初文，因"亦"与"腋"音近，故假借表"腋"的▓字来记录虚词"亦"。"刃"字写作▓，在象形字"刀"上加一点，以示刀刃之义。

四、会意

（一）定义

会意是依靠两个或两个以上字符的形体组合关系或意义组合关系来表现新字意义的造字方法。

许慎《说文解字》所下的定义是："比类合谊，以见指撝。""谊"通"义"，"撝"通"挥"。"指撝"的意思是所指向的新意义。两句合起来，意思是把表示事类的字放在一起，并且把它们的意义合在一起，从而看出一个新意义。

（二）类型与例析

用会意的方法造出的汉字是会意字。

会意字有三类：一类是依靠字符形体组合关系表现新字意义的会意字。按照《说文解字》解释，"武"▓字，从止从戈，表示的意思是以武力止息干戈。"信"▓字，从人从言，表示人说话以诚实守信为贵。又如，金文"莫"写作▓，会日影落入草丛之意。"休"写作▓，会人靠于树上休息之意。"囚"写作▓，会人在围（囗）中之意。甲骨文"既"写作▓，像人食毕掉头不再食之形，以会食既意。"即"写作▓，像人在食器之前就食之形，以会即就意。

第二类会意字，依靠字符意义组合关系表现新字意义，多出现在战国秦汉。如，"尖"，下大上小为尖。"劣"少力为劣，本义是弱。这类会意字还有"尘""岩""歪"等。

以上两类会意字都是用不同的部件组合构成的，是异体会意字，还有一类会意字是用相同的部件组合而成的，即同体会意字。例如，"从"，一个人在前面，另一个人在后面跟着，表示跟从之义。"步"，甲骨文写作▓，左右两只脚，一前一后，表示行走之义。"艸"（最初的"草"字），中是初生的草木的象形，把两个中并列起来表示草。

五、形声

（一）定义

形声是用表示意义或起标示作用的形旁和表示读音的声旁来组合成字的造字方法。

许慎《说文解字》所下的定义是"以是为名，取譬相成"，意思是用来表示事类的字作为意符，用在语言中接近于该字（词）的声音的字作为声符，用声符和意符构成这个字。例字是"江""河"。

形声字中的意符是表示这个字的意义（或者说是和这个字的意义有关联）的部分，声符是表示这个字的读音的部分。从古到今语音发生了很大变化，所以按照今天的读音，很多字的声符不能准确地表示这个字的读音。比如，许慎所举"江""河"这两个例字，如果用现在的普通话来读，声符和字音就有一定的距离。

形声造字法兼顾音和义两个方面，既体现了汉字表意的原则，又突破了汉字单纯象形表意的体制，大大增强了汉字的滋生能力。形声造字法至今具有很强的能产性。形声字在甲骨文中约占 20%，到《说文解字》就达到了 80%，现代汉字中的形声字约在 85%。形声造字法成为占有压倒性优势的造字法。

（二）类型与例析

用形声的方法造出的汉字是形声字。例如，誠（诚）从言，成声，形旁是"言"表示意义，声旁是"成"表示声音。派（派），本义是"别水"，就是水的支流的意思，"水"和"辰"都是形旁表义，"辰"同时也作为声旁表音。

形声字形旁和声旁结合位置关系，主要有以下十种情况：

左形右声：校、论、估、桥

右形左声：锦、钦、影、胡

上形下声：箕、获、符、菜

下形上声：堡、蜇、贫、辜

外形内声：固、匾、厢、廓

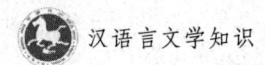

内形外声：问、闻、闽、舆

形居一角：荆、颖、霸、修

声居一角：徒、徙、旗

声居中：衙、裹、衷、彦

形居中：辩、衡、哀、莽

这十种位置关系中"上形下声"和"左形右声"两种居多。

六、转注

历来学者对转注的理解和解释有很多种不同的意见，分歧很大，没有定论。有的着重在字形的关系上，有的认为主要在字音上，还有的偏重字义的关联。

许慎《说文解字》的定义和例字是"建类一首，同意相受，考老是也"。即转注的字是在同一部首内、意义相同、能辗转注释的字。许慎所举的字是"考""老"，二字同在《说文解字》的"老部"之下，"老，考也""考，老也"。

七、假借

（一）定义

假借是借用读音相同或相近的字来记录语言中有音有义而无字的词或代替既有的音同音近而形义皆不同的另外一个字的汉字使用方法。简单地说，假借就是借用一个表意字或形声字去记录读音与该字所记录的词同音的另一个词。假借并不创造新字，而是凭借词语之间的同音关系，假借已有之字以记录它词，因此是一种用字方法。从甲骨文开始，历代文字中都有大批假借字。汉语中所有记录虚词、代词、副词的字，最初都是假借字。

许慎《说文解字》的定义和例字是："假借者，本无其字，依声托事，令长是也。"意思是要记录一个词，但没有记录这个词的本字，就用一个与之同音的字来代替，用以寄托所要表达的事物。也就是用一个同音字做记音符号来记录那个词。例字是"令、长"。

（二）类型与例析

后世学者将假借分为本无其字的假借和本有其字的假借。

许慎所说假借是"本无其字"的假借，即本来没有记录这个词的字，故借同音字来记录之，比如，"耳"指耳朵，语言里有个句末语气词没有汉字记录它，由于它与耳朵的"耳"同音，所以就假借耳朵的"耳"字来写这个语气词。"何"本来的意思是负荷，语言里有个疑问代词没有汉字记录它，由于它和负荷之"何"同音，因此就假借负荷之"何"来写这个语气词。"何"这个字被假借为记录语气词的字之后，其本来的意思渐渐不明显了，于是就在"何"字上面加一个草字头，写作"荷"，来表示原来的负荷之义。

　　"本有其字"的假借指的是本来已有表示该词的本字，但又借用表示与该词音同或音近的词的另一字记录，比如，"艸"是草木之"草"的本字，但传世古书大都借"草"为"艸"，现代也只使用"草"这个假借字，"艸"作为异体并入"草"字。

第二章
汉字在导游工作中的应用

第一节　使用规范汉字

一、《中华人民共和国国家通用语言文字法》关于汉字使用的规定

2001年1月1日起正式实施的《中华人民共和国国家通用语言文字法》，对推行规范汉字，国家机关、学校及其他教育机构、汉语文教材和出版物、公共服务行业以及广播、电影、电视、公共场所的设施、招牌、广告、企业事业组织名称、在境内销售的商品的包装、说明等的用语用字都做出了明确的规定。

以下摘录《中华人民共和国国家通用语言文字法》中有关推行规范汉字，公共场所设施用字，以及可以保留或使用繁体字、异体字的规定。

第一章　总则

第二条　本法所称的国家通用语言文字是普通话和规范汉字。

第三条　国家推广普通话，推行规范汉字。

第二章　国家通用语言文字的使用

第九条　国家机关以普通话和规范汉字为公务用语用字。法律另有规定的除外。

第十条　学校及其他教育机构以普通话和规范汉字为基本的教育教学用语用字。法律另有规定的除外。

学校及其他教育机构通过汉语文课程教授普通话和规范汉字。使用的汉

语文教材，应当符合国家通用语言文字的规范和标准。

第十一条　汉语文出版物应当符合国家通用语言文字的规范和标准。

汉语文出版物中需要使用外国语言文字的，应当用国家通用语言文字作必要的注释。

第十三条　公共服务行业以规范汉字为基本的服务用字。因公共服务需要，招牌、广告、告示、标志牌等使用外国文字并同时使用中文的，应当使用规范汉字。

第十四条　下列情形，应当以国家通用语言文字为基本的用语用字：（一）广播、电影、电视用语用字；（二）公共场所的设施用字；（三）招牌、广告用字；（四）企业事业组织名称；（五）在境内销售的商品的包装、说明。

关于繁体字、异体字，《中华人民共和国国家通用语言文字法》也对可以保留或使用繁体字、异体字的情形做出了明确规定：

第十七条　本章有关规定中，有下列情形的，可以保留或使用繁体字、异体字：

（一）文物古迹；

（二）姓氏中的异体字；

（三）书法、篆刻等艺术作品；

（四）题词和招牌的手书字；

（五）出版、教学、研究中需要使用的；

（六）经国务院有关部门批准的特殊情况。

导游应科学认识规范汉字的法定地位，并明确国家关于允许保留或使用繁体字、异体字的情形的有关规定，从而规范使用简化字、繁体字和异体字。

二、掌握规范汉字

规范地使用国家通用语言文字是每个公民的责任和义务。导游应严格遵守国家有关规定，明确规范汉字的含义，掌握规范汉字，正确使用规范汉字。

《中华人民共和国国家通用语言文字法》做出了使用规范汉字的规定，那么，什么是规范汉字呢？规范汉字是指经过系统整理、由国家发布、通行于中国大陆现代社会一般应用领域的标准汉字，包括正体字、简化字和未经整理简化的传承字。2013 年国务院正式发布《通用规范汉字表》，该字表发布后，社会一般应用领域的汉字使用以该表为准。

《通用规范汉字表》共收字 8105 个，分为三级。

一级字表为常用字集，收字 3500 个，主要满足基础教育和文化普及的基本用字需要。二级字表收字 3000 个，使用度仅次于一级字。

一、二级字表合计 6500 字，主要满足出版印刷、辞书编纂和信息处理等方面的一般用字需要。

三级字表收字 1605 个，是姓氏人名、地名、科学技术术语和中小学语文教材文言文用字中未进入一、二级字表的较通用的字，主要满足信息化时代与大众生活密切相关的专门领域的用字需要。

《通用规范汉字表》是贯彻《中华人民共和国国家通用语言文字法》，适应新形势下社会各领域汉字应用需要的重要汉字规范。制定和实施《通用规范汉字表》，对提升国家通用语言文字的规范化、标准化、信息化水平，促进国家经济社会和文化教育事业发展具有重要意义。

三、避免使用不规范汉字

导游首先要增强自身的文字规范意识，提高使用规范汉字的自觉性。还要能够对导游过程中遇到的不规范汉字现象予以指出和改正，并提示游客其正确写法。

（一）不规范汉字的种类

和规范汉字对立的是不规范汉字。不规范汉字包括以下几种情况：

1. 已经简化了的繁体字

已经简化了的繁体字，指的是在汉字简化工作中被正式公布的简化字所代替的字形较为复杂的汉字。例如，蘇（苏）、車（车）、賈（贾）、龜（龟）、懶（懒），括号内的汉字为规范的简化字，括号外的汉字为已被简化字取代的繁体字，后者应避免使用。除《中华人民共和国国家通用语言文字法》中规定的允许使用繁体字的情况之外，不应使用已经简化了的繁体字。

2. 已经废止的《第二次汉字简化方案（草案）》里的简化字

《第二次汉字简化方案（草案）》里的简化字俗称"二简字"，该方案是继《汉字简化方案》后于 1977 年公布的对汉字进一步简化的简化方案，该方案已经由国务院于 1986 年宣布废止，因此该方案中的简化字为不规范汉字。例如，旦（蛋）【"旦"字作为"蛋"的简化字是不规范汉字，但"元旦""一旦"等词中的"旦"是规范汉字】、仃（停）、歺（餐）、厷（雄）、迠（建），括号内的汉字为规范汉字，括号外的汉字为与规范汉字相对应的二简字。这些简化字随着二简方案的废止而成为不规范汉字，不应使用。

3. 已经淘汰的异体字

异体字是相对于正体字而言的，是指与规范的汉字形体不同而音义相同的字，即汉字的俗体、古体、或体之类。20 世纪 50 年代，经过对异体字的整理，确定了正体和异体，例如，"炤"与"照"、"峯"与"峰"、"氷"与"冰"，前一个字为异体字，后一个字为正体字。已淘汰的异体字是不规范汉字。除《中华人民共和国国家通用语言文字法》中规定的允许使用异体字的情况之外，不应使用异体字。

4. 已经停止使用的旧字形

旧字形是指 1965 年《印刷通用汉字字形表》之前人们使用的字形。例如，"告"的旧字形是"告"，"青"的旧字形是"靑"，"教"的旧字形是"敎"，"争"的旧字形是"爭"，"既"的旧字形是"旣"。字形标准确立之后，旧字形不再使用，是不规范汉字，应避免使用。

5. 错别字

书写汉字时会因疏忽而出现把字写错或者写成别的字的情况。错别字包括错字和别字。

错字指错误的不成字的字，即把字的笔画、笔形、结构或部件写错。比如将"染"字右上角的"九"写成"丸"，将"猴"字的右半部分写成"候"，在"曳"字的右上角多写一点，或者将"滤"下面的"心"写成"业"，这些都是错字。

别字是指把甲字用作乙字。比如，把"按部就班"写成"按部就搬"，把"赌博"写成"赌搏"，把"谈笑风生"写成"谈笑风声"，把"针砭"写成"针贬"。

现代社会中人们在使用电脑输入法打字时出现的错误以别字为主。

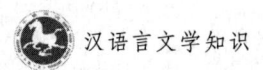

（二）旅游景区中的不规范汉字

旅游景区中存在书写错别字、滥用误用繁体字、误用异体字等使用不规范汉字的情况。景区管理方应予以重视，及时检查、纠正。导游在导游过程中也应能发现并予以指出和纠正。下面就旅游景区中常见的使用不规范汉字的几种情况举例说明。

1. 书写错别字

旅游景区标识牌上的文字基本上是用电脑打出的，一般不会出现错字现象，但在往牌子上喷涂或烙印的时候有可能丢掉部分偏旁，这样就会出现错字现象。例如，某景区标识牌上"游览"的"游"字没有偏旁"氵"，"方"上没有"、"，"救""浸""孩"也分别少了其中的"、"。

别字现象在各景区出现得比较普遍，主要有以下几种情况：

第一种情况是用音同或音近的字替代而出现的别字。例如，某景区标识牌上写着"治家着即能治国"，其中"着"当为"者"。又如"更为神奇的是花，果可以验丰歉这年，甚至连国家是否太平等也能精确预测"句中的"这"当为"之"。

第二种情况是用形似的字替代而出现的别字。例如，某景区标识牌上写着"成吉思汗率军出征，常设中军大帐，载于巨车，随时号令，使于议事，决断千里"。其中"使"当为"便"。

第三种情况是随意替代，主要是由于电脑输入汉字时粗心造成的。例如某景区标识牌上写着"北魏遗留的雕刻有：尖拱形火焰门楣、门槛雕刻、地面莲花于案和十神王雕刻等"，其中的"于"当为"图"。

2. 滥用误用繁体字

旅游景区的标识牌上存在使用繁体字的情况，其中大部分是符合前述规定的，但也常出现不规范的繁体字滥用和误用现象。例如，将"办公室"的"办""写为"辦"，"践踏"的"践"写为"踐"，"伽蓝殿"的"蓝"写为"藍"等。又如，某景区"客运中心"的标识牌，前后两个大门上一个采用简化字书写，另一个采用繁体字书写。再如，某景区某处说明介绍牌上写着"八十米壽"，"寿"使用了繁体字"壽"。这些繁体字使用在景区设施、环境教育、景物说明介绍等标识牌上，都属于滥用繁体字的不规范现象。

旅游景区中出现的不规范使用繁体字还有另一种情况，误用繁体字。汉字简化时存在一个繁体字简化后和另一个未经简化的传承字字形相同的情况，比如"打鬥"的"鬥"简化为"斗"，与表示量器的"斗"字同形。在使用时可能会出现由于不知道汉字的简化途径而误用繁体字的情况。例如某景区标识牌上写着"（张三丰）一顿饭能食升鬥"，其中"鬥"当为"斗"。

3.误用异体字

旅游景区误用异体字的情况较少，但也偶有出现，值得注意。例如，某景区标识牌上写着"大雁塔平面呈方形，共七层，高六十四公尺"，其中的"靣"是"面"的异体字，为不规范汉字。又如，某景区将"峰"写为"峯"，"峯"为异体字，也是不规范汉字。

第二节　旅游景区中的汉字书法景观

一、旅游景区汉字书法景观的功能

汉字起源于图画，因而天然具有很强的审美特质，并逐步发展成为具有民族特色的书法艺术。书法是中国文化的象征，它作为一种具有审美性的视觉符号，具有物质和精神双重属性。

许多旅游景区利用汉字书法作品在特定地理空间内的展现而形成具有特殊外部视觉特征和特殊地方感的场所环境，人文地理学者将其称为书法景观。景题、牌匾、楹联、石刻、碑林等是景区中汉字书法呈现的主要形式。书法景观在旅游景区中发挥了不可替代的作用，使旅游地具有更高的审美文化价值，更具活力和影响力，能够彰显旅游地特有的价值和魅力。书法景观在游客与自然景观之间架起一座桥梁，使游客在游览和休憩的过程中体会艺术与文化内涵，从而增强游客对景区的场所认同感，并进而影响游客的旅游行为。

导游在讲解中应能结合书法景观和书法作品所包含的美学价值、历史价值为游客进行科学的讲解，使游客对旅游地产生情感联结，提升游客的审美体验，进而提升游客对场所的感知、参与度和满意度。

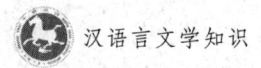

二、旅游景区汉字书法景观中汉字的艺术变化

（一）蕴含特定文化含义的古今题刻

汉字通常有其固定的字形，但人们在书写时有时通过灵活的变化使汉字字形表达出特定的文化含义，不失为一种妙用。

广西桂林龙隐岩有一处题刻，为清人王静山所刻，是一个草书的"佛"字，高 70 厘米，宽 82 厘米，该字形体夸张富于变化，远望之，形似一位老婆婆双手擎香虔诚地烧香跪拜，笔画间还可见香烟缭绕（图 2-1）。字形与字义巧妙结合，和谐统一。

图 2-1　桂林龙隐岩题刻"佛"

图 2-2　泰山"风月无边"题刻

泰山有一处著名的"风月无边"题刻，位于斗母宫南的盘路侧。摩崖高 60 厘米，宽 150 厘米，大字径 34 厘米 ×22 厘米，是清光绪二十五年（1899年）夏历下才子刘廷桂题书。此题刻实际上运用了离合字形的手法，它是由"风月"（繁体字形"風月"）二字拆去边框所得，意为"风月无边"，赞叹此处风景之优美（图 2-2）。

泰山石刻还有一处"鼠碑"，中间是一个鼠样图案，右边书"辛酉春三月"，左边书"李和谦游山乐"。中间的鼠样图案所代表的汉字，或说是"山"，或说是"乐"，或说是"如"，还有人认为是"如此好山"或"大好河山"四个字，说法不一而足，可谓见仁见智（图 2-3）。无论究竟是哪个或哪些汉字，这一草书造型充分显示了汉字书法在运用汉字之形表达丰富蕴含、寄托思想感情方面的功用。导游讲解此碑此字时可与游客互动，一定能使讲解充满意趣。

图 2-3　泰山石刻"鼠碑"

（二）艺术性"错别字"

汉字具有字形表义的功能，同时，汉字的书写也是一门艺术，这两方面促成了中国民俗中尤其是楹联匾额中的错别字文化现象。书法家有意识地将某个汉字写错，但其中多一个点或少一根竖，都寄寓着某种祝愿或蕴含着另一种意义。旅游景区的汉字书法景观中也有这种艺术性"错别字"现象，导游要注意将这种现象与前面讲到的不规范汉字中的错别字现象区别开来。

安徽黟县西递村瑞玉庭悬挂一副有名的错字联，里面有四个错字，却被誉为"西递第一联"。上联是：快乐每从辛苦得。下联是：便宜多自吃亏来。在书写时，上联的"快"字少一竖，"辛"字上多加一横，意为少一些享乐而多一份辛劳，下联的"多"字少一点，"亏"字则多添一点，寓意多吃一点小亏，吃亏是福，告诫人们做人要勤快、厚道。

承德避暑山庄正宫上悬挂着一方康熙皇帝御笔的"避暑山庄"匾额，"避"中的"辛"字下方多写了一横。该匾额由康熙皇帝所书，据说是康熙皇帝为追求书法美而有意写的书法字（图 2-4）。

图 2-4　避暑山庄匾额

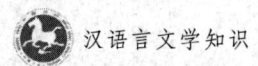

扬州大明寺平山堂"风流宛在"匾额，"流"字少了一点，"在"字却多了一点，如此增减汉字笔画实为形象地表达"宛在"之意境神韵（图2-5）。

图2-5　扬州大明寺平山堂"风流宛在"匾额

山东曲阜孔府大门有一副对联：与国咸休安富尊荣公府第，同天并老文章道德圣人家。其中，"富"字的宝盖去掉上面的点，表示"富贵无头"，"章"字中"早"的竖笔一直通到头，表示"文章通天"。对联将两个汉字进行了简笔和增笔的处理，虽是错字，却产生了独特的寓意。

导游讲解时向游客提示这些艺术性"错别字"的"错别"之处及其蕴含的民俗文化意义，既能增添讲解的趣味性，也能让游客了解汉字民俗的有关知识。

三、旅游景区汉字书法景观中繁体字的认读

旅游景区中的文物古迹和楹联、碑铭、题刻中常见一些繁体字、异体字，特别是繁体字，对于符合上述法律规定允许使用范围内出现的繁体字、异体字，导游在讲解过程中应能够准确认读。一般来说，对于繁体字和简化字的掌握，应遵循"识繁用简"的原则，识记一些常见的繁体字，特别是旅游景区中出现的繁体字。例如：

图2-6见于天山天池风景名胜区，牌匾上书繁体字"福壽觀"（福寿观），图2-7石上题刻"聖水祭壇"（圣水祭坛）。

图2-6　天山天池风景名胜区牌匾"福寿观"

图2-7 天山天池风景名胜区牌匾"圣水祭坛"

图2-8是大连金石滩景区内的一个牌匾，上书"天下為公"（天下为公）四字，是孙中山先生的题字。

图2-8 大连金石滩景区

图2-9和图2-10是青岛崂山风景区的题刻，图2-9刻有"覓天洞"（觅天洞），图2-10刻有"觀瀾"（观澜）。

图2-9 青岛崂山风景区题刻"觅天洞"   图2-10 青岛崂山风景区题刻"观澜"

桂林独秀峰·靖江王城景区为遗址遗迹类景区，有较多运用繁体字的情况。繁体字主要出现在牌匾、碑铭、石刻上面，尤其多见于大量的摩崖石刻中。如图2-11中书写的是"狀元及第"（状元及第）。图2-12中书写的是"獨秀社"（独秀社）。

图2-11 桂林独秀峰景区石刻"状元及第"   图2-12 桂林独秀峰景区石刻"独秀社"

黄山风景区内有著名的黄山摩崖石刻，时代为唐至近代。历代文人墨客、风流雅士为神奇险秀的黄山所吸引，纷至沓来，寻幽探胜，创作出大量诗词歌赋，留下众多摩崖石刻作品。比如图 2-13 中的"岱宗遜色"（岱宗逊色）、"奇觀"（奇观）、"氣象萬千"（气象万千）。

图 2-13　黄山风景区摩崖石刻（局部）

旅游景区内这些匾额、石刻等的汉字书法多使用繁字体，导游应具备能准确认读的能力，以备导游讲解之需。

四、旅游景区汉字书法景观中七种汉字形体的辨认

对于呈现于旅游景区内的匾额、楹联、碑铭、题刻上的汉字，尤其是汉字书法，导游应能做到认准、读对和讲清。这就要求导游具备准确辨认七种汉字形体（即甲骨文、金文、篆文、隶书、草书、行书、楷书）的能力。

图 2-14 是"马、眉、旦、为"四个汉字的七种字体对照。

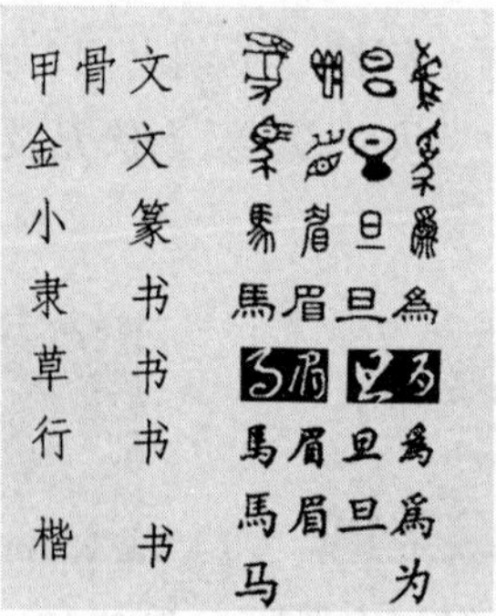

图 2-14　七种字体对照图

云南省昆明市石林风景区内，刻于山石上的"石林"二字采用隶书字体书写（图2-15）。

图2-15 石林风景区"石林"

秦淮河畔夫子庙内的贡院街有一处匾额上有三个字，草书字体书写（图2-16）。三个字是"古秦淮"，草书字形难辨，很多人看不出这三个字是什么字。后来请赵朴初先生用楷书题写（图2-17）。

图2-16 草书"古秦淮"

图2-17 楷书"古秦淮"

图2-18是广西桂林漓江风景区的一块石碑，此碑内容是为由民间发起的保护漓江活动而刻写的《漓江宣言》，立在磨盘山码头游客中心广场，通篇使用繁体字以及古汉语的句读，以楷书字体书写，最后用篆刻落款"中华全国律师协会、广西律师协会"。石碑上还有"保护漓江"四字篆刻。

图 2-18 《漓江宣言》

图 2-19 《金牛铭》

《漓江宣言》全文如下：

奇特的喀斯特地貌，使漓江成为世界上独一无二的河流；承载的山水文化，使桂林成为中国独具特色的城市。娇媚多姿的漓江，清澈见底、凤竹依依、鲜花竞放。她是桂林生生不息的载体，浸润着生命，孕育着文明。然而，人类的活动已经给这天际之水带来威胁。"百里漓江百里画廊"，她是桂林的，是中国的，也是世界的！珍惜每一滴水、每一朵浪花，珍惜每一棵树、每一寸草地，是我们的共识，也是我们最朴素的品质。爱护漓江、保护漓江，需要每个人的支持和参与。带着你的亲人、带上你的朋友，加入保护漓江的行动中来吧！让我们携起手来，以共同的力量保护漓江，以共同的愿望延续漓江的美丽！

北京颐和园廓如亭北面的堤岸上有一座铜牛，牛背上用篆文铸有乾隆皇帝所书的一首四言铭文《金牛铭》，是颐和园昆明湖边一道独特的人文景观。（图 2-19）

铭文内容如下：

五、七种汉字形体的书法艺术特点及其代表作

书法作为一门艺术，是以汉字的方形结构和线条变化为基础的。书法是中国文化艺术的典型代表之一，是中国文化特色、中国艺术审美的象征。我国旅游景区内多有书法作品呈现于景区空间，形成特有的书法景观。书法景观对旅游景区文化内涵和空间意蕴的构造与提升以及游客地方感的形成具有重要作用。因此，书法景观必定成为导游讲解中不可忽视的重要内容。下面对汉字七种形体的书法艺术特点及其代表作进行简要介绍。①

（一）甲骨文的书法艺术特点及其代表作

甲骨文是一种比较成熟的文字，作为书法艺术作品，具有突出的风格特点。甲骨文已具备了中国书法的一些基本要素如笔法、结体、章法等，逐渐具备了一些造型美的因素，如平衡、均匀等。甲骨文以刀刻为主，运刀刻写，大部分是直线，曲线则棱角清晰。由于刀刻工具的利顿、刻工技艺的高下、锲刻材料的不同，甲骨文也呈现出不同的风格，有的线条粗重古拙，有的劲利细巧，有的规整端庄，有的欹斜多变。

甲骨文的书法特点在两百多年中也有发展变化，后期逐渐趋于方正，排列整齐，端正严整，小字居多，大小较划一，刻写技术日益成熟。当然，此时的书法尚处于不自觉阶段，人们追求的最多的是书写的整齐、端正。

图 2-20 为甲骨文"祭祀狩猎涂朱牛骨刻辞"，武丁时期甲骨刻辞是商代武丁时期（约前 13 世纪上半叮至前 12 世纪下半叶）锲刻在一块牛胛骨上的文字。骨版正面刻辞 4 条，背面 2 条，共 160 余字，字内填朱。该刻辞笔画有粗有细，有方有圆，以方折为主，线条粗壮浑厚；结体诡奇多变，造型朴素自然；整幅刻辞具有浓厚的古朴美。

图 2-20 祭祀狩猎涂朱牛骨刻辞

---

① 这一部分重点从书法艺术的角度进行介绍，与第一章第三节侧重介绍汉字形体本身的特点不同。

（二）金文的书法艺术特点及其代表作

金文起于商，而盛于周。此时，以青铜为材料的礼器、祭器是非常昂贵而神圣的，这些物品往往代表着贵族的地位和力量，因而对文字的铸刻就有美的要求。铭文书写的书法之美开始显现，其风格也随时代发展而有所变化。

殷商青铜器铭文书法的主要特点是，线条流动性强，曲直变化鲜明，字形、体式和章法的变化，顺乎自然，合于性情，没有固定的程式，笔法也较自由。

后母戊鼎是商代中期的著名青铜器，1938 年出土于河南安阳武官村，现藏于中国国家博物馆，是我国迄今为止发现的最大青铜器。鼎的腹部内铸刻有"后母戊"三个大字，是商代金文书法的代表。文字造型以象形为主，保留早期汉字的浓厚的图画意味；笔画遒劲而圆润，一画之中粗细不一，中间部分肥粗，头尾两端尖细，露出锋芒；整体具有稚拙美以及象形和装饰的统一美。

图 2-21　后母戊鼎

西周是金文的鼎盛时期，这个时期的金文风格厚重雄浑、典雅壮丽、庄重美观。金器上的铭文有的多达几百字，多数只有几个或几十个字。

大盂鼎是西周康王时期的著名青铜器，内壁有铭文，长达 291 字（图 2-22）。其书法体势严谨，字形、布局都十分质朴平实，用笔方圆兼备，表现出端严凝重的艺术风格，是西周早期金文书法的代表作。

西周中后期，金文风格发生较大变化，如蝌蚪状肥笔消失、人工镂雕痕迹减轻，标志着金文书法技艺更趋成熟。西周中期的金文，笔画纤瘦，结体庄重，行款疏朗，风格趋向凝练秀丽，通篇呈现出秀丽圆润之姿。代表作为《墙盘》（图 2-23）。

西周晚期铭文，线条粗细均匀，肥笔消失，结体多变。毛公鼎为周宣王（前 827~前 782）时重器，记天下四方动乱，周宣王命毛公父厝辅协事，共 497字（图 2-24）。其书法特征，字形瘦劲修长，不促不懈，章法纵横宽松疏朗，布局错落有致顺乎自然，显示出西周晚期文字书写所具有的纯熟技巧和表现手法。毛公鼎对后世的书法家影响很大，为后人提供了很好的临摹模版，清朝书法家李瑞清甚至说："毛公鼎为周庙堂文字，其文则《尚书》也；学书不学毛公鼎，犹儒生不读《尚书》也。"散氏盘属西周晚期青铜器，因铭文中有"散氏"

字样而得名，内底铸有铭文 19 行，共 357 字，其书法之美在于一个"拙"字，线条的厚实与短锋形态，表现出斑驳陆离、浑然天成之美（图 2-25）。虢季子白盘也是西周晚期青铜器，盘内底部有铭文 111 字，语句以四字为主，文辞优美；书法圆转周到，字体端庄，是金文中的书家法本（图 2-26）。

大盂鼎、散氏盘、毛公鼎、虢季子白盘被称为书法史上的"四大国宝"。

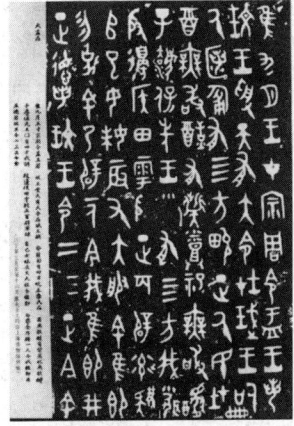

图 2-22　大盂鼎　　　　　　　　图 2-23　墙盘

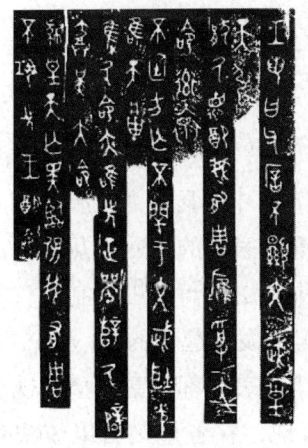

图 2-24　毛公鼎　　　　图 2-25　散氏盘　　　图 2-26　虢季子白盘

（三）篆文的书法艺术特点及其代表作

1. 大篆的书法艺术特点及其代表作

大篆书法可以石鼓文为代表（图 2-27）。石鼓文是东周时代的秦国刻石，

图 2-27 石鼓文

共计 10 件，高约三尺，径约二尺，每件石刻刻有大篆四言诗一首，诗风类似《诗经》，共 10 首，计 718 字。唐代初年发现于陕西省宝鸡市凤翔县三畤原荒郊，原石现藏于北京故宫博物院。因为文字刻在 10 块鼓形石头上，所以后人称之为"石鼓文"。石鼓文是大篆书法中的艺术珍品，是中国书法史上具有划时代意义的优秀作品，也是到目前为止所知道的我国最早的石刻文字。它一直受到后人的喜爱，被称为"书家第一法则"。

石鼓文在书法史上有承前启后的重要地位。它的字体是典型的秦国书风，并对后来秦朝小篆的出现产生了很大影响。同时其本身的艺术成就也很高，它的结体方正匀整，舒展大方，线条饱满圆润，笔意浓厚，圆转中略带方折，朗润而不失天然。

石鼓文受到唐以后书法家的高度重视，唐张怀瓘《书断》中说它"体象卓然，殊今异古；落落珠玉，飘飘缨组；仓颉之嗣，小篆之祖"。宋代大文豪、书法家苏轼认为石鼓文"上追轩颉""下揖冰斯"，也给予了极高评价。

2. 小篆的书法艺术特点及其代表作

小篆字体结构呈长方形体，线条粗细相等，圆转匀称，显得十分简练；笔势凝重稳健，在整体上显得势沉力雄、庄重典雅。书法方面，用笔精美，平稳流转，气魄宏大，简洁明快。与先秦书法相比，秦代小篆行笔粗细大体相同，横平竖直，转折处流利飘逸，无生硬之笔，委婉含蓄中又显骨力丰沛之气。

在秦朝灭亡后的两千多年里小篆一直受到书法家们的喜爱，几乎历代都有善于书写小篆的大家出现。此外，小篆也是中国历代封建王朝制作官用印玺的首选字体，篆刻艺术就是受到这方面的影响而发展起来的。

小篆书法作品以秦代遗留下来的七大刻石为代表，都是秦始皇巡视全国时所立。秦始皇统一中国后，多次巡视全国各地，在各地刻石以炫耀其功勋。据《史记》记载，计有峄山刻石、泰山刻石、琅琊刻石、芝罘刻石、东观刻石、碣石刻石、会稽刻石七种。现在仅泰山刻石、琅琊刻石的原拓文字稍有残存，峄山刻石、会稽刻石宋人有复刻本。据传这些刻石文辞及其书法都出自秦宰相李斯之手，其主要内容是歌颂宣扬秦始皇功德以及秦朝立国的正义性和优越性（图 2-28~图 2-32）。

图 2-28　李斯　泰山刻石

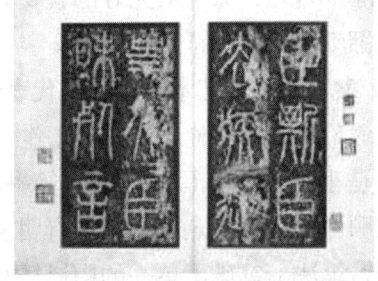
图 2-29　泰山刻石（故宫博物院藏明拓本）

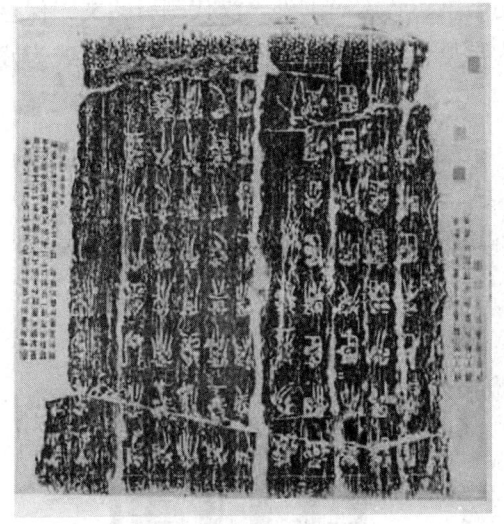
图 2-30　李斯　琅琊刻石

图 2-31　李斯　峄山刻石

这些刻石碑文，线条匀称，笔画简洁，转折处圆中带方，起笔和收笔处圆笔略粗，有逆笔回锋的笔意。横笔收笔处略呈上挑，隐含隶意，直笔收笔处稍肥。泰山刻石结体宽松，疏密匀称，点画朴厚，充满了威严端庄、雍容劲健的气息。琅琊刻石字体端庄古朴、工整谨严。峄山刻石唐代已有摹本，唐以后摹刻本则更多，其书法"笔画圆劲，古意毕臻"。李斯的篆书对中国汉字及书法的发展做

图 2-32　李斯　峄山刻石

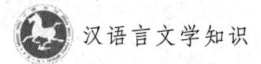
出了不可磨灭的贡献，被人们视为"小篆极则"。

小篆除刻石外，保存最完好的就要算虎符了。由于出土虎符是原物，而刻石多为翻刻，所以虎符上书写的文字备受书法家青睐。

（四）隶书的书法艺术特点及其代表作

1. 秦隶的书法艺术特点及其代表作

秦隶是小篆的草率写法，留有篆书的痕迹。不过，秦隶已有明显的波磔，逆入顺出的横画和点的运用都有明显的增加。其用笔浑厚而丰满，风格古朴遒劲，笔法上突破了单一的中锋用笔，为以后各种书体奠定了基础。如《青川木牍》《睡虎地秦简》等作品（图2-33、图2-34）。

隶书书法除民间流传下来的帛书、竹木简书外，汉代刻石铭文，保存也较为集中。不过，西汉刻石较为罕见，而且不少刻石或篆隶杂用，或为残存篆意的古隶。

图2-33 《青川木牍》

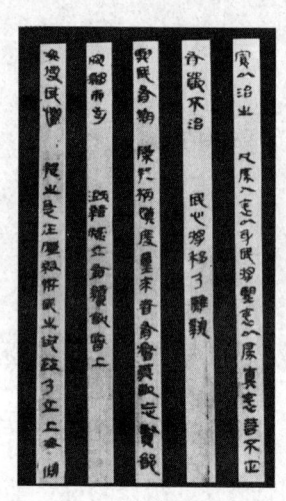

图2-34 《睡虎地秦简》

2. 汉隶的书法艺术特点及其代表作

汉代是书法艺术成熟的时期，此时隶书定型，草书、行书、楷书也应运而生，终于形成隶书盛行、诸体皆备的辉煌局面。

汉隶上承秦隶，又显出自身点划均匀、舒展自由的特点。其笔法日臻纯熟，书体风格多样；字形结体横向开张，横笔波折弯曲，竖笔较短，呈扁平之态。

现存的汉隶作品主要是以刻石、碑文和帛书简牍的形式流传下来的，比较著名的作品，刻石有莱子侯刻石、开通褒斜道摩崖、鲁孝王刻石等，碑文有《石门颂》《乙瑛碑》《西狭颂》《郙阁颂》《礼器碑》《孔庙碑》《华山碑》《曹全碑》《张迁碑》《熹平石经》等（图 2-35~ 图 2-38），帛书和简牍有《长沙马王堆帛书》《居延汉简》《武威汉简》等，都是备受历代书法家喜爱的汉碑佳品。这些作品几乎都无法考证其作者，只有《熹平石经》据传是由东汉书法家蔡邕所书。《熹平石经》结体平整端庄，浑厚凝重，深受时人喜爱。

《三体石经》刻于 241 年，内容刻有《尚书》《春秋》和部分《左传》，因碑文每字皆用古文、小篆和汉隶三种字体写刻，故名，是继《熹平石经》后建立的第二部石经（图 2-39）。《三体石经》在中国书法史和汉字的演进发展史上具有非常重要的意义。

图 2-35　张迁碑　　　图 2-36　礼器碑　　　图 2-37《曹全碑》

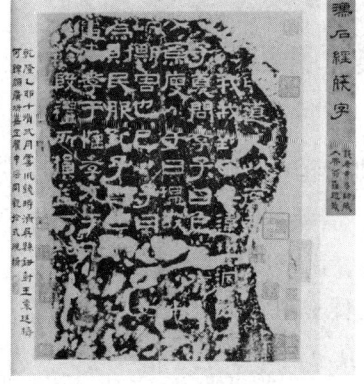 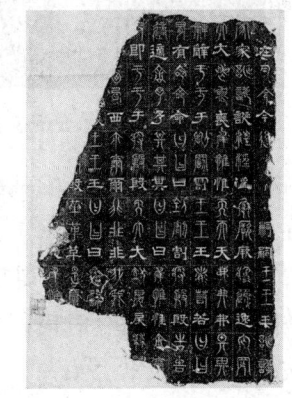

图 2-38　《熹平石经》　　　图 2-39　《三体石经》拓本

（五）楷书的书法艺术特点及其代表作

三国、魏晋时期，汉字五种基本字体——篆书（包括大篆和小篆）、隶书、草书、楷书和行书都已经基本发展成熟，其中楷书、草书和行书三种字体更是得到空前的发展。这个时期出现了一些对后世影响极大的书法家，他们创作的很多作品被后世尊为中国书法的经典之作。三国时期的书法家钟繇擅长楷书，他的小楷作品《宣示表》，被后人誉为"正书之祖"。初期的楷书受汉隶影响仍残留隶笔，结体略宽，横画长而直画短。如钟繇的《宣示表》和王羲之的《乐毅论》等（图2-40、图2-41）。

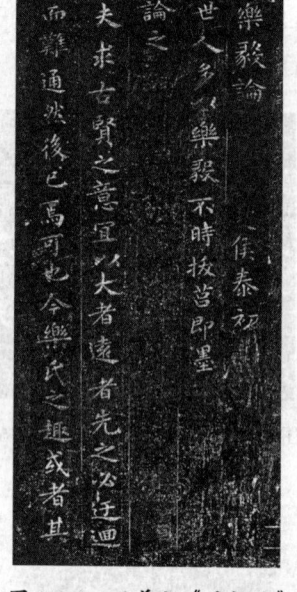

图2-40　钟繇《宣示表》　　图2-41　王羲之《乐毅论》

南北朝时期的书法在魏晋的基础上继续发展，楷书书法的成就很高。南朝和北朝在风格上表现出显著差异。清朝刘熙载在《艺概·书概》中评论，"南书温雅，北书雄健""北书以骨胜，南书以韵胜"。

唐代是楷书发展的黄金时代，书体成熟，书家辈出。欧阳询，唐初著名书法家，被称为"唐人楷书第一"，其书法于平正中见险绝，号为"欧体"。代表作有《化度寺邕禅师舍利塔铭》《虞恭公温彦博碑》《皇甫诞碑》等。另有行书作品《仲尼梦奠帖》《行书千字文》。欧阳询在书法理论方面也有独到见解，著有《八诀》《传授诀》《用笔论》《三十六法》等书法理论著作。颜真卿，盛唐时期著名书法家，书法精妙，擅长行、楷。颜真卿创"颜体"楷书，结字由初唐的瘦长变为方形，方中见圆，具有向心力，书风端庄雄伟，大气磅礴，多力筋骨，极显盛唐气象。其行书遒劲郁勃，也显盛唐风度。颜真卿与赵孟頫、柳公权、欧阳询并称为"楷书四大家"。颜真卿楷书代表作主要有《多宝塔感应碑》《麻姑仙坛记》《东方朔画像碑》《颜勤礼碑》《颜氏家庙碑》等（图2-42），行书有《争座位稿》等。柳公权，中唐著名书法家，与颜真卿并称"颜柳"，被称为"颜筋柳骨"。柳公权的楷书自创"柳体"，独树一帜，以骨力劲健见长。其代表作主要有《玄秘塔碑》《金刚经刻石》《冯宿碑》等（图2-43）。

图2-42　颜真卿《多宝塔感应碑》

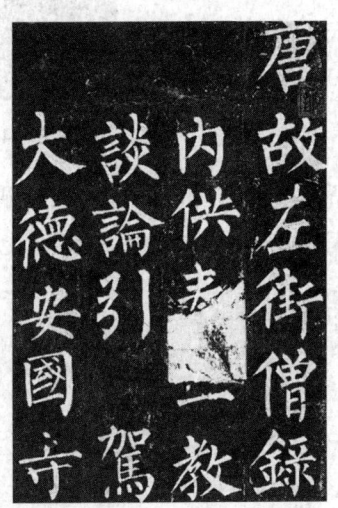

图2-43　柳公权《玄秘塔碑》

（六）草书的书法艺术特点及其代表作

草书的书法艺术价值远高于其实用功能，特别是狂草，用笔连绵环绕，上下相属，字形仅略具大意，完全成为一种供人欣赏的艺术品。草书书法在中国书法史上具有非常重要的地位。

西汉黄门令史游是现在所知第一个草书书法家，他所作《急就章》是章草的第一个范本。今见《急就章》贴本，传为三国人皇象所临（图2-44）。

图 2-44　皇象《急就章》

　　章草笔画省变而尚有章法可循，今草则不拘章法，笔势流畅，代表作如晋代王羲之《得示》《初月》《十七帖》等帖（图 2-45~图 2-47）。

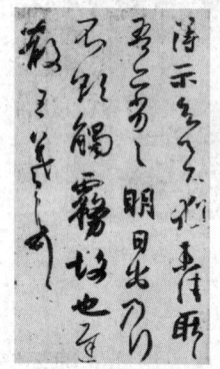 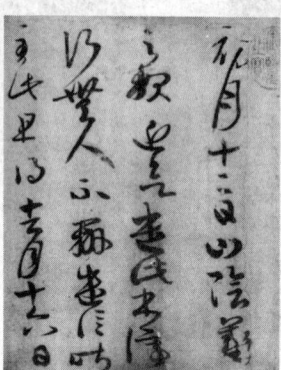 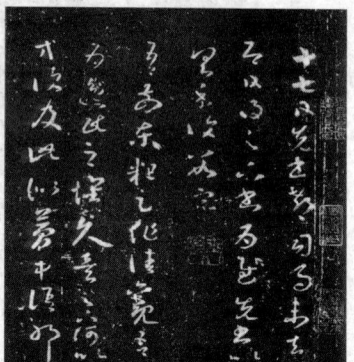

图 2-45　王羲之《得示》　　图 2-46　王羲之《初月》　　图 2-47　王羲之《十七帖》

　　狂草出现于唐代，以张旭、怀素为代表，笔势狂放不羁，成为完全抛开实用的艺术创作，代表作有唐代张旭《肚痛帖》和怀素《自叙帖》等（图 2-48、图 2-49）。

图 2-48 张旭《肚痛帖》

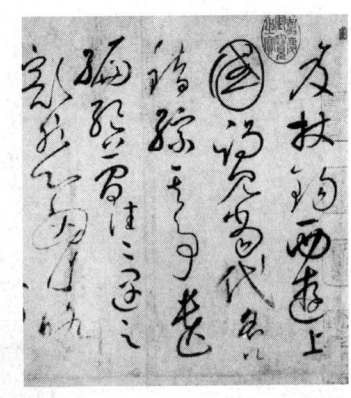

图 2-49 怀素《自叙帖》

（七）行书的书法艺术特点及其代表作

行书兼具实用性和艺术性，行书书法以其行云流水、飘逸易识的艺术表现力具有广泛的影响和永久的魅力。行书用笔以简省的笔画代替繁复的点画，以圆转代替方折，笔画相连处流畅、活泼，气势连贯；结体大小相兼，收放结合，布局疏密得体，用墨浓淡相融。

王羲之，东晋著名书法家，被誉为"书圣"，与钟繇并称"钟王"，与其子王献之并称"二王"，代表作是《兰亭序》，被誉为"天下第一行书"（图 2-50）。《快雪时晴帖》是王羲之当今存世的唯一书法精品真迹，不少人认为《快雪时晴帖》是仅次于《兰亭序》的又一件行书代表作（图 2-51）。

被誉为"天下第二行书"的是唐代颜真卿的《祭侄文稿》，被誉为"天下第三行书"的是北宋苏轼撰诗并书的《寒食帖》（又名《黄州寒食诗帖》《黄州寒食帖》）。

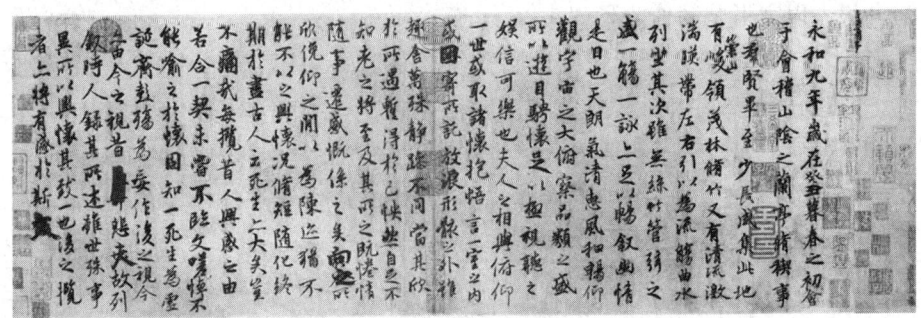

图 2-50 兰亭序

图 2-51　王羲之《快雪时晴帖》

第三节　汉字修辞在导游讲解中的应用

一、汉字修辞

汉语修辞可以利用汉语的语音、词汇和语法材料，也可以利用汉字。利用汉字的形体来增强语言表达效果的修辞现象就是汉字修辞。例如：

她勇敢地问："喜欢我吗？"他回答了，但没有声音，也没有言语，只做了一个吕字。（周立波《山乡巨变》）

"只做了一个吕字"，利用汉字"吕"由两个"口"组合之形模拟两人接吻之状，以字形状动作之形。

昔人已乘黄鹤去，此地空余黄鹤楼。黄鹤一去不复返，白云千载空悠悠。晴川历历汉阳树，芳草萋萋鹦鹉洲。日暮乡关何处是？烟波江上使人愁。（崔颢《黄鹤楼》）

"芳草萋萋"，运用联边的修辞手法，将四个带"艹"字头的字连在一起使用，利用汉字结构上的特点描摹出鹦鹉洲青草茂密的情景，渲染了诗作的意境。

导游讲解时适当运用汉字修辞，与景点景物协调配合，可以使导游讲解生动化、形象化、立体化，增强表达效果。

下面具体介绍联边、析字、图示三种主要的汉字修辞及其在导游讲解中的应用。

二、联边在导游讲解中的应用

联边是连用三个或三个以上偏旁相同的汉字，以达到特定修辞目的的修辞现象。例如：

夕阳西下，青峰变紫，水面上飘起薄薄的雾气，山间也飘荡着薄薄的雾气。这自由自在的雾气把山水连成一片，混混沌沌，浩浩茫茫。

"浑浑沌沌，浩浩茫茫"这八个连用汉字都包含"氵"这个构字部件，构成了联边修辞。

联边的修辞功能是以形示意。多个具有相同偏旁的汉字有序排列，呈现在读者眼前的是一种具有独特形貌特征的书面语言。书面上重复出现的汉字偏旁映射了物理空间中最引人注目的情景画面。联边通过重复连用的方法，使相同的偏旁部首突显出来，从而产生一种重叠复沓的效果。如果这些偏旁部首带有一定的形象性，还会引起人们对其所表示的意义产生形象上的联想。人们看到"芙蓉芍药"，便会使人联想起百花齐放、万紫千红的景象；看到"嵯峨峥嵘"，便仿佛看到了崇山峻岭、群峰峭拔的山势；看到"汹涌澎湃"，便好似在眼前显现出波涛翻滚、巨浪拍岸的景象。联边汉字仿佛描画了一幅形象生动的写意画。旧时一座海神庙一副楹联这样写道：

浩海汪洋波涛涌，溪河注满；

雷霆霹雳霭雾霏，霖雨雾霏。

上联连用十一个"氵"旁的汉字，下联连用十一个"雨"字头的汉字。这样的汉字之构形与海神庙是非常贴切的。

导游讲解中可以结合解说客体的特征，运用联边修辞手法，使讲解产生重叠复沓、直观形象的效果。比如，当讲解绍兴兰亭时，一般要提到王羲之《兰亭集序》对兰亭以及周边景物的描绘，这时候要注意对其中运用的联边修辞现象加以解说。可做如下讲解：

东晋王羲之《兰亭集序》中有"此地有崇山峻岭，茂林修竹，又有清流

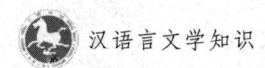

激湍，映带左右，引以为流觞曲水，列坐其次"的描绘，其中运用汉字联边手法"崇山峻岭""茂林修竹""清流激湍"等，把景区的山、林、水的自然风貌形象直观、生动传神地展现了出来。

三、析字在导游讲解中的应用

析字是利用汉字笔画或偏旁的结构特点，减损、增加或离合字形，使汉字发生变化并产生新义的修辞技巧。比如，"何处合成愁？离人心上秋"句中"心上秋"通过析"愁"字而得，采用的是离合字形的手法。析字是汉语独有的一种修辞格，它充分发挥了汉字形体结构的特点，通过对字形结构进行分离、拆解、组合和增损来寄意寓理、表情达意。

在旅游景区我们也会发现这种充满智趣的文字游戏，特别是人们利用析字手法创作出的对联，称为析字对联。例如：

浙江杭州西湖竺仙庵的楹联："品泉茶三口白水；竺仙庵两个山人。"上联拆"品"为"三口"，拆"泉"为"白水"；下联拆"竺"为"二个"，拆"仙"为"山人"。利用的是离合字形的手法。

导游讲解时如能将此析字对联所使用的析字修辞手法介绍给游客，游客便能感受到此联之意境清新，耐人寻味的绝佳效果，定会为之拍案叫绝。

导游讲解中应善用析字修辞，从而达到意想不到的讲解效果。

绍兴花雕酒属于黄酒，是中国的传统特产酒。周作人先生曾写《谈酒》一文，专门讲绍兴饮黄酒的习俗……他说："我既是酒乡的一个土著，又这样喜欢谈酒，好像一定是与'三酉'结不解缘的酒徒了。其实却大不然。"周作人先生将"酒"拆成"三酉"，利用的也是离合字形的手法。在介绍绍兴黄酒时如果引用这一用例，会使讲解产生较强的艺术感染力。

四、图示在导游讲解中的应用

图示是用字形、字母、符号或简单图形等代替语言进行表达的修辞技巧。例如：

一到夏天，睡觉时她又伸开两脚两手，在床中间摆成一个"大"字，挤得我没有余地翻身。（鲁迅《阿长与〈山海经〉》）

图示修辞手法追求的是汉字结构形体的轮廓与所描写事物的轮廓的相似性，此例中汉字"大"的字形与人伸开双手双脚的睡相是十分相似的。再如：

正屋和锅屋有一堵墙合用，这两间屋形成了"丁"字形。（卢群《有这么一个地主》）

似乎，她看见了一座山，曲折的山路在白色的岩壁上画出了巨大的"之"字。"之"字上面的一点是一轮刚刚跃出峰尖的紫色的太阳。（王树增《破译》）

图示借用汉字的形体来描写事物，不但代替了枯燥的语言叙述，而且使表达效果更加形象生动。导游讲解时可以有意识地运用图示修辞手法，以突出解说客体的形貌特征，从而给游客留下深刻印象。比如，可以进行如下讲解：

①小岛上有几间"介"字形的茅草房，感觉像人间驿站一样惊心动魄。

②南岳大庙的第三进又叫川门，大家看到的这三个半圆形的门就像一"川"字，川门分为正川门和东西川门，它们全由青砖砌成，高达15米。

③在乾隆时期，这组建筑叫"罗汉堂"，是一座寺庙建筑，建筑布局呈"田"字形。

④毛泽东故居是湖南农村常见的"凹"结构，土墙、瓦顶，高而轩敞。房屋亦齐全，除"凹"形的一侧与邓姓人家共建，正堂之外尚有退堂，卧室之外又有卧室，柴屋之外另有仓库，猪栏之外又有牛栏。

⑤过柴门，就是纪念建筑的最后一个庭院工部祠。工部祠是供奉杜甫塑像的飨殿，因杜甫曾被授"检校工部员外郎"之衔，人称"杜工部"，所以作如此命名。只见三建筑呈"品"字排列，"工部祠"居中，前边两侧西为"恰受航轩"，取自杜诗"野航恰受两三人"；东为"水竹居"，也取自杜诗"懒性从来水竹居"。

⑥这是地宫的中殿，当年被打开时，里面有三座汉白玉的宝座，呈"品"字形陈列，现在为了参观方便，摆成了"三"字形。

⑦这个观音像与众不同，和我们常见的不一样。一个是额头上有慧眼。一个是发髻上有三个发佛，呈"品"字形排列，而且在第三个小的佛像上面还有一个全身的弥勒佛像。

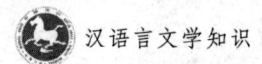

上述图示字形，使用的都是笔画较少、造型明显的汉字，所以对其讲解对象的象形描述清晰显豁，对其景观特点的揭示重点突出，能给游客留下深刻印象。

第四节　导游工作中常见的难读和易误读汉字

一、难读汉字

导游讲解中有时会遇到一些非常用字词，可能会发生不会读、读不出的情况，影响导游效果。因此，导游应学习掌握一些和旅游景区有关的常见难读汉字的读音。以下按内容分类列举出一些难读汉字。

（一）日常生活用品

毳 cuì	毇 huǐ	廛 chán	匜 yí
缶 fǒu	鬲 lì	鷹 yàn	盧 xī
簋 guǐ	簠 fǔ	斝 jiǎ	玦 jué
籭 yǎn	滫 zhǐ	縣 mián	困 qūn
爨 cuàn	仝 tóng	䌷 yóu	塤 xūn
觚 gū	甑 zèng	甗 yǎn	鬹 guī
龠 yuè	輦 niǎn	绺 pèi	圭 guī
黺 fèn	合 gě	斛 hú	豊 lǐ
辂 lù	耒耜 lěisì	鞮 dī	觯 zhì
琮 cóng	珪 guī	璜 huáng	觿 xī
盨 xǔ	觳 hú	卣 yǒu	盉 hé
罍 léi	瓿 bù	衾 lián	缟 gǎo
笈 jí	兕觥 sìgōng		

（二）人体、服饰、建筑、制度

奭 ruǎn	厷 gōng	彳 chì	帔 pèi
衮冕 gǔnmiǎn	舄 xì	弁 biàn 服	黻 fú
黼 fǔ	宕 dàng	戗 qiàng 脊	天赆 kuàng 殿
甃 zhòu	壸 kǔn 门	辐辏 còu	刖 yuè

阋 xì	剕 fèi	劓 yì	拶 zǎn
脔 luán	笞 chī	钺 yuè	

（三）祭祀礼仪

徵（古代五音之一）zhǐ	弔 diào	缞 cuī
疐 zhì	奭 shì	衅 xìn	佾 yì
胙 xī	祜 hù	笏 hù	寮 liáo
祓 fú	壝 wéi	瘗 yì	卤簿 lǔbù
跸 bì	俎 zǔ	舁 yú	雩 yú
禳 ráng	粢 zī	耤 jí	厝 cuò
匏 páo	鬯 chàng	醴 lǐ	玦 jué
珩 héng	斋醮 jiào	绖 dié	瑚琏 húliǎn

（四）宗教民俗

伽 qié 蓝	跏趺 jiāfū	锤鍱 yè	寮 liáo 房
身 yuān 毒	旃 zhān 檀	閦 chù	萨埵 duǒ
曼荼 tú 罗	祇 qí	乾闼 tà 婆	窣 sū 堵坡
筮 shì	谶 chèn	合卺 jǐn	傩 nuó

（五）少数民族

羌 qiāng	僰 bó	荤粥 xūnyù	猃狁 xiǎnyǔn
瓦剌 là	鞑靼 dádá	回鹘 hú	羯 jié
瓯骆 ōuluò	吐谷浑 tǔyùhún	龟兹 qiūcí	于阗 tián

（六）地名、人名

歙 shè 县	婺 wù 源	醴 lǐ 陵	嵊泗 shèngsì
太姥 mǔ 山	冠豸 zhài 山	缙 jìn 云山	肇 zhào 庆
雅砻 lóng 江	衢 qú 州	阆 làng 中	日喀 kā 则
芮 ruì 城	鄢 líng 县	西泠 líng	郴 chéng
郾 yǎn 城	北邙 máng	罽 jì 宾	昙无谶 chèn
程颢 hào	姜夔 kuí	米芾 fú	赵孟頫 fǔ
艾提尕 gǎ	果铎 duó	奕劻 kuāng	奕䜣 xīn
奕诒 zhǔ	奕譞 xuān	嫘 léi	嫪毒 làoǎi

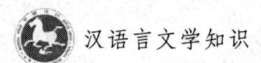

（七）动物、植物、自然风光

蛊 gǔ	蟲 chóng	鱻 xiān	羴 shān
贔 bì	参 zhěn	隹 zhuī	雎 jū
翟 dí	雠 chóu	彖 tuàn	豭 jiā
豖 chù	燹 xiǎn	羼 chàn	骉 biāo
夔 kuí	朮 shū	秫 shú	艸 cǎo
柰 nài	瓯 yǔ	蓏 luǒ	瓠 hù
喦 yán	攸 yōu	杲 gǎo	砅 lì
胐 fěi	岯 pǐ	垚 yáo	嵕 zōng
畋 tián	潟 xì	虺 huǐ	坔 mì
坔 dì	蓍 shī	艓 dié	砗磲 chēqú
秬 jù			

（八）其他

遹 yù	猷 yóu	乂 yì	迓 yà
裛 yì	焙 bèi	抟 tuán	旰 gàn
陟 zhì	盰 gàn	搢 jìn	讦 jié
怋 mín	钜 jù	笈 jí	昫 xù
歆 xīn	绺 liǔ	氤氲 yīnyūn	晋 lì

二、易误读汉字

有一些常用或次常用汉字，很多人不掌握它们的准确读音，容易出现误读的情况。为了实现导游讲解的最佳效果，导游应做到掌握这些汉字的准确读音，在导游讲解过程中不出现误读的情况。以下列举的是 2018 年 5 月 16 日《人民日报》官方微博公布的 100 个极易读错的字。

清癯（qú）	说（shuō）服	确凿（záo）
老妪（yù）	迸（bèng）发	狙（jū）击
干涸（hé）	按捺（nà）	喟（kuì）叹
掣（chè）肘	引擎（qíng）	一瞥（piē）
龋（qǔ）齿	玷（diàn）污	骈（pián）文
砥砺（dǐlì）	一绺（liǔ）	撅（juē）断

摩挲（māsa/mósuō）　　　篾（miè）片　　　　　龅（bāo）牙

讣（fù）告　　　　　　　打烊（yàng）　　　　豆豉（chǐ）

蹊跷（qīqiao）　　　　　游弋（yì）　　　　　熨帖（yùtiē）

佞（nìng）臣　　　　　　合卺（jǐn）　　　　　孑孓（jiéjué）

彳亍（chìchù）　　　　　柏（bǎi）树　　　　　粗犷（guǎng）

姣（jiāo）好　　　　　　倔（jué）强　　　　　湍（tuān）急

堤（dī）岸　　　　　　　倏（shū）忽　　　　　牛虻（méng）

恫吓（dònghè）　　　　　豢（huàn）养　　　　　自诩（xǔ）

通缉（jī）　　　　　　　膻（shān）味　　　　　剽（piāo）悍

参与（yù）　　　　　　　执拗（niù）　　　　　戏谑（xuè）

中（zhòng）肯　　　　　涤（dí）纶　　　　　　眼睑（jiǎn）

疏浚（jùn）　　　　　　皲（cūn）裂　　　　　逡（qūn）巡

犄（jī）角　　　　　　　血（xuè）液　　　　　角（jué）逐

铜臭（xiù）　　　　　　框（kuàng）架　　　　正（zhēng）月

禅（shàn）让　　　　　　佣（yòng）金　　　　古刹（chà）

妊娠（rènshēn）　　　　　强（qiǎng）求　　　　押解（jiè）

与（yù）会　　　　　　　拓（tà）本　　　　　盥（guàn）洗

翌（yì）日　　　　　　　佣（yōng）工　　　　剽（piāo）窃

创（chuāng）伤　　　　　道行（heng）　　　　嫉（jí）妒

亲（qìng）家　　　　　　卡（qiǎ）壳　　　　　梵（fàn）文

入场券（quàn）　　　　　呷（xiā）一口　　　　不吱（zī）声

弄巧成拙（zhuō）　　　　为虎作伥（chāng）　　引吭（háng）

同仇敌忾（kài）　　　　　虚与委蛇（wēiyí）　　繁文缛（rù）节

飞来横（hèng）祸　　　　负隅（yú）顽抗　　　　便（biàn）宜行事

闭目塞（sè）听　　　　　锲（qiè）而不舍　　　宁缺毋（wú）滥

间不容发（fà）　　　　　空穴（xué）来风　　　蓦（mò）然回首

数（shuò）见不鲜（xiān）　　　　　　　　　　强（qiǎng）词夺理

怏怏（yàngyàng）不乐　　拾（shè）级而上

第一章
旅游解说与导游语言

第一节　旅游解说

一、旅游解说功能

解说一般指环境解说，环境解说是一个系统，一个重要目标是通过解说达到环境教育的目的。

旅游解说系统是环境解说的下位概念，其主要功能是提供旅游解说信息服务并使其具有积极的教育意义。旅游解说系统服务范围，与构成旅游的要素有关。构成旅游的三个基本要素是：旅游主体（旅游者）、旅游客体（旅游资源）、旅游媒介（旅游业）。其旅游业由主体部门、相关部门和管理部门构成。主体部门是为旅游者提供服务的部门，也是旅游业的核心部门，主要包括餐旅业、旅行社、交通运输业等。由此可见，旅游解说服务主要与旅游资源、旅游业直接相关。这使得旅游解说信息服务主要有两个大范围：一是旅游资源方面的旅游解说服务；二是旅行社范围的导游语言文字解说（旅游解说下位概念）服务。

二、旅游解说的含义与分类

（一）旅游解说含义

旅游解说就是运用相关媒介和相关表达方式，使特定旅游信息传播到信息接收者游客，帮助游客了解特定旅游客体对象的性质、特点、相关内容以及文化内涵等，从而发挥服务和教育的基本社会功能的解说系统。

（二）旅游解说分类

旅游解说作为一个立体而复杂的系统，其涵盖范围相当广泛，大到整个区域，小到某一特定景区，其分类可以从不同角度进行划分，下面主要从五个分类角度加以说明。

（1）从旅游解说范围角度，分为旅游景区解说和非旅游景区解说。就非旅游景区解说系统而言，至少涉及交通导引和接待设施解说系统。交通导引指某一地域的公共交通等交通导引解说系统；接待设施包括游客入住到访的相关宾馆、餐饮设施、旅游购物等场所的解说系统。

（2）从旅游景区构成角度，一般分为软件解说和硬件解说两类。软件解说包括景区管理系统、运作系统以及介于二者之间的人工和资讯技术服务等能动性解说系统。硬件解说包括景区立体动态综合的各种物理介质的相关设施解说系统，也包括景区平面静态的正式出版物或非正式出版物系统。

（3）从交际工具角度看，分为语言文字解说系统和非语言文字解说系统。语言文字解说系统，主要分为口语解说与书面语解说。非语言文字解说系统，分为静态平面解说系统（如图形引导牌示语、图片展示等）和时空立体解说系统。时空立体解说系统主要包括游客中心及其展示、多模态声像解说、纪念品商品产品、文物展览、节庆活动展示、民俗活动展示、歌舞表演、会展活动、影视拍摄活动、实地有奖娱乐与比赛活动、景区探秘活动、游客模仿秀、景区延伸商品产品、景区相关信息发布等。

（4）从旅游解说语言种类角度，分为汉语普通话解说和外语解说。普通话解说，在绝大部分地区绝大部分情形中进行，也有极少数的普通话和方言相结合的解说，也有特殊情形的方言解说。外语解说，主要是根据国外游客的具体情形选择特定外语进行解说，一般情况下多采用英语进行解说，特殊情况下同时采用多个语种进行解说。

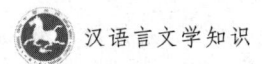

（5）根据为游客提供游览信息服务的方式，分为向导式导游与游客面对面口语解说和游客自导式间接解说。其中游客自导式间接解说系统包括自助书面资料解说和语音视频等多模态智能解说。

三、旅游景区解说的狭义与广义分类

旅游解说是一个立体而复杂的系统，旅游景区解说同样也是一个立体而复杂的系统。旅游景区解说系统的分类可以先从广义和狭义两个角度进行，然后还可以再分别进行各下位次分类。

（一）狭义的旅游景区解说分类

狭义的旅游景区解说系统，就是导游语言文字解说系统，分为动态立体口头解说系统和静态平面书面解说系统。

动态立体口头解说系统，基本是以向导式导游为解说主体直接运作的，也有间接运作的游客自导式自助语音视频等多模态智能解说。

平面静态书面解说系统，主要是以书面文字为载体加以呈现的。根据导游交际方式又可以分为直接解说和间接解说两小类。直接解说，又分为书面语导游词文本解说和景区牌示语解说。间接解说主要指相关书面导游材料解说，包括旅游指南（折页、手册、便览、览胜等）、景区专题景观介绍、风物志等正式出版物或非正式出版物等、景区画册、旅游交通地图、导游（导览）地图、明信片、景区门票、景区报刊或专刊、景区宣传专栏等。

（二）广义的景区解说分类

广义的旅游景区解说系统，首先分为语言文字解说和非语言文字解说。这两个概念之下又可以分别分为平面静态解说和立体动态综合性解说。

语言文字平面静态解说和立体动态综合性解说——前者包括书面导游辞文本、景区牌示语（包括专题游览步道及其牌示语）、导游资料［旅游指南（折页、手册、便览、览胜）、景区专题景观介绍、风物志等正式出版物或非正式出版物等］、景区画册、旅游交通地图、导游（导览）地图、明信片、景区门票、景区报刊或专刊、景区宣传专栏解说、广告牌、海报、招贴等。后者包括导游人员现场讲解、自助语音视频等多模态智能讲解、景区人工与智能咨询、景区相关旅游信息发布、景区音像产品、专题图片展示、专题片影视片播映、景区网站专栏、宣传广播影视、广告延伸商品产品、相关景区

自媒体解说等。

非语言文字平面静态解说和立体动态综合性解说——前者包括景区图形牌示引导解说等。后者包括游客中心及其展示、纪念品商品产品、文物展览、节庆活动展示、民俗活动展示、歌舞表演、会展活动、影视拍摄活动、实地相关有奖娱乐与比赛活动、景区探秘活动、游客模仿秀、景区延伸商品产品、景区相关信息发布、专题雕塑展示、宣传广播影视、广告延伸商品产品等。

第二节　导游语言

一、导游交际特点

导游交际，广义角度，简单说是指旅游工作人员与相关对象进行的旅游信息交流和情感沟通的交往过程。狭义角度，简单说是指导游人员对游客进行面对面的现场讲解的引导游览活动。这表明，导游交际至少具有交际角色先期设定、交际活动的规划性与主动性、交际活动以利他即有利于游客为基本目的三个特征。

（一）交际角色的先期设定

在导游交际中，导游人员与游客交际双方的角色是在进入导游交际语境之前就预先设定了的。这种前期设定的角色定位虽隐含着但又明确地制约着导游交际过程，导游和游客交际双方之间，具有可以互相理解的前提与背景，具有双方愿意接受的角色关系及其定位，理论上也具有双方主动配合的潜在默契。导游若成功发挥角色功能，不仅能够促进与游客的顺利沟通交流，也能够比较顺利地达到向游客传递游览信息并使其受到感染的目的。

（二）交际过程的规划性与主动性

导游交际角色具有先期设定的特点，表明其导游交际过程具有预先规划性与主动性特征。这一特征是导游和游客双方都具有的，都是双方经过考量的计划实施行为。对导游来说是计划中的导游讲解服务工作，对游客来说是实施旅游计划的行动过程。

导游人员的规划性与主动性在于，对特定的带团工作或者特定的讲解服务，要有较为全面周到的导游计划并要形成一套方法得当、步骤明确的可行性工作方案。其交际过程的规划性和主动性对导游来说具有一定的强制性，要求导游具有全局观念并力图使其导游交际高质量、高效益进行。游客的规划性与主动性在于，其参与的特定游览活动是游客自身的主观规划并加以实施的行为，游客的旅游计划一旦实行，其相关的主动性就贯穿于整个旅游过程。

导游交际过程中，实际上导游与游客双方都会受到各自角色定位的不同角度的主动与被动的相关因素的制约，但严格地说，导游人员的规划性与主动性在引导游客游览的过程中形势上处于某种主动的优势，游客的规划性与主动性在导游交际过程中形势上处于某种被动的弱势。双方在导游交际中各种微妙关系的调谐，既依赖于导游的有效沟通，也有赖于游客的密切配合，这样才能营造良好的导游交际氛围，达到有效引导游客并使游客有所获益的目的。

（三）交际活动以利他（即有利于游客）为基本目的

导游交际过程中，导游要以利他即有利于游客为基本目的。导游是实施旅游服务工作的主体，而游客是旅游的主体，导游服务工作必须要以游客为中心，必须在尊重游客并给予游客相关便利的基础上满足游客的相关合理需求，给游客带去游览的愉悦体验。此外，导游自觉自愿的利他精神本身也是一种职业道德准则，导游交际中的"利他"，在某些特殊情况下，导游人员还有可能甚至有必要放弃自己的需求来首先满足游客的需求。

二、导游语言分类

导游语言，可以从多个角度进行分类，首先分为广义与狭义两种。

（一）狭义的导游语言

狭义的导游语言，就是导游词，包括口语导游词和书面语导游词。

口语导游词包括导游与游客面对面讲解的口语导游词。书面导游词，主要是指书面语导游词文本。此外也涉及相关书面参考资料，包括旅游指南（折页、手册、便览、览胜等）、风物志等正式出版物和非正式出版物。

此外，游客自助语音视频等多模态智能解说的导游词，发生方式上属于口头形式导游词，语体风格上属于书面语导游词。

（二）广义的导游语言

广义的导游语言，包括静态导游语言和动态导游交际言语两类。

静态导游语言，就是上文谈到的狭义的书面语导游词。

动态导游交际言语，既包括现场导游口语解说言辞，也包括导游交际过程中必然会发生的称谓、寒暄、介绍、交谈、说服、赞美、安慰、解释、应对、关切、拒绝等社交言辞。导游交际过程中的相关社交言辞，承载着特定具体的交际内容，具有相对的个人性、繁杂性等特征。但是无论怎样的导游交际言辞，都要对游客表现出足够的尊重，文明礼貌，亲切友好。

第二章
导游词

第一节　导游词分类

一、导游词内容角度分类

从导游词内容角度，分为自然景观导游词与人文景观导游词。

（一）自然景观导游词与人文景观导游词分类依据

自然景观与人文景观导游词的分类依据旅游景观相关分类。

《旅游资源分类、调查与评价》（GB/T 18972—2003），对旅游资源依据其性状，即现存状况、形态、特性、特征进行划分，分为"主类""亚类""基本类型"三个层次。其主类下位分为八类：地文景观、水域风光、生物景观、天象与气候景观、遗址遗迹、建筑与设施、旅游商品、人文活动。

地文景观、水域风光、生物景观、天象与气候景观等基本属于自然景观。遗址遗迹、建筑与设施、旅游商品、人文活动等基本属于人文景观。

（二）自然景观导游词与人文景观导游词运用范围

自然景观导游词运用范围基本与地文景观、水域风光、生物景观、天象与气候景观四类景观相关。

人文景观导游词的运用基本与遗址遗迹、建筑与设施、旅游商品、人文活动四类景观相关。

（三）自然景观导游词与人文景观导游词关系

1. 自然景观与人文景观导游词表达基本要求一致

自然景观导游词与人文景观导游词虽然在运用范围、讲解内容方面各有侧重，讲解方法各显特征，但是其导游词表达的基本要求是一致的。

2. 自然景观与人文景观导游词讲解方法常常互有交叉

自然景观与人文景观导游词讲解方法，虽然各有侧重，有的侧重于自然景观，有的侧重于人文景观，但在实际讲解过程中常常互有交叉，相辅相成，呈现出一定的综合性特征。

二、导游词语体角度分类

导游词从语体角度分类，分为口语导游词与书面语导游词。

（一）语体的内涵与分类

语体是在特定交际领域，通过有目的地选择语言材料而客观形成的、全社会接受的言语功能变体。

就是说，语体是运用语言的功能变体，是适应不同交际领域的需要所形成的语言运用特点的体系。

综合其语言运用等功能特征，将语体三分为口语语体、书面语语体、通语语体。这一分类比较符合语体实际状况，分类涵盖面广，解释性强，具有普遍性意义。

（二）口语与书面语以及口语语体与书面语语体

从口语到书面语是一个连续统，二者之间呈现出的是渐变状态，存在一个既属于口语又属于书面语的中间状态，这种中间状态称为通语。

口语与书面语的连续统特征，使口语语体到书面语语体之间也没有明确的区别界限，而是形成一种相互浸润交融的状态。这种浸润交融状态的语体呈现出的风格就是通语语体风格。

语言运用中，位于其连续统两端的口语与书面语的语言风格特征比较鲜明，这使其口语语体风格与书面语语体风格特征及其区别比较明显。

处于中间状态的通语语言风格，介于口语与书面语之间，这使其通语语体风格具有口语语体和书面语语体两种语体风格的兼容性特征。

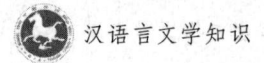

（三）口语语体导游词与书面语语体导游词及其特征

语体角度分类的口语语体导游词与书面语语体导游词，可以直接称为口语导游词与书面语导游词。

口语导游词，一般指导游与游客面对面讲解时的解说词。书面语导游词，一般是指按照特定游览路线由导游引导游客游览时的以现场讲解为视角的导游词文本，也指自导式的智能语音视频多模态的以口头语言形式表达的书面语风格的导览词。

旅游解说语言与导游语言以及导游词，其共同的特征是都具有通语语体风格特征。就导游词而言，理论上口语导游词接近口语语体，书面导游词接近书面语语体，但是在实际运用中，能够较为直接地运用于现场讲解的导游词，无论是口语导游词还是书面导游词都必然向中间状态靠拢，使之具有通语语体特征。

书面语导游词，基本属于书面语语体，在实际运用中有向口语导游词转化的必要性与需求性，这使得书面语导游词必然地具有了通语风格特征。而口语导游词必须是规范化的，必须向通语语体风格特征靠拢，只有规范了的、具有通语语体风格特征的口语导游词，才能适应并满足面对游客的现场讲解需求。

上述内容与语体两种角度对导游词的分类只是角度不同，落实到某一特定景观的导游词上，其导游词往往具有多方面的综合性特征，只是相关的特定的具体讲解会有不同的侧重而已。

第二节　自然景观导游词与人文景观导游词讲解方法

一、自然景观导游词讲解方法

（一）自然景观与自然景观导游词

自然景观基本与地文景观、水域风光、生物景观、天象与气候景观四类景观相关。自然景观导游词基本是以上述景观为主要讲解内容的导游词。

自然景观具体包含的内容较多，按照《旅游资源分类、调查与评价》（GB/T 18972—2003）分类，列表如下。

主类	亚类	基本类型
A 地文景观	AA 综合自然旅游地	AAA 山丘型旅游地 AAB 谷地型旅游地 AAC 沙砾石地型旅游地 AAD 滩地型旅游地 AAE 奇异自然现象 AAF 自然标志地 AAG 垂直自然地带
	AB 沉积与构造	ABA 断层景观 ABB 褶曲景观 ABC 节理景观 ABD 地层剖面 ABE 钙华与泉华 ABF 矿点矿脉与矿石积聚地 ABG 生物化石点
	AC 地质地貌过程形迹	ACA 凸峰 ACB 独峰 ACC 峰丛 ACD 石（土）林 ACE 奇特与象形山石 ACF 岩壁与岩缝 ACG 峡谷段落 ACH 沟壑地 ACI 丹霞 ACJ 雅丹 ACK 堆石洞 ACL 岩石洞与岩穴 ACM 沙丘地 ACN 岸滩
	AD 自然变动遗迹	ADA 重力堆积体 ADB 泥石流堆积 ADC 地震遗迹 ADD 陷落地 ADE 火山与熔岩 ADF 冰川堆积体 ADG 冰川侵蚀遗迹
	AE 岛礁	AEA 岛区 AEB 岩礁
B 水域风光	BA 河段	BAA 观光游憩河段 BAB 暗河河段 BAC 古河道段落
	BB 天然湖泊与池沼	BBA 观光游憩湖区 BBB 沼泽与湿地 BBC 潭池
	BC 瀑布	BCA 悬瀑 BCB 跌水
	BD 泉	BDA 冷泉 BDB 地热与温泉
	BE 河口与海面	BEA 观光游憩海域 BEB 涌潮现象 BEC 击浪现象
	BF 冰雪地	BFA 冰川观光地 BFB 常年积雪地
C 生物景观	CA 树木	CAA 林地 CAB 丛树 CAC 独树
	CB 草原与草地	CBA 草地 CBB 疏林草地
	CC 花卉地	CCA 草场花卉地 CCB 林间花卉地
	CD 野生动物栖息地	CDA 水生动物栖息地 CDB 陆地动物栖息地 CDC 鸟类栖息地 CDD 蝶类栖息地
D 天象与气候景观	DA 光现象	DAA 日月星辰观察地 DAB 光环现象观察地 DAC 海市蜃楼现象多发地
	DB 天气与气候现象	DBA 云雾多发区 DBB 避暑气候地 DBC 避寒气候地 DBD 极端与特殊气候显示地 DBE 物候景观

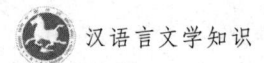

（二）自然景观导游词讲解方法

自然景观导游词，主要有描绘、叙述、衍释发挥等讲解方法。

1. 描绘

描绘，也称描写。描绘就是在导游讲解中，借助形象生动的语言把相关景观形象地表现出来的表达方式。

运用形象生动的语言，就是运用色彩感浓、立体感强的表达把景观的客观情状、风光景物、人文特征等内容，具体可感地"再现"描绘出来，给已身在其境中的游客带来栩栩如生、深入其境的解说。

在导游讲解过程中，导游多是在动态的语境中进行静态描绘讲解，要使其描绘形神兼备是具有一定的挑战性的。游览景观就在游客面前，游客正"身处其境"，但仍然需要导游用生动形象的表达把游览景观的形象具体生动地再现出来，仍然需要通过导游词的描绘，使游客受到感染。恰切到位的描绘，给游客的感受往往是绘声绘色、活灵活现、栩栩如生、历历在目、惟妙惟肖等。反之，如果游览景观美不胜收，而导游词却平淡乏味，那必将给游客留下遗憾。例如：

各位游客，咱们现在进入了公平湖。湖区景物的特点是随着季节变换，四时景色各异。若是春日，但见流泉山水沿着山谷树道倾泻而下，水花飞溅，如飞珠溅玉一般。初长的嫩蕨，像张开翅膀自由飞翔的蝴蝶，满山满谷地飞舞。若是夏日，湖上烟波万顷，迷雾蒙蒙，分不清哪是云，哪是山，哪是水，哪是天，哪是湖，哪是岸，真是湖中看雾千般景，雾中看湖景更奇。

现在是夏季，我们可以尽情欣赏公平湖的夏景。大家也别忘了春天或秋天再来公平湖赏花。那时候，公平湖湖水荡漾，微波不兴，宁静祥和；小溪蜿蜒，青草蔓蔓，绿木茂盛。公平湖湖岸，沟畔溪边，百花摇曳，色彩斑斓。秋季，紫红色的蓼子花从低洼的湿地，一直铺展到远处的山际，成片成阵，形成一道道淡彩飞虹，缠绕着公平湖。小溪在蓼子花丛中静谧流淌，咱们游人点缀其间，与花与湖与天地血脉相融，真可谓是美景翩然，意境悠远。（桂林灵川公平湖）

例中这一段描绘公平湖景物的导游词，运用色彩词语绘色（"青""绿""紫红色""色彩斑斓"等）等多种修辞手法进行描绘，如排比（如"分不清"的宾语"哪是云，哪是山，哪是水，哪是天，哪是湖，哪是岸"——排比兼疑离；还有"湖水荡漾，微波不兴，宁静祥和；小溪蜿蜒，青草萋萋，绿木茂盛"）、对偶（"湖中看雾千般景，雾中看湖景更奇"等）、比喻（"飞珠溅玉""像张开翅膀自由飞翔的蝴蝶"等）、对比（"春日""夏日"）等，色彩感浓、立体感强，真可谓生动形象，栩栩如生。另外，还要强调一下的是其中疑离修辞手法的运用，例中的"分不清哪是云，哪是山，哪是水，哪是天，哪是湖，哪是岸"，运用排比兼疑离的修辞手法将所表达的事物疑离为并列陈述方式，将云雾迷蒙时的公平湖景色疑离为无法分清的云、山、水、天、湖、岸等，以强烈的抒情笔调描绘了公平湖烟波浩渺、云烟升腾、雾海弥漫的美景。

运用描绘的讲解方法要注意以下几点：第一，要抓住景物特征，通过仔细观察与对比，抓住所讲解景观与其他景观或景点的不同之处，或同中之异处。第二，描绘要重在立意，描绘要以突出景观的特点或个性为重点，重在传神，不能一味地为描绘而描绘。第三，要合理描绘，其描绘要基本符合游客眼前的景观实体，源于生活，高于生活。第四，导游词要随着景观的不同而变化。自然景观往往与时令、地势、角度等相关。一年四季，景色不同；随行就势，风光各异。同一个景观的导游词也要相随而变，不能千篇一律。第五，融情感于描绘之中，导游讲解中的描绘不是目的，其最终目的是引起游客共鸣。只有导游对所讲解景观投入了真情实感，其描绘才能打动游客。

2. 叙述

自然景观中叙述的讲解方法，是指在导游讲解中说明解释与游览景观相关联的或者游客感兴趣的内容的表达方式。

其叙述内容包括两类：一是说明解释景观本体内容，包括自然景观形成的原因，其背后的科学原理。二是叙述附着在景观本体之上的内容，包括神话传说、民间故事、风土人情、风俗习惯、著名诗文、名人踪迹、历史掌故等。这类"附着内容"的直接叙述与下文的"衍释发挥"的间接叙述有所分别。例如：

①各位都非常守时，谢射合作！我之所以让大家在这里集合，是想让各位对"壮观"二字有更深刻的印象。唐开元二十三年（735 年），诗仙李白遍游祖国的名山大川。当他游览过悬空寺后，为表达激动之情，在石崖上亲书"壮观"二字，写完这两字之后，仍然觉得不够尽兴，随即在"壮"下

面用力加了一点，成为"壮"字，不知情的游客还以为是李白写了一个错别字呢！后人有感于此，赋诗一首写道："苍崖恍惚蛟螭走，壮观二字大如斗。李白当年恒山游，自喜名山落吾手。"（山西恒山悬空寺）

②此时的北国，正是千里冰封，万里雪飘之时，大家在这里能够感受到广寒仙境之美。今天我们就去观赏吉林雾凇，去领略一下冬天里的春天。

在到达雾凇景区这一段路上，请先让我向您介绍雾凇是怎样形成的。雾凇，人们通常叫它"树挂"，是雾和水汽遇冷结冻而成的，分为粒状、晶状两种。吉林雾凇属于晶状类，它是在吉林市独特的地理环境中自然形成的。从吉林市区沿松花江而上15千米就是著名的丰满水电站，江水通过水轮机组回流到江中。每到数九隆冬，从水轮机口流出的水有40℃以上，江水载着巨大热能，形成了松花江缓缓流过市区几十里不封冻的奇景。整个江面热气腾腾，白雾茫茫，沿江长堤苍松林立，杨柳低垂，在一定的气压、风向、温度等条件下，江面上蒸腾的雾气就凝结成了雾凇，就造就了垂柳苍松凝霜挂雪，戴玉披银的奇美景观。（吉林雾凇）

例①讲述李白在悬空寺题写"壮观"二字的掌故。例②介绍吉林雾凇也就是树挂为什么会在吉林松花江沿岸形成的原因，没有过于专业的词汇，没有书面语风格较为鲜明的句式，只是自然叙述，娓娓道来，引人入胜。

以上两例，都是将相关事情的前后经过或相关事物的作用叙述出来。叙述是导游词讲解使用频率最高的一种讲解方法，多用来展开讲解内容，除陈述相关事物的用途或功能外，还多见于介绍相关事件过程或经过，交代前因后果，来龙去脉以及发展变化等。

运用叙述方法讲解需要注意以下几点：第一，其叙述内容要注意区分主次，讲究详略，注意疏密相间，防止出现平铺直叙等问题。第二，无论是叙述人物活动过程，还是事物发生发展变化的过程，还是相关事物的相关功能，都要在一定时间条件下表现出一定的顺序性与完整性。如果叙述有两个以上的头绪，可以采用总分结构顺序或并列结构顺序讲解。第三，不论哪种内容的叙述，都要注意挖掘其内涵与特征，突出景观的特色。第四，其中的神话传说、民间故事等多以讲故事形式呈现，其叙述内容要有合理性。其中的风俗习惯、著名诗文、名人踪迹、历史掌故等要真实可靠，有案可稽。

总之，导游词叙述方法的有效运用，得益于导游对相关景观的细心观察，分析思考，并在讲解过程中不断完善。

另外，需要说明的是，在导游讲解中，描绘与叙述往往是综合于一处交互运用，这里单独析出"描绘""叙述"等讲解方法只是为了进一步突出其各自的特征。

3. 衍释发挥

自然景观导游词讲解的衍释发挥是在景观本体基础上，衍生推展或者说蔓延扩大出新的内容的讲解方式。

其衍生推展出的内容主要是根据附着于地文、水域、生物、天象与气候等景观的外在自然形状和形象因形取意，将由此衍生出的神话传说、民间故事、风土人情等特定的内涵挖掘出来并加以演绎，通过讲解促进游客加深游览印象，或者使游客与景观建立特定的情感关联。可见，这种通过因形取意引发出的对相关神话传说、民间故事、风土人情的衍释发挥是相对间接的，与上文叙述中的"附着内容"的直接阐释有所不同。例如：

①各位朋友，我们现在是在去北台的路上。现在我想先请大家停一下，看看西边那两座山峰，前面的像什么，后面的又像什么？（评注：设问——自问自答）不知大家看出来了没有，前面那座像只展翅的凤凰，所以叫作"凤凰岭"，凤凰岭上有一棵"千年华盖"，传说树龄在千年以上，是崆峒山的"定山神针"。后面那座山叫作狮子岭，正北面的孤峰叫天台山，狮子岭和天台山合起来构成崆峒山一大景观，叫作"狮子望天台"，这一景象只能远观，可谓是可望不可即……（甘肃平凉崆峒山）

②各位团友，灵岩景区可谓是集奇峰怪石、飞瀑流泉、古洞石室为一体，好似一个巨大的天然盆景。

俗话说"天下名山僧占多"，而且一般的僧人都很热情。这里也不例外，灵岩寺好客的僧人看见各位到来，便搬出钟和鼓来欢迎大家了。（评注：设身处地）那么这钟鼓到底在哪里呢？（评注：设问——自问自答）请把视线移到右边的一块大岩石上，它就像一口倒扣的大钟，而且这钟历史悠久，年代已古，因为在它的上面有一个桌面大的窟窿。而鼓呢？（评注：设问——自问自答）在左边有一块高耸的岩石，就像一面放在鼓架上的鼓。现在，鼓打起来了，钟也敲起来了，俨然一副"钟鼓齐鸣"的吉祥美景。

前面崖壁上的诗是国画大师潘天寿先生所作："一夜黄梅雨后时，峰青云白更多姿，万条飞瀑千条涧，此是雁山第一奇。"这首诗，把雨后的雁荡山及其飞瀑描绘得如诗如画，瑰丽多姿。（评注：明引。浙江雁荡山）

③可以说没有双塔山的秀丽风光，就没有喀喇河屯行宫，也就没有现今的承德，双塔山犹如一座历史丰碑，向中外游客讲述着滦河的古今。大家请远观那两座映入眼帘的双峰宝塔，这两座塔原为一峰，因千百年的风化而分裂，两峰全是上大下小，没有依托可登，那倚天拔地之势，多么雄奇壮观。

随着咱们车的行进，双塔的面目也在变化。现在我们再看它们便成了两个巨人头像。请大家看一看是不是像老妪、老翁相向而坐。细心的朋友还会看到在双塔西北的根部有两块大小不一的石头，像祖孙二人在那里虔诚地跪拜上香，他们是在拜佛？还是在求双塔仙子？或是在祈求上苍？（河北承德双塔山）

④现在我们看到的巨石名叫"斧劈石"。石身有一条 0.66 米宽的裂缝，关于这条裂缝也有一个感人的传说。玉皇大帝的小女儿圣母与被玉帝打下凡世的金单玺相爱之后，结为夫妻。二郎神杨戬大骂其妹三圣母私配凡夫，违反天条，于是将三圣母压在华山西峰顶的巨石下面。后来三圣母生下一个儿子，取名沉香，沉香长大成人得知真相后，来到华山，战胜杨戬，劈开了压在母亲身上的巨石救出母亲，全家得以团聚。这就是"劈山救母"神话发生的地方。（陕西华山）

例①介绍只能远观的景象"狮子望天台"，运用依物象形直接关联比附进行衍释发挥。例②岩石之鼓之钟的形状的发挥也是依据岩石的造型直接比附加以演绎。例③象形比附出双峰宝塔的双塔山。例④从巨石"斧劈石"引出沉香劈山救母的神话传说，

这类根据自然景观的外在自然形状和形象的外形特征的衍释发挥，或者直接象形比附（如例①和例②），或者通过神话传说故事间接发挥（如例③和例④），如上文的双塔山、华山斧劈石等。人们往往寄情山水，将一些美好的理想与信念移情与山水，大量的山水象形比附、神话故事正是体现了人们的这种思维走向，也成为一种丰富游客审美感受的源泉。其因形取意，一般不受什么限制，在自然景观的导游词中运用得十分普遍。

但是要注意这类因形取意的衍释发挥，在导游讲解过程中，不宜过多过滥，否则就会有盲目攀附的嫌疑。一旦流于滥用，就会出现到处都有孙悟空

的水帘洞、菩萨观音、金童玉女、嫦娥升天处、仙女梳妆台等景观的情形。讲解过程中一旦落入类似的俗套，不仅会使游客感到内容单调乏味，甚至还会引起人们心理上的疲惫感觉。

二、人文景观导游词讲解方法

（一）人文景观与人文景观导游词

人文景观基本与遗址遗迹、建筑与设施、旅游商品、人文活动四类景观相关。人文景观导游词是以上述景观为主要讲解内容的导游词。

人文景观具体包含内容按照《旅游资源分类、调查与评价》（GB/T 18972—2003）分类，列表如下。

主类	亚类	基本类型
E 遗址遗迹	EA 史前人类活动场所	EAA 人类活动遗址 EAB 文化层 EAC 文物散落地 EAD 原始聚落
	EB 社会经济文化活动遗址遗迹	EBA 历史事件发生地 EBB 军事遗址与古战场 EBC 废弃寺庙 EBD 废弃生产地 EBE 交通遗迹 EBF 废城与聚落遗迹 EBG 长城遗迹 EBH 烽燧
F 建筑与设施	FA 综合人文旅游地	FAA 教学科研实验所 FAB 康体游乐休闲度假地 FAC 宗教与祭祀活动场所 FAD 园林游憩区域 FAE 文化活动场所 FAF 建设工程与生产地 FAG 社会与商贸活动场所 FAH 动物与植物展示地 FAI 军事观光地 FAJ 边境口岸 FAK 景物观赏点
	FB 单体活动场馆	FBA 聚会接待厅堂（室）FBB 祭拜场馆 FBC 展示演示场馆 FBD 体育健身馆场 FBE 歌舞游乐场馆
F 建筑与设施	FC 景观建筑与附属型建筑	FCA 佛塔 FCB 塔形建筑物 FCC 楼阁 FCD 石窟 FCE 长城段落 FCF 城（堡）FCG 摩崖字画 FCH 碑碣（林）FCI 广场 FCJ 人工洞穴 FCK 建筑小品
	FD 居住地与社区	FDA 传统与乡土建筑 FDB 特色街巷 FDC 特色社区 FDD 名人故居与历史纪念建筑 FDE 书院 FDF 会馆 FDG 特色店铺 FDH 特色市场
	FE 归葬地	FEA 陵区陵园 FEB 墓（群）FEC 悬棺
	FF 交通建筑	FFA 桥 FFB 车站 FFC 港口渡口与码头 FFD 航空港 FFE 栈道
	FG 水工建筑	FGA 水库观光游憩区段 FGB 水井 FGC 运河与渠道段落 FGD 堤坝段落 FGE 灌区 FGF 提水设施

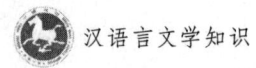

主类	亚类	基本类型
G 旅游商品	GA 地方旅游商品	GAA 菜品饮食 GAB 农林畜产品与制品 GAC 水产品与制品 GAD 中草药材及制品 GAE 传统手工产品与工艺品 GAF 日用工业品 GAG 其他物品
H 人文活动	HA 人事记录	HAA 人物 HAB 事件
	HB 艺术	HBA 文艺团体 HBB 文学艺术作品
	HC 民间习俗	HCA 地方风俗与民间礼仪 HCB 民间节庆 HCC 民间演艺 HCD 民间健身活动与赛事 HCE 宗教活动 HCF 庙会与民间集会 HCG 饮食习俗 HCH 特色服饰
	HD 现代节庆	HDA 旅游节 HDB 文化节 HDC 商贸农事节 HDD 体育节

（二）人文景观导游词知识性特征

一般意义上的知识，本质上就是对包括自然科学知识、社会科学知识、艺术哲学知识的解释。其解释往往具有延伸性和可验证性。

对人文景观导游词而言，其知识主要涉及遗址遗迹、建筑与设施、旅游商品、人文活动等相关景观。

虽然其相关知识内容复杂，涉猎面广泛，但是导游词中所涉及的知识，一定是旅游景观的本体知识，往往也是有必要给游客讲解清楚的"点"。另外，其相关知识往往具有普及性或可普及性，可以在导游讲解过程中与游客正常交流，信息共享，互相促进。

（三）人文景观导游词传递知识的原则

1. 传递知识的原则

人文景观导游词中传递知识，不同于比较严格意义上的学习，其传递知识的原则就是适度与适量。

其适度与适量，虽难有具体的衡量尺度，但可根据游客的具体背景、现场感受情况以及兴趣点所在灵活把握，以游客不感到有负担为适宜。例如：

其实很多人呢看到这个犀牛之后会有一个特别大的疑问：你说它是碑

林最沉的国宝，十吨重啊这个大犀牛！那唐朝人见过犀牛吗？（评注：设问——自问自答）还真见过。比如说李商隐写过一首诗，大家都听过，脍炙人口，"身无彩凤双飞翼，心有灵犀一点通"。如果这还不好说的话，那白居易啊，很有可能是见过犀牛的。他写过一首诗，网上能搜到，叫《驯犀（感为政之难终也）》：第一句话"驯犀驯犀通天犀，躯貌骇人角骇鸡"啥意思呀？（评注：设问——自问自答）先说古代的犀牛啊，因为很多人没见过，赋予了它很多特异功能，比如说有避尘的，有避水的，还有一种犀牛呢，这在《抱朴子》里面有记载，那是晋代葛洪的道家著作。白居易说这个犀牛啊角拔下来倒上那个米，放在鸡群之中鸡害怕。哎，这叫"角骇鸡"，就是指犀牛角，犀牛能吓唬这些鸡啊。另外《唐书》正史里面还记载啊，在唐朝初期李渊在位的时候啊，包括后来很多皇帝在位的时候，临邑国都给咱们进贡过犀牛……所以当时的人确实是见过犀牛的。（西安碑林博物馆——献陵石犀）

　　这段导游在讲解"献陵石犀"时涉及唐朝有没有犀牛以及唐朝人见没见过犀牛的问题，讲解过程中引证了白居易《驯犀》诗、《抱朴子》《唐史》等资料，史料确凿，知识点来源有案可稽。一般来讲，引经据典多少是会有些令游客听而却步的，但导游讲解内容的脉络十分清晰，多处附加上亲切的语气词，大多用短句散句，穿插着解释、说明、强调与感慨，娓娓道来，氛围轻松，使游客没有感到什么负担愉快地触摸到了唐代犀牛的知识点。可见这一段导游词其相关知识的传递适度适量并且相当有效，虽引经据典，但有赖于特色鲜明的口语风格，明确清楚的讲解脉络，收到了通俗易懂的传递效果。

　　2. 需要注意的问题

　　（1）在导游讲解的情境中，所要传递的相关知识不是规定性的，而是有一定的随意性。虽然一般的人都有更新并增加知识的愿望，也有通过学习交流不断丰富并拓展自身的兴趣，但是游览不是游客的学习活动，导游词中所介绍的知识可多可少，可深可浅，随意性较大。

　　（2）人文景观中的知识，有复杂的有简单的，有具体的有抽象的，但是导游词中所传递的知识不一定需要内化，其接受程度也不用预期，所以理想的情形是导游轻松传递，游客愉快接受。

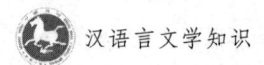

（四）人文景观导游词讲解要点

人文景观导游词，其讲解要点有以下四点：

1. 准确明白

第一，导游词中所传递的知识要准确无误。不论其具体内容是什么，都不能出现偏差或错误，特别是涉及遗址遗迹、建筑与设施、旅游商品、人文活动等方面的相关术语，更要确凿无疑。

第二，相关知识点要有根有据，有案可稽。这是由知识所具有的延伸性和可验证性等特点决定的。

第三，语言表达要求精练、明确、口语化，通俗易懂的表述与简明扼要、清楚明白的直接讲解，可使游客易于正确理解或接受。

2. 脉络清晰

第一，导游词要根据解说对象的特点，明确地突出主题和重点，集中讲解其内容的主要方面，不要旁生枝节，以使其讲解脉络紊乱。

第二，一些拓展性内容，也要紧扣主题和重点，分详略、分层次依次展开，不能面面俱到，不能层次混乱，更不能游离解说主题。

第三，导游词或者特定的导游讲解过程是一个有机的整体，其讲解内容的各个部分既互相独立，又互相补充，相辅相成。所以既要注意到各个部分重点与次重点内容各角度各层面的知识点的侧重，又要注意其整体性知识的内在联系与呼应。

3. 引用得法

导游词中常常引述景观的历史背景、相关史料，常常要讲述事件过程、人物特征，所用资料要引用得法，对讲解主题有解释、深化、概括的作用，对游客有引导理解或接受的功能。具体内容见"导游词表达基本要求"中的"材料引用"。

4. 善于总结

在相关内容讲解结束之后，最好加以简短概括，用简明扼要的一句话或几句话总结所讲内容，强调要点，使游客易于把握其讲解内容及其相关知识点的关键所在。

（五）人文景观导游词讲解方法

人文景观导游词主要有本体阐释、相关征引等讲解方法。

1. 本体阐释

本体阐释，是指对旅游景观的本体内容的内涵、属性、组成、分类及其相互关系等进行阐述或解释，使其内在的各种特征得以揭示。其阐释要紧紧围绕景观自身领域内的相关问题展开，此外，若必须涉及景观领域外的具有相关性联系的内容也可以酌情加以阐述。例如：

①三潭印月是西湖十景之一，以月夜观月、塔、湖三者相互映照的景观为胜。位于小瀛洲岛及其南部水域。小瀛洲前身为保宁寺（又名湖心寺），是湖上赏月佳处。明万历三十五年（1607年），钱塘令聂心汤取葑泥绕滩筑埂，形成湖中湖，成为放生池。

明万历三十九年（1611年），杨万里继筑外埂，形成独一无二的"湖中有岛，岛中有湖"的"田"字形水上园林格局。岛内岛外水光云天相应，犹如神话中的蓬莱仙岛。每当月夜，三潭点烛，天月、水月、塔月与人们的心中之月交融辉映。（杭州西湖三潭印月）

②岳阳楼真正名扬天下，还是在北宋滕子京重修，范仲淹作《岳阳楼记》以后。庆历四年，遭人诬告的滕子京被贬为岳州知府，他上任后便筹办三件大事：一是在岳阳楼下湖面修筑堰虹堤，以防御洞庭湖的水波冲刷；二是兴办郡学，造就人才；三是重修岳阳楼。滕子京是一位文武兼备的人才，他认为"楼观非有文字称记者不为久"，这样一座楼阁，必须要有一篇文字记述，才能使它流芳千古。于是他想到了与自己同中进士的好友范仲淹。便写了一封《求记书》，介绍岳阳楼修葺后的结构和气势，倾吐了请求作记的迫切心情，并请人画了一幅《洞庭秋晚图》，抄录了历代名士吟咏岳阳楼的诗词歌赋，派人日夜兼程，送往范仲淹当时被贬的住所河南邓州。范仲淹是北宋著名的政治家、文学家、军事家，他和滕子京一样，因为主张革新政治，受到排斥和攻击，被贬到邓州。他接到滕子京的信件后，反复阅读，精心构思，终于写出了千古名篇《岳阳楼记》。这篇文章全文虽然仅有368字，但是内容博大，哲理精深，气势磅礴，语势铿锵，其中"先天下之忧而忧，后天下之乐而乐"成为传世名句。先忧后乐，掷地有声。作为中华民族知识分子的一种崇高人格文化的积淀，《岳阳楼记》以思想内容和艺术魅力，滋养着一代又一代人的心灵。

从此以后，岳阳楼名声大震，传扬中外，这正是人们所说的"文以楼存，楼以文名"。据说滕子京接到范仲淹的《岳阳楼记》后，喜出望外，当即就请大书法家苏舜钦书写，并请著名雕刻家邵竦将它雕刻在木匾上。于是，楼、记、书法、雕刻合称"四绝"。可惜我们现在看到的并不是"四绝匾"原物。它早在宋神宗年间便已经毁于大火。我们所见到的这幅雕屏是清代乾隆年间著名大书法家刑部尚书张照写的。（湖南岳阳楼）

例①的这段导游词介绍西湖十景之一——三潭印月的格局成因、题名背景以及"三潭"与"印月"浑然天成的交融关系。其本体要点连续呈现，但是相关知识传递仍然是适度与适量的。一是因为其内容就是三潭印月景观本体内容，没有增加任何关联性较弱的信息。二是三潭印月景观历来脍炙人口，游客们感觉上相当熟悉，所以一定程度地满足了游客已知其然又进一步知其所以然的意愿。此外，这段导游词相关修辞手法的运用也十分巧妙，如回文"湖中有岛，岛中有湖"、图示"田"字形等手法对三潭印月景观特点的描述直观醒目，令人印象深刻。例②这段本体阐释导游词属于历史过程记叙一类，虽然不是照搬史料，但其叙述符合历史事实，所陈述的滕子京重修岳阳楼、范仲淹撰写《岳阳楼记》、书法家苏舜钦书写以及雕刻家邵竦雕刻等情境，历历如在游客眼前。此外，用数概手法将楼、记、书法、雕刻概括为"四绝"，鲜明地凸显了岳阳楼的不同凡响。

2. 相关征引

人文景观导游词的相关征引的讲解方法，是指运用与旅游景观相关联的历史史料、历史典故、著名诗作、名人踪迹、神话传说、民间故事等资料对特定讲解内容进行旁征博引的论证方法。

运用相关征引方法，所征引的资料要具有准确性和针对性，对所讲解的对象具有支撑性的说明解释作用，或具有互相补充互相印证的作用。例如：

大金瓦殿（俗称大金瓦寺），面山背岭，位居全寺中心，是塔尔寺的主殿，被誉为"世界一庄严"。是本寺最为庄严富丽堂皇的建筑物。藏语称为"赛尔顿钦莫"，意为金瓦。

大殿内供奉着宗喀巴大银塔，塔顶佛龛内供奉着宗喀巴金像等，殿内有宗喀巴的童年足迹石和《甘珠尔经》等。还有许多珍贵文物铜像、塑像、壁画等稀世珍宝。正中莲台上供奉着各种佛像，陈设着大小不等的各种金灯、景泰蓝花瓶以及象牙等多种法器和供养品。

殿内正门上方，有一块乾隆十四年（1749年）乾隆皇帝御书的"芄教法幢"匾额，中刻"乾隆御笔之宝"方印。据说，在塔内，由宗喀巴肚脐滴血而生的白旃檀树，依然还在生长着。殿外的也是由这棵白旃檀树古老枝丫衍生而出的，生长茂盛，上有略似梵文字母和佛像的纹形。

宗喀巴，原名罗桑智华，生于1357年。宗喀巴藏语意思是湟水边人，因生于湟水之滨，故名。传说宗喀巴的母亲生下他，剪断脐带，把血滴在地上，后来就从滴血的地方长出一棵非常茂盛的白旃檀树。宗喀巴后来进藏学习藏传佛教，成为一代宗师之后派他的弟子回乡省亲。母亲见到儿子的书信之后发现原来的那棵树长得更加茂盛了，树上缀叶十万且每片叶子上均有一尊狮子吼佛像。宗喀巴母亲感到很奇怪，便写信把此事告诉儿子，并表达了思念之情。宗喀巴大师回信安慰母亲，并让她绕树修一座塔，声称"见塔如晤儿面"。于是便有了塔尔寺最早的建筑物，以后逐年又修建了庙宇殿堂，形成了现在的规模。可见，塔尔寺，顾名思义，先有塔，后有寺。（青海塔尔寺）

这一段导游词，主要运用相关征引方法进行讲解。一是"宗喀巴的童年足迹石"与"乾隆皇帝御书"，是征引名人足迹寻踪、名人作品，突出名人效应。二是"脐带血滴地之处长出白旃檀树"，征引民间传说加以寻踪，也融入了自然景观衍释发挥的方法，通过寻踪觅迹，追本溯源，增加白旃檀树的人情味和亲和力。三是"见塔如晤儿面"之塔尔寺，征引民间传说，用寻踪式，寻踪觅迹，追本溯源，也兼用衍释发挥（附会式）将其传说演绎得生动传神，使其传说紧密附着于白旃檀树，使二者互相贯通融合为一个有机整体。总之，这段导游词中相关征引方法的运用，使这一景观具有更加丰富的文化内涵和鲜明的个性。

人文景观导游词在相关征引过程中，往往一边征引一边剖析事理，加以议论，提出创作者或讲解者自己的看法或观点。但由相关征引而起的议论要具有针对性，观点正确，价值取向主流，表述严密，持之有故，论证性强。特别是所表达观点，要采用已被长期实践证明或检验过的正确的观点，使其解说具有较强的说服力。

实际上，在自然景观导游词的描绘、叙述与衍释发挥等讲解方法中，也常常进行议论，也要注意同样的问题。

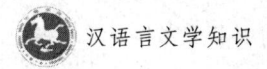

第三节　书面语导游词

书面语导游词，一般是指按照特定游览路线由导游引导游客游览时的以现场讲解为视角的导游词文本。

一、书面语导游词特点

书面语导游词在创作过程、文本呈现形态、运用场合等方面具有明显区别于现场口语导游词的诸多特点。主要表现为发生方式笔头化、交际方式间接化、语言规范化、现场感强、运用场合多样化等特点。

（一）发生方式笔头化

语言发生方式有口头与笔头两种。书面语导游词采用笔头发生方式，语言更加规范，书面语语体风格色彩也更加鲜明。

在导游词创作过程中，其笔头发生方式，使创作者具有较大的余地选词炼句，布局谋篇，使导游词更加规范。

同时也使书面语导游词的书面语体风格比较鲜明，整体结构严谨，层次清晰，语意畅达，具有比较庄重典雅的书面语语体色彩。例如：

①"合郡咸感德，离别情依依。"唐代大诗人白居易在杭州任刺史期间，政绩有口皆碑，其妙笔点化的西湖山水，更为西湖增添了极大的艺术魅力。长庆四年，即824年5月，白居易奉诏离别杭州赴洛阳之际，杭州百姓夹道相送，惜别白公。这组群雕以艺术手法再现了当时的感人情景。（杭州西湖群雕"惜别白公"）

②下回廊石阶，踏过草地，涉步在池水中凸起的块块相连的怪石，仿佛凌波而行。登徙假山，山上有喷泉，三叠而泻，形如瀑布。山腰有石洞横穿，洞中听泉，意趣横生。傍山筑有索回小路，直通峰顶，上植盘虬古松，伴以红枫，红绿相映成趣。又依石势间种花竹、松柏，调节了山石单调的色彩，远望峰险洞邃，疏朗多姿，又不露斧凿之痕。（南京瞻园）

例①的这段导游词介绍西湖群雕之一"惜别白公"的历史背景。书面语语体色彩较强，四字结构词语较多，如"有口皆碑""妙笔点化""奉诏离别""夹道相送""惜别白公"等，营造出一种典雅、庄重的氛围。例②对瞻园的介绍，书面语风格比较鲜明，用词典雅，四字结构词语更多，内容次序清晰，层次分明。但这段导游词大多句子短小，现场讲解时能够比较容易调整成为朗朗上口的现场口语导游词。

（二）交际方式间接化

交际方式间接化，有两个方向。一是针对书面语导游词创作者而言，作者在创作过程中，一般按照设计好的旅游路线或针对某一特定景点，与想象中的游客进行交际，使其交际具有间接化特征。二是游客无论在什么情况下阅读导游词，一般是借助文字品读，难能与创作者面对面交流。

书面语导游词交际方式的间接化，主要是从创作者角度进行考察。其间接化特征，是指书面语导游词创作者不是直接与游客进行面对面直接交际，而是借助中间媒介——文字跟游客进行间接的信息沟通与情感交流。

这种间接交际语境是可控的，书面语导游词创作者在可控的语境中运用文字表达，具有更灵活的修改余地，更多的创作自由，更大的创作空间。

（三）语言规范化

1. 书面语导游词规范化特征

书面语导游词的规范化特征比较明显。

这一点与书面语导游词具有规范化的可能性、可行性及其有利条件相关。书面语导游词发生方式笔头化与交际方式间接化等特征，为其用字、遣词、造句等方面的规范提供了有利条件与极大的提升空间。这一系列相关条件使得书面语导游词具有明显的规范化特征。例如：

印心石旁的草仔山上建有"听涛轩"，如今辟为世界著名的鼓浪屿钢琴博物馆。涛声琴声，构成菽庄花园里最美的天籁之声。印心听涛，正是自然与人文景观共同构成的观海的诗篇。（厦门鼓浪屿菽庄花园）

2. 规范标准

书面语导游词必须规范，必须遵守相关规范要求与规范标准。《中华人民共和国国家通用语言文字法》第三条规定："国家推广普通话，推行规范汉字。"

普通话规范标准是以北京语音为标准音，以北方方言为基础方言，以典范的现代白话文著作为语法规范。

规范汉字是指现在通行的、经过整理简化并由国家以字表形式正式公布的正体字、简化字和未经整理简化的传承字。具体标准有国家公布的《简化字总表》《第一批异体字整理表》《新旧字形对照表》《部分计量单位名称统一用字表》等。

3. 规范问题

虽然书面语导游词有比较明显的规范化特征，但是在实际导游词文本中也存在着各种不规范的现象，在用字、遣词、造句、语篇等方面常常出现各种问题。在导游词文本创作中要特别加以斟酌。

（1）汉字规范问题

在书面语导游词文本中，常常出现的不规范字大致包括五类：一是已简化的繁体字；二是已淘汰的异体字；三是已淘汰的旧字形；四是已废止的《第二次汉字简化方案（草案）》（简称"二简字"）中的简化字；五是错别字。其中的错别字，以别字为多，原因主要与电脑输入相关。例如：

①游击将军府也称游击衙门，座北朝南，始建于明代，是关城内武官办公的地方。

——"座北朝南"之"座"是"坐北朝南"之"坐"的别字。

②大雁塔平面呈方形，共七层，高六十四公尺。

——其中的"靣"是"面"的二简字，为不规范汉字。

（2）词语规范问题

书面语导游词文本中，不规范词语问题多是文言词、方言词、外语词、行业语等词语误用或滥用，也有生造词语的错误。例如：

①这是在广东出生的第一只大熊猫BB——隆隆，也是全球唯一的大熊猫三胞胎之一。

——滥用外语词，宜将"BB"改为"宝宝"

②虽然云谷寺已久毁，但"云谷寺"作为地名却一直沿用至今。

——生造"久毁"一词，可直接改为"毁坏已久"。

③现在咱们突然遇到紧急情况，大巴故障严重，一时半时不能修好。大家这样强烈表达不满，冲我发了这么多火儿……各位的心情我能理解，咱们虽然有分歧，但这些分歧毕竟属于内矛，咱们大家可以用讨论、协商的方法来解决。大家可以帮我出谋划策，相信各种问题一定都会妥善地解决的。

——以书面形式呈现的这段导游人员处理紧急情况的解释说明，其中的"内矛"应该是"内部矛盾"的任意缩减而成的生造词语，应该还原成"内部矛盾"。但是上述用例中导游的协商恳请式沟通，人称代词"咱们""大家""咱们大家"等使用具有拉近游客的引力，特别是设身处地请游客参与出谋划策的方法对游客的说服效果应该比较有效。

　　（3）句子规范问题

　　书面语导游词文本中，句子不规范问题多表现为搭配不当、成分残缺、成分赘余、语序不当、成分误用、句子成分杂糅等。其中句子成分杂糅问题往往比较隐蔽，运用相关表述时要特别加以注意。例如：

　　①府邸为三路五进院落，建筑规模精湛而宏伟。

　　——主谓搭配不当，应改为"建筑规模宏伟"。

　　②养生斋是道士日常饮食和香客信士用于朝山进香的主要食物。

　　——主宾搭配不当，"养生斋"不是"食物"。应改为"养生斋提供道士日常饮食和香客信士用于朝山进香的主要食物"。

　　③这座室内花园被称作"水法楼"，是目前唯一见到的中国古代室内花园遗存。

　　——定语"唯一"语序不当，应改为"这座室内花园被称作'水法楼'，是目前能见到的唯一一处中国古代室内花园遗存"。

　　④它赋予神奇险秀的黄山更具文化之魂、精神之韵和历史之感。

　　——主谓词组"它赋予神奇险秀的黄山以文化之魂、精神之韵和历史之感"与动宾词组"使神奇险秀的黄山更具文化之魂、精神之韵和历史之感"杂糅，可选择其中任何一种句式加以修改。

　　⑤恭王府因而享誉为京城历史、文化、旅游皇冠上的一颗璀璨明珠。

　　——"享誉为"搭配不当。另外动宾词组"享誉京城"与动宾词组"为京城历史、文化、旅游皇冠上的一颗璀璨明珠"杂糅。宜改为"恭王府因而享誉京城，成为京城历史、文化、旅游皇冠上的一颗璀璨明珠"。

　　⑥日光岩又称龙头山，是鼓浪屿的最高峰。日光岩顶部有一直径40多米的巨石凌空，浑然天成，是厦门的象征。

　　——无主句动宾词组"日光岩顶部有一直径40多米的巨石"与主谓词组"巨石凌空"杂糅。根据上文，宜改为"日光岩顶部有一直径40多米的

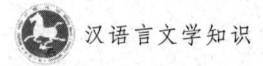

凌空巨石……"。

（4）语篇规范问题

语篇规范角度的问题实际上与修辞相关语言锤炼角度的内容多有交叉，涉及比句子范围更大的句子与句子之间、段落内部各层次之间或段落与段落之间以及全篇的表达或协调问题。

但是从语言规范这个角度看，其相关问题实际上也属于普通话规范标准中"以典范的现代白话文著作为语法规范"的范围。此外，与用字、遣词、造句的规范并合为一处，有利于全面梳理书面语导游词文本规范的一系列相关问题。

语篇方面的规范问题虽然有多方面的表现，但针对导游词而言，主要有语义不完整、语义含混、语义冗余、表达角度失误、表达不连贯、语序不当、语气不当、指称不当等问题。例如：

①各位团友请注意，景区规定老人、儿童、残疾人、行动不便者以及有潜在疾病者需有专人陪护入园参观。咱们家属或团队成员可以互相照顾，需要请专人陪护的请告诉我，我去联系。

——例中"残疾人"与"行动不便者"类别互有交叉，表义含混；此外"潜在疾病者"语义模糊，可删除。建议改为"老人、儿童或行动不便者需有专人陪护入园参观"。

②秘云洞位于滴翠岩中心腹部。古代以石为云根，为秘藏仙云之洞府。洞正中镶嵌有康熙帝御笔"福"字青石碑一座。

——这一例要表述"秘云洞"是"秘藏仙云之洞府"，但语义含混，容易误以为"石"或"云根"是"秘藏仙云之洞府"。建议改为"古代以石为云根，这石洞正是秘藏仙云之洞府"。

③感谢各位临时组团听我讲解。现在景区推出了专为咱们散客朋友们设计的特色讲解导游服务。在游览中，我将重点为大家介绍恭王府的历史、文化、建筑、园林和人文典故。

——这一例中的"历史、文化、建筑、园林和人文典故"互有交叉，不能并列，严格地说，"文化"包含了历史、建筑、园林、人文典故等概念。建议改为"我将重点为大家介绍恭王府的历史、园林、建筑、人文典故等相关文化内容"。

④景区由非遗村、甘什黎村、谷银苗家、田野黎家、《槟郎·古韵》大型实景演出、兰花小木屋、黎苗风味美食街七大文化体验区构成，风景秀丽。景区内还展示有十项国家级非物质文化遗产。

——这一例中"风景秀丽"语义冗余。在上下文说明介绍性内容中生硬地插进一句描写性文字，破坏了表义的完整性。应将"风景秀丽"删掉。

⑤这是府邸东路第三进院主殿，恭亲王奕䜣时期为主会客厅，因咸丰皇帝亲题"多福轩"匾而得名。

——这一例句子顺序需要调整，建议改为"这是府邸东路第三进院主殿，因咸丰皇帝亲题'多福轩'匾而得名。恭亲王奕䜣时期为主会客厅"。

⑥现在，矶头临江处装有铁栏，凭栏眺望：对岸，沙洲翠绿若丹青宛然；下游，江天一色如碧海茫茫；上游长江大桥似彩虹飞架；脚下，江水浩荡如万马奔腾。

——这一例中的几个句子未按一般的观察顺序描述，应该调整成"脚下""对岸"（或者"对岸""脚下"），然后再是"上游""下游"。或者也可以按照"上游""下游""对岸""脚下"顺序讲解。

⑦这是恭王府大戏楼，是恭王府的第三绝，建于同治年间（1862～1874），是恭亲王及其亲友看戏的地方。这座戏楼是我国现存独一无二的全封闭式王府大戏楼。在清廷档案中，戏楼均称为"大戏房"。建筑面积685平方米，可容纳200多人，高大宏伟，气势不凡。

——这一例在句子顺序、语义连贯方面存在问题较多，需要进行较大调整。建议改为："这是恭王府大戏楼，是恭亲王及其亲友看戏的地方。在清廷档案中，戏楼均称为'大戏房'。大戏楼，建于同治年间（1862～1874），建筑面积685平方米，可容纳200多人。这座大戏楼被称为恭王府的第三绝，是我国现存独一无二的全封闭式王府大戏楼。"

⑧现在要提醒大家一下：贵重物品请随身携带，自行保管；有较大行李包裹不宜带入府内的物品，请咱们按安全要求存放，不要带入园内。

——这一例在同一语境中，"府内""园内"指称不统一，建议统一，择用其中一个概念。

⑨请大家注意，咱们是临时组成的散客团。持散客门票和免费参观券的游客只能参观对公众开放的区域，戏楼等有偿服务区谢绝参观。

——这一例表达语气不当，"只能""谢绝"等词语语气比较生硬。导游语言属于服务性语言，在提出相关要求、规劝时，要注意语气委婉、柔和。建议改为"持散客门票和免费参观券的游客可游览对公众开放的所有区域，戏楼等有偿服务区请咱们另行购票参观"。

以上修改建议只作为参考意见，当然还应该有其他的修改方法。

（四）现场感强

书面语导游词的现场感是指在其文本中运用相关手段营造的现场气氛，给人一种身临现场情境的感受。

主要是运用现场感词语、现场导引语、现场操作提示语、副语言提示语、体态语提示语等手段突出现场感。

1. 现场感词语

现场感词语或词组主要有表时间的名词性词或词组、表时间的副词以及近指代词等。表时间的名词或词组主要有：现在、今天、刚才、此时此刻等。表时间的副词主要有：刚、刚刚、正在、立刻、马上、将要等。指示代词主要使用近指代词，如"这""这里""此""此处""这会儿""这么""这样""这么样"等。例如：

①现在，我们来到的是悦心殿。这组建筑建于清顺治八年，就是1651年，乾隆皇帝经常在这里办理政务和召见官员。现在请大家看殿内，殿内梁枋沥粉贴金，异常华丽，大殿正中放置着九龙宝座、角端和象驮宝瓶等吉祥之物。上方有"正大光明"匾额。两侧是皇帝休息和读书的地方。（北海公园悦心殿）

②各位朋友，我们现在就到了我国古代四大美人之一王昭君的故乡——宝坪村。宝坪村又名昭君村，是王昭君的出生地。在西汉时兴山属南郡秭归。宝坪村面临香溪水，背靠纱帽山，群峰林立，崖壑含翠，橘林丰茂，山明水秀，极富诗情画意。村内有楠木井、娘娘井、梳妆台、望月楼等遗迹，近年来，又兴建了昭君宅、纪念馆、长廊碑林、汉白玉昭君塑像等建筑。

这里就是昭君曾经住过的地方，此处的昭君宅是照古图重建的。

这里就是楠木井，是当年昭君姑娘汲水的地方。井约一米来深，清澈见底，井水从不枯竭。井底沉有楠木一根，据说还是当年昭君放入的。

大家请看这条溪水，它叫作香溪。传说当年昭君在溪中沐浴，不慎将一

颗珍珠遗落在水中，从此溪水变得碧清透明，香气四溢，因而得名"香溪"，也有人将它叫作"昭君溪"。（昭君故里）

这两段导游词中，"现在""我们""这组""这里""这""此处"等词语，配合以"大家请看"等游览导引语，所营造的当时当地的现场感气氛十分浓厚。

2. 游览导引语

游览导引语，也可以称为导览语，是指书面语导游词文本中由导游引导提醒游客游览的提示语。多为指引、提醒等内容。例如：

<u>现在</u>，我们的车左转向西继续西进。<u>咱们前方</u>隐约可见的山，统称燕山，是山西省太行山东麓的余脉。它像一把弯弓，自西南房山区向西，向西北，向北延伸，构成了拱卫北京的天然屏障。八达岭就在这群峰之上。

<u>现在咱们的前方</u>是南口镇，北口就是指八达岭。南口一直是平原门户。从明朝永乐年间到明末，曾屯兵几十万，历来为兵家必争之地。这里曾是古战场，既残留着战国时期赵国的城墙，又留有辽国萧太后调兵布阵的金沙滩。现在，这些古迹早已淹没在荒草和乱石之间。

<u>请大家向右看</u>，这条狭长的沟谷地段，就是长达20千米的关沟故道。八百多年前，这里流水潺潺，鸟语花香，每当山风吹起，林中涌起松涛阵阵。被誉为"居庸叠翠"，列为金朝的燕京八景。在这条神奇的沟谷中，有杨六郎的拴马桩、穆桂英的点将台，有六郎影、五郎庙，有"游龙戏凤"的白凤冢，有"青龙倒吸水"的景观，还有仙人石、弹琴峡等，一共有72处风景。

<u>请向左上方山坡上看</u>，那个用灰砖垒砌的高台，就是烽火台。<u>这是</u>报警的信号台。每当敌兵来犯，烽火台将点燃烽火，鸣响火炮。在整个长城沿线，每隔一里就设有一座，这样，在万里长城上，形成了一道千里的报警线。"烽"，指烽燧，是燧石和芒硝类，可以点燃。白天点狼粪、枯枝，从很远的地方，便可以看到浓烟升空，城内守军便召之即来，进入特级战备状态。晚上点烟，守军看不到，怎么办呢？就点火，所以合称烽火。

<u>现在</u>，<u>我们</u>已经进入了居庸关——八达岭风景区。大家脑中一定在想象着那狼烟滚滚、烽火连天的古代战争场面了吧。

各位朋友，<u>我们的正前方</u>就是著名的居庸关。"居"是指居住，"庸"指

迁徙定居之庸徒。居庸关取"徙居庸徒"之意。汉代沿称居庸关，三国时代称西关，北齐时改称纳款关，唐代有居庸关、蓟门关、军都关等名称。<u>现在咱们的前面</u>是指挥所和仿古牌坊，<u>左右分布着的</u>是敌楼，墙为内外两层，俗称子母墙，<u>伸出来的</u>石槽是排水沟。两墙之间宽约 6 米，可供哨兵巡逻，可容五马并走。底部宽约 7 米，形成上窄下宽的坚实构造。城墙飞谷越堑，依山而上，向左看，长城万里，向右看，万里长城。

<u>前面的这个</u>用汉白玉砌成的方台，叫云台。过去，此地曾有过街五塔，来往居庸关的过客，都会在这里烧一炷香，祈祷平安，后来，毁于战火。云台是过街五塔残存的遗迹，它的四周有着精美的佛教浮雕和蒙古、汉、满、藏、西夏、维吾尔、巴斯巴、梵文 8 种文字。

各位朋友，我们要过弹琴峡隧道了。过去的弹琴峡，冬天冰天雪地，山水成冰。春天，冰雪融化，冰在水上结，水在冰下流，发出叮叮咚咚的声音，犹如琴声，故名"弹琴峡"。明人杨士奇赋诗"峡石记弹琴，泠泠流水音"。元人陈孚写下了"伯牙别有高风调，写在松风乱石间"。

<u>再请大家向上看</u>，一条带状蜿蜒起伏的城墙，像银龙飞走，似蟒蛇蠕动。<u>这就是</u>蔚为大观的八达岭长城。（北京八达岭长城）

这段导游词用例涵盖"现场感词语"与"游览导引语"两方面，下画单横线"＿＿"的是"现场感词语"，下画浪线"＿＿"的是"游览导引语"。例中，现场感词语或词组依次如：现在、咱们前方、现在咱们的前方、这是、现在、我们已经进入、我们的正前方、现在咱们的前面、左右分布着的、伸出来的、前面的这个、这就是……营造出了十分浓郁的现场感。游览导引语依次如：请大家向右看、请向左上方山坡上看、再请大家向上看……这些游览导引语通过对游客的不断的指引、提醒，有效地收拢了游客的注意力。

3. 操作提示语

操作提示语是指书面语导游词文本中引导或提示导游进行相关操作的提示性表述，主要是针对导游人员，不是针对游客的。这类提示语在文本中常括在括号内进行说明。书面语导游词文本中的操作提示语有增强导游讲解现场感的作用，在实际的现场讲解过程中对导游具有重要的提醒提示功能。

根据现场提示语的不同功能，可以将其划分为场景提示语和操作提示语两类。

（1）场景提示语

场景提示语主要提示导游讲解的景点场所，多在导游词前面以括号内文字表述提示。例如：

（天坛南门内）

女士们、先生们：

你们好！欢迎您光临天坛。（自我介绍后）非常高兴能有机会陪同各位一道欣赏领略这宏伟壮丽、庄严肃穆的古坛神韵。让我们共览这"人间天上"的风采，共度美好的时光。

这一例中括号内的"天坛南门内"就是场景提示语，提醒导游进行讲解的具体场所。此外，括号内的"自我介绍"是操作提示语。在书面语导游词文本中，标注场景提示语是一种运用得相当普遍的方法。

（2）操作提示语

操作提示语主要是通过括号内文字表述指导导游人员进行相关操作，如具体讲解内容、游览路线、讲解方式、讲解要求、说明解释、体态语运用、副语言运用等。下面仅举几小类加以说明。

第一类：游览路线提示语。例如：

（琉璃门外）

我们面前的这座建筑叫"天库"。天库的入口就是这琉璃门，门的墙体部分均为澄浆砖磨砖对缝精心砌筑，顶上覆盖天青色琉璃瓦。檐下梁枋斗拱不用木材，全用琉璃烧制，造型考究，巧夺天工，是国内现存仅有的一例。

"天库"是尊藏"上天"及诸神神版的地方，只有大典时才将神版请上圜丘受祭，平时就供奉在天库。英国外交大臣赫德先生听过介绍后风趣地说："上帝在圜丘'办公'，而这里是他的'宿舍'。"这个比喻十分通俗贴切。（评注：相关征引——名人效应）好！请您跟我走进天库，看一看"上帝"和诸神平日居住环境和生活待遇究竟怎样呢？（评注：引导游客设身处地体验）（自琉璃左门入天库）（天坛）

这一例的提示语实际上有两小类。首先是场景提示语。括号内的"琉璃门外"提醒导游讲解的景点场合。然后是操作提示语，括号内的"自琉璃左门入天库"，提醒导游具体的带团游览路线，也属于相关讲解要求。

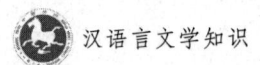

第二类：相关讲解方式与要求类提示语。上例括号中"自琉璃左门入天库"属于相关讲解要求方面的，提醒并要求导游按照特定游览路线行进。再如：

（天库院内）

我们眼前耸立的是天库的正殿"皇穹宇"。它最初建于明嘉靖九年（1530年），至今已近500年了。它是一座镏金宝顶单檐蓝瓦圆攒尖顶建筑，高17米，直径19米，十分玲珑精巧，上为蓝瓦金顶，下面是木雕菱花门窗。建筑饰以最高等级的和玺彩画。大殿坐落在一个高3米的圆形汉白玉须弥座上，富丽华贵，稳重而恬静。殿前的石阶中镶嵌着一块巨大的石浮雕，上面是"二龙戏珠"的吉祥图案。双龙一左一右，一升一降，栩栩如生，是古代的雕刻佳品。让我们沿着殿东侧石阶登上皇穹宇大殿，请您一边走，一边听我介绍殿内的情况。（<u>该殿丹陛较窄，停留时间长人流易堵塞</u>）（北京天坛）

这一例的提示语除场景提示语外，括号内的"该殿丹陛较窄，停留时间长人流易堵塞"的提示语兼有讲解方式与讲解要求两种功能，解释了为什么需要导游带领游客一边走一边讲解的理由。这样的书面语文本导游词对导游现场讲解具有较强的引导与指导作用。

第三类：说明解释类提示语。这类提示语，就是以括号形式对特定讲解内容特别加以解释说明的文字。如：

①泉州的别名是刺桐，泉州港称为刺桐港，泉州城称为刺桐城。刺桐这个名称来自环城遍植的刺桐树。刺桐原产于印度和马来西亚，因古时海外贸易移植到我国东南沿海的广东、福建一带。唐五代时，泉州节度使留从效为适应海外贸易的发展而扩展城区，并沿城环植刺桐树。最早记述"泉州港"的是十三世纪末意大利旅行家马可波罗由泉州回欧洲时，他的记述中称"泉州港"为"刺桐港"。宋代阿拉伯人来泉州的人居多，他们译为"mcdine tzaytun"，前一字为"城市"之最多，后一字则为"刺桐"（<u>大致发音为 tzaytun</u>）的音译。（福建泉州）

②众所周知，1840年英国殖民者发动了侵略中国的第一次鸦片战争，他们靠船坚炮利打开了中国国门。1842年8月29日，英军兵临南京古城下，清政府被迫签订《江宁条约》即《南京条约》，这是中国近代史上第一个不平等条约，它标志着中国开始进入半殖民地半封建社会。以后，各国列强相

继入侵，企图瓜分中国。各位请看，这幅"时局图"是清末一位爱国人士所画。画中十分生动和形象地揭露殖民者瓜分中国的势力范围。在中国的东北方画着一只熊（<u>这里暗指代沙俄</u>），在西南方画着一只蛙（<u>这里暗指代法国</u>），长江流域画着一只虎（这里暗指代表英国），福建地区画着一个太阳（<u>这里暗指代日本</u>），"鹰"是代表美国。（上海中共一大会址）

③鼋不仅是神话传说的一种神物，而且在现实世界中也确有其物，事实上，鼋是一种和鳖相似的动物，属我国二级保护动物。因为这种动物比较少见，所以我国古代一直尊重为神物，又因为鼋的外形是正圆，所以南方人俗称"团鱼"，团圆有余（余鱼同音），十分吉利。（无锡太湖）

例①括号内的"大致发音为 tzaytun"注明"刺桐"阿拉伯语的大致读音。例②用括号内文字解释"时局图"上各种动物等图案所代指的一些帝国主义国家。例③以括号内文字特别说明"余鱼同音"，解说"鼋"谐音双关"团圆有余"的意思。

上述各例括号内的"说明解释"，主要作用是通过解说使相关陈述对象更加明确了然。这类说明解释多见于书面语导游词文本，有些说明解释在现场讲解时可以转换成具体明确的说法加以表达。

第四类：体态语提示语。体态语，是指借助表情、体态动作等手段表情达意的一系列方式，主要有表情语、体式语两类。表情语，是指人的面部表情、目光以及微笑等所传递出的信息。体式语，是指由手势、身体各躯干的动作以及各种身姿传达出的信息。例如：

①现在请大家往四周看，站在山顶，极目远眺，整个风景区尽收眼底。四周 13 座火山各具形态，那像笔架的是笔架山，像老虎的是卧虎山（<u>手指着周围的山介绍山名</u>），这些火山沿东北和东西方向有规律地排列着，构成"井"字形。

大家朝我指的方向看，那五个彼此相连的晶光闪亮的池子便是五大连池的五个池子。来五大连池的游人站在高高的山地，沐浴着习习来风，俯瞰远山近水，都忍不住诗情勃发、文思泉涌。（黑龙江五大连池）

②朱德祖籍是广东韶关，他家迁来四川至朱德这一辈已有八代人了。朱家世代靠佃种地主的土地为生，终年辛劳，仍过着贫困的生活。为了"支撑门户"，父辈们节衣缩食，使朱德从 5 岁起就有机会开始读书。（指照片）他

先后在丁家花园、药铺垭学堂、席家區私塾读书。（指照片）朱德学习勤奋，成绩很好，深得老师赏识。

苦难的童年，使朱德养成了勤劳吃苦的习惯，读书之余，经常帮父母干活，（指照片）这是他在家劳动时用过的石磨、石碾、锄头、装水的水缸等用具。（指照片）1900年夏，马鞍大旱，14岁的朱德随大人们一起四处找水时挖的一口水井，后人们取名"琳琅井"。（朱德故居纪念馆）

③（大型组合雕塑——"古城的灾难"前）这是一座组合雕塑。（注视游客并提问）请观众朋友们想想看，它们各象征着什么？

（停顿片刻）这座雕塑取名为"古城的灾难"。它是由残破的城墙、残缺的军刀、历史的桥梁、遇难者的头颅、手臂、长明火和象征着遇难者累累白骨的鹅卵石等一个个雕塑组合而成的。设计的主题思想为悲与愤。整座雕塑寓意为：站在历史的桥梁上，回眸20世纪30年代发生在古城南京的一幕人间特大惨案。（侵华日军南京大屠杀遇难同胞纪念馆）

例①括号中的"手指着周围的山介绍山名"提醒导游对周围13座火山名称的介绍要配合手势明确对位。此外，"现在请大家往四周看""大家朝我指的方向看"是游览导引语，引导并提醒游客关注导游讲解的内容。例②提示导游运用相关手势一边指照片一边介绍朱德青少年时代的生活。例③括号中的"注视游客并提问"是提醒导游人员运用目光语引起游客的注意力，对将要讲解的大型组合雕塑"古城的灾难"的内容的严肃性进行铺垫。

导游在讲解过程中对目光的运用，主要有两个方面：第一，观察所有游客的情况，随时接收游客的反应与反映。第二，与游客进行有效的目光接触。通过与游客的目光接触，进行感情交流。导游在与游客进行目光接触时，对游客或环顾，或专注，或虚视，要根据讲解现场的需要而加以灵活调整。

第五类：副语言提示语。副语言提示语，是指书面语导游词文本中提示导游讲解过程中调动各种副语言因素的提示性表述。

副语言有广义与狭义之分。狭义的副语言专指超音段音位学中的韵律特征。书面语导游词文本关注的是广义的副语言。广义的副语言一般指各种具有声音但无固定意义的副语言因素，比如音色、音量、语速、停顿、轻重音，甚至沉默、咳嗽、叹息等，这些手段在口语导游讲解过程中恰当运用，会使导游讲解声情并茂。例如：

①看完这组石雕后，大家有何感想？如果有人看过其他朝代陵墓的石像生，可以作一下比较。不难看出，这组石雕体积比较大，这是最大特点。请大家估计估计大象的体积有多大。（停顿片刻）立象，以露在地面上的石料计算，整块石料体积近30立方米，重约70吨，从运输到雕刻，其困难是可想而知的。石料采自房山区大石窝，采石是十分艰苦的。石料采下后，在没有现代化机械的古代，运输又是一大难关。据记载：当时的做法是在沿途每隔一里挖一口水井，等到隆冬季节，泼水结冰，然后将石料放到特制的木架上，当时称"旱船"，然后成百上千人挽绳在冰上拖拉行进。可以想象修陵所用的大量石料，不知要付出多少劳动人民的血汗！（北京明十三陵）

②各位游客：

大家好！欢迎来到毛泽东故居游览。毛泽东的故居在韶山，那么"韶山"这两个字是从何而来的，"韶"又是什么意思呢？（稍停一会儿）韶山有着悠久的历史文化。相传舜南巡时，面对青山绿水，绮丽风光，命侍从奏九章韶乐于此。优美动人的韶乐令百鸟欢跃，凤凰来仪，一片和谐美好的景象。自此以后，人们把舜帝演奏过《韶乐》的这个地方取名为韶山。"韶"，便是虞舜时的宫廷乐名。（湖南韶山毛泽东故居）

③我们现在看到的是五香亭、放生池，还有这棵有七百年树龄的老樟树。请各位顺着我手指的方向望过去（将客人视线引到象山），看到南华寺的建筑布局和周围环境，你们感受最强烈的是什么？（停顿一会儿）当然是南华寺与众不同的气势。你们看，那是南华寺的后山，叫象山，沿山建有宝林门、天王殿、大雄宝殿、藏经阁、祖殿、方丈室，一级一级向上延伸。在寺庙两边各有一座小山（导游配合手势，引导客人去理解这种人工建筑与天然环境巧妙结合所产生的一种特殊效果），请大家设想一下，这一切像什么？（停顿一会儿）对了，恰似一头大象。你们看，象山为象头，一连串的建筑构成了长长的象鼻，寺庙两边的小山不正是两根巨型的象牙吗？正是由于人工建筑对天然环境的巧妙利用，才使南华寺显得格外庄严雄伟，这就是南华寺与众不同的地方。南华寺的整体平面布局为中轴线阶梯式，从山门（寺院正门）起在一条南北中轴线上，每隔一定的距离布置一座殿堂，周围

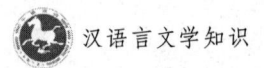

再用廊屋把它围绕起来，这样就构成寺庙的布局。现在，就让我们沿着"象鼻"往上参观。（韶关南华寺）

例①和例②括号内的"停顿片刻"和"稍停一会儿"，都是副语言提示语。例③的书面导游词文本中场景提示语、操作提示语和副语言提示语比较多。"寺院正门"是场景提示语。"将客人视线引到象山"是提醒导游关注游客目光，吸引游客的注意力的操作语。"导游配合手势，引导客人去理解这种人工建筑与天然环境巧妙结合所产生的一种特殊效果"属于体态语中的手势语操作提示。两处"停顿一会儿"是副语言提示语。上述各例副语言提示语向导游提示的是心理停顿，停顿时间比语法停顿、逻辑（强调）停顿时间稍长，这与所讲解的内容较为重要有关，运用得当，能够有效引起游客的关注。

（五）运用场合多样化

运用场合多样化是指书面语导游词文本用途具有多种场合的功能。从运用角度看，主要用于导游现场讲解。此外，也可以供游客阅览。从游客阅览角度看，可以用于旅游景观现场，也可以用于非旅游景观现场。

二、书面语导游词口语化转换技巧

（一）口语的口语化与书面语的口语化

口语的口语化是指其口语经过加工，具有更加规范、比较正式的特点的过程，体现出更多的通语语体风格。

书面语的口语化，是指书面语向通语语体转变，具有更加通俗化的特点的过程。

这表明，口语的口语化与书面语的口语化是分别从两端个性鲜明的语体风格向中间的通语语体风格靠拢。

对导游词而言，口语化了的书面语导游词具有显明的通语风格，既有书面语语体准确规范、简洁精练、逻辑性强、庄重文雅等特点，又有口语语体通俗易懂、生动活泼、亲切自然等特征。

（二）书面语导游词口语化转换技巧

书面语导游词的口语化转换技巧主要有音步节奏、词语、句式等方面的转化方式。

1.音步节奏匀称平稳

音节、节奏方面的转换主要是使其音节匀称、节奏平稳。一是尽量选用音节相称的词语，使之互相搭配并互相对应；单音节对应或搭配单音节；双音节对应或搭配双音节；多音节对应或搭配多音节等。如"见树不见林"与"只见树木不见森林"的两种表达中单音节与双音节词语的不同的选择搭配，主要是出于音节匀称、节奏平稳的需要。再如：

①南山坡上的小径，石隙间夹杂山草野卉，树荫罩地，迂回盘旋，有樵径鸟道的山野气息。

②这王府菜园，既能使花园景观丰富多样，又能使府主人体会到耕作和收获的喜悦。

③方塘西侧，矗立一组高低不一的天然石笋，周边绿色植被茂盛，西枕奇峰，东邻水榭，每当风静波澄，水底楼台倒影清晰，镜面一般平滑。

上述三例描绘性导游词，多为双音节词语互相搭配，多组成四字词语，语句简短，节奏和谐。

如果在书面语导游词创作或口语化转换时不加注意就会打乱其音节节奏的平稳。请看一则反例：

群山起伏，青苍不断；如逢秋叶正红，置身山顶俯瞰，红中映绿，松竹、山茶、槐、角枫、榆、色彩绚烂。

这一例在连续几个双音节词语中夹杂着"榆""槐"等单音节词语，打乱了音步节奏的匀称平稳，宜调整为"群山起伏，青苍不断；如逢秋叶正红，置身山顶俯瞰，松竹、山茶、角枫、山榆、国槐，红中映绿，色彩绚烂"。

2.词语调换

书面语导游词在创作过程中，词汇要多运用基本词汇与一般词汇，词汇风格特征要注重通俗易懂。

在口语化转换过程中，书面语导游词中的方言词、行业语、专业术语等要注意调换，以免造成游客理解障碍，影响讲解效果。先看范例：

现在我们参观的是雍和宫的第三进殿堂，没有改庙以前叫"寝殿"，原来是雍正做亲王的时候睡觉以及读书的地方，他去世后乾隆改名叫永佑，希望这个殿供奉更多的佛，保佑他的父王得以平安超度，所以"佑"有护佑的

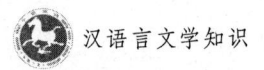

意思。

第三进大殿，中间有三尊佛像。首先给大家介绍中间这尊。中间这尊佛像的名称特别多，一种叫法是长寿佛，这是老百姓的叫法。也叫作无量寿佛、无量光佛，按信徒的一般习惯又直呼他为阿弥陀佛。那么为什么要念他的名号呢？（评注：设问——自问自答）按照佛经记载，阿弥陀佛是西方极乐世界的接引佛，出家人要心中有他，不断咏颂他的佛号，一旦离开现实地界儿就可以受他接引而到达净土。另外，阿弥陀佛可以把欢乐、吉祥、幸福、长寿赐给人间大众，所以念他的佛号可以消灾解难，带来安乐和吉祥。（北京雍和宫）

这一段导游词采用叙述性语言表述，词语通俗易懂，句子多是散句，大白话，但层次清晰，周详严密，讲解节奏不疾不徐，具有较大的亲和力与感染力。

再看一则反例：

种山栏，一年一造，耕作不翻土，以刀耕火种方法，从地里收获稻谷、玉蜀黍、豆类和瓜菜等。一般种植两三年即荒弃，另外择地烧垦。种植时，等山栏地经雨水浇透以后进行播种。先钟玉蜀黍，当玉蜀黍长到一尺多高时再种稻谷，间种木薯或树豆。（海南省保亭县槟榔谷黎苗文化旅游区）

这一例中，"玉蜀黍"是方言词，可以直接改为"玉米"。游客来自全国各地，有些游客可能会不知道"玉蜀黍"的意思，势必会造成交际障碍。

3.句式调整

（1）长句化短

长句与短句是就句子的形体而言的。长句一般成分较多、结构比较复杂。短句一般成分较少、结构比较简单。一般的现场口语导游词往往句子较短。一般的书面语导游词往往偏于书面语风格，有时长句较多。若要用于现场讲解，语句过长，不利于游客迅速捕捉到主要信息，有时候需要将长句化短。若成型的书面导游词短句居多，那稍加调整就可以用来现场讲解。例如：

①古时绍兴，每逢男婚女嫁的喜庆日子必酿佳酿宴请亲朋并选其中好酒数坛请画匠刻意彩绘泥封窖藏，日后生下儿女就将酒冠以"状元红"或"女儿红"，待孩子仕途成就或婚庆之日便取出此珍藏酒款待宾客……

例①这一长句，在讲解时可分散调整为若干短句，如："古时绍兴，每逢男婚女嫁的喜庆日子，必酿佳酿宴请亲朋。平时就挑选自酿好酒数坛，请画匠刻意彩绘，之后泥封窖藏。日后生下儿女就将酒冠以'状元红'或'女儿红'，待孩子仕途成就或婚庆之日便取出款待宾客。"

②辽阔的大海，蔚蓝明净，明净得能够看见海底紫黑的礁石，碧绿的水草，五颜六色的蝴蝶鱼，珠光闪烁的贝壳，倒映着的蓝色的苍穹，金色的霞影，火红的旭日。

例②这一长句的调整，可使某个与原句有关的词语重复出现，这样就容易把拆散的部分联系起来了。宜调整为："辽阔的大海，蔚蓝明净，能够看见海底紫黑的礁石，碧绿的水草，能够看见五颜六色的蝴蝶鱼，珠光闪烁的贝壳，还能看见倒映着的蓝色的苍穹，金色的霞影，火红的旭日。"

（2）整散句错综

整句与散句是就一组句子而言的。整句用若干个结构相同或相似、形式匀称整齐的句子排列在一起表情达意；散句则是用若干结构不一、字数不拘、形式错落的句子前后相续达意表情。

整句结构严谨，层次井然，周详严密，多用来叙述、描绘、议论、抒情。比如：

①鸣沙山月牙泉，以山称奇，以泉叫绝（评注：描绘，对偶之正对），因风吹沙动成响，因沙抱月泉显奇（评注：描绘，对偶之正对）。景区内有被誉为天下边漠第一泉的月牙泉；有世界上最大的金沙卧佛山鸣沙山；有天下罕见的大漠金字塔形沙丘链。（评注：叙述，排比——并列复句分句并列排比）可谓：春赏风沙卷成刃，夏乘骆驼探奇险，秋听胡杨诉情泉，冬览素山天一色。（评注：描绘兼抒情，排比——单句并列排比）四季鸣沙，四季月泉，不同的季节不一样的感觉。（甘肃敦煌鸣沙山月牙泉）

②日光岩，高92.7米，是鼓浪屿也是厦门的最佳观景点。各位也许到过许多名山，峨眉山金顶高耸入云，但云雾迷漫，难见山下景色；泰山玉皇顶极目云汉，但脚踏巨峰，难览眼前全山；庐山牯岭上云蒸涛涌，但浓雾飘忽，难观世间真面；（评注：描绘与议论，峨眉金顶、泰山玉皇顶、庐山牯岭三句）而在鼓浪屿上却可随意俯仰，天风飒飒，海涛滚滚，群山俯首，巨轮阵列；（评注：描绘与抒情，排比——复句的分句并列排比）你举目四顾，

远近景色，真真切切，清清楚楚，一览无余。（评注：描绘，排比——句子分句并列排比，主语"远近景色"的谓语"真真切切，清清楚楚，一览无余"并列排比）此情此景，谁不心潮澎湃，豪情激越！（评注：叙述、描绘与议论，映衬之反衬手法，以鼓浪屿跟峨眉金顶、泰山玉皇顶、庐山牯岭的不同景观突出鼓浪屿的"随意俯仰"）

　　各位团友，请看鼓浪屿，是不是像一艘彩船，停泊于万顷碧波之中，时浮时沉，波光闪烁；是不是像一座盆景，放在碧绿翡翠盘之上，错落有致，玩赏不尽；是不是像一个睡美人，仰卧于轻纱雾帐之间，风姿绰约，风情万种（评注：描绘兼抒情，排比兼比喻之博喻手法）……请各位展开想象的翅膀。（厦门鼓浪屿）

　　上述两例，例①和例②的导游词书面语语体色彩浓郁，多用整句，章法井然有序，句式匀称，气势奔放，表达周详严密，善于运用对偶、排比、映衬、比喻等修辞手法来叙述、描绘并抒情。

　　散句，追求语言的自然形态，亲切自然，平实朴素，不拘一格。例如：

　　在老北京人的观念里，人这一辈子就这么三件大事，出生、结婚、死亡。今天咱们就来说说"洗三"有什么讲究。

　　老北京人讲究新生儿在出生满三天后才能洗澡，目的是洗去灾祸带来祝福。在老北京人看来，洗三是人生经历的第一件大事，也是全家人的头等大事，仪式感相当强。洗三也叫"三朝洗儿"，在这一天，家里所有的亲朋好友都会到家里参加宝宝的沐浴仪式。这个习俗已经不知道流传了多久了，如今在雍和宫的法轮殿里，还有一个名叫"鱼龙变化盆"的文物，据说这就是当年乾隆皇帝在举行洗三仪式时用过的澡盆。老舍自传体小说《正红旗下》专门对主人公"我"的洗三进行了十分详细的描述。由此可见，不管是皇家还是民间，都有洗三的习俗……（评注：旁征博引，论述洗三习俗的历史悠久性）

　　第一步，添盆。主家按照长幼的顺序，依次往盆里舀一小瓢水，再放一些金银疙瘩、硬币，也可以放一些喜果，比如红枣、花生、桂圆、栗子之类的。与此同时，稳婆会在一旁说一些吉利话，类似"长流水，聪明伶俐""早立子""桂圆桂圆、连中三元"等。（评注：运用谐音双关、顺口的修辞手法，以顺口手法增强口语特色）

第二步，正式开始给宝宝洗澡。孩子一着水，大多都会吓一跳，然后哇哇大哭。孩子哭的声音越大，家大人越高兴，这叫"响盆"。这时候，稳婆又张嘴了："先洗头，做王侯；后洗腰，一辈倒比一辈高；洗洗蛋，做知县；洗洗沟，做知州。"（评注：运用顺口的修辞手法）

……

第四步，用一棵事先准备好的大葱，在宝宝的身上打两下，为什么用大葱呢？（评注：直接设问——自问自答）因为"葱"和"聪明"的"聪"谐音，（评注：运用谐音双关的修辞手法）这叫："一打聪明，二打伶俐。"然后稳婆再把葱扔到房顶上，寓意宝宝长大后聪明绝顶（评注："绝顶"运用谐义双关的修辞手法）

……

第九步，把刚才烧尽的灰，用红包包起来，放到炕席底下压好，愿炕公炕婆永远保佑这一家人平平安安。最后稳婆给主家道喜，主家封个大红包给稳婆。到此，洗三的仪式就大功告成了。（根据《老北京的"洗三"风俗》整理）

这一段对老北京洗三习俗的介绍主要采用散句、短句句式，娓娓道来，引人入胜。其中的谐音双关与顺口等修辞手法的运用，不仅使其口语风格色彩变得相当鲜明，而且也把老北京洗三习俗及其所蕴含着的美好祝福简洁明快地叙述出来，给人留下深刻印象。

整散句错综。整句与散句各有特定的修辞作用，无论是在书面语导游词创作中还是在书面语导游词的口语化转换过程中，都要根据讲解需要使其表达整散相间，参差交错，既生动活泼，又语势连贯。比如，下面两例，都具有句式整散错综，表义细腻，语意畅达的特征。例如：

初到一座城市，大家最关心的便是这座城市有什么好玩、有什么好看、有什么好吃、有什么好买，那么我要告诉您吉林这座城市会使您不虚此行，这里有得玩、有得看、有得吃、有得买。这不是我说大话而是千真万确的事实。

看什么？看三灯一火，就是冰灯、彩灯、河灯、焰火，还有我们吉林最有名的吉林雾凇。

玩什么？玩三拉二滑，就是马拉雪橇、狗拉雪橇、鹿拉雪橇，还有滑

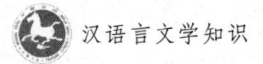

冰、滑雪。

吃什么？吃东北三奇，就是棒打狍子、瓢舀鱼、野鸡飞到大锅里，山珍野味样样俱全，白鱼汤、飞龙宴、正宗满族三套碗、朝鲜族大菜……您想吃哪一样？

买什么？这更是我们吉林人的骄傲，买东北三宝，就是人参、貂皮、鹿茸角。这些上等的补品，会让您越吃越年轻，更有精力云游天下。（吉林雾凇）

这段导游词主要通过"玩什么""看什么""吃什么""买什么"四个自问自答的设问向游客解释为什么在吉林这座城市"有得玩、有得看、有得吃、有得买"。整体上以整句为主，中间穿插以散句，整句与散句错综交杂。此外这段导游词口语风格鲜明，内容严整，语言规范，使讲解通顺连贯，流畅自如，必然会给游客留下深刻的印象。

（3）白话文言句式协调

白话句式与文言句式的区别主要是语体色彩不同。白话句式自然浅近，通俗易懂，口语语体色彩鲜明。文言句式，庄重典雅，简洁凝练，书面语语体风格明显。一般情况下，多用白话句式；如果有表达需要，也可以选用文言句式。在书面语导游词口语化转换过程中，可根据表达需要酌情选用。例如：

①九华山在唐以前称"九子山"，因"峰峦异状，其数有九"而得名。（安徽九华山）

②山庄周围，植以柿树，逾百株。果实，夏绿，秋黄，霜后泛红。四季景色，我们起码可赏其大半。山庄里外，多紫藤、月季、芍药、牡丹。诸花缤纷，色染院墙之上。取法也有机巧，依砖壁砌出若干花池，形若阳台，花木藉尺土，也能绽放，披离开去，又蔚然而成为一幅立体风景，惹得人们常常翘首长望。（大连碧海山庄）

③从干波亭东望，山岩入海，浪花四溅。其中有块心形巨石任惊涛拍击而独具风采。园主触景生情，镌刻"印心"二字于山石之上，仿佛天风海涛尽入心怀。经过波浪侵袭，岁月磨砺，印心石表面已渐平滑，更显示出对自然精神之大美的崇尚。（厦门鼓浪屿菽庄花园）

例①中的文言句式"因……而……"在导游词中运用得十分普遍。例②

文言句式风格较为明显的"……植以……""……亦有……"等句式在导游词中也较为常用，虽然文言风格较为浓郁，但短句多，散句多，表达简洁凝练，通俗易懂。例③虽然"镌刻……于……"等句式具有一定的文言色彩，用语也较为典雅，但行文紧凑，格调优雅，这样的讲解能给游客以较强烈的美感享受。以上三例，虽然具有一定的文言特色，但内容凝练，行文通畅，都能够比较容易地转换成现场口语导游词。

上述书面语导游词口语化转换的各个方面一般都可以落实在文本中，实际上还有一些因素难以用文本形式呈现，如副语言等因素，其中如发音、音质、音调的高低和强弱、音量的大小、语速的快慢、停顿（有时可以在导游词文本中加以提示）、沉默、叹息、咳嗽等因素，这些因素常常在现场导游与游客的交流沟通中发挥积极作用。这些副语言因素有时能够成为重要的感情密码，可以传递出暗示、制止、号召、鼓动、赞扬、怀疑、讽刺、惊讶、申诉、坚决、自信、祝愿、庄重、悲痛、冷淡、喜悦、热情、自豪、警告等各种情感。所以，导游在现场讲解时要注意讲究语调、音色、音量、停顿、语速、语气等各种因素的运用。

第四节　导游词表达基本要求

导游词表达基本要求，主要有主次主题的挖掘与深化、材料数据的可靠与准确（材料的明引和暗引以及意引等引用手法、自然与文化数据的数概和换算手法）、讲解章法的顺序与条理（逻辑顺序与总分结构顺序）等内容。

一、主次主题的挖掘与深化

（一）主要主题和次要主题

主题是指旅游景观所蕴含着的主题思想，或主要内容。其主要主题是旅游景观的整体核心内容，具有显著的优越地位。次要主题是整体核心内容的分化，往往由具体景点承载或呈现。

旅游景观主次主题的确立：要准确、集中。不能多点散射，否则会使其失去焦点，失去鲜明的个性。

　　旅游景观主次主题具有两个特点：一是客观性，就其旅游资源的来源而言，无论是自然景观还是人文景观都同样具有其本体来源的客观性，这为其主次主题烙上客观性烙印。某一特定景观一旦成型，其主题往往不以人的主观意愿随意转变，这反过来更加要求主次主题的挖掘与深化必须客观。二是时代性。任何景观都属于特定的历史时期，或兼跨多个历史时期。对古代人文景观来说，其景观主次主题的时代性具有双重特征，这要求对其旅游景观主次主题的挖掘与深化，既要符合其所属时代的文化特征，又要兼顾当代社会的主流文化特征。

　　（二）旅游景观主次主题的挖掘与深化

　　旅游景观主次主题的挖掘与深化，在其主题客观性、时代性基础上，往往带有观念性、主观性，在这些基础上精心创作的导游词就会特征突出，个性鲜明，而特征突出，个性鲜明的导游词就会涌动着生命力和感染力。

　　观念性，是指相关旅游景观的主题挖掘与深化多由感性认识上升到理性的观念，包含着挖掘与深化过程中对其主次主题内涵价值的独特理解与概括升华。

　　主观性，是指相关旅游景观的主题挖掘与深化往往带有管理者或创作者的一定的主观感情色彩。

　　比如，旅游景观中常见的人文精神、民族精神、地域文化、环保理念、绿色旅游、红色旅游等主次主题内涵的挖掘与深化，都要有明确的观念价值导向，投入真情实感，使其特征突出，个性鲜明。从这个角度看，特色和个性是旅游景观的灵魂，但依赖于主次主题的挖掘中对其特色和个性的凝聚与提炼，其挖掘越深入越到位，其景观的文化地位就越稳固，游览价值就越经得起衡量。

　　（三）导游词创作主次主题挖掘与深化及其方法

　　1. 特点

　　在导游词创作中，主次主题的挖掘与深化，一定程度上体现着创作对旅游景观主次主题把握的主观性，包含着对景观所蕴含的内在意蕴的基本认识、理解和评价。

　　在精心创作的导游词中，创作者相关的认识、理解和评价的要点，往往通过相关内容材料的取舍与详略的安排渗透、贯穿于导游词讲解内容之中。

导游人员在现场讲解过程中，要细心体悟，把握到位，使其讲解收到理想效果。

2. 要求

旅游景观的主次主题是在对旅游景观的主题思想的反复提炼中产生的，基于此，导游词创作中主次主题挖掘与深化的要求是：既要鲜明，又要新颖。要注重揭示出特定景观中的特定内涵，独特个性。

揭示出特定景观的个性和特色，是导游词创作的重点，如果把握准确，挖掘深入，视角新颖，表达巧妙，就往往会成为一篇导游词中的亮点，也会带动现场导游讲解上升到新的境界，有时甚至会使游客因受到特定启示而产生深刻的文化领悟。

3. 方法——剖析内涵、概括强调、突出特色

导游词创作中对其主题的挖掘与深化，多采用剖析内涵、概括强调、突出特色等方法进行。实际上，在具体的导游词文本中或者在现场导游讲解中，无论是剖析内涵、概括强调，还是突出特色，目的都是深化主题，所以上述三种方法不是互相排斥的，而是常常综合运用于一处，或主或次，相辅相成，互相支撑。

在导游词中，景观主次主题的挖掘与深化往往关涉诸多内容，如提炼出来的承载着对主次主题内容的选择，多景观特色的呈现，对讲解结构的安排等。例如：

①人们常说："到故宫要沾沾王气，到长城要沾沾霸气，到恭王府就一定要沾沾福气！"恭王府的福气就来源于康熙御笔亲题、加盖有"康熙御笔之宝"印玺，也有着"天下第一福"之称的福字碑。

这座福字碑，藏在恭王府花园的一座用糯米浆砌筑成的假山秘云洞内，碑高1米左右。据说，这个"天下第一福"福字碑，来历不凡。康熙十二年（1673年），康熙帝的祖母孝庄皇太后将要过六十大寿，不料却重病缠身，久治不愈。宫内的太医用遍了良方名药也未见起色。这时有大臣献策，说可以试试史书上记载的请福延寿的方法。在沐浴斋戒三日之后，康熙凝神运气，以虔诚祈福的心境，一气呵成写下了一个大大的"福"字，并加盖上"康熙御笔之宝"的印玺。将福字精心裱糊后，康熙帝马上送给了孝庄皇太后。孝庄见了欣喜万分，久病的身体痊愈，心情舒畅，健健康康过了个六十

大寿。后来这件事传开了，大家都说皇太后的病好了，全是因为康熙所写的福字。至于这块天下第一福字碑是如何到的恭王府假山，至今还是一个谜，但是，作为恭王府的"镇园之宝"，福字碑早已经是名扬天下了。

福文化是发源于中国本土的一种民俗文化，它伴随并贯穿着中国几千年的历史文明变迁与发展，如今已全面渗透进人们生活的点点滴滴，成为对中华民族影响最远、最广的民族主流核心文化内容之一。"福"文化有许多民间仪式活动，如祝"福"、祈"福"、赐"福"、请"福"、接"福"、纳"福"、摸"福"等，都表达了中国人对幸福追求的文化认同与共同心理诉求。恭王府不仅保留了具有物质文化遗产性质的古代建筑园林，形成了一个承载着中国祈"福"、请"福"等诸多民俗活动的文化空间，还孕育了具有丰厚的"福"文化意象的非物质文化遗产，逐渐成为北京乃至全国各地祈"福"、请"福"习俗的传承地和核心区。（北京恭王府）

②兵马俑，对我们来说应该并不陌生，但大家对他们了解多少呢？兵马俑，也就是秦始皇兵马俑，也简称秦兵马俑或秦俑。咱们所在的景区位于西安市临潼区秦始皇陵以东 1500 米处的兵马俑坑内。现在秦始皇陵以及兵马俑坑已被联合国教科文组织列入《世界遗产名录》，并被誉为"世界第八大奇迹"、世界十大古墓稀世珍宝之一。

兵马俑是古代墓葬雕塑的一个类别。先秦时期实行人殉，秦兵马俑不是人殉，是制成兵马（战车、战马、士兵）形状的俑形殉葬品。这与春秋战国之际的社会变革促使葬俗发生变化相关，当时出现了以俑殉葬，即用陶俑、木俑等来代替人殉的风气，秦兵马俑就是以俑代人殉葬的典型墓葬。在这里"俑"是墓葬中陶塑、石雕、人形塑像的代名词。秦俑之所以在规模、写实程度上达到如此的艺术高度，除了工匠们充满智慧的创作之外，还与历史上第一个封建皇帝秦始皇的宏大抱负与豪迈气势有关。

大家看那些兵马俑排列整齐，气势磅礴。每个兵马俑都佩戴着盔甲，有些兵马俑身后还有战马或战车。大家再看他们坚定的眼神，表现出誓死而战的决心和信心。似乎他们都随时准备奔赴战场，全身上下都散发出一股子大义凛然的英雄气概。这正与当时秦始皇的雄伟志向以及秦朝的盛世景象相得益彰。秦始皇统一六国，完成统一中国大业，建立起一个统一的中央集权的强大国家"秦朝"，并奠定了中国本土的疆域。国内统一文字，统一度量衡、统一货币，使得天下书同文、车同轨、度同制、行同伦。可以说当时呈现的是一派国泰民安，边疆稳固的盛世景象。如果我们在这种背景下欣赏兵马俑，我们会得到一些新的收获。（陕西省西安市临潼区秦始皇兵马俑博物馆）

③每年的5月18日啊，是国际博物馆日，今年国际博物馆日的主题是博物馆的力量，对于我们的书法圣地碑林来说，最大的力量是什么呢？（评注：设问——自问自答）其实在于很多游客问过我的一句话。（评注：顺着游客的思路提出各种疑问，吸引游客的注意力，引导游客参与思考）说看你们这个碑林，这么多名碑啊，秦朝李斯的峄山碑，汉朝的武都太守残碑、曹全碑，唐朝的颜真卿、柳公权、欧阳询可能都不止一块碑啊，这上面的字儿我怎么都认识呢！两千多年了，一千多年了，是当年的字儿吗？那一千多年怎么没变化？（评注：下面通过讲解回应游客的疑问）这就是中国文化的传承，通过这个篆、隶、楷、行、草的演化，确实字形字体有变化，但是很多字，通过咱们这种血脉相连，咱们这种文化积淀，我能认出来！

这时候啊，（评注：下面顺着游客的思路引导游客关注为什么能够认识狂草，引导游客参与思考）可能有的小伙伴就不服气，他说，哎，那楷书你能认识，草书你能认识吗？就是那个整天呼号大叫的、拿着头发蘸墨汁的草圣张旭，他的那个可叫狂草啊，你能认识吗？我不认识。我虽然不认识，古代有些人怕咱不认识，他把楷书跟草书相对应起来了。比如说我旁边的大国宝的一块儿碑石啊，这个叫智永和尚写的真草《千字文》。智永很有可能就是隋朝的书法第一人，他有个身份是王羲之的七世孙第七代孙子。哎有意思了，因为王羲之啊人家信道，但是人家七世孙智永和尚信佛了，在浙江的永欣寺出家当和尚。他的书法是怎么练的？纯靠天分加苦练。首先是王羲之的后代，DNA没得说，但是他下定决心，我要是练不成书法我就不出我的寺院一步，不下我的阁楼一步。苦练了几十年的书法，每天大量的练习，就使得他成为隋朝的书法第一人。

他写的《千字文》，是古代很多小学生、学子入门的这种教材。朗朗上口，"天地玄黄，宇宙洪荒"，好像还有那首歌吧，朗朗上口的，被现代人也编成了歌曲。但是呢，他这个《千字文》不一般在哪儿呢？他是有两千字，先把楷书写一遍，再用草书写一遍，两两对照，你就知道这个草书这个字形是对应着楷书的什么字。哎呀！一直传承下来，咱们的草书也不会断绝啊。怎么写？里面的很多话呀，现在都特别提士气，比如说什么这个"华夏"呀，"都邑华夏"呀，"东西二京"啊，在这上面。哎！朗朗上口，而且就感觉看到"华夏"这个词儿是人家隋朝人写的，特别厉害！（西安碑林博物馆）

例①深刻剖析了恭王府景观主题的核心——"福"文化的深刻内涵，进行了精彩的剖析、概括与升华，使其具有的不可取代的特殊地位得到突出的显现，使其蕴藏着的文化内涵得到了有效强化。例②对兵马俑的内涵的剖析，置于秦始皇统一六国，建立统一中央集权强大国家"秦朝"的背景之下加以拓展，同时也概括强调了兵马俑个性独特的文化地位，使游客对兵马俑内涵的体会更加深刻。例③主要是挖掘智永《千字文》所具有的突出的特色。汉字篆、隶、楷、行、草字形，历经几千年的演变，特别是草书与行书的一些字为什么还能辨认并对应出来？导游词中对智永《千字文》连接草书与楷书的关键作用这一特色的提炼、突出与升华，给游客留下深刻印象。同时，这一段导游词中知识的传递也比较适度适量，使游客在相当轻松的气氛中得以接收。

总之，上述各例对其景观主题的内涵剖析或特色鲜明的概括强调，切中要点，数语破的，既恰到好处地突显了景观特色，又能给游客留下深刻印象。

二、材料数据的可靠与准确

（一）材料引用手法

引用是借用现成的表述（语录、诗文、格言谚语等）进行描写、叙述、说明、议论的修辞手法。

导游词中，引用手法运用得十分普遍，可使讲解具有概括性、论证性与说服力。

从语言表达形式角度，引用分为明引、暗引、意引三类。

1. 明引

明引，是直接引用原文，并用明确的方式说明或注明出处。在导游词文本中多用双引号加以标识，也常用"某某说"或"某某在哪里说"等形式加以突出。例如：

①九华山位于安徽省青阳县西南。九华山在唐以前称"九子山"，因"峰峦异状，其数有九"而得名。唐天宝十三年（754年），诗人李白游九子山，见九峰山似天然雕出的九朵莲花，作诗云："昔在九江上，遥望九华峰。天河挂绿山，绣出九芙蓉。"从此"九子山"变为"九华山"。九华山景色宜人，山中多溪流、泉水、瀑布、怪石、古洞、苍松、翠竹，山光水色，交相辉映。唐代另一大诗人刘禹锡游九华山，誉之为"东南第一山"。（安徽九华山）

②（杜甫草堂茅屋前）

很多人来了以后看了还觉得不过瘾，那么多幢建筑，到底杜甫先生住在哪儿呢？（评注：设问——自问自答）住在哪儿没有人知道，只能根据考证说就在这附近的某一个地方。但是千年茅屋哪里能够保留下来？所以我们就按照川西民居建筑，以黄泥涂墙，以竹篱为骨编制，然后以茅草覆顶，形成了一个比较典型的川西民居。中间是堂屋，两边是卧室，这边儿是厨房。院落我们也按照杜诗当中的场景还原啦，如"柴门不正逐江开"（评注：明引，杜甫《野老》），看这个柴门跟大门不是在一条中轴线上。两边种满木槿花，"花径不曾缘客扫，蓬门今始为君开"（评注：明引，杜甫《客至》）。

杜甫先生759年冬天来到这里，760年的春天，这个茅屋落成了，所以老先生还是很开心的。于是他在这儿写了很多诗，比如说《卜居》《堂成》《江村》，诗里写"老妻画纸为棋局，稚子敲针作钓钩"（评注：明引，杜甫《江村》）。就在我们旁边儿的这个石桌子上就有棋盘，"稚子敲针作钓钩"，小儿子把缝衣针弯成了鱼钩就在门口垂钓。

"浣花溪水水西头，主人为卜林塘幽"（评注：明引，杜甫《卜居》），这段快乐的生活，是他一生当中很短暂的，但却是很甜蜜的田园生活。在这个甜蜜当中，偶尔还有一些不和谐的音符。比如说有一年秋风秋雨大作，于是他门前有棵200岁的老楠木被连根拔起，第二天诗人站在门口伤心地掉了眼泪。"我有新诗何处吟？草堂至此与颜色。"（评注：明引，杜甫《楠树为风雨所拔叹》）因为他写成诗后总是跑到这棵楠木前，"来！我念给你听哈！"（评注：这一句用四川话说，引起游客强烈共鸣。普通话与方言之间的语码的恰当转换能收到非常理想的表达效果）啊！现在倒了没有了，

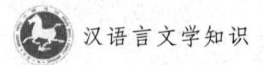

伤心了。

比这个更伤心的事情接着又发生了，"八月秋高风怒号，卷我屋上三重茅。茅飞渡江洒江郊，高者挂罥（juàn）长林梢，下者飘转沉塘坳。南村群童欺我老无力，忍能对面为盗贼。公然抱茅入竹去……"他也来添乱，看到我这儿茅草已经七零八落了，他就干脆一把一把抱起来。我去追啊，可是我哪里追得上啊。"唇焦口燥呼不得，归来倚杖自叹息。"本来我就已经感觉自己够命苦的了，"俄顷风定云墨色，秋天漠漠向昏黑"，乌云来了。"布衾多年冷似铁，娇儿恶卧踏里裂"，我用手摸了摸棉被，哇！冷得像冰一样。这个时候我看到床上的儿子，他居然还睡着了。所以这种心绪让杜甫难以入眠。"自经丧乱少睡眠，长夜沾湿何由彻！"睡不着觉，辗转反侧啊。所以这个时候他的伟大才真正地凸显出来。他怎么说呢？（评注：此处直接向游客有发问，引导游客参与。游客呼之即应，争先背诵杜甫诗句。）他说："安得广厦千万间，大庇天下寒士俱欢颜！风雨不动安如山。呜呼！何时眼前突兀见此屋，吾庐独破受冻死亦足。"（明引：这一段所有诗句的出处均为杜甫《茅屋为秋风所破歌》）就是冻死我老杜一个人在所不惜，我愿意看到普天下所有的人都能够住进宽敞明亮的房屋。所以我们说杜甫是诗圣，因为他的这种思想和境界是别的诗人没有的。他是经历了从盛唐到中唐的过渡阶段，他有过这种"自经丧乱少睡眠"的痛苦。（杜甫草堂茅屋）

例①的两处明引，分别引用李白与刘禹锡诗句和语句。例②根据杜甫草堂茅屋现场讲解视频整理，同时根据杜甫诗加以校对。文中括号内的杜诗出处、评注等内容均为编者所加。上述两例以明引方式引用的诗句，都有特定情境背景支撑，也都具有较强的名人效应，进一步渲染了特定景观的主题与特色。

2. 暗引

暗引，是引用时直接使用原文，不注明出处。所引内容多为人们熟悉的名人名句。例如：

①九寨沟的瀑布，虽然没有飞流直下三千尺，疑是银河落九天的磅礴气势，但是它也独具一格。它不是飞下来的，不是跳下来的，而是从一层层高度不等的台阶上一级一级滑下来的。它像一部演不完的彩色宽银幕音乐片，声情并茂地放映着一组又一组山水交响乐。（《话说长江》解说词）

②三叠泉，古人称"匡庐瀑布"，被誉为"庐山第一奇观"。由大月山、五老峰的涧水汇合，从大月山流出，经过五老峰背，由北崖悬口注入大盘石上，又飞泻到二级大盘石，再喷洒至三级盘石，形成三叠，故名三叠泉。泉水势如奔马，声若洪钟，真是"初疑霜崩涌天谷，翻若云奔不岩宿。散为飞风扬轻烟，垂似银丝贯珠玉。随风变态难尽名，观者洞骇心与目"。（江西庐山）

③"雾都"重庆，这是山城重庆独特的自然气候景观，令游客产生无限的遐想和神往。山城经常是日晴夜雨，深秋冬季多雾。唐代著名诗人李商隐《夜雨寄北》诗中，写道"君问归期未有期，巴山夜雨涨秋池。何当共剪西窗烛，却话巴山夜雨时"（评注：明引李商隐《夜雨寄北》）。诗句中两处用到"巴山夜雨"，可见"巴山夜雨"留给人们的印象之深。重庆雨量丰沛，空气湿润，经常有雾。浓雾迷天时，浑浑茫茫，屋宇遮没，山色尽消，江岸不分，景物不辨，所以有"雾重庆"之称。有时似雾非雾，似雨非雨，雾中带雨，雨中带雾，真有一番"雾失楼台，月迷津渡"（评注：暗引唐秦观《踏莎行·郴州旅舍》）的景象。一时间令人平添脱尘出世之感，进入了一派"空山不见人，但闻人语响"（评注：暗引唐王维《鹿柴》）的神秘境界。这种独特的气候，滋润着山城的山山水水。城四周都是一片片绿色的世界，城北有古树参天、林木森幽的缙云山风景区，城南有峰峦秀丽、花卉争艳的南山风景区，东有松林茂密、高山流水的四面山风景区，西有群山叠翠、松老竹深的歌乐山风景区。（重庆）

例①直接引用李白《望庐山瀑布》诗句"飞流直下三千尺，疑是银河落九天"，虽是暗引，但人们耳熟能详，欣然有所悟。例②暗引宋代刘过《观三叠泉》诗句"初疑霜崩涌天谷，翻若云奔不岩宿。散为飞风扬轻烟，垂似银丝贯珠玉。随风变态难尽名，观者洞骇心与目"，其出处虽未确切指出，但对三叠泉的描绘传神而尽态，令人印象深刻。例③明引与暗引交替运用。先是明引李商隐《夜雨寄北》诗句，后是暗引唐秦观《踏莎行·郴州旅舍》词句"雾失楼台，月迷津渡"与王维《鹿柴》诗句"空山不见人，但闻人语响"。

3. 意引

意引，是引用时不直接引用原文，而是间接化用原意，将原文化为己用。大多不注明出处。例如：

①深夜冷溶溶，圜丘露气浓。月明时绕鹊，松老欲成龙。古殿浮空翠，晴山落远钟。当年禋祀地，短草乱遗踪。（戴梓《天坛松月》）

②汉时关塞重卢龙，立马长城第一峰。日暮长河盘大漠，天晴外部数疆封。清时堡堠传烽静，出塞山川作势雄。百万控弦嗟往事，一鞭冷月踏居庸。（康有为《登万里长城》）

③大雨落幽燕，白浪滔天，秦皇岛外打鱼船。一片汪洋都不见，知向谁边？往事越千年，魏武挥鞭，东临碣石有遗篇。萧瑟秋风今又是，换了人间。（毛泽东《浪淘沙·北戴河》）

④大海，它是那么伟大，那么辽阔，那么气势磅礴，雄壮无比。又是那么长久，那么永恒。那高高耸立在大海之滨的岩石上，都有着大海刻下的时间印痕，这印痕，像万年松柏的年轮，记载着生命的枯荣、历史的兴衰，它使得古往今来的多少人，都在这大海的面前，发出种种感慨，撩动绵绵情思。有的人发出了山海永恒人生苦短的悲叹；有的人唱出了老骥伏枥志在千里的壮歌；有的人看到那大江东去奔流入海的情景，触发了浪淘尽千古风流人物的怀古幽情；有的人望着白浪惊涛裂岸的雄伟气势，抒发出沧海横流，方显出英雄本色的激昂情怀。（《沧海》）

在古代诗词曲赋中常见化用前人作品的例子。例①"月明"句，化用曹操《短歌行》"月明星稀，乌鹊南飞。绕树三匝，何枝可依"的诗句。例②"日暮长河盘大漠"化用王维《使至塞上》"大漠孤烟直，长河落日圆"诗句。例③"萧瑟秋风"化用曹操《步出夏门行·观沧海》"秋风萧瑟，洪波涌起"诗句，却翻新其意用以慨叹新社会发生的翻天覆地的变化。例④中意引的古典诗词分别出自曹操《龟虽寿》"老骥伏枥，志在千里"诗句、苏轼《念奴娇·赤壁怀古》"浪淘尽千古风流人物"词句，对大海的慨叹具有"思接千载，视通万里"的艺术效果。这些意引化用具有相当的概括力，也具有较强的艺术表现力。

总之，在导游词中引用这种修辞手法运用频率非常高，导游常常在讲解过程中引用（明引、暗引、意引）与特定景观或特定意境相关的诗词楹联等作品，有时甚至成为讲解的重要内容。有效运用引用手法，不仅能够使导游讲解具有较强的概括性，也具有较强的论证性与艺术性。

（二）自然与文化数据的数概与换算手法

1. 自然数据

导游词中的自然数据，要真实可靠，有据可依。尽可能采用来源可靠、真实可信数据，避免失误。例如：

①清源山最早开发于秦代，中兴于唐、宋，鼎盛于元、明、清。经过历代的开发，留下了大量的文物古迹。现存完好的宋、元时期道教、佛教大型石雕共7处9尊，历代摩崖石刻600余方，元、明、清三代花岗岩仿木结构佛像石室3处，还有近代高僧弘一大师（李叔同）（评注：说明解释类提示语）舍利塔。最引人注目的是4处享有"中国文物之最"的文物景点；宋代道教石雕老君造像、元代藏传佛教石雕"三世佛"造像、唐代伊斯兰教圣墓和宋代祈风石刻群。这些弥足珍贵的人文胜迹和秀甲东南的自然景观融为一体，交相辉映，令人流连忘返。（福建泉州清源山）

③莫高窟，背靠鸣沙山，面对三危山，窟区南北全长1600多米，现存洞窟492个，洞窟大小不一，上下错落，密布崖面，每个洞窟里面都有栩栩如生的塑像，婀娜多姿的飞天，精美绝伦的壁画，构图精巧的莲花砖，构成了一个充满宗教氛围的佛国世界。莫高窟始建于前秦建元二年，也就是366年，历经北凉、北魏、西魏、北周、隋、唐、五代、宋、西夏、元等朝代不断开凿，在现存的洞窟中有壁画45000多平方米，塑像2400余身，最大塑像高30多米，最大壁画约50平方米。这些壁画、塑像，在不同程度上反映了我国从4世纪到14世纪上下延续千年的不同时代的社会生产、生活、交通、建筑、艺术、音乐、舞蹈、民情风俗、宗教信仰、思想变化、民族关系、中外交往等情况。在我国三大石窟中，莫高窟是开凿最早，延续时间最长，规模最大，内容最丰富的石窟群。在世界文化史上也具有珍贵的价值。有"人类文化珍藏""形象历史博物馆""世界画廊"之称。敦煌莫高窟是石窟艺术中一颗璀璨的明珠，举世无双的人类瑰宝。（敦煌莫高窟）

③（圜丘台上）

我们终于登上了神坛最高层，也就是第三层台面。您可能已经注意到，每登上一层都同样要踏过9级台阶。我们再看看这台面所铺的石板：中心1块是圆形的叫"天心石"，其外共环砌着9圈巨大的扇形石板。从中心向外第1圈是9块，第2圈是18块，以后每圈按9的倍数增加，直到最外的第9

圈，恰好是81块。再让我们抬起头来看一看台面周围的护围石栏板，自然地被四面台阶分割为四部分，每部分均为9块，进一步再看看这石台面的中层和下层石栏板也同样被分割为四部分。中层的每部分为18块，下层的每部分为27块，都是9的倍数。太妙了，圜丘台上下到处蕴藏着"9"这个神秘的数字。这又是为什么呢？

原来，根据古代阴阳五行之说，天属阳，地属阴。奇数属阳，偶数属阴。所以理所当然"9"这个阳数中的最大的数就是"天数"了。这个"9"表达了天的至高、至大，同时古人也认为天有九重。皇天上帝就住在九重天上。

我们再注意一下这三层的圆形石台，测量一下就会知道它上层直径是9丈，中层直径是15丈，下层直径是21丈。不仅全为阳数，而且三层台面直径相加之和等于45丈。这45恰为"九五"之数。"周易"有"九五飞龙在天，利见大人"之说，大吉大利，所以皇帝也自称为"九五之尊"。

圜丘的建筑设计中，巧妙地使用了"奇数"，反复运用了9和9的倍数，这正是工匠们对这种概念的运用和发挥，使得天的概念能在这座祭天建筑中更好地体现，使虚无缥缈的天，通过重叠的圆形和无数的"9"的组合落在实处，更加具体化了。祭台比例适宜，功能合理，在蓝天白云、苍翠古柏的衬托下，更显神秘而圣洁。这正是古代匠师们技艺高超的体现，需要提醒您"9"这个数字，在您后面看到的建筑中，还会不断出现。（北京天坛）

例①的导游词对清源山宋元时期道教与佛教大型石雕、历代摩崖石刻、元明清三代花岗岩仿木结构佛像石室等历史遗存以及"中国文物之最"等数字的列举如数家珍，这些自然数字，以无可辩驳的事实论证了清源山人文胜迹的重要地位，具有极强的论证力和说服力。对清源山景区的总体介绍，条理清晰，层次井然；语势贯通，意脉相连，气韵洒然。例②列出了莫高窟的各种自然数据，细数了窟区长度、洞窟数量、历经朝代、壁画面积、塑像数量以及最大塑像高度，最大壁画面积等，对这些确凿的自然数据的强调，充分论证了莫高窟作为"人类文化珍藏""形象历史博物馆""世界画廊"之称的美誉名副其实。例③的导游词对天坛圜丘台对天数"9"的运用数据解释全面，从里到外，从上到下，从点到面，对"9"在圜丘台重要地位的解说，具有极强的论证力和说服力。

2. 数概与换算

（1）数概

数概，是把同一语境中多次出现的具有相同语素的字或词抽取或概括出来，再标上跟项目数相等的数字，构成一种临时性节缩形式的修辞手法。

导游词中，往往要突出特定景观的特色，突出其所具有的独特个性。恰当地采用数概手法，对各个自然风景区的特点用数字形式进行总结性概括，会收到十分有效的讲解效果。例如：

①灵峰是雁荡山最华美的乐章之一，也是游览雁荡山精华之所在。灵峰与灵岩、大龙湫并称"雁荡三绝"。灵峰景区以奇峰异洞为主要特色，尤以合掌峰、双笋峰、犀牛峰等众峰形成的灵峰夜景取胜，移步换景，姿态万千。（浙江雁荡山）

②西湖龙井茶区，山清水秀，具有适宜茶叶生长的得天独厚的生态条件与悠久的茶文化历史。龙井茶因揽山水之胜、林壑之秀、工艺之精而孕成出类拔萃的品质风韵。以"色绿、香郁、味甘、形美"四绝而著称于世。（杭州中国茶叶博物馆）

③关中八景，所在地长安（西安），又名长安八景，是八处关中地区著名的文物风景胜地。西安碑林中有一块碑石，用诗和画的形式描述了关中地区的锦绣河山。这块碑石刻于清康熙十九年（1680年），作者朱集义，距今已有三百多年的历史。碑面书、画、诗为一体，分十六格，一景一画，即华岳仙掌、骊山晚照、灞柳风雪、曲江流饮、雁塔晨钟、咸阳古渡、草堂烟雾、太白积雪。其中华山东峰奇景之一的华岳仙掌被列为关中八景之首，掌迹在东北处的仙掌崖上，在东峰是看不见的，在华山车站附近才会看得真切，它五指具备，宛如左掌。另外，华山的著名景区多达210余处，有凌空架设的长空栈道，三面临空的鹞子翻身，还有在峭壁绝崖上凿出的千尺幢、百尺峡、老君犁沟等。（陕西华山）

④清源山，又名北山、泉山、齐云山，由清源山、灵山、九日山三大景区组成。世称"清源之奇以石，清源之灵以泉"，元人赞誉为"闽海蓬莱第一山"。

泉州有"古泉州十景"的说法（主要依据来源于泉州市文物管理委员会所藏的清初漆雕屏风《泉州十景图》，是目前为止发现的有关泉州代表性景点提法的最早史料）（评注：括号内以提示语加以说明解释），这十景包括：清源鼎峙（清源山）、紫帽凌霄（紫帽山）、笋江月色（浮桥）、洛阳潮声（洛阳桥）、紫云双塔（开元寺）、关锁烟霞（姑嫂塔）、三洲芳草（桥尾）、朋岭留云（双阳山）、凤麓春晓（东岳山）、星湖荷香（东湖）。（评注：括号内以提示语加以说明解释）清源山的"清源鼎峙"被列为古泉州十景之首。

"清源鼎峙"作为古泉州十景之一，历来为游客登临览胜之地。自古以来，清源山就以36洞天，18胜景闻名于世，其中尤以老君岩、千手岩、弥陀岩、碧霄岩、瑞象岩、虎乳泉、南台岩、清源洞、赐恩岩等为胜境。

清源山水秀山奇，景色绝佳。右峰峻峭，中峰巍峨，左峰逶迤，层峦叠嶂，壑深洞幽。（评注：整句）旧日以36洞天、18胜景为其佳境，如今老君岩、千手岩、弥陀岩，尚保存原貌；巢云岩、寒山岩、紫泽洞亦存有遗迹。（评注：宽式对偶——正对）这些岩洞，或妙景天成，或人工雕造，都各具特色，各臻其美。（评注：整句）（泉州清源山）

⑤在农村是很讲究这一点的。比如说，有的姑娘媳妇和面，和一斤面会有二两沾在手上、盆上、案板上。而受人称赞的姑娘媳妇就讲究"三光"：和完了面，手光、盆光、案板光。劳动也是这样。干净、利落、迅速是体力劳动的最高标准，正如文学中智慧的最高表现是简洁一样。（张贤亮《绿化树》）

例①将雁荡山"灵峰与灵岩、大龙湫"概括为"雁荡三绝"。例②将西湖龙井茶概括为"色绿、香郁、味甘、形美"四绝。例③将古长安（西安）胜境概括为关中八景。例④根据清初漆雕屏风《泉州十景图》将古泉州的著名景物概括为"古泉州十景"。例⑤将和面时的"手光、盆光、案板光"概括为"三光"，提炼出干净、利落、迅速是体力劳动的最高标准，升华到简洁更是文学中智慧的最高表现，从具体到抽象，富于哲理性。

以上各例都是用数概手法总括所有被阐述的对象，使分列项目和总括项目互相映照，分别得到强调，具有举一反三、引人联想、引人入胜的积极作用。这种手法在导游词中应用得十分普遍，导游人员在旅游解说中要注意发掘并发挥。

（2）换算

换算，是一种将抽象数字形象化地换算成具体、生动、可感知的数量的修辞手法。

换算往往带有比较的特征。其换算过程不仅仅是折合抵换的过程，也是事物之间在数或量上的比较过程，目的是突显被换算事物的特征并使之形象化。导游词中根据讲解需要恰当运用，使其抽象的数字可以具体感知，有利于加深游客的认识。例如：

①敦煌莫高窟和洛阳的龙门石窟、大同的云冈石窟并称为中国三大石窟。莫高窟的开凿比龙门石窟早128年、比云冈石窟早94年。莫高窟以其创建年代之久、建筑规模之大、壁画数量之多、塑像造型之美、保存之完整，其艺术价值之博大精深而闻名天下，享誉国内外。游客接踵而来，络绎不绝，对促进文化交流，传播敦煌学说，弘扬民族艺术，进行爱国主义教育起了举足轻重的作用。莫高窟的壁画艺术是世界上任何石窟寺所无法相比的，它是莫高窟艺术的精髓。如果把45000平方米壁画一张张连接起来将长达25千米，要是把这些壁画展放在敦煌市路边的话，可以构成一个从市区到莫高窟的一条长长的画廊。（敦煌莫高窟）

②明长城盘旋蜿蜒，东起鸭绿江西至嘉峪关。明长城工程量之大是任何一个朝代都无法相比的，若将明代修筑长城所用的砖石、土方等用来修筑一道宽1米、高5米的城墙，可绕地球一周有余。（北京长城）

③紫禁城的房屋传说有九千九百九十九间半，据现代古建筑物专家的科学统计，故宫大小宫、殿、堂、楼、阁等共有房屋8700多间，如果一个人每天换一间住，大概要住24年之久。我们现在所能看到的故宫的这些房间应该曾经都住过人的，不过现在大多已经成为供游人观赏的景观了。（北京故宫）

例①莫高窟45000平方米壁画是什么概念，貌似具体实则抽象，导游词中对这一数据进行换算，若按"张"计的话，连接起来有25千米长，若把这些壁画排在敦煌市路边的话，就可以形成一个从市区到莫高窟的25千米的画廊。通过换算，游客对莫高窟的"壁画数量之多"就有了相对具体可感知的认识。例②对无法具体感知的明长城所用的砖石、土方的工程量的巨大进行换算，将其换算成可绕地球一周有余的城墙，形象立体，给人留下深刻印象。例③将紫禁城传说的九千九百九十九间半房屋，以一个人每天换住大概需要24年之久来换算，角度独特，出奇制胜。

这些换算，其基本特征是把抽象的数字转换成具体形象的事物。换算的方法是多种多样的，或比较，或累计，或等同，或折合，或推想。可见，表达中，特别是导游讲解中，大至宏观世界，小至微观万物，只要在空间、时间、长度、速度、体积、重量、价值等方面能够表达成数字，就都可以进行换算，就都可以换算成相关可感知的事物。

三、讲解章法的顺序与条理

（一）逻辑顺序

1. 讲解的逻辑顺序

导游讲解的逻辑顺序，是指按照讲解内容的内在逻辑关系以及游客认识事物的过程来展开讲解顺序。不论是自然景观还是人文景观，都应以相关的逻辑顺序进行讲解，这样就能比较容易地把旅游景观内在的关系讲解清楚，把繁复的内容解说得有条不紊，从而达到使游客顺利接受的理想目的。

2. 讲解的逻辑顺序类别

（1）事物内在逻辑关系顺序十分繁复，可以采用各种关系顺序。如由个别到一般（由一般到个别），或由具体到抽象（由抽象到具体），或由特殊到普遍（由普遍到特殊），或由主要到次要（由次要到主要），或由现象到本质（由本质到现象），或由原因到结果（由结果到原因），或由部分到整体（由整体到部分）等。

（2）认识事物过程顺序，也十分复杂，同样可以用各种关系顺序展开。如由浅入深、由易到难、由少到多、由简单到复杂、由具体到抽象等。

（3）事物相关特征顺序，如高低、大小、长短、粗细、宽窄、轻重、内外、亲疏等。

（4）空间顺序，如前后、左右、里外、表里、远近等。

（5）时间顺序，如一天之内不同时间，或不同日期、不同月份、不同季节、不同年份、不同阶段、不同时期、不同时代等。

需要说明三点：第一，上述各角度逻辑顺序的分类，虽然看似繁复，但落实到某一特定讲解内容上往往就变得简单而明确。不同角度的分类目的是提供讲解顺序的多种选择，具体讲解过程中根据不同讲解内容可采用一种或几种顺序分别进行或同时进行。第二，相对完整的一个讲解过程中一旦采用了某种逻辑顺序，就应一贯到底，若随意更改讲解的逻辑顺序其内容往往就会混乱。第三，如果讲解内容复杂，可以将几种顺序综合起来，交叉使用，从而使复杂的讲解内容更加清晰。例如：

①大家请看，门上悬挂着一副楹联："大浪淘沙，挽英雄驻足；中流成柱，教河岳开颜。"这副楹联的意思是：湘江滚滚北去，往昔人事如过眼烟云，随波流逝。而在历史的长河中，有些人如金子一样被浪冲沙淘洗尽后，方显英雄本色，发挥他应有的历史作用。回忆历史，橘子洲这块美丽的沃土，从来没有像20世纪初那样自豪过，它承载过毛泽东等无数进步青年的奋斗历史，目睹了那个豪情满怀而又充满腥风血雨的时代。这副楹联从历史的角度，对橘子洲进行了高度的概括。

请大家随我一起走进大门。正对面是一座椭圆形的花坛，里面种着许多不同时令开放的花卉，四季叶茂花盛。游道从花坛的两面向茂密的树林延伸，形成由东西两条游道组成的长达数千米的曲折回路。我们就从左边的东侧游道开始游览。

东面的临江处有一座别致的亭子，叫枕江亭，大家请看亭上的楹联："来往江流天地外；古今人物是非中。"这副楹联既写景，又抒情，其哲理包罗了天地宇宙、古往今来。

大家请继续往前走，前面就是听涛亭。听涛亭是仿照全国四大名亭之一的岳麓山爱晚亭而修建的。站在亭内远眺，可以清晰地望见湘江东岸的湖南第一师范学校和湘江西岸的岳麓山。每当皓月当空，夜阑人静之时，在亭中凭栏，可以隐隐约约地听到各种声音，似乎是湘江的波涛声，又似乎是岳麓山上的松涛声，也似乎是第一师范的琅琅读书声，波涛声、松涛声、读书声，犹如天籁，妙不可言！（湖南长沙橘子洲头）

②这件跪射俑的神奇之处有很多，今天给大家讲一下。首先他的第一个神奇之处就是他的侧身剪影居然和陕西省的地理版图神奇地重合。大家觉得他够不够神奇。另外，第二个神奇的就是他在8000多件陶俑当中是没有被打碎的那一件，所以大家可以看到，不管是从他的头部、身子再到他的铠甲、腿部，他的每一个细节都保留了真实的秦朝时的样子。是没有被打碎的，那为什么没有被打碎呢？（设问——自问自答）这个后面在发掘现场我会给大家再详细作讲解。现在我们再来看看他的精细程度。他的辫子有三股

辫、四股辫、五股辫，他的头发丝都是一根一根非常清楚的。我们再来看看这个铠甲，这个铠甲大家一定要注意看细节，他从上半部分上片到下片呢是反着的，因为他的下半部分是从下到上叠上去的，这是为什么呢？就是因为他在弯腰抬腿的时候，可以更加的灵活。那更关键的细节在哪儿呢？就是在侧面。大家注意看他的左边是左片盖右片，然后他的右边呢又是右片盖左片，所以说，这是因为他的转身是比较灵活的，因为在同时期的欧洲他们还穿的是整块的兽皮，但是我们在秦朝就已经穿到了如此精细的铠甲。再看看他的一个更夸张的细节，就是这个鞋底子。这个鞋底子的前脚掌和后脚跟的针眼儿是非常密集的，但是它的中间又非常的稀疏。这是为什么呢？这就是因为两头密一点硬一点，起到防滑耐磨的作用，中间软一点，他在走路的时候，刚好这个脚弓要弯起来走路才舒服。所以这其实就是2000多年以前妈妈纳的千层底儿的一个宽口布鞋。然后我们再来看看它第三个神奇的地方就是这个颜色。很多朋友原来以为这个颜色都是复制品，但是我非常负责任告诉大家，这个颜色就是秦朝留下来的。红色来自朱砂，绿色孔雀石，黑色来自木炭，全部都是秦朝留下来的。

　　所以说，当大家了解了这么多关于这件国宝跪射俑的细节之后，大家是不是感叹这件跪射俑的各种神奇之处了呢！（陕西省西安市临潼区秦始皇兵马俑博物馆）

　　例①这段导游词是按照游览路线的空间顺序单线展开：由景区大门到花坛再到枕江亭再到听涛亭……导游边走边讲，游客边走边看。这种讲解顺序是比较常见的。例②对跪射俑的精细程度的讲解基本按照从上至下的顺序展开——先是头部的辫子股数分明，再是铠甲片叠加有致（其下面又按上半部和下半部铠甲叠片方向不同、右边和左边铠甲叠片方向各异讲解），最后是鞋底纹路疏密有别，活灵活现。将一尊跪射俑的神奇描述得细致入微，栩栩如生。

　　（二）讲解的结构顺序

　　导游词讲解结构方式，下面主要介绍总分式、并列式、对照式、层递式四种结构。

　　1.总分式结构

　　总分式讲解结构，先总述，再分说。这种结构还可以变化为"分—总"

或"总—分—总"的结构方式。例如：

①峨眉山山水灵秀，奇石嶙峋，云海叠生，具有优良怡人的生态环境和历史悠久的人文古迹，素有"峨眉天下秀"的美称，被列入《世界文化与自然遗产名录》。峨眉山峰顶独特的景观吸引了无数游人来山顶探奇览胜，只为一睹峨眉山的巅峰四景，这就是：日出、佛光、云海、圣灯。

峨眉山日出蔚为壮观。破晓时分，一轮旭日在重重云海中冉冉升起，由一角儿、一牙儿、半圆，最后成一个金球从云海中跃出，万道金光普照人间，整个天空染成绯红色，令人极为震撼！

佛光，也被称为"峨眉宝光"，是指在峨眉山顶经常能看到外红内紫犹如七色彩虹般的灿烂光环。这种神秘的佛光现象在其他地方比较罕见，但在峨眉山却经常能够看到。

从峨眉山金顶看云海，滔滔云浪萦绕在群山之间，山峰若隐若现，犹如大海中行驶的帆船。游人在山顶穿行，雾气缭绕在身边，犹如置身烟云氤氲的仙境。

圣灯，据说是峨眉山丰富的磷灰石矿产生的气体自燃发出的淡绿色的火光。夜晚从峨眉山山顶向下看，有成千上万点的绿色光团在山谷中闪烁，仿佛成千上万盏明灯，极其壮观。（四川峨眉山）

②对于爱晚亭，我们可以用一个字来形容它——古。爱晚亭既有古形，又具古意，兼擅古趣。先说古形吧。这是一座典型的中国古典园林式亭子。它按重檐四披攒尖顶建造。重檐即两套顶，这使得亭子气势高亢，雄浑天成；四披即采用四条斜边，这使得亭子端庄稳重，方正敞亮；攒尖顶更使得亭子具有了一种向心的凝聚力。这些都是中国传统文化，尤其是理学文化中重"理"，重"立身"，重"大一统"思想的反映。爱晚亭浓缩了中国古代传统文化中如此众多的精华部分，也就难怪人们会频频造访了。亭子的檐角呈反凹曲线向上翘起，使得原本厚重下沉的亭子顶反而有了一种活泼、飘逸的感觉。此外，它的丹柱碧瓦，白玉护栏，彩绘藻井，无一不反映着这座百年名亭的古朴之美。

再来谈谈它的古意。中国古建筑都很注重风水，也就是讲究阴阳五行，这在爱晚亭上也有体现。爱晚亭背靠岳麓山主峰碧虚峰，左右各有一条山脊蜿蜒而下，前则遥逼滔滔湘水。这种地势正符合我国古代传统的"左青龙，右白虎，前朱雀，后玄武"的布局。而且这儿三面环山，林木茂盛，属木；小溪盘绕，"半亩方塘"，属水；亭子坐西面东，尽得朝晖，属火；亭子高踞山丘之上，奇石横陈，属土。"金木水火土"五行中只缺"金"了，于是盖上亭子，涂以丹漆，便五行齐备，大吉大利了。

最重要的是爱晚亭的古趣。围绕着爱晚亭有许多趣闻逸事。前面提到的罗典趣改亭名的故事便是一例，当然那只是传说。但毛主席当年曾频频登临此地却是千真万确的事情。毛泽东同志从1913年到1923年间，在长沙学习、工作了10年。在10年的生活中，青年毛泽东曾多次携挚友蔡和森、罗学瓒、张昆弟等人畅游湘江，攀上岳麓山，就在这里指点江山、激扬文字，一方面锻炼了身体，另一方面增进了彼此的友谊，同时还探究了真理，真可谓一举三得。

今天大家看到的是一座富有灵性的爱晚亭，然而，这座古亭可以说是饱经磨难。过去，爱晚亭这儿满目疮痍，罗典专门花大气力进行了修整，疏浚水道，移花栽木，才使爱晚亭焕发出勃勃生机。大家在亭柱上看到的这副对联就是罗典所题的"山径晚红舒，五百天桃新种得；峡山深翠滴，一双驯鹤待笼来。"表现的就是当年爱晚亭的风姿。以后爱晚亭又多经沧桑，屡毁屡修，屡修屡毁，直到中华人民共和国成立后，才得到全面的修复。1952年，湖南大学拨专款重修爱晚亭，当时的湖南大学校长李达专门函请毛泽东主席题写亭名，现在亭子上的红底镏金的"爱晚亭"匾额就是毛泽东主席亲笔题写的。亭内悬挂的《沁园春·长沙》诗词匾，也是毛泽东主席手迹，这些历史名人遗存更使古亭焕发出独特的光彩。（湖南长沙岳麓山爱晚亭）

例①对峨眉山的巅峰四景的讲解以总—分结构展开，四景之下按照日出、佛光、云海、圣灯的顺序分别并列进行解说。例②以总—分—总结构展开讲解。总的"古"的特点分为古形、古意、古趣，然后依次分述，最后再进行总括，以古迹新生焕发的勃勃生机加以升华概括。以上两例的"分"的部分实际上也是"总"的下一层次的并列式讲解结构。

上述各例总分结构的讲解结构，使其内容的展开井然有序，条理分明，重点突出。

2.并列式结构

并列式讲解结构，一般情况下各个部分之间的内容没有主次轻重之分，有时是通篇各个部分并列，有时是某同一层次中的相关内容并列。所并列的各项讲解内容，因为没有主次之分，有时甚至能够互换顺序而又不影响讲解内容的连贯性。例如：

①松花江蜿蜒流过吉林市区，使这座城市更显得清新秀丽。

喜欢看山的，吉林市被四座山包围，南面有朱雀山、北面有玄武山、东面有青龙山、西面有白虎山，还有长白山自然风景区，更是我们吉林人的骄傲。

喜欢四季风光的，夏天，松花江风景区——丰满水库，犹如一幅山水画卷，"山环水绕数百里，湖光山影共青青"。冬天，美名远扬的吉林雾凇，"忽如一夜春风来，千树万树梨花开"。

喜欢访古的，早在明清时候，这里就已经成为东北重镇，高句丽山城遗址、白花公主点将台、阿什哈达摩崖碑、北山古庙群，每一个地方都可以说一大段故事给您听。（吉林雾凇）

②欢迎大家来到秭归旅游，来到屈原故里游览。在咱们到达屈原故里之前，我先简单介绍一下秭归。

秭归县，隶属于湖北省宜昌市。位置在湖北省西部，长江西陵峡两岸，三峡工程大坝库首。东与夷陵区交界，南同长阳土家族自治县接壤，西临巴东县，北接兴山县。秭归县属长江三峡山地地貌，山岗丘陵起伏，河谷纵横交错。气候属亚热带大陆性季风气候，气候温暖湿润，光照充足，雨量充沛，四季分明。

秭归山川秀丽，自然风景如画。有西陵峡风景线的雄奇壮美，有天然氧吧三峡竹海的秀美清幽，有九畹溪绝壁怪石的山奇水秀，有崖壁悬棺的迷离神秘，有链子崖的临江壁立，有干溪沟大峡谷的幽深高耸，有天生桥的鬼斧神工。流经秭归的香溪河，一波三折，蜿蜒曲回，深潭与险滩相间，急流与缓沱相连。在缓沱深潭，水流潺湲，温厚婉转；在急流险滩，水流奔泻如瀑，流花飞迸，抛珠落玉，给溪水增添了无限的韵致。河床上五光十色的鹅卵石，有的圆润细腻，有的生有天然奇妙的图案，真是琳琅满目，光泽灿烂。

秭归历史悠久，文化积淀丰厚。秭归作为楚文化发祥地之一，素有"中国民间文化艺术之乡""中国最美外景地""中国龙舟之乡""中国诗歌之乡"

等美誉。秭归境内有许多关于屈原的遗迹和有关屈原的传说，如归州的屈原祠、衣冠冢、屈原纪念馆、屈原故里牌坊和乐平里的"三间八景"以及纪念屈原的龙舟竞渡、民俗歌舞等。屈原的遗迹和传说特别多，古人曾集为"八景"，诸如照面井、读书洞、玉半三坵等。屈原祠重新修缮后，内有屈原塑像、屈原文物纪念馆、屈原墓、屈原诗文碑廊。

"屈原故里端午习俗"被联合国教科文卫组织列入《人类非物质文化遗产代表作名录》，"屈原故里端午习俗""屈原传说""长江峡江号子"被列入国家级非物质文化遗产名录。秭归，作为端午习俗及龙舟文化的发祥地，千百年来，形成了独特的岁时节令习俗，也就是"屈原故里端午习俗"。秭归端午民俗形成于先秦，发展于汉末魏晋，兴盛于唐朝，一直保持到当代，所包含的礼俗文化异常丰富。除吃粽子、喝雄黄酒、挂艾蒿菖蒲、扎香袋（包）、食盐蛋、稻场娱乐等习俗外，还有独具当地特色的祭奠屈原、游江招魂、龙舟竞渡、骚坛诗会等民间活动。（秭归）

③黄山素以奇峰、怪松、云海、温泉"四绝"号称天下第一山。

一绝是奇峰。黄山奇峰罗列，怪石嶙峋。莲花峰是最高的山峰。远看，它像一朵盛开的莲花；近看，又似一座玲珑的宝塔。天都峰是最险的山峰，拔地而起，四面悬空，从峰顶向下一看，真叫人头晕目眩，两腿打战。罗汉峰是最奇的山峰，从左边看，像一个罗汉挺着大肚子，咧开嘴大笑，从右边看，又像七个罗汉盘腿坐下来，双手合十，仿佛正在念经。

二绝是怪松。黄山松柏四季常青，姿态奇特。它们的枝干大都向着一边生长，矮矮的，壮壮的，看上去像一把奇特的绿伞。更奇妙的是，它们的根长在悬崖峭壁的石缝里，顽强地抓住崖缝，任凭风吹雨打，它自岿然不动！其中，最有名的是迎客松。迎客松粗壮挺拔，像一位慈祥的老人，它有一根又长又粗的枝丫伸出来，仿佛是一只巨大的手臂在热情地欢迎客人的到来。

三绝是云海。登黄山的人，差不多都以一睹"云海日出"为快。"云海日出"的情景与巴金先生笔下描绘的《海上日出》的景象大致相同。到处彩云翻滚，美妙无穷，宛如到了人间仙境。黄山的云海还有一大特点，那就是变幻莫测，气象万千。来也快，去也疾。来时铺天盖地，群峰遮没，云海一片；眨眼之间流云尽退，群峰重现，大家又可以饱览周围美景。

四绝是温泉。被称为黄山"四绝"之一的温泉，古称汤泉、朱砂泉，有两个出露口，据宋景祐《黄山图经》记载，传说中华民族的始祖轩辕黄帝曾在此沐浴，须发尽黑，返老还童，温泉因此名声大振，被称为"灵泉"。自唐代开发以来，已经享誉千年。（安徽黄山）

例①游客到吉林市旅游可能会有的各种游览诉求，分为喜欢看山的、喜欢四季风光的、喜欢访古的几种情况，采用并列式结构进行解说，讲解清晰，交代明确，能够使游客比较容易地把握要点。例②对秭归的整体介绍以并列式结构展开，对其地理概貌（位置、地貌、气候等）、自然风光、历史文化（屈原遗迹、屈原故里、屈原故里端午习俗）等内容逐项讲解，表达思路相当清晰，讲解内容十分紧凑。这类并列式讲解结构多见于对相关旅游景区等对象的整体内容的介绍。例③的导游词总体归入总—分结构，局部归入下一层次中的并列结构。先是总括黄山四绝，然后再进一步逐一具体讲解四绝。在四绝这一层次再以"奇峰""怪松""云海""温泉"四个分项并列的形式逐一展开。

可见，并列式讲解结构，或通篇各个部分并列，或有时某下一相同层次各项并列。思路连贯，层次分明，便于游客把握住讲解重点，表达效果十分理想。

3. 对照式结构

对照式讲解结构，包括对比与烘托两种。对比各项一般为并列关系，烘托各项一般是主从关系，以从属部分烘托主体。例如：

①中国古典园林是中国建筑的精华，其园林艺术是世界园林艺术中的奇葩。中国园林善于在典雅的亭阁、繁茂的花木等有限空间内汇集文字、书画、建筑、雕刻等多种艺术，把山光、水色融入其中，将人类对美好生活的向往表现得淋漓尽致。

中国古典园林，根据其所属，主要分为：皇家园林、私家园林、寺庙园林和公共园林。根据人文地理，分为北派园林和南派园林（岭南园林、江南私家园林、西南园林）。北派园林以皇家园林为代表，多为宫殿和苑囿相结合的帝王宫苑。其功能多样，皇帝除在园内居住、召见大臣、处理朝政外，还可以游乐玩赏。皇家园林博采众家之长，荟萃天下美景于一地，大多规模宏大，气势雄伟，雍容华贵。南派园林以私家园林为代表，注重处处体现"文气"，以体现江南山水的恬静，才子佳人的倜傥为特点。现存的私家园林多为明清时中国文人士大夫们的佳作杰构，其特点是材料简朴，色调淡雅，意境空间的营造变化万千。（中国园林）

②道教在教义上与佛教，包括其他一切宗教，最大的区别在于贵生。佛教认为今生今世罪孽深重，应当苦修深忏，以图来世成佛，求报于西方极乐世界。而道教认为追求现世之乐乃是天经地义的事情，修出今世的平地飞升才是神仙境界。因而道教对修炼者的要求虽多，但基本的仍是循道养德。（中国寺庙宫观）

③世界著名的三大瀑布是尼亚加拉瀑布、维多利亚瀑布和伊瓜苏大瀑布。位于加拿大安大略省和美国纽约州交界处的尼亚加拉瀑布是世界第一大跨国瀑布，位于赞比亚与津巴布韦接壤处的维多利亚瀑布的宽度和高度比尼亚加拉瀑布还要大一倍，位于阿根廷与巴西边界上的伊瓜苏大瀑布是世界上最宽的瀑布。

与这三大瀑布相比，黄果树瀑布虽然没有尼亚加拉大瀑布、维多利亚大瀑布、伊瓜苏大瀑布宽阔雄伟，但是，黄果树大瀑布自有它奇特的地方，仍然在世界上享有盛名，这是为什么呢？（评注：设问——自问自答）这是因为黄果树瀑布从上、下、左、右、前、后各个角度都可以观看，可以让大家从多角度零距离地接触并欣赏。最奇特的就是隐藏在大瀑布半腰 40~47 米处的崖廊洞穴，这个全长 134 米的水帘洞贯穿其中，人们可以从水帘洞穿过从瀑布后面观赏瀑布。水帘洞里面有 6 个洞窗，洞外藤萝攀附，瀑布水柱形成了一幅幅的幕帘，使人们能感受到真正的水帘洞秘境……（贵州黄果树瀑布）

例①将南派、北派园林的不同风格加以对比，使二者的特点都进一步得到了突出。例②将道教教义与佛教教义包括其他一切宗教的不同内涵进行对比，相反相成，使二者的本质特征都得到了强调。例③这一段导游词以叙述为主，主要采用对照式中的烘托式结构讲解，先是简要介绍尼亚加拉瀑布、维多利亚瀑布和伊瓜苏大瀑布，然后将其作为绿叶烘托主体黄果树大瀑布，使黄果树瀑布的特点更加突出显明。

上述三例，运用对照式讲解结构，表述周全缜密，解说思路清晰，都能给人们留下深刻的印象。

4. 层递式结构

层递式讲解结构，就是按照相关逻辑关系展开讲解，如上文"讲解的逻辑顺序"中的"逻辑顺序类别"提到的事物内在逻辑关系、认识事物过程、事物相关特征、空间、时间等相关顺序。以空间顺序为例，有前后、左右、里外、表里、远近等顺序。以时间顺序为例，有一天之内不同时间，或不同日期、不同月份、不同季节、不同年份、不同阶段、不同时期、不同时代等顺序。

以层递式结构讲解，就是基本按照上述相关顺序展开，将主或次主题分成几个层次逐层讲解，使其由浅入深、由简单到复杂；或者按照提出观点、进行分析、得出结论的顺序进行讲解。例如：

①三叠泉瀑布素称"庐山第一奇观"，故有"未到三叠泉，不算庐山客"之说。三叠泉瀑布风姿秀美，三叠各不相同，韵味各异。有诗云："五老峰北嵯峨巅，龙泉三叠来自天。"三叠泉之水自大月山流出，攀过五老峰背，由北崖悬口飞驰而下，飘散如雾，如练如虹，婷婷袅袅落在大盘石之上，此为一叠；泉水在潭中稍事流转，飞流直下，势如白马奔腾，声若隆隆洪钟，飞泻至二级大盘石，溅起水花无数，升起腾腾云烟，此为二叠；泉水继续向下奔腾，在阳光的照射下，汩汩白练似浑身泛起金光的巨龙，咆哮流转，喷洒至三级盘石，形成了三叠。曾辽样在《纪游集》中赞叹道："上级如飘云拖练，中级如碎石摧冰，下级如玉龙走潭。"（江西庐山三叠泉）

②雾凇之美，美在壮观，美在奇绝。雾凇之美的观赏过程有三个阶段，叫作"夜观雾，晨看挂，待到近午赏落花"。

"夜观雾"，是在雾凇形成的夜里观看松花江上出现的雾景。在夜里十点多钟，松花江上开始有缕缕雾气，继而越来越大，越来越浓，大团大团的白雾从江面滚滚而起，不停地向江两岸飘流。有的雾气如同一缕缕细纱，缠绕在江堤老树上；有的雾气好似一朵朵白云，飘浮在江面上空；更多的雾气如同朵朵棉花团，不停地堆砌着越来越高的棉花山。松江路汇成一条齐刷刷的雾流，行人像是在云中漫步。路边的高楼大厦在雾中忽隐忽现，扑朔迷离的灯光使人仿佛进入梦境一般。

"晨看挂"，就是早起看树挂，这就是我们正在欣赏的晶莹剔透，梦境仙宫般的美丽的景色。有人称颂道：寒江雪柳，玉树琼花吉林树挂，名不

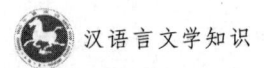

虚传。

"待到近午赏落花"，是说雾凇树挂脱落时的情景。一般在上午十时左右，开始时树挂是一片一片飘落，接着是成串成串地往下滑落。微风吹起脱落的银片在空中飞舞，明丽的阳光辉映到上面，空中形成了五颜六色的雪帘。此时漫步于松江路上，沐浴灿烂的阳光，任凭树挂片片落在我们头上、身上，就如同一幅梨花纷飞的春天图画。（吉林雾凇）

例①对三叠泉的描述按照从第一级到第三级的顺序依次展开讲解。例②的讲解是按照雾凇形成、挂树、脱落的发展顺序分别展开。这类层递式结构的导游讲解，思路清晰，层层展开，环环相扣，便于游客接受。

第五节　导游词表达艺术

导游词表达艺术，主要包括相关修辞艺术、讲解艺术、篇章艺术等内容。

一、导游词修辞艺术

导游词修辞艺术，主要介绍导游词中常用的修辞手法。

前面已经介绍了一些修辞手法，文字方面有联边、析字、图示等，导游词表达基本要求方面有引用、数概、换算等。下面介绍双关、溯名、异称、异语、同素、析数、镶嵌、借代、比拟、排比、对偶、层递、设问、对比、映衬、比喻、夸张等修辞手法。这些修辞艺术手法在导游词中要综合运用，根据讲解需要统筹调遣。

（一）双关

双关是在特定语境中借助词语同音或多义的联系，使其表达同时兼有表、里双重意义，并以里层意思为表意重点。

双关，从构成特征角度分为谐音双关、谐义双关两类。在导游词中运用得比较多的情况是介绍相关民俗、分析景观相关诗词游记楹联碑铭等作品。例如：

①今夕何夕兮搴洲中流，今日何日兮得与王子同舟。蒙羞被好兮不訾诟耻，心几烦而不绝兮得知王子。山有木兮木有枝，心悦君兮君不知。（春秋

民歌·佚名《越人歌》，出自汉·刘向《说苑·善说篇》）

②一览无余，独占地势；四时皆适，乐与天游。（佚名《武夷山一览台联》）

③万里晴空，几片闲云浮海角；一湾碧水，八方游子恋天涯。（李求真《海角天涯胜迹联》）

④一般光景的人家，大多只能筹措几件简单的首饰和服装，另加几样诸如马桶、脚盆之类的木器家具。但不论嫁妆多少，一对灯笼似乎不可少。这灯笼的寓意是祝福姑娘出嫁后，能为婆家生儿育女，使婆家人丁兴旺。因为"灯"字在黟县方言中，是与"丁"字同音，"发灯"者，便是"发丁"也。这种习俗一直沿袭至今，今人不用灯笼了，便用一对台灯，甚至用两只手电代替。（安徽黟县风俗）

⑤越剧《梁山伯与祝英台》选段：

梁山伯：前面到了凤凰山。

祝英台：凤凰山上百花开。

梁：缺少芍药和牡丹。

祝：梁兄若是爱牡丹，与我一同把家还，我家有枝好牡丹，梁兄要摘也不难。

梁：你家牡丹虽然好，可惜路远迢迢怎来攀？（越剧《梁山伯与祝英台》）

例①以"山有木兮木有枝"起兴，"枝"与"知"谐音双关，引出"心悦君兮君不知"的本意。可见这种谐音双关手法早就常用于《诗经》、春秋时期的民歌等作品中了。例②是武夷山一览台的一副嵌名联，同时又兼有谐义双关手法。先是运用镶嵌手法在上联的联首和下联的联尾分别嵌入"一览"（一览台）和"大游"（天游峰），既运用了名称本义，又运用了"一览"和"天游"的多义性加以谐义双关，自然妥帖，意外有意，十分巧妙。例③这幅三亚海角天涯楹联运用镶嵌兼谐义双关的修辞手法，在上下联联尾分别嵌入"海角""天涯"，既指刻有"海角""天涯"的刻石本身，也运用其多义性泛指极遥远的地方。构思相当巧妙，布局很有特色。例④用"灯"谐"丁"谐音双关，表达了种种美好的愿望与祝福，委婉而含蓄，意味无穷。例⑤是谐义双关，祝英台用"牡丹"谐"女性"之义，曲折表达对梁山伯的爱慕之情，剧情设计的巧妙之处正在于梁山伯过于懵懂，没有听出祝英台的弦外之音。在中国文化中，一些传统的装饰纹样和年画以及一些戏曲内容，也常常用相关花卉和鸟兽的谐义和谐音的双关手法寓意各种吉祥美好的寓意。

下面再看一个较长的"双关"案例。下面以"沈阳张氏帅府"为例详细分析一下。分析文字以括号内"评注"文字表示。

⑥这里是大帅府二进院的垂花仪门。（大帅府）在一进院与二进院之间位于这面高达7米高墙中间的大门口有一个透雕垂花顶式门楼，方台浅阶，称为垂花仪门。这是帅府四合院中一道非常讲究的门，是张作霖当年迎接重要客人，举办欢迎仪式的场所。

这道垂花仪门，由垂花门楼和彩绘仪门组成，是帅府四绝之中木雕作品的经典之作。那么垂花仪门有什么玄机呢？（评注：设问——导游自问自答）垂花门的第一个玄机主要是在"垂花"二字上。就是房檐两端的装饰性垂莲柱，扩大了整个檐下空间，给待客话别提供了一个很大的空间。且看垂花门上的木雕彩绘，构图复杂，雕刻精美，涵盖了中国传统文化中延年增寿，招财纳福，追求功名利禄等诸多美好的愿望。第二个玄机是檐下的这组对开彩绘仪门，正面"万福（蝠）流云"图，蝙蝠旋飞，祥云流转。背面"五福（蝠）捧寿"图，五福常驻，主家安康。（评注：这段对张氏帅府垂花仪门的介绍："万福流云"图与"五福捧寿"图，"蝠"谐音双关"福"）

张作霖作为马背草莽，终生最爱骏马。细数张氏帅府三进四合院里的雕画，8处石雕24匹骏马，15处砖雕、木雕44匹骏马，总计68匹骏马。这些"骏马"的雕刻图案，或谐音"马上封侯"，或谐义"马到成功""春风得意"。如"垂花仪门"内二进院正房窗下一幅石雕是一棵柳树下有四匹神态各异的骏马，寓意"春风得意"（评注：谐义双关，春风得意马蹄疾）。如三进院正房西侧石雕，一幅是两匹骏马奔驰于桂树之下，寓意"马上富贵"（谐音双关），另一幅是马背上骑着一只猴子，一群马蜂在追赶猴子，题款为"马上封侯"（谐音双关）。再如三进院东厢房一幅石雕图案是竹林下两匹骏马在奔驰，谐义"马到成功"。

除去骏马之外，狮子是张作霖的第二钟爱之物。"狮子"以及狮子雕刻图案，寓意狮子坐镇，祈盼高官厚禄。《汉书》记载，汉武帝通西域，狮子进入中国之后，朝野上下一致认为，狮子是避邪瑞兽，象征喜庆、吉祥、威严、正义。于是，狮子造型，便堂而皇之地雄踞在皇宫、府衙、官邸、庙宇、皇陵门前。

民间对狮子也是崇尚有加。比如，狮子滚绣球，寓意"太平吉祥"（评注：谐义双关）；雄狮脚下踩绣球是握有权力、统一寰宇的象征；雌狮脚下抚幼狮，俗称"太师""少师"，象征子嗣兴旺（评注：谐义双关）。就连狮子雕像基座四面花纹，也大有讲究。比如，雕刻瓶、盘、三只戟，谐音"平升三级"（评注：谐音双关）。除了石雕狮子把守大门之外，很多建筑还把狮子作为装饰图案。因为狮子形象不仅威武雄壮，还将"狮"与"事"谐音，两尊狮子雕像，象征"事事如意"（评注：谐音双关）。

张氏帅府的狮子雕塑和雕刻作品的文化内涵有相当充分的展现。张氏帅府四合院大门廊柱础石和"垂花仪门"檐柱础石上、各进院落金柱础石上以及石雕画中，雕刻有大量的狮子图案，表示各种美好寓意。

二进院正房东侧一幅石雕上，雕有两只大狮子、两只小狮子一同玩耍，题款为"四卅吉发福稔稔（rěn）"（评注：谐义双关）；西侧一幅石雕，雕有两只大狮子、3只小狮子嬉戏玩耍，题款是"五世同堂寿绵绵"（评注：谐义双关），与东侧狮子石雕题款相对仗，寓意张作霖及其子孙万事如意、福寿双全（评注：谐义双关）。

二进院东、西厢房的石雕狮子，凸显出浓厚的政治色彩：东厢房础石上，雕有大小两只狮子，在吃各种水果，题款是"太少英狮吃各果"。《汉书·礼乐志》孟康注：太师、少师为长官名。"太师""太傅""太保"合称"三公"，是朝廷内共同负责军政的最高长官；"少师""少傅""少保"合称"三少"，为辅导太子成员。水果的"果"谐音国家的"国"，寓意张氏父子要吞并国内各路军阀。西厢房一幅石雕上，一只雄狮伸出两只前爪，抱住一个球状物体，题款为"雄狮举掌握寰球"。寰球指整个世界。当时，张作霖仅为中将师长，便胸怀入主中原"吃各国"、攫取中央政权"握寰球"的政治胆略或者说是野心（评注：谐义双关；这几段也很讲究讲解顺序——其狮子的有关内容主要以与狮子相关的文化内容为主线，采用由大到小由远及近的顺序，从狮子的历史渊源及其文化含义演变，到民间习俗文化，再具体到张氏帅府的狮子雕刻文化，层层推进，一步步将人们的思路引导到眼前）。

此外，张氏帅府中凤凰、鸾鸟、蝙蝠、鹤、鹿、羊、公鸡、喜鹊、鸳鸯等各种吉祥动物以及牡丹、莲花等各种美好植物，也都隐含各种精妙的美好寓意。

张氏帅府四合院正门前"上马石"和多处石雕都雕有麒麟图案，寓意"麟吐玉书""麒麟送子"（评注：谐义双关）等美意。

在影壁墙、垂花仪门等多处有鸾鸟与凤凰组合的图案，谐义为"鸾凤和鸣"（评注：谐义双关）。

四合院影壁正中"鸿禧"二字四周、四合院大门、"垂花仪门"等处，均饰以醒目的蝙蝠图案。蝙蝠谐音"福"（评注：谐音双关），多含有"天赐五福""福从天降""万福临门"等吉祥寓意。

垂花门木雕图案"鸳鸯戏荷"（评注：谐义双关和谐音双关），是婚姻美满的象征。

一进院东侧耳房前月亮门上有一副"鹤鹿同春"砖雕。鹤、鹿属于传统文化的福、禄、寿题材，"鹤"谐义"长寿"，"鹿"谐音"禄"。《淮南子·说林训》："鹤寿千岁，以极其游。"王建《闲说》诗："鹤寿千年也未神。"鹤、鹿多用于祝寿之词，"鹤鹿同春"（评注：谐义双关和谐音双关）、"松鹤延年"（评注：谐义双关）、"双鹤对舞"（评注：谐义双关）等。

三进院正房墙裙下有一幅3只羊的石雕，谐"三阳开泰"。（评注：谐音双关）

三进院正房窗下一只大公鸡站在牡丹花旁边的石雕，寓意"功名富贵"。"公鸡打鸣"谐音"功名"，牡丹花谐义"富贵。"（评注：谐音双关和谐义双关）

帅府中随处可见的喜鹊栖息在梅花枝头的图案，谐音双关"喜上眉梢"（评注：谐音双关）、"喜鹊登眉"（评注：谐音双关）、"喜报春光"（评注：谐义双关）。如一进院东、西厢房的小横幅砖雕"喜鹊登梅"，雕工相当精细。（沈阳张氏帅府）

例⑥介绍沈阳张氏帅府中有各种各样丰富多彩的砖雕石雕木雕，其各种雕刻图案中以双关手法寓意吉祥的民俗文化内容十分丰富，可谓异彩纷呈，美不胜收。此外，在张氏帅府各种动物的雕塑与雕刻这一层面上，按照府主人喜欢的程度逐一展开，先是马，再是狮子，然后分别是其他动物禽类，如凤凰、鸾鸟、蝙蝠、鹤、鹿、羊、公鸡、喜鹊、鸳鸯等，各种吉祥动物，其中蕴含着的各种美好的文化寓意，可谓多彩多姿，令人目不暇接。

中国民俗文化内容中运用各种用谐音谐义双关手段表情达意的现象特别丰富，除具有整体民族色彩外，还具有特定的地域色彩。相关地域的谐音谐义寓意往往有些差别，如广东、香港等地受粤语方言影响，使剑兰与"见难"相关联、梅花与"没发"相关联，这些相关内容都要在导游讲解过程中根据特定导游对象加以灵活而适当的调整。

（二）溯名

溯名，是对相关名称的成因或来源进行解释、说明的修辞手法。溯名，在导游词中运用得特别普遍，常用于对相关地名、景点名称、特产名称、风物名称的解释和说明。例如：

①莫高窟，俗称千佛洞，"千"这个数字在这里不指具体的数目，而是喻指很多，因为这里有许多佛教塑像、壁画的洞窟，所以俗称为"千佛洞"。莫高窟这个名称最早出现在隋代洞窟第423号洞窟的题记中，其名称的由来众说纷纭，莫衷一是，大抵有三种说法：其一是说莫高窟开凿于沙漠的高处而得名，在古汉语中"沙漠"的"漠"和"莫高窟"的"莫"是通假字；其二是说从藏经洞出土的文书和许多唐代文献都记载，唐代沙州敦煌县境内有"漠高山""漠高里"之名，据此考证，鸣沙山在隋唐也称漠高山，因此将石窟以附近的乡、里名称命名；其三是说在梵文里"莫高"之音是解脱的意思，"莫高"是梵文的音译。（敦煌莫高窟）

②"布达拉"是藏语译音，即"普陀罗"。相传，藏传佛教徒认为红山可与观世音的圣地普陀罗山媲美，就把它比作第二个殊胜的普陀罗，布达拉宫由此得名。

布达拉宫是一座融宫堡和寺院于一体的古建筑群，它由红山南麓奠基，缘山而上，依势而起，从地平直达山顶。主楼13层，高113米，面积约12万平方米。远望宫宇叠砌，巍峨耸峙，近看气势磅礴，壮丽辉煌，登观可俯瞰全市，傲视群山。（西藏布达拉宫）

③峨眉山为什么以峨眉为名呢？北魏郦道元《水经注》记载："去成都千里，然秋日清澄，望见两山相对如峨眉焉。"峨眉山云鬟凝翠，黛遥妆，真如蟑首蛾眉，恰如美而长细而艳的女子美眉，故被称为峨眉山。峨眉山是

佛教普贤菩萨的道场,与山西五台山、浙江普陀山、安徽九华山并称为中国"四大佛教名山"。(四川峨眉山)

④各位团友:

雁荡山,古称西外谷,素有"海上名山""寰中绝胜"之誉,被称为我国"东南第一山",以"山水奇秀"驰名中外。

雁荡山,位于浙江省乐清市境内,因"岗顶有湖,芦苇丛生,结草为荡,秋雁宿之"而得名"雁荡"。雁荡山以峰、洞、岩、石、泉、瀑、门、嶂称胜。奇峰怪石,飞瀑流泉,碧潭清涧,以及雁湖日出,百岗云海,灵峰夜景,灵岩飞渡,给雁荡山抹上了一层神奇色彩。风景区总面积为450平方千米,有500多个景点,八大景区,而以其中的"二灵一龙"为景点荟萃之处,称"雁荡三绝"。雁荡山自唐宋以来就行旅如云,山中摩崖累累,古刹遍布,碑文画卷、故事传说俯拾皆是,不愧为一座"文史宝库"。(浙江雁荡山)

⑤元狩四年(前119年),汉武帝命卫青、霍去病各率骑兵五万分别出定襄和代郡,深入漠北,寻歼匈奴主力。在这一场史称"漠北之战"的战役中,大获全胜,随着战役的连战连捷,"匈奴远遁,而漠南无王庭"。汉武帝在河西地区接连设下张掖、武威、酒泉、敦煌四郡,扼守河西走廊。四郡的名称,也颇有讲究。武威:意为彰显大汉军伍的武功军威;酒泉:因"城下有泉,其水似酒"而得名;敦煌:"敦"意思是"大","煌"意思是"盛",就是盛大辉煌的意思,因其广开西域,故而得名;张掖:意为"张国臂掖,以通西域",也即张大汉之臂膀,匈奴之腋窝。自此,河西走廊和中原王朝的命运开始交织。(甘肃地名)

例①溯源了莫高窟俗称"千佛洞"以及"莫高窟"的名称的来源。对莫高窟名称的由来提供了三种说法,各有奥妙,进一步展现了莫高窟的神奇与神妙。例②追溯布达拉宫名称的渊源。例③"峨眉山"的名称源于山形如美女秀眉一般的秀美。例④追溯雁荡山名称的由来。例⑤追溯张掖、武威、酒泉、敦煌四郡的名称的来源。上述这些地名的来历,个个都是非同凡响。

溯名,这种修辞手法在导游词中运用得十分广泛,这主要是由于导游词经常根据讲解情况需要对一些附着在各种景观上相关名称以及各种内涵进行详细说明,使游客不仅知其然,而且知其所以然。

在运用溯名这种技巧时，要注意两点：一是对有些知识性较强的名称溯源解释要注意其准确性。二是对有些来源于神话传说或民间故事的名称的解释要注意其合理性。

（三）异称

异称，是一种从不同角度对同一对象给予不同的称谓或称说的修辞手法。这些不同的称说之间具有同义关系，以其多角度、多方位的称说方式，用十分经济的文字，简洁而又比较全面地对同一对象进行介绍或描述，联想丰富，具有积极的启示作用。例如：

①碧螺春，还有一个俗名叫"吓煞人香"。相传人们在太湖碧螺峰的石壁中采到一种野茶，发出特别的香气，一时惊得采茶人大叫"香得吓煞人。"从此，这种野茶在当地即有此怪名。后来康熙皇帝南下，游览太湖，江苏巡抚用"吓煞人香"进献给康熙品尝，结果大受赞扬，康熙问其名称，嫌其欠雅，就根据它产自碧螺峰上而取名为碧螺春，从此碧螺春便远近闻名了。（苏州风物）

②颐和园长廊，又称画廊。共绘有大小不同的苏式彩画一万四千余幅。彩画内容包括花卉翎毛、人物典故、山水风景等。其中人物画面多出自我国古代文学名著，如《红楼梦》《西游记》《三国演义》《水浒》《封神演义》等。画师们还在横梁上绘制了象征长寿的 500 多只仙鹤，姿态各异，栩栩如生。其中很多风景画多仿江南山水诸景，是画师们根据乾隆的意图绘制的。（北京颐和园）

以上两例，对"碧螺春""长廊"这些事物的异称——"吓煞人香""画廊"等不同名称的使用，使讲解内容的特点得到了进一步的揭示。

在导游词中运用异称手法对地名、物产名称等的阐释、说明，既可以增加导游词的知识性和趣味性，又有利于游客加深对景观的认知。

（四）异语

异语，是非汉语普通话的意思，包括汉语方言和少数民族语言。它是一种借用非汉语普通话的词语原意或运用其双关语义来解释特定汉语词语所具有的相同意义的修辞手法。

这种技巧若是恰当地用于导游词中，可以收到补充说明并突出表达对象特点、增加讲解的生活气息、反映独特的地方色彩或某种异域情调等诸多效

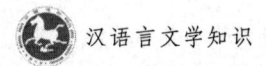

果。例如：

①镜泊湖，位于中国黑龙江省牡丹江市宁安市境西南部松花江支流牡丹江干流上。唐称"忽汗海"，满族先民——靺鞨人所称"忽汗"，是满语"围网"的意思。辽称"仆燕水"，仆燕水是辽代河名，即牡丹江。亦称仆斡水，渤海时称忽汗水，这些名称都是同名异译。金称"阿卜湖（阿卜隆湖）"，明称"镜泊湖"，清称"毕尔腾湖"。"毕尔腾"是满语（水）"清平如镜"的意思。镜泊湖，水质澄清、水产丰富，是中国最大、世界第二大的高山堰塞湖。（黑龙江镜泊湖）

②普陀山山名历代更改较多。西汉时称"梅岑"，宋时曾称"白华山"，后改称"补怛洛迦"，是梵文音译，还有普陀洛迦、布达拉，意为"光明山""海岛山""小花树山""小白花山"，即观音修行的净土。现在我们就知道了舟山的普陀洛迦（即普陀山）和西藏的布达拉（布达拉宫），都是由此译音而得名。现在本岛称为普陀山，洛迦山在普陀山东南。又因历代帝王多建都北方，称它之南的东海为"南海"，故元、明两代起，又称此山为"南海普陀山"，观音也称为"南海观音"。（浙江普陀山）

③科尔沁草原又称科尔沁沙地。科尔沁，蒙语意为"弓箭手"（评注：异语）。科尔沁草原位于内蒙古东部，处于西拉木伦河西岸和老哈河之间的三角地带，在松辽平原西北端，西与锡林郭勒草原相接，北邻呼伦贝尔草原，地域辽阔，风景优美，资源丰富。

说到西拉木伦河（也写作西拉沐沦河）（评注：说明解释类提示语），蒙古语意为"黄色的河"（评注：异语），历史上曾称之为饶乐水、潢水、吐护真水、辽水、大潦水、巨流河等名称（评注：异称）。它发源于大兴安岭山地赤峰市克什克腾旗大红山北麓，于翁牛特旗与奈曼旗交界处与老哈河汇合成为西辽河。主要支流有百岔河、碧流河、莎冷河、苇塘河、查干木伦河、少冷河（少郎河）等。而老哈河，蒙古语称之为"老哈木伦"（评注：异称），"老哈"来自契丹语，是"铁"的意思（评注：异语），古代称之为乌候秦水（评注：异称），是中国辽河西源西辽河上源，发源于河北省七老图山，向东北流入内蒙古自治区赤峰市境内，主要支流有黑里河、坤头河、英金河、羊肠河、崩河、饮马河等河流。

例①中对镜泊湖古代称谓"忽汗海""毕尔腾"的原意分别用满语"围

网"和"清平如镜"加以解释，使人们对镜泊湖的特征留下鲜明印象。例②对普陀山的梵文音译"补怛洛迦"意思加以解释，游客不仅知道了它有"光明山""海岛山""小花树山""小白花山"的意思，而且通过溯名的手法对舟山普陀山乃至西藏布达拉宫的名称来源有了进一步的了解。另外，"南海普陀山""南海观音"也通过溯名手法使游客对其名称来源有了清晰的认识。此外，运用异称手法引出"梅岑""白华山"，使游客对普陀山曾经的山名也有了一定的了解。例③对"科尔沁""西拉木伦河""老哈河"的蒙古语、契丹语含义"弓箭手""黄色的河""铁"分别进行解释，使人们对这三条河的特征有了进一步的了解。此外，还有异称手法，还有增强现场感的提示语，对导游实际的现场讲解具有重要的提醒提示功能。

中国幅员辽阔，民族众多。除汉语有八大方言外，还有多种的民族语言，这些都为导游词讲解引入相关素材提供了极大的便利条件。例如，"通天河"藏语称"珠曲"，意思是"奶牛之水"；"香格里拉"，英语"世外桃源"；"亚细亚"，古闪米特语"太阳升起的地方"；"新加坡"，马来语"狮城"；"哈达"，藏语"口上的一匹马（意思是这种礼物相当于一匹马的价值，意为'珍贵'）"；"那达慕"，蒙古语"娱乐或游戏"；"柴达木"，蒙古语"盐泽"；"呼和浩特"，蒙古语"青色的城"；"包头"，蒙古语"有鹿的地方"；"哈尔滨"，满语"晒网场"；"阿依古丽"，维吾尔语"月亮花"等。这些素材在导游词中，既可以给游客提供丰富的地方文化知识信息，又能有效引起游客的共鸣。

（五）同素

同素，是使三个或三个以上连续，或间隔出现的词语中或前一个语素相同或后一个语素相同的修辞手法。同素，根据相同语素出现的位置不同，有词首同素和词尾同素两种。

同素的手法多运用于导游词讲解，也运用于景观相关诗词游记楹联碑铭等作品分析。例如：

①纵观嘉峪雄关的地理位置是：关外地域辽阔，宜设战场；内具泉水，便于人马饮用；位于咽喉要道，易守难攻；占据东西要塞，控制交通；居高临下，利于隐蔽；内以肃州为依托，无后顾之忧。回顾嘉峪关关城的宏伟建筑，可以概括为：长城护关城，城壕护外城，外城护瓮城，瓮城护内城，城

城相护，构成了防御外敌入侵的坚不可摧的军事体系。东城楼、西城楼、罗城楼，三楼矗立，壮雄关之威；阁楼、闸楼、敌楼、箭楼，楼楼相映，固守关城之险；东闸门、东瓮门、光化门、柔远门、西瓮门、嘉峪关正门，六门相顾，门门设卡，固若金汤；连接嘉峪关关城的两翼长城及附近百余公里诸多的城台、堡城、烽燧等与关城遥相呼应。（嘉峪关）

②寒山寺景区拥有"古寺、古关、古桥、古镇、古运河"供游人游览。古寺指寒山寺。古关，指大运河和上塘河交汇处的铁铃关，建于1557年，为明代抗击倭寇的关隘，城楼雄伟，内设抗倭史迹陈列室，展出明代时苏州军民保卫家乡、抗击日本海盗的史料。古桥，指寒山寺两侧大运河上的江村桥和枫桥，诗人张继名句"江枫渔火对愁眠"中的江枫，就指这两座桥。古镇，就是寒山寺所在的枫桥镇，粉墙黛瓦的民居，鳞次栉比的商店、茶馆、书场，一派姑苏水乡风光。古运河，指寒山寺旁的京杭大运河。大运河从北京到杭州全长1794千米，是605年至610年间隋炀帝时开凿的。大运河促进了南北物资和文化交流，也给苏州的经济带来了繁荣。（苏州寒山寺）

③灵隐寺的主体建筑分三进：天王殿、大雄宝殿、药师殿。灵隐是杭州的旅游热点，游人很多，请诸位跟随我，游览后，不仅能使你感到"灵山、灵峰、灵水、灵鹫、灵隐"秀丽山水，使你欣赏到宋元石窟造像的精湛艺术，更让你为"西湖第一名胜"灵隐寺的雄冠而赞叹。

大家请看黄色粉墙的照壁上写着"咫尺西天"四个大字，这就告诉我们只要再跨上一步，便到佛国世界了。（杭州灵隐寺）

④过去，在家门口摆设石鼓是一种特权，石鼓的大小取决于主人地位的高低，如违反了这种等级观念逾级的，就会被视为无视朝廷王法，会招来杀身之祸。而陈家祠堂不仅有权设置石鼓而且连鼓带座有一人多高。主要是因为陈伯陶中了探花的缘故，因此这对石鼓比石狮子更能为陈家祠堂光宗耀祖。石狮和石鼓仅仅是陈家祠石雕艺术的两种。在陈家祠石雕建筑艺术中还有石柱、石梁、石栏、石板、石门、石台、石座、石果等，分别采用镂雕、圆雕、浮雕等表现手法，石雕艺术在这里称得上一绝。（广州陈家祠堂）

⑤黄花深巷，红叶低窗，凄凉一片秋声。豆雨声来，中间夹带风声。疏疏二十五点，丽谯门、不锁更声。故人远，问谁摇玉佩，檐底铃声？彩角声吹月堕，渐连营马动，四起笳声。闪烁邻灯，灯前尚有砧声。知他诉

愁到晓，碎啾啾，多少蛩声！诉未了，把一半、分与雁声。（宋·蒋捷《声声慢》）

例①连用了分别以语素"楼""门"为相同词尾的三组同素词语；"东城楼、西城楼、罗城楼""阁楼、闸楼、敌楼、箭楼""东闸门、东瓮门、光化门、柔远门、西瓮门、嘉峪关正门"等同素词语，充分地揭示了嘉峪关关城的各种"楼"与"门"的种种特点。例②连用了以"古"为词头的五个词语"古寺、古关、古桥、古镇、古运河"，使寒山寺景区的古意厚重的特点得以显明的突出。从讲解结构顺序看是总分结构，总括"古寺、古关、古桥、古镇、古运河"之后分别进行并列陈述。例③将灵隐寺的秀丽山水、人文风貌以"灵"字为首，概括为"灵山、灵峰、灵水、灵鹫、灵隐"，贴切又周详。例④分别连用了以"石"为词头的一组词语和以"雕"为词尾的一组词语。例⑤用同一"声"字叶韵，即押韵，属于福唐独木桥体词。词中以"声"字为线，描写了十种秋声，加强了秋声的连绵不断，增加了人们的愁闷之感。读者也正是从这种种秋声中听出了诗人难以言传的苦闷之声。

上述各例同素修辞手法的使用，都使表达紧紧围绕着一个中心，词语形式贯连锁结，表意内容异中求同，充分地揭示了讲解对象的种种特点。

可见，同素的修辞手法，在导游词中如果能够恰切地加以运用，会收到重心显豁，遣字巧妙的表达效果。

（六）析数

析数，也叫数分，是将某一特定数目分成若干可以相加减或相乘除的数目进行描述或说明的修辞手法。

析数的手法多运用于导游词讲解，也运用于景观相关诗词游记楹联碑铭等作品的分析讲解。例如：

①湖上春来似画图，乱峰围绕水平铺。松排山面千重翠，月点波心一颗珠。碧毯线头抽早稻，青罗裙带展新蒲。未能抛得杭州去，一半勾留是此湖。（白居易《春题湖上》）

②锦城丝管日纷纷，半入江风半入云。此曲只应天上有，人间能得几回闻。（杜甫《赠花卿》）

③萧娘脸薄难胜泪，桃叶眉头易得愁。天下三分明月夜，二分无赖是扬州。（徐凝《忆扬州》）

④西藏啊，西藏！你究竟是古老还是年轻？是滞留于落后还是迅速在前进？是富裕还是贫穷？……迷人的西藏，我国八分之一国土面积的神土，你怀里揣着九九八十一连环的谜语。（西藏）

⑤有这样一个民间故事：一主人到仆人家，仆人要款待他，主人问做哪些菜，仆人答曰二十样。上菜时，唯见一盘生韭菜和一盘熟韭菜。主人诧异，仆人解释说：二十样一样不少，生韭加熟韭，一共十八样，再加上盐和酱，正好二十样。

例①"未能抛得杭州去"的原因是"一半勾留是此湖"，将十分或百分之百的这一特定数目分成两部分可以相加减或者也可以说是相乘除的数目，其中也含有明显的夸张意味，极写对杭州的深情厚谊。情韵顿生，引人入胜。例②杜甫将锦城丝竹之音分为两半，一半随江风飘向远方，一半冲入云霄，析数手法的运用使对乐声描写十分生动、形象。例③的"无赖"在该诗中是爱极之词。通过析数将天下的明月分为三份，而扬州占有两份，极写扬州月夜之美，使"二分明月"成为扬州的代称。例④用乘法口诀表示西藏之谜之多，形象地表现出了西藏带给人们的种种神秘感受。例⑤利用谐音双关的技巧将"韭菜"之"韭"谐音成数字"九"，再运用加法加出二十。析数技巧的运用不仅表达耐人寻味，而且使故事顿生情趣。

析数手法，逻辑思维与形象思维巧妙结合，在导游词中巧妙运用，可使讲解或语义突出，或含蓄委婉，或活泼风趣，具有引人入胜的效果。

（七）镶嵌

镶嵌，是在特定的词语、句子中有规则地分别嵌入特定数字、词语或句子，使嵌入的原单位在特定形貌中可以单独连缀起来。

在古代诗词中，这种诗作被称为嵌字诗。大多嵌入各种名称、词语、数字以及各种特定的词组和句子。在导游词中经常需要分析诗词、楹联等相关文学作品中的相关用例，应善于讲解镶嵌所具有的构思巧妙，布局奇特，遣词精细，造意含蓄的修辞效果。例如：

①陶潜善饮，易牙善烹，饮烹有度；陶侃惜分，夏禹惜寸，分寸无遗。（佚名《广州陶陶居酒家联》）

②五老峰高，秀插云霄如玉笔；三姑石大，响传风雨若金镛。（佚名《庐山五老峰联》）

③龙从何处飞来？看秀峰对峙，漓水前横，终当际会风云，破浪不尝居此地；隐是伊谁偕汝？喜傍依月牙，下临象鼻，莫使奔腾湖海，幽栖聊为寄闲身。（刘德宜《龙隐洞联》）

④春来时绰然亭香雪梨花会，夏来时绰然亭云锦荷花会，秋来时绰然亭霜露黄花会，冬来时绰然亭风月梅花会。春夏与秋冬，四季皆佳会。主人此意谁能会？（张养浩《塞鸿秋·绰然亭》）

⑤一别之后，二地悬念，只说三四月，又谁知五六年，七弦琴无心弹，八行书无可传，九连环从中断，十里长亭望穿眼，百思想，千系念，万般无奈把郎怨。万语千言说不完，百无聊赖十栏杆，重九登高看孤雁，八月中秋月儿不圆。七月半烧香烛独问苍天，六月伏天人人摇扇我心寒！五月石榴火样红，偏遇阵阵冷雨浇花端，四月琵琶果未黄，我欲对镜心意乱，忽匆匆三月桃花随风转，飘零零，二月风筝线儿断。噫！郎呀郎，巴不得下一世你为妹来我为男。（民间文学作品《倒顺书》）

例①上联与下联开头分别嵌入"陶"，使嵌入的两个"陶"可以单独连缀成酒家的名称"陶陶"。例②上下联开头分别有规则地嵌入"五老峰""三姑石"的名称。例③是一副运用镶嵌手法的"藏头联"，上下联头一个字分别镶嵌以"龙"和"隐"，有规则地形成"龙隐"洞名称，借指龙隐洞写桂林风景之秀丽。例④在四句相对之中分别嵌入"春""夏""秋""冬"，意新语俊，字响调圆。例⑤先从"一"嵌到"十""百""千""万"，再由"万"依次嵌到"十"，极力铺陈，渲染，写尽了缠绵悱恻的别离之苦。

（八）借代

借代，不直接表述事物的本体名称，而是借用与之相关联的事物的名称加以代替的修辞手法。

借代，一般由本称和代称两部分构成。有时本称和代称同时出现；有时本称不出现，只有代称出现。

借代的客观基础是事物之间的相关性，运用中代称要准确、鲜明、恰当，尽可能突出本称的本质特征。

借代的手法在导游词讲解中，多见于景观相关诗词游记楹联碑铭等作品，也多用于对相关内容的讲解。例如：

①岱宗夫如何？齐鲁青未了。造化钟神秀，阴阳割昏晓。荡胸生层云，

决眦入归鸟。会当凌绝顶，一览众山小。（杜甫《望岳》）

②凤凰台上凤凰游，凤去台空江自流。吴宫花草埋幽径，晋代衣冠成古丘。三山半落青天外，二水中分白鹭洲。总为浮云能蔽日，长安不见使人愁。（李白《登金陵凤凰台》）

③大江东去，浪淘尽，千古风流人物。故垒西边，人道是：三国周郎赤壁。乱石穿空，惊涛拍岸，卷起千堆雪。江山如画，一时多少豪杰。   遥想公瑾当年，小乔初嫁了，雄姿英发。羽扇纶巾，谈笑间樯橹灰飞烟灭。故国神游，多情应笑我，早生华发。人生如梦，一樽还酹江月。（苏轼《念奴娇·赤壁怀古》）

例①"齐鲁青未了"中，以"青"的特征代指横亘在齐鲁两国的苍翠葱郁的泰山。例②的"衣冠"以士大夫的穿戴标志代指士大夫、官绅等。"长安"以地点代指京城的朝廷和皇帝。例③以古代儒将的便装打扮特征"羽扇纶巾"代指周瑜。"谈笑间樯橹灰飞烟灭"的"樯橹"以曹军战船的部分代指曹军整体。

这些用例，通过代体代称对本体本称的特征加以强调突出，文笔简洁洗练，表达委婉细腻，语意重心突出，可谓匠心独运。

（九）比拟

比拟，是借助联想直接把人当物、把物当作人或把此物当彼物来描写的修辞手法。

比拟，物我交融，物物交融，托物言志，寓情于物。其交融具有临时性特征，离开特定比拟语境，物我、物物之间的关联性也随之消失。

根据所拟内容，比拟分为拟人和拟物两类。

比拟手法既多运用于导游词讲解，也多运用于景观相关诗词游记楹联碑铭等作品分析。例如：

①昔在九江上，遥望九华峰。天河挂绿水，秀出九芙蓉。我欲一挥手，谁人可相从？君为东道主，于此卧云松。（李白《望九华山赠青阳韦仲堪》）

②岱宗夫如何？齐鲁青未了。造化钟神秀，阴阳割昏晓。（杜甫《望岳》）

③鸟识玄机，衔得春来花上弄；鱼穿地脉，抱将月向水边吞。（朱熹《福建漳州开元寺书舍联》）

④楼外垂杨千万缕，欲系青春，少住春还去。犹自风前飘柳絮，随春且看归何处？绿满山川闻杜宇，便做无情，莫也愁人苦。把酒送春春不语，黄昏却下潇潇雨。（朱淑真《蝶恋花·送春》）

⑤千朵莲花山滴翠，二宫六观，红墙绿瓦清幽地，风光无限；万株古柏树生岚，五寺七庵，暮鼓晨钟世外天，仙客有缘。（尚文化《题千山景物联》）

例①"天河挂绿水"将瀑布"绿水"直接当作可以"挂"的物体，给动态的瀑布以凝固的瞬间，可谓联想奇妙，形象生动，其笔神来。例②"割"运用拟物手法，将"泰山"直接当作可以"切割"物体分割出明暗或昏晓，极具艺术感染力。例③上下联都运用拟人手法，把"鸟""鱼"直接赋予人的动作弄花、咨月，出神入化地描摹春天的勃勃生机，阐明大自然生生不息的规律，象征书院的教化作用。内涵深蕴，哲理丰富。例④是拟人与拟物综合运用。杨柳系"青春"拟物，将抽象的事物青春当作可以"系"的具体事物；"把酒问春春不语"将"春"拟人，将惜春的情感表现得委婉多姿，细腻动人。例⑤"滴翠"比拟兼夸张，通过拟物直接赋予千朵莲花山以"滴"的动态，夸张地写千山"清幽地""世外天"葱翠浓郁得几乎要滴露出来，鲜活地突显了千山的钟灵毓秀。此外，"千朵莲花"既是镶嵌（嵌名）手法又兼有比喻手法，匠心独运。

上述各例无论是拟人还是拟物，都灵巧活泼，动态飞扬，意境优美，情感沛然。

（十）排比

排比，是使至少三个结构相同或相似、语气相对一致的语言单位成串排用来表达相关内容的修辞手法。例如：

①小桃灼灼柳鬖鬖，春色满江南。雨晴风暖烟淡，天气正醺酣。山泼黛，水挼蓝，翠相搀。歌楼酒旆，故故招人，权典青衫。（黄庭坚《诉衷情》）

②因为这座寺庙，山中含山，寺内有寺，院中套院，所以游人到此游览总是忽上忽下，忽南忽北，忽西忽东，产生"阶穷道尽疑无路，门启洞开又一层"之感！故有人称之曰："曲径南山。"（山西五台山）

③苏州的刺绣，沉静的创造。苏州的菜肴，明亮喜悦。苏州的歌曲，不

设防的温柔。苏州的园林，恬美的诗情。苏州的街道，宁静的幻梦。（王蒙《苏州赋》）

例①是分句排比，"山泼黛，水挼蓝，翠相挽"的排比，连贯而下，以浓丽的色彩，摹写了江南山水的春景画面，清新俊美，风情摇曳。例②"山中含山，寺内有寺，院中套院"是分句排比兼层递，"忽上忽下，忽南忽北，忽西忽东"是宾语排比，使其寺庙曲径通幽的造意得以强调。例③是句子的排比。将苏州的刺绣、菜肴、歌曲、园林、街道等多种事物并列到一起，抒发了对苏州的赞咏之情。

排比句式匀整，语势强劲，气势连贯，适用于各种文体，在导游词中运用得相当普遍。用于描绘叙述，绘景状物，语脉连贯，细腻周全。用于抒情，热烈奔放，情深意切。用于议论，条理清晰，周详严密。

（十一）对偶

对偶，是把两个字数相等或相近，结构相同或相似，意义相关的句子或词组对称地排列在一起的修辞手法。

从内容上划分，就是以上下两句意义上的联系特点，将对偶分为正对、反对、串对三种。

正对，上句和下句的意义相同或相近，只是表达角度有所不同。反对，上句和下句的意思相反或相对。串对，又叫流水对、走马对。正对和反对两类对偶，上下两句相对或相反，都属于并列关系。串对上下两句的关系具有连贯、递进、转折、因果、假设、条件等多种关系。

在运用中，对偶，往往根据其是否严格遵守形式结构规则分为严式对偶和宽式对偶。显然宽式对偶多见于非格律作品与现代作品之中。例如：

①大理的风花雪月四大名景，有两句话将其串在一起，便于记忆，又颇有情趣：下关风，上关花，下关风吹上关花；苍山雪，洱海月，洱海月照苍山雪。说到这里，请各位看一看我们白族姑娘的绣花包头。你可别小看它，它体现了大理四大名景。请看：微风吹来，耳边雪白的缨穗随风飘飘洒洒，显现了下关的风；包头上绚丽多彩的花朵，代表了上关的花；顶端这白茸茸的丝头，远远看去就像苍山的雪；整个包头的形状就如洱海上的弯月一样明丽动人。（云南大理仓山洱海）

②杭州有西湖之美，苏州有园林之胜。杭州西湖妙在天趣，苏州园林贵

在人工。苏州杭州各有千秋，并美于世。难怪历来有"上有天堂，下有苏杭"之称。（苏州风物）

③感时花溅泪，恨别鸟惊心。（杜甫《春望》）

④两京锁钥无双地；万里长城第一关。（佚名《长城山海关联》）

⑤盛世本同文，合左云右玉封疆，息马投戈，沙漠浸成邹鲁俗；将军不好武，萃黑水白山俊彦，敦诗说礼，边关长此诵弦声。（薛时雨《内蒙古呼和浩特长白书院联》）

以上五例是正对。例①的正对"下关风，上关花，下关风吹上关花"与"苍山雪，洱海月，洱海月照苍山雪"，集中概括了大理的四大风景名胜，虽是宽式对偶，但对仗得十分工整。例②连续使用了三组对偶句，前两组是分句之间相对，后一组是句子成分之间相对，工笔重彩地描写了杭州和苏州并美于世而又各有千秋的特色。例③的"感时花溅泪，恨别鸟惊心"以比拟兼夸张的手法正对。花无情而有泪，鸟无恨而惊心，浓聚了诗人因时伤怀，沉郁幽闷的深沉情感。例④楹联的上下联为正对，"锁钥"的比喻，成就了"无双地""第一关"的夸张表达的正对，无论是词句还是平仄格式都十分严格工稳。例⑤"左云右玉"与"黑水白山"地域类名称相对、"息马投戈"与"敦诗说礼"概括性事务相对，结构整齐，韵律铿锵，表达角度虽有不同，但互相补充，互相强调，鲜明地突出了长白书院的特色。

⑥昔我往矣，杨柳依依。今我来思，雨雪霏霏。行道迟迟，载渴载饥。我心伤悲，莫知我哀！（《诗经·小雅·采薇》）

⑦前不见古人，后不见来者。念天地之悠悠，独怆然而涕下！（陈子昂《登幽州台歌》）

⑧秦皇安在哉，万里长城筑怨；姜女未亡也，千秋片石铭贞。（文天祥《孟姜女庙联》）

以上三例是反对。例⑥"昔我往矣，杨柳依依。今我来思，雨雪霏霏"中"今"与"昔"、"来"与"往"、"雨雪霏霏"与"杨柳依依"相反相对，描写不同情境的变化，从戍卒角度反映其对生活虚耗、生命流逝的深刻体验。例⑦"前不见古人，后不见来者"中"前"与"后""古人"与"来者"相反相对，寥寥十字，俯仰古今。茫茫宇宙，天长地久，"念天地之悠悠，独怆然而涕下"的慷慨苍凉的喟叹则有如天成。例⑧的上下联对偶属于反对，对比属于对比中的多体对比，即不同人物进行对比。上联的"秦皇万里长城筑怨"与下联的"姜女千秋片石铭贞"反对，相反相成，批判讽刺与赞叹颂扬形成鲜明对比，使其批判与赞美的内容都得到了进一步的强调。

⑨秦时明月汉时关，万里长征人未还。但使龙城飞将在，不教胡马度阴山。（王昌龄《出塞》其一）

⑩国破山河在，城春草木深。感时花溅泪，恨别鸟惊心。烽火连三月，家书抵万金。白头搔更短，浑欲不胜簪。（杜甫《春望》）

⑪剑外忽传收蓟北，初闻涕泪满衣裳。却看妻子愁何在，漫卷诗书喜欲狂。白日放歌须纵酒，青春作伴好还乡。即从巴峡穿巫峡，便下襄阳向洛阳。（杜甫《闻官军收河南河北》）

⑫钓罢归来不系船，江村月落正堪眠。纵然一夜风吹去，只在芦花浅水边。（司空曙《江村即事》）

⑬长白雄东北，嵯峨俯塞州。迥临沧海曙，独峙大荒秋。白雪横千嶂，青天泻二流。登封如可作，应待翠华游。（吴兆骞《长白山》）

以上五例是串对。例⑨的"但使龙城飞将在，不教胡马度阴山"是假设关系串对。例⑩的"烽火连三月，家书抵万金"是因果关系。例⑪"即从巴峡穿巫峡，便下襄阳向洛阳"是连贯关系串对，属相当工整的流水对。两句四个地名，既是当句对，又是上下句对，传递出作者欢欣雀跃的急切心情。例⑫的"纵然一夜风吹去，只在芦花浅水边"是让步假设关系串对，使钓者悠闲的生活情趣和江村宁静优美的景色跃然纸上。例⑬"登封如可作，应待翠华游"这两句是假设关系串对。意思是皇上若封祭圣山长白山，可期待加入皇家祭祀行列。

对偶，充分利用语言形式上的对称美来表情达意。形式整齐醒目，结构匀称美观，语意相互映衬，音律和谐悦耳，不仅便于记忆传诵，而且还能够比较鲜明地揭示事物的内在联系，反映事物之间的对立统一关系。在导游词中恰当、妥帖地运用对偶手法，能够引起游客的审美共鸣，收到理想的讲解效果。

（十二）层递

层递，是一种表达客观事物之间层次关系的修辞手法。

构成层递的条件有两个：一是其层递项至少要三项，这样才能构成至少两个层次，使其能够得以升降。二是层递各项语意上的联系必须以事物间的逻辑关系顺序为基础。

其逻辑顺序在"讲解的逻辑顺序"中概括了事物内在逻辑关系顺序、认识事物过程顺序、事物相关特征顺序、空间顺序、时间顺序五种。如深浅、难易、多少、简单复杂、具体抽象等；再如，高低、大小、长短、粗细、宽窄、轻重、内外、亲疏等；再如，前后、左右、里外、表里、远近等。

层递，根据其逻辑顺序不同，可以分为递升和递降两类。例如：

①三年以来，在人民解放战争和人民革命中牺牲的人民英雄们永垂不朽！三十年以来，在人民解放战争和人民革命中牺牲的人民英雄们永垂不朽！由此上溯到一千八百四十年，从那时起，为了反对内外敌人，争取民族独立和人民自由幸福，在历次斗争中牺牲的人民英雄们永垂不朽！（毛泽东《天安门广场人民英雄纪念碑碑文》）

②晚霞跟山、川、花、木以及所有的自然美一样，从来不搞公法化、概念化。它的形状，它的色调，没有一天相同，没有一分钟相同，没有一秒钟相同。（眺晚左安门）

③东南山水，余杭郡为最；就郡言，灵隐寺为尤；由寺观，冷泉亭为甲。（白居易《冷泉亭记》）

例①是递升，在时间上递进，从"三年"，到"三十年"，再到1840年的一百多年前，时间上层层推进，语势逐渐强劲。例②按照时间单位"一天、一分钟、一秒钟"由长到短递降。例③的层递手法，是递升与递降交叉运用。范围逐渐缩小递降，同时程度不断加强递升。范围上从余杭郡，降到灵隐寺，再降到冷泉亭，叙述范围逐步缩小；其赞叹程度却由"最"而"尤"再而"甲"逐渐加强。层递递降与递升手法交互运用，范围由大到小，由东南而余杭而灵隐寺而冷泉亭，程度却逐渐加强，由"最"至"尤"再至"甲"，醒目地聚焦到"冷泉亭"。

层递，表意上层层深入，认识上逐层深化。在导游词中，恰当地运用层递，不仅可以使表达层次清楚，重点突出，而且还可以有效增强讲解的感染力。在"讲解结构方式"上，也常常采用"层递式结构"进行布局。

（十三）设问

设问，是一种无疑而问以达到引起注意、强调语意目的的修辞手法。这

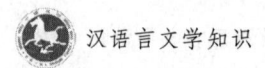

种手法在导游词中运用得相当普遍。

设问可以从两个角度进行分类。从设问的位置划分，可以分为位于开头、中间、末尾三类；从设问对象划分，可以分为自问、顺着对象思路问、直接对对象发问三类。

位于语言表达开头或中间的设问句，一般需要回答；位于末尾的设问句，可答可不答，以留下思考余地。例如：

①在故宫，经常会听到东六宫、西六宫，看过清宫剧的人都知道，这两处是皇帝妃嫔的住所，但是很少有人知道，在故宫还有外东路和外西路的说法，其实这两处宫殿群是专门为前朝皇帝的妃子安排的住所，今天我们就来说说藏在故宫外东路的"老人院"——宁寿宫建筑群。这座藏在故宫深处的"老人院"，被誉为小紫禁城，旺季也极少有人进入。

宁寿宫建筑群的主人就是中国历史上最后一位太上皇乾隆皇帝，宁寿宫宫殿群是乾隆皇帝在退位前开始修建的，历时5年建成。那么乾隆为什么要煞费苦心、花费重金修建这么一处宫殿群呢？（评注：设问——自问自答）这话还要从一次起誓说起。

据说乾隆皇帝从小就深受皇爷爷康熙皇帝的喜爱，甚至教养在康熙皇帝的跟前。从小的耳濡目染，让乾隆皇帝对康熙皇帝极为推崇，一生都致力于向自己的皇爷爷看齐。康熙皇帝8岁登基，在位长达61年，是中国历史上在位时间最长的皇帝。在乾隆皇帝登基的时候，就立下誓言，说自己在位的时间决不超过康熙皇帝。其实乾隆说这话的时候，无非是像康熙皇帝致敬，完全是为了显示自己的高风亮节，因为他继位的时候已经25岁，那个时候年过50就是长寿了，哪怕高寿的康熙，也不过活了69岁，这已经极其罕见了。结果连乾隆自己也没想到，自己居然能够活到87岁。眼看自己已经在位60年，乾隆皇帝为了履行承诺，宣布禅让，退居太上皇。（北京故宫宁寿宫）

②看着这么高大的石碑，大家心中肯定会产生疑问，在没有起重设备的条件下，人们是如何将石碑立到龟背上的呢？（评注：设问——顺着游客的思路问再回答）这个问题尚未见到正式的史料记载，只是有"龟不见碑"的传说。《文海披沙》中记载了这样一个故事，太祖死后，成祖皇帝为太祖建碑，碑凿好后，因龟背太高，立不上去。工部官员想不出办法，一次做梦，

遇有神人对他说"欲立此碑当令龟不见碑，碑不见龟"。醒后，一想便明白了，遂令筑土与龟背平，顺土坡将石碑用车拉上去，竖起来，然后再将土去掉。这个故事是真是假不必深究，但使用堆土法将碑竖上去是可能的。说明我国古代劳动人民是很聪明的。（北京明十三陵）

③岱宗夫如何？齐鲁青未了。造化钟神秀，阴阳割昏晓。荡胸生层云，决眦入归鸟。会当凌绝顶，一览众山小。（杜甫《望岳》）

④丞相祠堂何处寻？锦官城外柏森森。映阶碧草自春色，隔叶黄鹂空好音。三顾频烦天下计，两朝开济老臣心。出师未捷身先死，长使英雄泪满襟。（杜甫《蜀相》）

⑤大雨落幽燕，白浪滔天，秦皇岛外打鱼船。一片汪洋都不见，知向谁边？（毛泽东《浪淘沙·北戴河》）

例①是导游自问式设问——自问自答。提出"那么乾隆为什么要煞费苦心、花费重金修建这么一处宫殿群呢"问题之后进行讲解。例②顺着游客的思路设问再作答，以"龟不见碑"的民间传说引出"堆土法"，对当时没有起重设备的条件下用堆土法将高大的石碑竖立上去的解释比较合理，同时其设问也收拢了游客注意力，有效增强了讲解效果。例③杜甫的这首《望岳》以设问"岱宗夫如何"奇出，以"齐鲁青未了"作答。驰骋想象，以地域之大烘托泰山之苍峰的连绵不断。惊叹赞颂之情溢出笔端。例④首联上句设问"丞相祠堂何处寻"，下句自答"锦官城外柏森森"，以悠悠情思"寻"到"柏森森"之处虔诚造谒凭吊，森森柏树呈现出的一派苍劲肃穆氛围令人肃然起敬。例⑤"知向谁边"位于上阕文尾的设问不作答以留下思考余地，化实为虚，以简驭繁地将人与船置于阔大的空间之中，突出风雨中海天莫辨、旷荡无崖的景象，营造出一番寥廓深邃的意境。

上述五例表明，导游讲解中的设问具有重要作用：一是提醒游客将注意力相对集中；二是放缓表达速度，给游客一定的思考时间；三是强调突出所要讲解的内容。可见设问的要点不是在"问"，而是在于引导，使导游讲解有效进行。

（十四）对比

对比，是将不同的事物，或同一事物的不同方面放在一起加以比较的修辞手法。

对比的目的是发现事物间的不同或相同，或者异中有同，或者同中有异之处。对比的作用是显示事物的差异性，突出比较与被比较事物的本质特征。

在"讲解结构方式"上，也常常采用"对照式结构"进行布局。

从对比的范围上划分，分为多体对比和一体多面对比两类。例如：

①只有天在上，更无山与齐。举头红日近，回首白云低。（寇準《华山》）

②海色雨中开，涛飞江上台。声驱千骑疾，气卷万山来。绝岸愁倾覆，轻舟故溯洄。鸱夷有遗恨，终古使人哀。（施闰章《钱塘观潮》）

③十里洋场一翠螺，豫园新境足吟哦。画家笔底林泉小，巨匠胸中丘壑多。清曲笛声和鸟语，衣香鬓影映春波。粉墙权作凡尘隔，留得闲情赋薜萝。（陈诏《豫园新咏》）

④绣岭委荆榛，只余堠馆留宾，记当年赐浴池边，长恨空吟白傅；环园新结构，云是唐宫旧址，问我辈沉香亭北，雅才谁嗣青莲。（杨颐《华清池联》）

例①诗中"举头红日近，回首白云低"，运用对比与夸张兼用的手法，将"红日之近"与"白云之低之远"加以对比，鲜明地突出了华山高耸入云的气势。例②诗中"观""吴儿弄潮"的"轻舟故溯洄"，写江中弄潮儿以其高超的本领随着潮头任意起伏腾跃回旋的景象，与前两联形成鲜明对照。江上钱塘大潮"海色雨中开，涛飞江上台。声驱千骑疾，气卷万山来"的"绝岸愁倾覆"的磅礴气势凶险情态与江中弄潮儿的英雄气概形成对比，相辅相成，各自尽现豪迈气概。例③"十里洋场"与"翠螺"的热闹繁华与清新幽静，"清曲笛声"与"衣香鬓影"的清美与华丽的对比，相反相成，相得益彰，使其两种意象的特征都得到了进一步的强调。这种对比表达手法使对豫园的吟咏，思路清晰，富于哲理，给人留下深刻印象。例④诗中将华清池一体的不同方面——古与今进行对比。上联荆榛委地的现状与当年华清赐浴的盛景形成强烈对比，韵味深含。

运用对比必须注意，对比的各项之间是并列关系，不分主次。这样才能使对比各项的特征更加突出，也才能有效地揭示事物之间的对立统一关系。

（十五）映衬

映衬，是为了突出表达主体，用相似、相反等相关事物作为衬体对主体事物进行陪衬、烘托的修辞手法。

映衬中，被衬托事物叫主体，衬托事物本身叫衬体。

映衬，根据主体与衬体的关系，又分为正衬和反衬两种。例如：

①我们知道很多皇帝，他们的陵前都是有很多石兽，比如说河南巩义北宋的皇陵宋陵，有大象，驯象人都有。比如说明孝陵里面有骆驼。哎！很奇怪有骆驼。那李渊呢，独树一帜，他是中国唯一的一个在墓前刻犀牛的皇帝。南门一对犀牛，其中有一对特别完整的，就被搬到西安碑林博物馆，真迹如假包换。（西安碑林博物馆）

②烟笼寒水月笼沙，夜泊秦淮近酒家。商女不知亡国恨，隔江犹唱后庭花。（杜牧《泊秦淮》）

③俯瞩桑干，滚滚波涛萦似带；遥临恒岳，苍苍岫嶂屹如屏。（佚名《应县木塔联》）

④去年今日此门中，人面桃花相映红。人面不知何处去，桃花依旧笑春风。（崔护《题都城南庄》）

⑤月落乌啼霜满天，江枫渔火对愁眠。姑苏城外寒山寺，夜半钟声到客船。（张继《枫桥夜泊》）

例①用映衬的正衬手法，突出了李渊墓前雕塑犀牛的与众不同，也突出了献陵石犀的独树一帜。例②"烟笼寒水月笼沙"以烟、月、寒水、沙滩四种意象，既鲜明生动地描绘出秦淮河夜色迷蒙凄美的景物特点，又正衬出诗人的凄凉心境，使写景叙事融情浑然一体。例③以映衬的正衬手法烘托木塔。通过对周围桑干河萦绕蜿蜒与恒岳岫嶂高耸的描写来烘托木塔崛地擎天的英姿。此外，"萦似带""屹如屏"的明喻，也尽现出了桑干河的迂回曲折与恒岳的巍峨崔嵬。例④以"去年今日"的"欢快"反衬凸显出"今年今日"此时此刻桃花的"依旧"但人面不再的落寞怅然的感伤之情。例⑤的这首羁旅诗作，可谓处处映衬，正衬与反衬交错而行。"月落"与"乌啼"动与静互为反衬。"月落乌啼霜满天"以月行无痕、乌啼寂寥、霜寒可感的夜寂无澜，反衬渔火醒目，同时又正衬羁旅之愁的清幽寂远。前两句由近处"月落乌啼霜满天，江枫渔火对愁眠"反衬"姑苏城外寒山寺，夜半钟声到客船"的"钟声"的悠远绵长，意象疏宕，烘托出空灵旷远的意境。

映衬，在导游词讲解中运用得十分普遍，可以景衬情、以景衬人、以情衬情，还可以景衬景、以人衬人等。不论是正衬还是反衬，都以衬体为背景，通过陪衬、烘托，虚实相生，相辅相成，相反相成，使被衬托主体更加鲜明突出，使讲解或委婉含蓄，或明朗显豁，具有较强的感染力。

（十六）比喻

比喻，就是通常所说的打比方，是用跟甲事物有相似之点的乙事物来表达甲事物的修辞手法。导游词中，比喻是运用得相当频繁的一种修辞手法。

完整的比喻形式，由本体＋喻词＋喻体构成。这三个部分通常被称为比喻的三个要素。根据表达需要，这三个部分有时完整呈现，有时省略其中的某个部分。

根据比喻的三个要素的异同与隐现情况，比喻分为明喻、暗喻、借喻三类。由这三种基本类型派生出的其他比喻类型还有缩喻、倒喻、博喻、联喻、较喻、互喻、约喻、属喻、择喻等20多种。例如：

①衡山位于湖南省中部，纵越衡阳、衡山、衡东、湘乡、湘潭、长沙六县市，地跨八百里，峰立七十二，南起"雁阵惊寒，声断衡阳之浦"［王勃《滕王阁序》（评注：说明解释类提示语）］的衡阳回雁峰，北抵"停车坐爱枫林晚，霜叶红于二月花"［杜牧《山行》（评注：说明解释类提示语）］的长沙岳麓山。主峰祝融峰，海拔1290米，在湘中南丘陵中卓尔不群，"一览众山小"（评注：上部分采用叙述表达方式）。衡山就像一幅湘绣，楚天湘水，一览无余；它又像一卷画轴，浓渲淡染，举世无双；它更像一首诗歌，高叹低吟，回味无穷。（评注：后部分采用描写兼抒情表达方式）（湖南南岳衡山）

②我走出希楞柱。混合着植物清香气息的湿润的空气，使我打了一个喷嚏。这个喷嚏打得十分畅快，疲乏一扫而空。月亮升起来了，不过月亮不是圆的，是半轮，它莹白如玉。它微微弯着身子，就像一只喝水的小鹿。月亮下面，是通往山外的路，我满怀忧伤地看着那条路。那上面卡车留下的车辙，在我眼里就像一道道的伤痕。忽然，那条路的尽头闪现出一团模糊的灰白的影子，跟着，我听见了隐隐约约的鹿铃声，那团灰白的影子离我们的营地越来越近……我不敢相信自己的眼睛，虽然鹿铃声听起来越来越清脆了。

我抬头看了看月亮，觉得它就像朝我们跑来的白色驯鹿；而我再看那只离我们越来越近的驯鹿时，觉得它就是掉在地上的那半轮淡白的月亮。我落泪了，因为我已分不清天上人间了。(《额尔古纳河右岸》)

例①的画线部分是明喻，连用三个明喻采用博喻形式运用叙述、描写与抒情表达等方式对衡山进行讲解。例②画线部分是明喻。将月亮比作"玉""一只喝水的小鹿""白色驯鹿"，将车辙比作"一道道伤痕"，这些明喻栩栩如生地描绘出了额尔古纳河右岸鄂温克族人生活领地的特征。在相关导游词中可以参考引用。

③恭王府府邸及花园积淀着的是历史的年轮，蕴含着的是清代王府文化的精深与璀璨，"一座恭王府，半部清朝史"，便是其真实写照。(北京恭王府)

④一园竹树绕泉石，四季冬春夏复秋。放棹只疑天上坐，凭栏真个画中游。岚光叠翠巍云塔，湖影回廊漾梵楼。合璧大圆横玉带，斜阳无语卧铜牛。(爱新觉罗·溥杰《颐和园》)

例③、例④是暗喻，例②的前两个暗喻"是历史的年轮""是清代王府文化的精深与璀璨"，出现了暗喻词"是"，后一个暗喻"一座恭王府"与"半部清朝史"直接组合，暗喻词并未出现。例④的暗喻都省略了暗喻词，其中的喻体"天上坐""画中游""横玉带"，描绘出一幅奇妙的山水画幅，极大地增强了诗作的表现力。可见，暗喻，语言精练，结构紧凑，是一种十分常用的比喻形式。

⑤兰陵美酒郁金香，玉碗盛来琥珀光。但使主人能醉客，不知何处是他乡。(李白《客中作》)

例⑤是借喻。在诗句"兰陵美酒郁金香"之后直接用"琥珀光"借喻兰陵美酒，美妙的比喻，豪放的气势，一扫离别之悲苦和身居异地的凄楚情绪。

⑥起春秋、历秦汉、及辽金、迄元明，上下两千多年。有多少将帅元戎、戍卒吏丞、百工黔首，费尽移山心力，筑修起伟大工程。聪明智慧、坚强毅力、血汗辛勤，为中华留下丰碑国宝；跨峻岭、穿草原、横瀚海、经绝壁，纵横十万余里。望不断长龙雉堞、雄关隘口、亭障墩堠，有如玉带明珠，点缀成江山锦绣。起伏奔腾、飞舞盘旋、月宫遥见，给世界增添壮丽奇

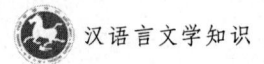

观。（罗哲文《题写长城联》）

⑦漫步松花江畔，远远望去，垂柳苍松凝霜挂雪，戴玉披银，如朵朵白云，排排雪浪；走到近处，棵棵松针宛如玉菊怒放，雪莲盛开；花草树木的枝条，都被粘挂成璀璨的银丝，形态各异的灌木丛，一团团、一簇簇，晶莹夺目，宛如人间仙境。您轻轻抖动一下枝条，雾凇便会纷纷扬扬飘落下来……晶莹璀璨，光彩耀人……（吉林雾凇）

例⑥、例⑦是明喻、暗喻、借喻连用。例⑥联语中的借喻"丰碑""长龙"，明喻"如玉带明珠"，暗喻"成江山锦绣"等比喻视野开阔，境界恢宏。例⑦的借喻"戴玉披银"，明喻"如朵朵白云，排排雪浪""宛如玉菊怒放，雪莲盛开""宛如人间仙境"，暗喻"成璀璨的银丝"等比喻，气象万千，情感酣畅。

下面再举两个相关修辞手法综合运用的例子。

⑧湖上春来似画图，乱峰围绕水平铺。松排山面千重翠，月点波心一颗珠。碧毯线头抽早稻，青罗裙带展新蒲。未能抛得杭州去，一半勾留是此湖。（白居易《春题湖上》）

⑨凤凰台上凤凰游，凤去台空江自流。吴宫花草埋幽径，晋代衣冠成古丘。三山半落青天外，二水中分白鹭洲。总为浮云能蔽日，长安不见使人愁。（李白《登金陵凤凰台》）

例⑧比喻、比拟、析数等修辞手法综合运用。比喻有两种：一是明喻"画图""月珠"，传神尽态，诗意浓郁。二是倒喻"碧毯线头抽早稻，青罗裙带展新蒲"，将喻体"碧毯""青罗裙带"前置于本体"早稻""新蒲"之前，画境清朗，情景交融。比拟的拟物，"点"直接赋予月亮以点染、装点的特征，跳跃灵动，极富感染力。析数。"一半勾留是此湖"运用析数的修辞手法，表达对杭州的深情爱恋，情思无尽，引人入胜。例⑨双关、比喻、借代等修辞手法综合运用。"浮云蔽日"，双关兼比喻，表层指诗人望西北长安所见实景，深层喻指谗佞当道，障蔽贤良。"长安不见使人愁"的长安，用借代手法以京城长安代指朝廷和皇帝。这些修辞手法的综合运用使其情感的表达与抒发更加形象凸显，生动立体。

（十七）夸张

夸张，就是艺术性地言过其实，在生活真实的基础上对事物的相关特征进行夸饰。

夸张是生活真实与艺术真实的辩证统一，其基础是生活真实，如果失去生活真实的分寸，就不成其为夸张了。鲁迅先生说过："漫画虽然有夸张，却还是要诚实。'燕山雪花大如席'是夸张，但燕山究竟有雪花，就含着一点诚实在里面，使我们立刻知道燕山原来有这么冷。如果说'广州雪花大如席'那可就变成笑话了。"（《漫谈漫画》）鲁迅先生所说的诚实，就是生活真实、客观依据，是夸张的基础。

夸张从表达内容角度，分为夸大、夸小两类。例如：

①日照香炉生紫烟，遥看瀑布挂前川。飞流直下三千尺，疑是银河落九天。（李白《望庐山瀑布（其二）》）

②石屏千仞立，古寺半空悬。净土绝尘境，岑楼缀远天。一湾岩畔月，半壁画中禅。俯视行人小，飘然意欲仙。（邓克劭《游悬空寺》）

③雪岭干青汉，云楼架碧空。重开千佛刹，旁出四天宫。瑞鸟含珠影，灵花吐蕙丛。洗心游胜境，从此去尘蒙。（佚名《敦煌二十咏选一·莫高窟咏》）

④聚五千年浩气，凝四亿众深情，化万仞泰山，而成烈魄；超八百里湖光，挟七二峰岳色，壮微躯秭米，来仰丰碑。（陈谦《题天安门广场人民英雄纪念碑联》）

⑤海色雨中开，涛飞江上台。声驱千骑疾，气卷万山来。（施闰章《钱塘观潮》）

以上五例是夸大夸张。例①"飞流直下三千尺"，极写瀑布高空直落的生动形象。例②"俯视行人小"极言悬空寺之楼高岩危。例③的"雪岭干青汉，云楼架碧空"，运用夸张的夸大手法极写三危山之高耸与莫高窟洞窟之巍峨。例④联语中的"五千年""四亿众""万仞""八百里""七二峰岳""秭米"等多处的夸大夸多夸张，极言对人民英雄丰功伟绩的高崇敬意以及深切的缅怀之情。例⑤的"声驱千骑疾，气卷万山来"，夸张兼比喻，声音如"千骑疾"，气势如"万山来"，极写潮声之大，气势之猛，汹涌澎湃，惊心动魄。

⑥只有天在上，更无山与齐。举头红日近，回首白云低。（寇準《华山》）

⑦反思向之汩汩荣辱之场，日与锱铢利害相磨戛，隔此真趣，不亦鄙

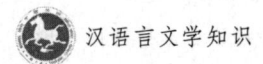

哉！（苏舜钦《沧浪亭记》）

⑧初三日行十五里，入岳庙。西五里，出华阴西门。从小径西南二十里，入泓峪，即华山之西第三峪也。两崖参天而起，夹立甚隘，水奔流其间。循涧南行，倏而东折，倏而西转；盖山壁片削，俱犬牙错入，行从牙罅中，宛转如江行调舵然。（徐弘祖《游太华山日记（节选）》）

以上三例是夸小夸张。例⑥"举头红日近，回首白云低"，对比兼夸张，"红日近"通过夸小极写华山离太阳之近；回看"白云低"，也是通过夸小极写华山之上俯瞰白云之低之远，这两句都是通过夸小夸张来反向突出华山高耸入云、独立天外的巍峨气势。例⑦以"锱铢"比喻兼夸张，极度夸小微细的数量，使其反思极具深刻意义。例⑧"行从牙罅中"极写山石之间缝隙的狭窄，突显了华山泓峪"夹立甚隘"的特征。

上述夸张用例说明，夸张手法不论是夸大还是夸小都联想丰富，感情强烈，态度鲜明，事物特征突出，具有极强的感染力，能够引起人们的强烈共鸣。

二、导游词讲解艺术

（一）设身处地

设身处地的讲解艺术，就是直接把游客纳入游览景观之中，把游客与游览客体直接联系起来，使二者水乳交融，浑然一体。

设身处地，能够营造出十分轻松愉快的讲解氛围，对游客有着较大的感染力。例如：

①朋友们，汽车现在拐进了一座小山庄。小山口很古老了，明代时叫"艾峪"，现在叫艾洼，大概因村旁洼地多生艾草而得名。由艾洼西去，道路两旁核桃树、栗子树、柿子树成片成林，树大者比水桶还粗，大概都有几十年、上百年树龄了。不少老核桃树树皮被环剥一圈，有的已被环剥了数次，树干上一环套着一环，据说采取这种措施，可以防虫，还可减少养分回流，能够增产。现在各种果实已经挂满了枝头，累累的果实在微风中轻轻点头，像是在欢迎咱们大家。（山东泰山天烛峰）

②到这里，可以说我们就真是神仙了，为什么呢？请看前面的天柱峰和展旗峰，对峙如一扇巨大的敞开的门，朝向南方，故称"南天门"。进入南

天门，我们不就是上天做神仙了吗？我们现在来看一下雁荡山也是温州市最长的一副对联："山雁荡，水龙湫，洞石佛，百二峰拔地凌云，海上名山称第一；左展旗，右天柱，后屏霞，数千仞神工鬼斧，灵岩胜景叹无双。"（浙江雁荡山）

③朋友们请往那边看，少林水库南岸的断崖上，有一个"石和尚"，对，光着头，面北端坐，衣冠楚楚，真是惟妙惟肖。我们叫他礼宾和尚，咱们客人们来去少林寺，都委托他负责迎来送往。（河南嵩山）

④灵隐景区背靠北高峰，占地约 36.9 公顷。整个景区由灵隐寺、飞来峰、中华石窟艺术集萃园等组成，还流传着济公抢新娘、康熙皇帝错题云林寺等传说。我们先参观 1993 年新增添的"中华石窟艺术集萃园"。游览飞来峰石窟造像时，我们还要钻一下青林洞，摸一下"济公床"，看看玉乳洞、理公塔、龙泓洞，找一找"一线天"，然后看一看飞来峰石窟造像中最大的一龛大肚弥勒佛。经过壑雷亭和冷泉亭后，便是隐在清泉秀峰之间的灵隐寺。（杭州灵隐寺）

⑤太室山东西起伏，奇峰相连，雄深高大，气势巍峨，犹如黄河南岸的一座天然屏障，护卫着夏代的都城——阳城，故有中岳如卧之说。太室主峰叫峻极峰，海拔 1494 米，古来就有"嵩高峻极""峻极于天"的说法。朋友们可以想一下，华山是立着的，它高 2160 米，泰山是坐着的，它高 1545 米，嵩山在躺着卧下时还有 1494 米，那么它立起来该有多高呢？（评注：映衬——正衬手法；设问——不回答，留给游客思考）因为清朝乾隆皇帝曾在峻极峰上赋诗立碑，所以峻极峰又名"御碑峰"（评注：溯名手法）。峰顶平敞开朗，犹如宝幢之盖，四周群峰相向，惟中居高巍，一览众山小。假若你登峰远望，南有箕颍，山河拱卫；西有少室，争艳夺魁；东视群山，谷幽峰奇；北望黄河，一线连天处，即是古老的伊洛河三角洲、河图洛书的出处，我们华夏 6000 年古老文化的发源地。峰岳连绵，云雾缭绕，耳听松涛阵阵，眼观山花烂漫，置身这种氛围之中，朋友，你该有何感想？倘若你在夕阳西下时观嵩山，那更是彩霞四射，瞬息万变，河山壮丽，气象万千，你一定会更想为这壮美的大好河山放声高歌一曲。（河南嵩山）

⑥好了，爬了一段山，可能有点儿累吧？那么我们在这里休息一下。面前大家看到的是我国建筑最早、规模最大的抗战纪念地之一，也是国民政府

在大陆唯一保存的大型抗战纪念陵园——忠烈祠。前面这就是忠烈祠正门。（湖南南岳衡山）

例①这一段导游词将果实在微风中的点头，引申出"果实"在欢迎游客，传递出了满满的善意。例②将天上神仙与游客进入南天门就算作了神仙巧妙联系起来，直接把游客纳入南天门景观之中，带给游客以美好感受。例③将断崖上的一块"和尚"般形状的石头与游客联系起来，使这个"礼宾和尚"对游客的迎来送往植入游客之心。例④中的"钻一下青林洞，摸一下'济公床'……找一找'一线天'"中的"钻""摸""找"几个动词鲜活生动，既有引导游客参与的含义，又有设身处地地引导游客体验的目的。例⑤假设游客在奇峰相连，雄深高大，气势巍峨的太室山上，置身于松涛阵阵、山花烂漫的情景之中，设身处地地设想游客必会思绪万千乃至放声高歌。将少室山美好景色与游客紧密联系起来，使游客身在其境仍然备受感染。例⑥的下画横线部分"好了，爬了一段山，可能有点儿累吧？那么我们在这里休息一下"，这类问候关切式交际表达，设身处地从游客角度出发为游客着想，表达了对游客的关心与安抚，能够有效地拉近导游与游客的心理距离，融洽双方关系，温馨交际氛围。

（二）引导参与

引导参与，包含有两方面的内容，一是引导游客参与操作，使游客直接融入景观之中；二是引导游客直接参与到讲解之中。例如：

①大家站在我身边，顺着我手指的方向看。瞧！池中一弯新月，在水中轻轻抖动。这是天上月亮的倒影吗？不是，天上正丽日当空。是我们的眼睛的错觉吗？更不是，我们看得这样真真切切。这就是堪称承德一绝的"日月同辉"奇观。究竟是怎么回事呢？请各位现在就到前面的假山中去寻找答案（此时导游给游客留出几分钟时间去寻找）（评注：引导游客参与）。大家请注意，这位先生是最先找到答案的！原来这是利用光的反射原理，透过山洞南壁的月牙形缺口，在水中倒映出的影子。（承德避暑山庄）

②每年冬至日是皇帝在此举行祭天大典的日子。大典时，这台面北侧供奉"皇天上帝"神位，东西两侧依次供奉皇帝列祖列宗的神位。我们不妨想一想（评注：引导游客参与，下面用示现中的悬想的修辞手法进行描述），在冬至那天凌晨4点多钟，黑暗中点燃各种坛灯，天气十分寒冷。圜丘前燔

柴炉上置放一头牛犊，用松柏枝燔烧着。西南的望灯杆望灯高悬。台南广场上排列着 200 多人的乐队、舞队，在庄重的中和韶乐的衬托、文武百官的陪同和上下千余人的配合下，皇帝登坛致祭。共乐奏九章，典仪九程。帝要恭读致皇天上帝的祝文。礼仪进行完毕，各神位前所供的供品分别依次送到燔柴炉和燎炉焚烧，烟气腾空，以示送到天庭，大典就全部结束了。于是，皇帝就回到他的皇宫紫禁城，等待上天的降福了。

需要特别一提的是，这台面中心的"天心石"，也就是皇帝恭读祝文所站立的位置。它有着一种奇特的声学现象，在这里"读祝"时声音特别洪亮，犹如加装了扩音器一般，使皇帝在黑暗寒冷的环境中不显孤单，从而更加自信，更觉神秘。至今这声学现象仍不减当年，您不妨站在"天心石"上，亲自试一试（评注：引导游客参与），也像古代皇帝那样，把自己的美好愿望和想法向上天表述一下，体会一下那奇特的效果。（游客试声后北行出棂星门）（天坛）

例①通过连串的设问引起游客注意，再引导游客参与，自己去假山中寻找"日月同辉"的成因。例②这段关于天坛的导游词，在介绍清朝皇帝祭天大典的盛况时，先引导游客参与想象，然后运用示现中悬想的修辞手法进行描述，带领游客超越时间和空间，再现祭天大典盛况，其描述历历如在游客眼前，给游客带来身临其境的体验。然后引导游客站到"天心石"上体验一下把自己的美好愿望和想法向上天表述的感受，不仅缩短了游客与被游览客体天心石的空间距离，也有效地缩短了导游与游客的心理距离。最后，以括号内的提示语提醒导游带领游客游览的方向。

（三）设置悬念

设置悬念，是在讲解过程中，将一些较有意义能够深化讲解内容的问题作为悬念进行设置，再在合适的时候揭晓答案。例如：

避暑山庄是清代康、乾盛世的象征。作为山庄缔造者的康熙、乾隆，都曾六下江南，遍历天下美景。在修建避暑山庄时，博采众家之长，融中国南北园林风格为一体，使避暑山庄成为中国古典园林艺术的总结与升华。我国园林学者们说，整个避暑山庄就是祖国锦绣河山的缩影。学者们为什么会这样说呢？这个问题我想还是请女士们、先生们游览了避暑山庄之后再来回答。不过，我这里先给大家提个醒，这原因与避暑山庄的地形有关。

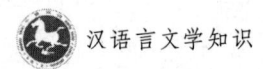

......

女士们，先生们，游览了避暑山庄以后各位印象如何？现在我要请大家解答前面的问题：我国园林专家们为什么说避暑山庄就是祖国锦绣河山的缩影？在解答这个问题之前，请大家先说说避暑山庄的地形。……太好了！这位先生说对了！那位女士也说对了！今天大家游览时已经看到，避暑山庄的地形是东南部地形较低，景色秀丽，如同江南；东北部地势平坦，芳草如茵，一派草原风光；西北部则地势高敞，沟壑纵横。这一切虽然是"自然天成地就势"，却好像是人工雕琢了一般，竟如此巧妙地和我们国家的地形相吻合，而且全国各地的胜景还被神奇地集中在山庄，因此连园林专家们也都发出了由衷的赞叹：避暑山庄就是祖国锦绣河山的缩影。（河北承德避暑山庄）

这一例将避暑山庄的地形布局特征与中国地理地形的关系的奥妙作为悬念留给游客，最后精彩解答。

另外，需要强调两点：一是设身处地、引导参与、巧设悬念等方法往往综合运用，相辅相成。二是运用上述相关讲解艺术的目的是缩短导游与游客、游客与旅游景观的心理距离。

三、导游词篇章艺术

（一）篇章艺术手法

导游词篇章艺术手法，与一般性篇章的艺术手法相同，包括表达方式、表现手法、修辞手法、结构方法等多种因素。

表达方式，如叙述、描写、说明、抒情、议论等。表现手法，如联想、类比、象征、衬托、对比、渲染、抑扬、托物言志等。修辞手法，如拟人、借代、排比、对偶、反复、设问、反问、比喻、夸张等。结构方法，包括称谓、开头、正文、结尾等。

这些因素宜综合运用，使导游词结构严谨，意脉清晰，浑然为一个有机整体。

（二）实用文体综合艺术手法

导游词篇章艺术手法多用叙述、描写、说明、议论等表达方式，使相关实用文体记叙文、说明文、议论文等文体常常综合运用于一处。从这个角度看，导游词文本中的相关实用文体具有综合性特征。例如：

①温泊终年不冻。在最冷的"三九"天里，它的一般水温为8℃～11℃，南部水温偏低，为4℃～5℃，北部则高达14℃，在这咫尺之地，与气温之差竟达到50℃左右，似乎是一个难解的谜，不能不使人感到惊奇。

科学研究已经证实，地球是一个庞大的热库，它蕴藏着大量的热能，即地下热水和地热蒸气。地层一有空隙，它们就冲出地表。据地质水文工作者推测，在温泊北部方向的石龙熔岩台地下，有一个地热出口，热水从口中冒出后，与玄武岩中的冷水混合，然后，又潜入温泊，使这里的水温常年保持在0℃以上，四季不结冰。

朋友们，在北疆严冬季节的大地，千里冰封，万里雪飘，而五大连池的温泊，却热气腾腾，云雾缭绕，池面上袅袅升腾的热气，如缕缕轻纱缥缥缈缈，经微风吹到岸上，立刻挂到零下30℃严寒中的柳枝、芦苇、蒿草上，并迅速凝结成洁白、晶莹的冰花，学名为雾凇，这里叫树挂。冬天的清晨，温泊四周，一枝枝一簇簇的雾凇，使林木变成洁白无瑕的玉树琼枝，呈现出"白杨吐玉蕊，垂柳开银花"的绝妙景象。远远望去："疑是银花昨夜开。"那棵棵蒿草，附挂着毛茸茸的小冰晶，既像一丛丛盛开的白珊瑚，在银色的大地上舒展姿容；又似童话中那一株株玲珑别透的冰凌花，在圣洁的雪野里争芳怒放。（黑龙江五大连池）

②鸽子窝和一件至今未了的历史文化公案结下了不解之缘。我国有个古老的地名，叫作碣石。碣石就是指一块样子像碑碣的石头。据历史记载，秦始皇、汉武帝、魏武帝、唐太宗等许多历史名人都曾经到过碣石。可是，碣石究竟在哪里？这个问题被历史学家、地理学家争论了一两千年，有人说是山，有人说是石，大致的地点有5处，秦皇岛市占了4处，它们是：昌黎县碣石山，北戴河的鸽子窝、金山嘴，海港区的东山；另有一处在山海关外绥中县的孟姜女坟。说鸽子窝就是碣石的人认为，鸽子窝挺拔高耸，像一块大石碑突兀挺立在大海之滨。近年来，在北戴河一带发现了多处气势恢宏的秦皇行宫遗址，为碣石就在北戴河提供了佐证。但是，很快又在辽宁绥中也发现了秦汉行宫遗址。看来，碣石有可能指的是一个地区，一个以今天秦皇岛市为主体的地区（评注：叙述）。但是，争论归争论，只要站在鹰角亭上，就能感受到魏武帝曹操"东临碣石，以观沧海。水何澹澹，山岛竦峙"的磅

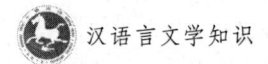

礴气势和所体现的诗情画意。（评注：议论兼抒情）

鸽子窝一带有礁石、湿地，树木丛生，百草丰茂，是鸟类理想的栖息地，是著名的世界级观鸟胜地。这里曾经出现过14700多只的鸟群。每年春秋季节，国内外的许多鸟类专家和爱好者在鸽子窝一带观鸟。（评注：叙述）

在鸽子窝看日出也是一件令人神往的盛事。鸽子窝挺拔高耸，面向正东，春分前后，每天早晨，太阳就从您企盼的目光和天海分界线的交点上冉冉升起，希望和现实就在这里自然地融为一体。一到旅游旺季，每日凌晨，这里就挤满了成千上万的游人，来欣赏壮丽的海上日出。可以说，海上日出很壮观，看日出的人群也很壮观。人们挤在一起，日出之前，都是那么专注，那么安静；太阳刚一露脸儿，又都是那么兴奋，那么热情，好像这共同拥有的幸运必定要共同分享一样。连一群群海鸟也突然兴奋起来，展翅飞翔，声声鸣叫，一下子，鸽子窝就变成了朝气蓬勃的喧闹海洋。（评注：叙述兼描写）（河北北戴河鸽子窝公园）

③武夷山邻近北回归线，属于亚热带湿润型季风气候区，年平均气温为17.9℃。夏无酷暑，冬无严寒，温暖湿润的气候为武夷山植物生长提供了优越条件。因此，山中竹树茂密，花草繁盛，鸟语花香，四季如春。随着时序的流转，山光水色会给人以不同的情趣：春到，山青水绿，野花红艳，山间充溢着花木的幽香，更显得山水含情，明媚动人；入夏，林木交荫，处处流水潺潺、凉风习习，堪称避暑胜地；秋来，天高气爽，满山茶花盛开，丹枫如染，令人心旷神怡；冬至，寒梅映日，松翠不凋，又是一种风情。至于阴晴朝暮，风烟雨雪，山川景色更是变幻莫测，瑰丽动人。可见一年四季都适于旅游。（福建武夷山）

④衡山位于湖南省中部，纵越衡阳、衡山、衡东、湘乡、湘潭、长沙等六县市，地跨八百里，峰立七十二，南起"雁阵惊寒，声断衡阳之浦"（王勃《滕王阁序》）的衡阳回雁峰，北抵"停车坐爱枫林晚，霜叶红于二月花"（杜牧《山行》）的长沙岳麓山。主峰祝融峰，海拔1300.2米，在湘中南丘陵中卓尔不群，"一览众山小"。衡山就像一幅湘绣，楚天湘水，一览无余；它又像一卷画轴，浓渲淡染，举世无双；它更像一首诗歌，高叹低吟，回味无穷。（湖南南岳衡山）

例①导游词的前两段以叙述为主，最后一段以描绘为主。前两段叙述说明温泊冬季不结冰的科学道理。最后一段以描写为主，大量地运用比喻，用形象生动的语言描绘了温泊在千里冰封万里雪飘的时节仍然热气升腾、气象万千的别样景象。例②关于鸽子窝公园的导游词，叙述、议论、抒情等表达方式综合于一处，或自然亲切，或用意深刻，或兴奋热烈。例③在同一个段落里，前一部分基本以叙述为主，说明武夷山温润气候的特征，之后从"随着时序的流转"开始以描绘性语言为主，多用整句，采用层递手法按照春、夏、秋、冬的顺序递升描写。例④的这一段导游词在介绍衡山"南起"与"北抵"的范围、主峰祝融峰高度之后，文笔陡转，连用三个比喻以"湘绣""卷轴""诗歌"等喻体描绘衡山的不同凡响，举世无双。另外，这段导游词中，对所引诗句的出处王勃和杜牧的作品在括号内加以说明。这类书面语导游词在转换成现场口语导游词时适宜以转换成出处明确的明引手法表述。

上述四例，导游词将叙述、说明、描绘综合于一处，也将书面语与口语两种语体融为一体，呈现出通语风格特征，这正是书面语导游词文本的一个特点所在。

⑤友情提示

俗话说"不登日光岩不算到厦门"。日光岩景区奇石叠垒，洞壑天成，树木葱茏，繁花似锦。日光岩顶峰直径 40 多米的巨石凌空耸立，成为厦门的象征。登临极顶，天风海涛，鹭江两岸的水光山色，尽收眼底。

因本景点系公共场所，游客朋友们在游玩过程中请遵守公共道德，加强安全防范意识，并特别注意：

　　a. 拾级而上，当心滑跌；

　　b. 注意安全，禁止攀越；

　　c. 台阶狭小，避免拥挤、堵塞；

　　d. 公共场所，谨防小偷；

　　e. 增强自我安全保护意识和措施；

　　f. 爱护环境卫生，请勿抛物；

　　g. 团结友爱，互帮互助。（厦门鼓浪屿风景名胜区）

例⑤"友情提示"标识语的内容分为两部分。第一部分是相关"景物介绍"，语体风格基本呈现出文艺语体特征，生动形象，情感浓烈，给人以情趣盎然的美感体验。第二部分是"提示"内容主体,明确简要,条分缕析,属于公文语体中规章体的提示类。这一例不像前三例那样将叙述、描写、说明、议论比较自然地融于一处,而是将介绍说明描述文字与规章提示直接叠加。这种现象在旅游景区牌示语中比较常见,属于语体交揉现象。

可见,导游词文本的文体特点具有综合性特征——记叙文、说明文、议论文等文体因素往往或多或少地综合于一篇导游词文本之中,在导游词创作过程中对其记叙、说明、议论等因素要加以综合运用。

(三)导游词文本结构

一般而言,导游词文本结构大多由称谓语、开场白、正文、结束语四部分构成。下面以称谓语、正文为例加以说明。

1. 称谓语

(1)称谓语的类型

第一,交际关系型。交际关系型的称谓语主要是强调导游与游客在导游交际中的角色关系。如"各位游客""诸位游客""各位团友""各位来宾""各位嘉宾"等,这类称谓语,角色定位准确,宾主关系明确,既公事公办,又大方平和,特别是其中的"游客"的称呼是导游词中使用频率比较高的一种称谓形式。

第二,套用尊称型。套用在各种场合都比较适用、对各个阶层、各种身份也都比较适宜的社交通称。如"女士们、先生们""各位女士、各位先生"等,这类称谓语尊称意味浓厚,适应范围广泛,回旋余地较大,在导游词中也常常使用。

第三,亲密关系型。多用于比较密切的人际关系之间的称谓语。如"各位朋友""朋友们"等,这类称谓语热情友好,亲和力强,注重强化平等亲密的交际关系,易于消除游客的陌生感,在导游词中也比较常用。

(2)称谓语运用原则

第一,得体原则。得体,就是要根据不同的游客的身份、不同的导游交际场合的特定氛围进行恰当的称谓。可以视游客的具体情况而加以灵活变化,还可以根据特定导游交际场合的不同选择使用恰如其分的称谓。

第二,尊重原则。不论对什么文化背景、什么类型的游客,不论在正式场合还是非正式场合，不论导游所使用的称谓语是比较正式一些的还是比较随和一些的，都必须充分体现对游客的足够尊重，如果把握不好这个分寸，就会导致交际的失败。

第三，通用原则。一般情况下，导游交际中的称谓语要注意多使用适应范围比较广泛、适应对象比较灵活的。这类称谓语弹性较大，游刃有余，使导游交际具有更大的回旋余地。如果遇到一些比较特殊的游客，如对那些不太喜欢在对他们的称谓中涉及其年龄、性别甚至职业的游客，导游就更要讲究使用一些具有中性特征的称谓语，如"游客们""朋友们""各位嘉宾"等。

2. 正文

（1）正文构成因素

导游词正文，一般是由主题内容、相关材料、特定结构、语言表达等因素构成。正文是导游词谋篇布局的重要部分，需要用心经营。

主题是景观的核心，其内容是导游词文本的重心，要明确无误。相关材料作为具体内容，要翔实而丰富，并能集中地反映景观主题。结构是导游词正文文本框架，是运用材料反映景观主题内容的方式。

（2）内容要求

第一，注重主次主题的挖掘与深化。

"主次主题的挖掘与深化"这一问题已经在"导游词表达基本要求"中的"主次主题的挖掘与深化"部分讲解过。

需要强调的是：导游词正文的表达主题与旅游景观的主题既有联系又有区别。其联系是导游词文本中的讲解主题必须是旅游景观主题，不能偏离。其区别有两点：一是正文的讲解主题应是旅游景观主次主题的继续深化与提炼，并能有效地得以呈现。不能囫囵吞枣，生搬硬套。二是要善于在正文中将旅游景观主次主题通过不同的结构层次进行解释并揭示。

第二，注重思想性与艺术性。

导游词正文文本的思想性，是导游词的重要内容，要弘扬主旋律，弘扬正气，应注意发挥积极的宣传与教育作用。

导游词正文文本的艺术性，是导游词必须具备的必要条件，能够给游客以良好的审美感受，对人们具有陶冶情操的积极意义。

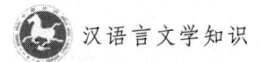

第三，材料取舍详略得当。

旅游景观的相关材料往往繁复众多，导游词要善于驾驭，根据讲解主题需要加以选择，或详细或简略，择用取舍得法，表达张弛有序。

第四，文体因素灵活调整。

按照上文"导游词篇章艺术"的"实用文体综合艺术手法"中的叙述、描写、说明、议论等表达方式，根据具体内容或具体讲解情况灵活调整，或侧重于叙述，或侧重于描写，或使叙述、描写、说明、议论等文体因素综合运用于一处。

（3）结构要求

第一，结构完整连贯。导游词结构完整连贯，是要求正文各个部分，既要形成统一的整体，还要思路贯通，各部分之间形成有机联系。

第二，顺序脉络清晰。顺序脉络清晰是指导游词文本要言之有序，包括正文中的层次、段落与过渡、照应以及煞尾，都要有清晰的意脉可寻。

第三，层次井然有序。正文内容展开要井然有序，可以按照上文导游词"讲解结构方式"中的总分式、并列式、对照式、层递式等结构方式布局整篇结构或局部结构。

第一章
旅游文学知识

第一节　旅游文学的产生

一、文学与旅游文学

（一）文学

文学是一定社会生活在人们头脑中的反映的产物，指用语言文字塑造形象以反映社会生活、表达作者思想感情的艺术，是语言艺术的一种。文学作品是作家用独特的语言艺术表现其独特的心灵世界的作品。现代通常分为诗歌、散文、小说、戏剧等不同体裁，在不同体裁中又有多种样式。

（二）旅游文学

旅游文学是反映旅游生活的文学。主要通过对山川风物等自然景观以及文物古迹、风俗民情等人文景观的描绘，抒写旅游者及旅游工作者的思想、情感和审美情趣。旅游文学作品主要包括诗词、游记、楹联、碑铭等。

二、文学的产生与旅游文学的产生

（一）文学的产生

马克思主义认为，文学最初起源于人类的劳动实践。劳动实践不仅创造了原始人灵巧的手、发达的头脑和语言，给人类从事文学艺术创作活动提供了物质前提，还给最初的文学艺术提供了"范本"。原始洞穴壁画、原始舞蹈、原始诗歌、神话等，分别记录了原始人的劳动经验、劳动的动作、协调劳动的手段和幻想等。原始的文学艺术多为诗歌、音乐和舞蹈三位一体，以劳动的节奏为共同纽带。

（二）旅游文学的产生

旅游文学有着悠久的历史传统，古代文学史上较早出现"旅游"一词的作品要追溯到南朝沈约的《悲哉行》，其中有"旅游媚年春，年春媚游人"的诗句，其基本意思是旅行游览。旅游给文人带来足够的精神愉悦，深感轻松和舒适，自然会导致抒发情感的文学作品的产生。随着人们旅游活动的开展，旅游范围的扩大，历代诗文集中涉及旅游的作品越来越多，旅游文学就逐步发展丰富起来。

先秦时期是中国旅游文学的孕育发端时期。先民对旅游已经有了一定的认识，先秦典籍中出现了"旅""游"的概念和游历活动的记载。既有帝王巡游活动，如《穆天子传》记载周穆王的巡游历程，《战国策》中有"楚王游于云梦"的记载；也有诸子士人的游说、游学活动，如《论语》《孟子》记载孔子、孟子率弟子周游列国，《战国策》记载苏秦、张仪游说诸侯，等等。这些游历活动的目的都不是单纯地追求休闲审美，但是也出现了高人逸士游观山水的活动，如《庄子》中"山林与，皋壤与，使我欣欣然而乐与"的记载，与后代文人吟赏山水之趣的旅游行为已经比较接近。从创作上来讲，这一时期的某些作品也已经体现出旅游文学发端期的鲜明特征。如《山海经》中有大量的地理环境、山川景物、物产异闻等的描写，在写作方法和内容上给后来的旅游文学许多有益的启发。

《诗经》中有很多描写游历生活的诗篇，内容已经相当丰富。《小雅·采薇》写军旅之游，"昔我往矣，杨柳依依，今我来思，雨雪霏霏"，《吉日》《车攻》写天子狩猎行乐之游，《卫风·竹竿》"淇水浟浟，桧楫松舟。驾言出游，以写我忧"，写嬉游自得之情状等，能够比较完整地描写旅行游历的过程，进行生动传神的环境描写、景物描写、气氛渲染，也能将人物旅游过程中的情绪感受表达出来，为后代旅游文学的发展奠定了良好的基础。

《楚辞》中有许多反映山水游历的作品，如屈原《哀郢》《涉江》《怀沙》等开始将自然山水与游历结合起来，详尽具体地叙述游历行程，将所见景色与情绪融在一起，体现出更多的旅游文学成分，推进了旅游文学的创作。

两汉时期出现了一些记载帝王、贵族、文人出游活动的诗文，如汉武帝《秋风辞》、梁鸿《五噫歌》等，由游历所见而生发感慨，班彪《北征赋》、蔡邕《述行赋》等，叙写行迹而偏于抒情，都比较接近后来的旅游文学作品。东汉建武三十二年（56年），光武帝登泰山举行封禅仪式，马第伯先行勘路，所撰《封禅仪记》一文详细记载了登泰山勘路的情况，所见所闻，记述详尽，可以看作古代第一篇游记散文。

从先秦到两汉，人们的旅游观念不断发展，游赏意识逐步加深，旅游文学逐渐孕育发展起来，甚至出现了一些独立成篇的纪游作品，虽然还不够成熟，但已经呈现出逐步独立的趋势。

第二节　旅游文学的主要发展阶段

一、诗词

（一）诗歌

1. 魏晋南北朝：形成时期

中国古典诗歌以抒情为主，在《诗经》和《楚辞》中虽已有大量吟咏山水、描摹景物的诗句，但那时山水景物还没有成为一种独立的审美对象，往往只是作为比兴寄托的对象。

曹操的《观沧海》被认为是中国文学史上第一首完整的山水旅游诗。晋室南渡以后，自然山水在文人现实生活和精神生活中开始占据重要位置，江南山水的迂曲深秀，影响到文人的审美情趣，也必然带动诗歌内容和风格的丰富，山水旅游文学开始大规模兴起。当自然山水成为独立的审美对象时，意味着诗坛风气的转变，最有代表性的诗人是陶渊明和谢灵运。陶渊明是田园诗的开拓者，在他的笔下，田园景物成为表达个人自由情志、追求物我合一理念的途径。谢灵运大量创作山水旅游诗，描绘景物富艳精工，在艺术上有新的开拓，确立了山水旅游诗在文坛的优势地位，"游山水诗，应以康乐为开先也"（沈德潜《说诗晬语》）。此后谢朓的山水旅游诗在景与情的融合方面更加自然，与谢灵运一起影响和推进着山水旅游诗在南朝的持续发展。

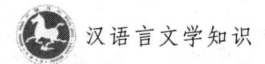

2. 唐代：鼎盛时期

唐朝建立后，经济、文化及对外交往空前繁荣，为山水旅游诗的进一步发展提供了良好的背景和基础。辽阔的疆域，千姿百态的自然风光，引人入胜的文物古迹，成为唐代山水旅游诗极为丰富的创作源泉，山水旅游诗逐渐走向创作艺术的巅峰。盛唐诗人笔下的山水充满激情，富于气势，王维、孟浩然、李白、杜甫等诗人以不同的风采展现了自然山水的秀丽多姿、博大神奇。中唐山水旅游诗的创作以韦应物、柳宗元、韩愈、白居易等为代表，或简淡，或深峻，或奇崛，或平易，写景状物，游历抒情，各有千秋。晚唐山水旅游诗成就最高的是杜牧和李商隐，虽有俊爽峭健、情韵高古之作，但难掩晚唐国势的衰颓和文人伤感的精神面貌。

3. 宋代：新变时期

宋代山水旅游诗的议论化倾向十分明显。宋人往往借写新奇秀美的景致，表达哲理体验与审美感悟，开辟了另一种艺术境界。苏轼的山水诗享有盛名，善于从动态中捕捉山水景物的特征，体现出对自然的妙悟和与山水的契合，同时又蕴含浓厚的理趣。欧阳修、王安石、黄庭坚等的山水旅游诗也有很高的成就。王安石晚年罢相以后，流连山水，写了很多语言自然清新、意境幽远的作品。黄庭坚的登临游赏诗能够将主观感受与景物融为一体，着重在诗中表达一种高洁的情怀，塑造孤傲不俗的形象。南宋诗人中以陆游、杨万里、范成大最为著名。陆游一生游历颇广，山水旅游诗在其诗作中占有较大比重，风格多样，寄托深远，多借描绘山水景物表现性情心灵，观自然造化之妙而悟人生处世之理。杨万里将山水旅行与仕途追求统一起来，善于发现平凡景物中的不平凡情趣，呈现出一种生动活泼的风格。南宋后期的江湖派诗人及"永嘉四灵"等也创作了大量的山水旅游诗作。

4. 元明清：继续发展时期

元、明、清山水旅游诗虽然已经无法超越唐宋，但也各有成就，自成面目。元代前期作家中很多由宋、金入元，怀有对前朝的怀恋之情，现实中的苦闷使他们走向自然，寄情山水，元好问、赵孟頫、刘因是代表性诗人，创作了很多寄寓尤深的作品；中后期以虞集、杨载、揭奚斯为代表，在山水游历中表达自己的审美感受。明清时期的山水旅游诗创作未能独出机杼，为复古思潮所笼罩，但在描述山水、记叙游历中，能够运用独特的视角，融入大量的社会内容和自身的感悟，透视出文人士大夫的独特心态，明代的公安派、清代的性灵派都写有很多清新自由的山水旅游诗，表现自然真趣和人生情味。明清易代之际诗人的山水旅游诗则多在山水景物中，寄托自己的历史感悟和人生家国感慨，顾炎武、屈大均、吴伟业等的作品都鲜明地体现出这一特点。

（二）词

1. 唐宋：形成与繁荣时期

词产生于唐，而大盛于宋。最初主要用来表达花间樽前的婉约情怀，语言清新绮丽，内容比较狭窄。随着词体的演进以及文人游赏活动的发展，山水游历内容也逐渐在词中得到表现。柳永特别擅长写宦游行旅过程中的风物景观，以表达羁旅行役之愁与相思离别之苦，有《安公子》《八声甘州》等代表作。此外，柳永还注重对都市风光和城市风物的描绘，《望海潮》是吟咏杭州都市风貌的名作，传诵一时，其他如咏汴京的《玉楼春》《木兰花慢》，咏扬州的《临江仙》，咏苏州的《瑞鹧鸪》，咏成都的《一寸金》等，也都能将"承平气象，形容曲近"，拓展了山水旅游词的题材范围。苏轼开创了豪放一派，开拓了词的疆界，游赏登临之作更多地表现出一种哲理的感悟和历史的感怀，内涵深度要远远超过此前的词作，《念奴娇·赤壁怀古》是其中最有名的一首，在对江山胜迹的描摹刻画之中蕴含深沉的历史感喟和生命感悟。辛弃疾是南宋最有成就的词人，大多数游历词本意并不在描绘景物、记叙游踪，而多是借登临游赏抒发自己壮怀激烈的报国之志与怀才不遇的郁愤之情，如《水龙吟·登建康赏心亭》等。姜夔的《扬州慢》，在叙写游历中表达故国之悲、身世之叹，意蕴悠长。

2. 元明：中衰时期

元好问作为金末元初最有成就的文学家，风格豪放的登临寄兴之词作也较多，《水调歌头·赋三门津》以磅礴的气势描绘了三门津雄奇壮丽的景色，表现了作者的豪情壮志与昂扬奋发精神，笔力雄健、意境开阔，是一首非常杰出的山水旅游词。

3. 清代：重新振兴时期

元明时代词作中衰，到清初词的创作有所振兴，以陈维崧和朱彝尊为代表。陈维崧的旅游词在吊古伤今、暗寓家国之思的同时，也有一些吟咏山

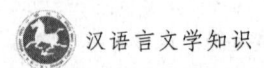

水、描绘风土人情的作品。朱彝尊则注重在旅游词中摹写景物、寄寓闲适，意境淳雅，精巧整炼。清代中后期，旅游词作仍然延续发展，但已经不再是旅游文学的主体了。

二、游记

（一）汉魏至六朝：开创发展时期

游记是记述山川胜景与游历之文。我国的游记文学初创于汉魏六朝时期，东汉马第伯的《封禅仪记》可以看作一篇登泰山游记，魏晋以后自然山水开始作为真正纯粹的审美对象出现，东晋孙绰的《游天台山赋》，描摹景物，寄寓玄理，开游记议论化倾向的先声。郦道元《水经注》作为地理学著作，也有对山川景物的精彩描述，写作体例博采兼载，为后来《徐霞客游记》等提供了借鉴。南北朝时期出现了书信体游记，著名的有鲍照《登大雷岸与妹书》、吴均《与宋元思书》等，文人以书信记游踪、写景物，表达旅途艰辛之感，抒发沉浸山水之情，为后世的游记发展开拓了路径。

（二）唐代：成熟时期

游记真正独立出现并趋于成熟是在唐代。王维的山水游记富有特色，《山中与裴秀才迪书》写辋川蓝田景色，意境清新，闲适宁静，精于山水画意的营造。山水游记文体至柳宗元发生了质的飞跃，主要特点在于对山水自然之美的精微感受和细致传神的描写，被后人誉为"再现型"游记，"模范山水"作为一种独特的功能凝集于游记的形式之中。其代表作《永州八记》，文字简练隽永，意境清冷幽深，借山水之题，发胸中之气，是古代游记中的珍品。白居易的游记成就也很高，《冷泉亭记》描写自然山水之美、表达逍遥闲适之志，《三游洞序》借三游洞长期不为人所知的状况抒写自己被贬后怀才不遇的感慨，各有特色。

（三）宋代：发展创新时期

宋代游记文成就更加突出，名家荟萃，代表人物有苏舜钦、欧阳修、王安石、苏轼、陆游、范成大等。受宋诗议论化倾向的影响，宋代游记开始出现了借景以说理、议论的倾向。苏舜钦《沧浪亭记》写自然之趣，更有个人感悟体现其中，议论说理尽是人生感喟。欧阳修《醉翁亭记》将与民同乐、乐民所乐才是最大乐事这一思想寄寓于写景记游中，意蕴深远。王安石《游褒禅山记》从入山探洞写起，讲述了治学乃至从事任何事业都应不畏险远、全力以赴的深刻道理，启人深思。苏轼的人生遭际复杂坎坷，在观照描写自然景物时，常常略其形而求其神，舍其景而存其情，把叙述、议论、抒情结合起来，以情感心态描写为主，景物描写为辅，创立了"心态型"游记散文。

南宋以后，日记体游记得到发展。陆游的《入蜀记》，范成大的《吴船录》，王质的《游东林山水记》，将一路风光按行程、游踪逐日记下，既有文学性，又包含着史料价值。陆游在观照旅途山川风物时，其审美体验常常表现为对自然美的超越，面对着江山的雄姿秀态流露出强烈的文化认同意识。他的游记不注重通过自己的观察和独特感受来再现山水之美，却经常陶醉于前人对于眼前山水的描写之中，文化意味极浓。内容丰富，容量巨大，在柳氏、苏氏的游记体例之外，再创"文化型"游记散文。

柳宗元所代表的"再现型"游记，苏轼所代表的"心态型"游记，陆游所代表的"文化型"游记成为中国游记散文的三种主要体式，其中尤以柳宗元的"再现型"游记对后世影响最大。

（四）明清：繁荣鼎盛时期

明清时期是游记文的繁荣期，文人学者喜欢游历山水，创作了大量游记作品，风格多样，流派众多。明代公安派有袁宗道、袁宏道、袁中道，竟陵派有钟惺、谭元春，强调在山水游记中表现山水审美情趣，作品极富个性。袁宏道的《虎丘记》《满井游记》性灵自然流露。钟惺的《浣花溪记》情韵幽深孤峭。另外复古派王世贞的《张公洞记》语言省净，不事雕琢。唐宋派归有光的《宝界山居记》文字简洁，直抒胸臆。稍晚的张岱提倡任情适意的文风，《西湖七月半》《湖心亭看雪》等代表作笔触细腻，意境明净，情感真切，是晚明山水小品的代表作。《徐霞客游记》是徐弘祖历时30余年，遍游名山大川而写下的篇幅宏大的日记体游记巨著，是古代游记的巅峰之作，不仅记录了大量的地理、水文等资料，而且记述了多彩的旅行生活和有趣的旅途见闻，文字优美，内容丰富。清代是古代山水游记继续兴盛的时期，体裁皆备，风格多样。王士禛《登燕子矶记》写金陵燕子矶的形胜，简洁明快，气韵生动。朱彝尊《游晋祠记》旁征博引，学养深厚，融情入景，意味悠长。性灵派袁枚《游桂林诸山记》直抒性情，表现追求个性自由的倾向。桐城派姚鼐《登泰山记》记游叙事，细密生动，考证述古，雅正严谨。阳湖派恽敬《游庐山记》布局讲究，状物生动，富于情趣。清末文人关注时局变化，游记有很强烈的现实观照，龚自珍《己亥六月重过扬州记》揭示盛世的衰颓和没落，表达变革现实的强烈愿望，愤激之情溢于言表。林纾的《记九溪十八涧》《游栖霞紫云洞记》，笔致生动，语言洗练，情趣盎然，是近代游记中的名篇。

三、楹联

楹联的起源与发展主要经历了四个阶段：从先秦到唐代是楹联的孕育时期，五代是楹联的出现时期，宋元是楹联的发展时期，明清进入楹联的鼎盛时期。

（一）先秦至唐代：楹联孕育时期

秦汉以前，民间过年已经有悬挂桃符的习俗，将传说中的降鬼之神"神荼"（shénshū）、"郁垒"（yùlù）的名字，分别书写在两块桃木板上，悬挂于门的左右，以驱鬼压邪，后来也可以在桃符上书写一些带有吉祥意义的文字。这种习俗持续了1000多年，从功能和形式上启发了楹联的产生。隋唐时代，格律诗逐渐成熟，诗人们精心锤炼对仗，从语言艺术上促进了楹联的发展，楹联基本孕育成熟。有些格律诗中脍炙人口的著名对句，也成为描写景观景物、古物胜迹的名联。比如，宋之问的"楼观沧海日，门对浙江潮"，作为楹联悬挂在杭州西湖韬光庵观海亭，杜甫的"三顾频烦天下计，两朝开济老臣心"，也是襄阳古隆中武侯祠中的著名楹联。

（二）五代：楹联出现时期

五代时，人们开始在桃木板上题写联语，成为一种用来表达某种主题思想的特殊文体。因为多用于春节，表达人们除旧迎新的喜悦与期盼，所以被称为春联。因为春联的出现和桃符有密切的关系，古人又称春联为"桃符"。据《宋史·西蜀世家》记载，五代后蜀君主孟昶每至岁除，命学士题写桃符，置于寝门左右，他自己所撰的"新年纳余庆，嘉节号长春"，是已知古代最早出现的一副春联。

（三）宋元：楹联发展时期

宋元时代，楹联的应用范围逐渐扩大。不仅在新年时张贴春联，"总把新桃换旧符"，友人之间的日常交际也经常用到楹联，北宋末吴叔经所撰"天边将满一轮月，世上还钟百岁人"，据说是最早的祝寿联。另外，在名胜古迹、寺庙道观、书院学校等场所，楹联也逐渐成为不可缺少的装饰品。苏轼、王安石、朱熹等著名文人都写过不少楹联。苏轼为广州真武庙题联"逞披发仗剑威风，仙佛焉耳矣；有降龙伏虎手段，龟蛇云乎哉"，刻画生动，风格豪放；朱熹为福建漳州开元寺书舍题联"鸟识玄机，衔将春来花上弄；鱼穿地脉，挹将月向水边吞"，阐明大自然生生不息的哲理，启迪读书士子努力进取，可谓情、景、理完美交融，令人回味无穷。元代楹联创作较为冷落，流传下来的作品不多，但像赵孟頫题西湖灵隐寺联："龙涧风回，万壑松涛连海气；鹫峰云敛，千年桂月印湖光。"对仗工整，气势雄浑，体现出很高的艺术成就。

（四）明清：楹联鼎盛时期

明清时代，是楹联发展的鼎盛期。明代上至帝王将相，下至普通文人，都喜好楹联，出现了不少脍炙人口的名联佳对，流传着许多生动有趣的逸闻故事。朱元璋本人非常喜欢撰写对联，定都金陵后曾经要求每家每户都要张贴春联，极大地推动了楹联的发展。后来解缙、文徵明、唐寅、徐渭等江南才子，又把楹联推向了一个新的高潮。清代在楹联的数量、质量和种类上，都超过了前代，出现了郑板桥、纪晓岚、何绍基、梁章钜、彭玉麟、林则徐、张之洞、康有为、梁启超等一批撰联高手。如纪晓岚题孔府联"与国咸休，安富尊荣公府第；同天并老，文章道德圣人家"，寓意深远，气魄宏大。彭玉麟题广州镇海楼联"几千劫危楼尚存，问谁摘斗摩霄，目空今古；五百载故侯安在？只我凭栏看剑，泪洒英雄"，笔力遒劲，慷慨悲壮。文人学士以楹联题写胜迹，以楹联相互赠答，甚至用楹联作文字游戏，成为一时风尚，楹联文化成为社会生活的重要组成部分。凡是记述、抒情、议论都可入联，还出现了前所未有的长联形式，如孙髯翁所撰昆明大观楼联，共180字，被誉为"古今第一长联"。随着楹联的兴盛和发展，还出现了梁章钜《楹联丛话》等一批汇集、记录楹联资料的著作，促进了楹联的创作和研究。

辛亥革命以后，撰联风气依然非常兴盛，郭沫若、郁达夫等都是楹联大家。中华人民共和国成立直至改革开放之后，楹联也以新的面貌开始复兴，形成了群众性的楹联创作和理论研究的新热潮。比如李求真题海角天涯胜迹联："万里晴空，几片闲云浮海角；一湾碧水，八方游子恋天涯。"写尽旖旎海景之美与浮云游子之情，就是新时代楹联的突出代表。

四、碑铭

碑铭，分为碑文和铭文，一般指刻在石头上的文辞，也有铸刻在其他器物上的。比如颐和园的《金牛铭》，就铸刻在铜牛上。从碑铭文体来说，极为丰富，既有用于歌功颂德的赞、颂，也有用于哀悼死者的墓志、铭诔，还有用于祭祀盟誓的诅告、盟书，以及官方的诏敕文牒，以及诗文杂咏、宗教文字等。

（一）先秦至汉代：开创发展时期

先秦时期多在钟鼎器物上铸刻铭文以纪功颂德，刻石纪功的情况较少，比较著名的有石鼓文，共有 10 件，每个石鼓上刻有一首四言诗，这是中国现存最早的刻石文字。唐初发现于陕西凤翔，时人认为是记载周宣王出猎的事迹，因此也称为"猎碣"。后来学者逐渐形成比较一致的看法，认为是秦国的石刻，记载的也是秦国国君出游渔猎之事，字体为大篆，但具体纪年不可考。

秦始皇统一天下以后，为巩固统治巡行天下，有琅琊、泰山、峄山、会稽等系列刻石来歌功颂德，彰显其统一天下、并一海内的文治武功。当时所刻有峄山刻石、泰山刻石、琅琊刻石、芝罘刻石、碣石刻石、东观刻石、会稽刻石七块，现仅有泰山刻石、琅琊刻石两块存有残片，峄山刻石、泰山刻石、琅琊刻石、会稽刻石有拓本或翻刻本传世。秦代刻石所用字体都是小篆，字体更加抽象、凝练。

汉代继承了秦代刻石纪念性的传统，在内容方面逐渐广泛。西汉刻石还不太盛行，传世的文字刻石不多，形制比较小且质朴草率，字体大多沿用篆书，但具有隶书的意味，比较方正简约，如群臣上寿刻石、五凤刻石（现存山东曲阜孔庙）等。西汉最有名的刻石是麃（biāo）孝禹刻石（现存山东博物馆），字体为隶书，已有碑的形制。东汉时期，立碑刻石逐渐形成风气，石刻的应用范围日益扩大，用于纪功表德、标志墓主、纪事等诸多方面，现存数量也比较大，达到了汉代石刻的鼎盛时期。碑在东汉正式定型，现今传世的东汉碑刻多达数百种，主要保存在陕西省西安碑林博物馆、山东省曲阜孔庙、山东省泰安岱庙、河南省偃师等地，著名的有《鲜于璜碑》《史晨碑》《曹全碑》等，是隶书走向规范、成熟的典型。除了碑刻之外，东汉也有《石门颂》《燕然山铭》等著名的摩崖石刻，呈现出多种风貌。

（二）魏晋南北朝：逐步成熟时期

两汉逐渐兴起的立碑之风，到三国时期受到抑制，因为战争频仍，社会动乱，三国统治者都曾经不同程度地禁止厚葬与立碑，使这一时期碑刻数量急剧减少，西晋统一后有所恢复，著名的有《任城太守孙夫人碑》、云南曲靖《爨宝子碑》等。东晋南朝继承了刊刻碑石的习俗，并影响到偏远地区，至今发现的碑刻数量虽然不多，但也有《爨龙颜碑》等重要碑刻。北魏统一北方后，经济恢复，碑刻文化逐渐繁荣，达到碑刻艺术的又一高峰期，被后世誉为"北碑"。北朝碑刻主要分为摩崖、碑刻、造像和墓志四大类。北魏著名的摩崖刻经有泰山经石峪、徂徕山映佛岩以及邹城铁山、峄山等地。碑刻中最为著名的有《张猛龙碑》（现存于山东曲阜孔庙），冷峻刚健，在魏碑中地位很高。北魏佛教造像发达，以大同云冈石窟、洛阳龙门石窟最为著名，《始平公题记》《孙秋生造像记》《杨大眼造像记》《魏灵藏造像记》等是龙门石窟造像题记的代表作，是最为人看重的"龙门四品"，为后世留下了率意、大气、古朴的书法艺术遗产。北朝墓志石刻有影响的如《司马金龙墓表》《元桢墓志》《范粹墓志》等，部分藏于洛阳关林和西安碑林等地。魏晋南北朝是中国书法发展史上的自觉时期，楷书完全成熟，形成了与汉石刻隶书并称的北朝石刻楷书的高峰。

（三）隋唐：繁荣鼎盛时期

隋朝国祚短暂，存留碑刻不多，其风格与北朝一脉相承，又表现出南北兼容的趋势，现存河北正定隆兴寺的《龙藏寺碑》是其代表作，在用笔上既有魏碑的方峻劲挺，也有南朝书风的温文尔雅，与唐初楷书多有相似之处，对于研究南北朝至隋唐时期的书法字体演变有重要价值。

唐代是古代碑刻艺术的鼎盛期。碑的形制高大雄伟，雕饰精美，碑铭多为著名文人、书法家所书写，雕工细致传神。欧阳询书《九成宫醴泉铭》，褚遂良书《雁塔圣教序》，颜真卿书《多宝塔感应碑》《颜家庙碑》，柳公权书《玄秘塔碑》等在书法艺术及碑刻艺术史上都占有重要地位，现多存于西安碑林博物馆。此外，山东泰山的《纪泰山铭》、湖南祁阳的《大唐中兴颂》，都是唐代著名的大型摩崖作品。20世纪初以来，全国各地出土隋唐墓志约8000件，著名的如隋李静训墓志、唐章怀太子李贤墓志、尉迟敬德墓志、李勣墓志、李承乾墓志等。

（四）宋元明清：继续发展时期

宋元明清诸代，碑刻续有发展，存留的数量很大。很多书碑者既是书法家又是文学家，碑刻艺术成就很高，如欧阳修书《泷冈阡表》，苏轼书《醉翁亭记》，黄庭坚书《七佛偈刻石》，米芾书《文宣王赞碑》，蔡襄书《万安桥记》大字碑，赵孟頫书《龙兴寺帝师胆巴碑》、郑板桥书《新修城隍庙碑记》等，都是其中著名的作品。另外一个特点是，这一时期全国各地产生了大量摩崖题记和碑石题记，比如河南登封嵩阳宫、湖南祁阳浯溪、广东肇庆七星岩、福建福州鼓山、广西桂林，以及五岳名山之中，都有文人学者大量的石刻题记，成为名胜古迹中重要的有机组成部分。

第三节　旅游文学基础知识

一、诗词基础知识

（一）诗歌基础知识

从格律角度来说，诗可分为古体诗和近体诗。古体诗又称"古诗"或"古风"，除押韵之外不受任何格律的束缚，是一种自由体或半自由体的诗。古体诗句数没有限定，一般不要求对仗，不讲求平仄，既可以押平声韵，又可以押仄声韵。近体诗也称"今体诗"，是由南朝齐永明年间沈约等讲求声律对偶的新体诗发展而来，到唐代形成并定格的律诗和绝句的通称，与古体诗相对而言。句数、字数和平仄、用韵等都有严格规定。

律诗的押韵、平仄、对仗，都有许多讲究。格律严密，故称为律诗。律诗的特点如下：①每首八句，每句五言的称五律，每句七言的称七律，五律共40字，七律共56字；每首十句以上者，称为排律。②律诗押平声韵。

③律诗每句平仄都有规定，每句之中平仄相间，上下两句平仄相对。④律诗中两句相配，称为一联，共分四联：首联、颔联、颈联、尾联。中间两联需要对仗，首尾两联不用对仗。

绝句即"绝诗"，也叫"截句""断句"，定格仅有四句，比律诗的字数少一半，故有此名。绝句以五言和七言为主，简称"五绝""七绝"。绝句有古绝、律绝两类。古绝可以押仄声韵，不受近体诗平仄规则的束缚，可以归入古体诗一类。律绝跟律诗一样押平声韵，并且依照律句的平仄，讲究粘对。

（二）词的基础知识

词形成于唐代，至宋达到巅峰。最初称为"曲词"或"曲子词"，是配音乐的。后来词跟音乐逐渐分离，成为诗的别体，所以称为"诗余"。因为词的句子长短不齐，所以又叫"长短句"。

词按字数可以分为三类：小令、中调、长调。一般认为：58 字及以内为小令，59~90 字为中调，91 字及以上为长调。

词牌，就是词的格式的名称，规定着不同的字数、句数、平仄和韵脚等。每个词牌，全篇的字数、每句的平仄都有规定。绝大多数的词都不是用词牌的"本意"，因此有的词在词牌之外还有题目。在这种情况下，词题和词牌没有任何关系。一首《忆江南》可以完全不涉及江南，词牌就只不过是词谱的代号。

词有单调、双调、三叠、四叠的分别。单调的词往往就是一首小令，比如《如梦令》。双调就是把一首词分为前后两阕，或称上下阕。三叠就是三阕，四叠就是四阕。阕是乐曲终了的意思，可以称词一首为一阕，也可以称词一段为一阕。

二、游记基础知识

游记是记述游览经历、山川景胜之文。以生动的描写，记叙旅途中的见闻，展现一地的山川景物、名胜古迹、风土人情、社会生活、政治生活等，以抒发作者的思想感情，表达一定的观点，或传播科学、人文知识。

游记是由"游"而"记"、以"记"纪"游"的作品。构成游记文体的核心要素包含所至、所见、所感三个方面，所至即作者游程，所见，包括作者耳闻目睹的山水景物、名胜古迹、风土人情、历史掌故、现实生活等，所感即作者观感，由所见所闻而引发的所思所想。

有学者将游记分为以记录旅游行程为主的记叙型游记，以抒发感情为主的抒情型游记，以描绘景物景观为主的写景型游记，以及说明道理的说理型游记。

优秀的游记要求主题鲜明突出，具有深刻的思想意蕴，能够通过对自然美、人文美的展示与呈现，增强读者对大自然的热爱，对祖国大好河山的深厚情感，获取丰富知识，了解人生百态，提升精神境界。

三、楹联基础知识

楹联，又叫对子、对联、楹帖、联语，是我国特有的一种体制短小、文字精练、历史悠久、雅俗共赏的传统文学形式。多悬挂于楼堂宅殿的楹柱，也较多悬挂、嵌缀或雕刻于山水名胜及历史名人、历史遗迹纪念地。横额又叫横批、横幅、横联等，贴（或悬）于楹联上方的中间位置，以四字者为多。

楹联最大的特点是对仗，指楹联的上句与下句无论字面还是音节都要两两相对。

一是上下联字数相等。除有意空出某字的位置以达到特殊效果外，上下联字数必须相同，这是楹联的首要条件。

二是出句与对句词性相同。上下联相对的词或词组，在词性上必须一致。比如九寨沟联：九寨水清鱼读月，黄龙山静鸟谈天。名词（九寨、水、鱼、月）对名词（黄龙、山、鸟、天），形容词（清）对形容词（静），动词（读）对动词（谈），都是同类词相对。

三是出句与对句结构相应。上联与下联在句法结构上应该保持一致。如济南大明湖小沧浪园联：四面荷花三面柳，一城山色半城湖。分开来看，"四面荷花"对"一城山色"、"三面柳"对"半城湖"都是偏正结构对偏正结构，总体来看是并列结构对并列结构。

四是出句与对句节奏相同。上联和下联节奏要求一致。比如，长城居庸关联：辽海吞边月，长城锁乱山。上下联都是二一二节奏。

五是出句与对句平仄相谐。古代汉语声调分平、上、去、入四声，四声又可分为两大类：平声与仄声。楹联一般要求一联之中平仄相间，一般两个音节一转换，上下联之间基本上平仄相对。从而使得楹联节奏分明，声调和谐，形成一种起伏跌宕、抑扬顿挫的声律美。一般情况下，上联末字用仄声，下联末字用平声，读起来顺畅、深长、有余味。

六是内容相关，上下衔接。上下联的含义必须相互衔接，但不能重复。比如长城山海关联：两京锁钥无双地，万里长城第一关。写山海关的险要形势与重要地位，上下句之间含义相接。

四、碑铭基础知识

碑铭，具体指碑文和铭文。刻在石头或其他器物上的碑铭，由于其难以磨灭的特性，是古代文字书写的重要方式之一。

（一）碑文

碑文指刻在石碑上的文字。古代碑文按照其内容和用途大致可以分为：记功碑文、宫室庙宇碑文、墓道碑文等。

记功碑文是记述功德的碑文，也称功德碑。秦始皇统一中国后，多次巡视全国，所到之处刻石立碑纪功颂德，如李斯所撰《秦二十八年泰山刻石文》，是现存最早的记功碑文。北京长陵神道的《神功圣德碑》，颂扬了永乐皇帝朱棣一生的功业。北京国子监的《平定大小金川告成太学碑》《平定准噶尔告成太学碑》等是颂扬乾隆文治武功的著名碑文。

宫室庙宇碑文也称作庙碑，是指在宫室、庙宇兴建、改建时，或为开山、浚河、筑池、修桥，建碑纪事而写的碑文。庙碑种类繁多，有神庙碑、宗庙碑、家庙碑、寺庙碑、庵庙碑、宫庙碑等，或记述兴建的缘起、经过，或渲染神灵的"法力"、灵验，或称颂祖宗功德、圣贤事迹，或兼写山川形胜。如颜真卿《颜家庙碑》是庙碑名篇，又是书法名作。

墓道碑文，古代分为埋于地下的和立于地上的两种。前者称墓志铭，后者称墓表文。墓志铭有志有铭，有的还有序。墓表文则是立在墓前的碑文，也称作神道碑铭，一般是叙述逝者学行德履，以表彰于外。比如大同出土的北魏司马金龙墓表，柳公权书《唐西平王李公神道碑铭》（现存西安高陵博物馆）等。

（二）铭文

铭文，原指铸在青铜器和其他器皿上的文字。后来凡是刻于器物、山石、宫室、门井等上面的颂扬或诫勉的文字，都被称为铭文。铭文在表达上具有以下特点：①表达方式上，叙述、议论、抒情等都可以灵活自由运用。②文体上，多为韵语，以四言为主要形式。③表达风格上，典雅温润，文句简洁，用语和婉。铭文在殷商时代就已出现，如青铜器大盂鼎、毛公鼎上的铭文等，以散体文字为主。东汉以后，铭文写作逐渐兴盛，如蔡邕的《鼎铭》、崔瑗的《杌铭》、王粲的《砚铭》、班固的《燕然山铭》、苏轼的《九成台铭》等，都是著名的铭文。

古代还有在山崖的竖立平面上不做加工或者略做加工后直接刻写的铭文题字，称为摩崖。著名的有汉代《石门颂》，唐代《纪泰山铭》等，规模宏大。全国各地的风景名胜与历史古迹，多有摩崖石刻留存，内容上既有长篇颂赞，也有诗词歌赋、题名题记，保留下丰富的历史人文印迹。比如山东泰山、陕西华山、广西桂林、福建福州等地，都有大量摩崖石刻供游客游赏流连。

第四节　旅游文学特征

一、政治性

旅游文学作品是作者世界观、人生观、价值观的体现，是其政治修养、思想倾向的反映。因而具有鲜明的政治性，是旅游文学作品的灵魂之所在。

（1）旅游文学作品通过对祖国大好河山的描绘和对中华民族悠久历史的记述，体现以爱国主义为核心的民族精神，传递积极向上的正能量，给人带来激励和鼓舞。

（2）旅游文学作品具有强烈的现实关怀，浓郁的政治情怀。无论是忧国忧民的深切情愫，济世匡时的宏大抱负，还是对民族团结的自觉维护，国家统一的坚定立场，都蕴含着深刻的政治内涵。

（3）旅游文学作品在对游览经历的记叙中，在对自然人文景观的描写中，反映出作家对于现实生活的思考认识，表现出崇高的思想境界，博大的胸怀气魄，百折不挠的奋进精神，体现出坚定的信念和鲜明的爱憎。

二、审美性

旅游活动首先是一种精神审美，旅游过程就是一种追求美的过程，旅游文学以发现美、表现美为重要特征，描摹和记录美丽的自然山水、美好的风俗人情、美妙的故事传说，给读者以美的感受。

（1）旅游文学作品创造了丰富多彩的审美对象。在旅游文学作品中，表现山水景物的自然之美，表现文物古迹的文化之美，反映风俗民情的社会之美，表现建筑、雕塑、书画的艺术之美，都能得到充分的反映，体现出不同的审美格调。有的作品侧重于表现一种美感，如侧重于表现山水自然之美、表现历史文化之美等。但是由于景观美感的丰富性，以及作者观赏角度的多样性，旅游文学作品中的美感往往并不是单一的，而是一种丰富的美感。

（2）旅游文学作品体现出情景交融的美学意蕴。旅游文学作者在描写景物景观时，作为审美主体感受到不同的自然景色，触景生情，形成丰富的联想和想象，从而产生不同的情绪和情感活动。这种情景交融造成的复杂情绪感受，就是一种审美情感活动，体现出丰富的美学意蕴。

（3）旅游文学作者在观赏景物、游览胜迹的时候，由于所处时代、生活经历、知识水平、艺术修养等的不同影响，会产生不同的审美体验。有的注重抒发一种面对现实的政治关注，面向历史的深思幽怀，体现出深切的忧患意识，有着强烈的美感力量。有的注重从山水中体会闲适之趣与性灵精神，抒发一种与自然相融合的愉悦情感。

三、知识性

旅游是人们获取知识的重要途径之一，通过旅游活动，能够学习新的知识，巩固已有的知识，开阔视野和眼界。而旅游文学作品内容涵盖自然山水、历史人文、地理地质、科学考察等不同方面，能够给读者提供与观赏客体有关的种种知识与信息，包括历史文化知识、风俗民情知识、自然科学知识以及社会生活知识等，从而使旅游文学作品具有丰富的知识性。

古代旅游文学名著，如陆游的《入蜀记》、徐弘祖的《徐霞客游记》等，不仅描写了作者游历的景物景观，而且记录了大量的地理地貌、民俗风情、历史遗迹、佛寺道观等自然、社会、历史、文化知识，可以丰富读者对相关地区景点的认识了解，也为历史文化、自然科学研究提供了丰富的史料。

现当代有些旅游文学作品，更是将知识传播作为其重要目的，比如郑振铎的《云冈》，详细介绍了云冈各个重要石窟的情况，内容丰富，信息准确，使读者能够更加清楚地了解云冈石窟历史、文化、艺术等各方面的知识。秦牧的《天坛幻想录》关于"九"这一数字文化意义的探索，好比一篇小规模的历史文化论文，不仅具有一定的趣味性，更能给读者带来丰富的传统文化知识。

第五节　旅游文学作品鉴赏方法

一、如何鉴赏诗词

（一）需要具备古代语言、文体及相关诗词的知识积累

古代诗词有独特的语言艺术特征，有时诗词中的字词意义并不都是基本义，而是有一些变化。比如长安原是汉、唐的京城，但在古诗中常用长安泛指京城，有时还用"日边""日下"来代指京城，这就需要我们平常多积累一些古代文学、文化知识，才不至于茫然无知。

用古语、典故来写景状物、抒发情感，是古代诗词艺术的重要传统和特点。准确欣赏诗词，必须清楚诗词中所用的古语、典故，否则就不可能真正理解诗词的含义，更谈不上领略其意境和艺术构思。比如，李商隐《安定城楼》颔联"贾生年少虚垂涕，王粲春来更远游"，用了有关贾谊和王粲的两个典故，来表达自己空有满腹经纶而不得其用，无奈去国离乡、忧时伤世的情感，如果不了解典故的意思与出处，就很难准确理解诗意。

（二）要本着知人论世的原则考察作家作品

作品的产生都有其具体的背景，诗人的写作意图可能会通过相当曲折隐晦的手段来表现，对作者生平经历、时代背景不明，对其思想倾向、政治主张、志向追求、情感体验不了解，对作品就不容易有深切的把握。比如，柳宗元的《江雪》："千山鸟飞绝，万径人踪灭。孤舟蓑笠翁，独钓寒江雪。"表面上看是一首写景诗，但是通过考察诗人的生平经历，可知当时柳宗元被

贬永州，实际上是借歌咏隐居在山水之间的渔翁，来寄托自己孤傲的情志，抒发政治上失意的苦闷和孤愤的情绪，诗歌内涵能得到更进一步的阐发。

（三）需要把握旅游诗词在语言、意境等方面的艺术美感

旅游诗词中的许多佳作名句流传千古，艺术魅力久盛不衰，主要得力于独特的语言表现力，以生动形象的语言表现丰富的内容，传达出含蓄隽永的艺术美感。有的注重描摹物象的形、色，使其语言体现出一种色彩美，特别容易唤起读者相应联想和情绪体验。比如，杨万里用"接天莲叶无穷碧，映日荷花别样红"来描摹西湖荷花的风韵，色彩绚烂热烈，使读者受到强烈的感染。有的往往用简洁明净的语言，勾勒清丽恬淡的自然景物。如苏轼的《浣溪沙》"山下兰芽短浸溪，松间沙路净无泥"，体现出一种悠然情趣，平和而自然。

意境是指诗词作品中所描绘的画面和所表现的思想感情融合而成的一种综合艺术氛围，能使欣赏者通过想象和联想，在思想感情上受到感染或得到美的感悟。凡是有意境的作品，都是情思与景物交融的作品。比如，杜甫《登高》"风急天高猿啸哀，渚清沙白鸟飞回。无边落木萧萧下，不尽长江滚滚来"，将三峡的典型秋景捕捉入诗，形象鲜明，意境雄浑高远，形成情景交融和谐统一的艺术整体。古代旅游诗词的意境繁复多样，有的意境雄奇阔大、苍凉悲壮，有的意境静谧空灵、清明澄澈。鉴赏者需要以自己的生活经验为基础，驰骋自己的想象力，寻找诗中的情景意蕴与人生阅历、生活感受之间的契合点，在艺术美的幻境中享受思想的自由。

二、如何鉴赏游记

（一）理解游记中丰富的文化内涵与人文色彩

游记作为一种包罗万象的文体，既记录作者游历山水的过程，又记叙名山胜水中文物古迹，是历史、地理、社会、宗教、哲学、艺术、政治等方面内容的百科总汇，蕴含着丰富的文化内涵，体现出鲜明的人文色彩。古人游历山水，揽物抒怀，其中往往体现出独到深刻的思想内涵，可以丰富我们的知识，开阔我们的心胸，提升我们的精神境界。阅读欣赏历代游记，不仅是要了解作者的游踪行迹，欣赏文章写景状物之美，更要深入理解游记中表现的丰富文化内涵，理解作者的文化观念与人文关怀。

（二）领略历代游记的不同审美特征

游赏山水，是高度个人化的审美体验，作者不同的身份地位、人生际遇，决定了各自不同的审美视角和审美习惯。游记在历代发展过程之中积累了丰富而宝贵的审美经验，体现出特色各异的审美视角。如柳宗元谈到"心凝形释，与万化冥合"（《始得西山宴游记》），苏舜钦强调"形骸既适，则神不烦；观听无邪，则道以明"（《沧浪亭记》），高濂则认为"若能高朗其怀，旷达其意，超尘脱俗，别具只眼，揽景会心，便得其趣"（《四时幽赏录》）。从审美视角来说，柳宗元以奇特为美，有"凡是州之山水有异态者，皆我有也"（《始得西山宴游记》）的说法，袁宏道则认为山水自然之美，没有一定之规，有格调高下之别。欣赏游记作品，要注意身临其境，深入体会游记中景与情交融的纯美意境，充分理解作者独特的审美视角与审美习惯，理解作者在景物描写之中蕴含的丰富感情与深切感受，这样才能够与作者达成审美契合，领略游记之美。

（三）掌握游记的艺术表现手法

文学是以语言为表现工具的艺术形式，旅游又是一项充满生机的审美活动，因此优秀的游记作者都有着极强的语言表现能力。历代游记体现出独特的语言艺术，具有形象生动、色彩丰富、节奏鲜明的基本特点，以表现游记独特的形象美、绘画美和音乐美。另外游记通常使用白描手法，以准确的语言描摹景物、记叙游踪，并往往借助比喻、夸张、拟人、对比等各种修辞技巧，使景物描写逼真生动，语言的感染力极强。

古代游记的篇章结构、层次组织也颇有特点。游记内容丰富庞杂，优秀的游记在写法上能做到详略得当、重点突出，以体现不同景点的个性特征。大多基于动态游赏的角度，采取移步换形的方式，层次分明，脉络清晰，充分描摹山水之美，使文章具有鲜明的空间感和错落有致的美感。

三、如何鉴赏楹联

楹联是一种形式独特的文体，要欣赏楹联，首先需要了解楹联对仗方面的形式特点。

（一）熟悉楹联的对仗艺术特点

（1）从对仗形式上来说，楹联的对仗分为工对、宽对、当句对、单句对、借对五种。

工对指上下联的文字、语句对仗十分工整、贴切，词性相当、节奏相同、结构相似。比如，桂林独秀峰联：撑天凌日月，插地震山河。

宽对指上下联绝大部分对仗工整。词性相同、句法结构相同。比如长城山海关联：两京锁钥无双地，万里长城第一关。上下两联词性、结构并非完全相同。

当句对也称句中对、自对。不但要做到上下联相对，本句之内前后也要相对，灵活巧妙。比如新界长山古寺联：长亭惜别，古道瞻歧，雨笠尘襟人日日；山鸟鸣春，寺花送晚，烟中风馨我年年。上联中"长亭惜别、古道瞻歧"，下联中"山鸟鸣春、寺花送晚"，都是句中各自相对。

单句对，指对联在本句中自对，但上下联却不相对。如武汉伯牙台联：志在高山，志在流水；一客荷樵，一客听琴。上联句中"志在高山"对"志在流水"，却不能与下联"一客荷樵"相对。

借对指作者在联中用的甲义，又借用它的乙义同另一词相对。如杜甫《曲江》诗中有一联：酒债寻常行处有，人生七十古来稀。"寻常"，在联中用平常的意思，但借用它表示长度的意思来跟数字"七十"相对。

（2）从上下联的语意关系上来讲，楹联的对仗可以分为正对、反对、串对三类。

正对指出句与对句在内容、主题上同义并列，从不同的角度表现主题，互为关联，互相补充。如萧诗题长城居庸关联：辽海吞边月，长城锁乱山。

反对指出句与对句在内容上正好相反或相对，互相映衬，对比鲜明。如杭州岳坟前铁槛对联：青山有幸埋忠骨，白铁无辜铸佞臣。

串对，又叫流水对、走马对。指出句与对句之间有递进、转折、条件、因果等某种关系，上下联在内容上连贯，在语气上衔接。如唐寅所撰联：一失足成千古笑，再回头是百年人。

（二）把握楹联在写作以及用字方面的特殊技巧

嵌字：将有关的人名、物名或其他名字嵌在对联中，使对联意中有意。比如，上海豫园得月楼联：得好友来如对月，有奇书读胜观花。嵌"得月"二字。

叠字：在楹联中将某些字重叠起来使用，形成反复重叠的艺术效果。如黄文中题杭州西湖天下景亭联：水水山山处处明明秀秀，晴晴雨雨时时好好奇奇。

回文：指对联的上下两句首尾循环，或单联首尾循环。例如：客上天然居，居然天上客。

顶针：将前一个分句的句末字，作为后一个分句的句头字，使相邻的两分句首尾相连。如青海湖日月山联：日上山，月上山，山上日月明；青海湖，水海湖，湖海青水清。

领词：在楹联中引出一串排比句或骈文句，使联语衔接自然、层次分明，并造成节奏的起伏变化，使音律和谐婉转的语词。领词有一个字、两个字、三个字不等。例如成多禄题吉林北山玉皇阁联：绝妙朋游，有明月一杯，好山四座；是何意态，看大江东去，秋色西来。

其中"有""看"是两个领词，领起下两句，读的时候，在领词后应该有一个短暂的停顿，从而造成节律上的顿挫感。

（三）理解楹联的立意与内涵

名胜景点的楹联大多是作者欣赏山水景物、古迹名胜而创作的，主要是为表现山水景物的神韵、真趣以及对人生、事理的感悟。比如，陶澍题上海豫园鱼乐榭联："此即濠间，非我非鱼皆乐境；恰来海上，在山在水有遗音。"写出了作者对鱼乐榭幽静美景的流连忘返，表达出"高山流水"的自由感受，意境清远，情致高雅。康有为题河南开封龙亭联："中天台观高寒，但见白日悠然，黄河翻滚；东京梦华销尽，徒叹城郭犹是，人民已非。"写开封山河城池依旧，繁华如梦消失殆尽，表现出浓重的物是人非之感。有些特殊场合中的楹联，立意也有不同。书院学校中的楹联，往往含有特殊的崇德劝学、励志启智等意蕴，比如朱熹题福建漳州开元寺书舍联："鸟识玄机，衔将春来花上弄；鱼穿地脉，抱将月向水边吞。"寺观中的楹联，则大多在写景的同时，借景以喻佛理，如广州光孝寺联："东土耶？西土耶？古木灵根不二；风动也，幡动也，清池碧水湛然。"就表达了佛法为一、外物无别的观念，以及物我两忘的禅悟境界。因此，在欣赏这些楹联时，应该结合景观胜迹的特点、氛围、历史传统进行深入的理解思考，提高自己的审美能力和人文修养。

四、如何鉴赏碑铭

（一）欣赏碑铭的书法艺术价值

历代流传的碑铭是书法艺术的宝库，展示着古代不同时期、不同流派、不同风格的书法艺术的辉煌成就，体现了历代书法的渊源流变，在书法艺术史上占有重要地位。比如，著名的石鼓文是大篆文字，李斯《泰山石刻》是秦代小篆的典范，《鲜于璜碑》《曹全碑》是汉隶精品，《张猛龙碑》是魏碑名作，颜真卿书《多宝塔感应碑》、柳公权《玄秘塔碑》是唐代楷书代表作，怀素《千字文碑》则是草书名作，董其昌有行书《观海市诗》刻石，都是古代书法史上的艺术珍品。从艺术风格上讲，石鼓文凝重浑厚、雍容大度，小篆圆浑流畅不失刚劲，汉碑隶书厚重朴拙，魏碑苍劲刚健，楷书中正典雅、端庄稳重，行书潇洒飘逸，草书狂放疏散，可谓异彩纷呈。

（二）欣赏碑铭的文学价值

碑铭是古代重要文体，有特殊的应用场合和功能，因而具有独特的艺术特色与文学价值。陆机《文赋》中概括碑铭的文学特征是"博约而温润"，也就是说记叙功德事迹要简约，文辞要温雅圆润。历代碑铭的内容不同，各具特色。比如，记功碑文颂扬功业为主，文字典雅，行文谨重，往往具有高屋建瓴、气吞山河的笔力和气势。李斯名作《秦二十八年泰山刻石文》，赞颂秦始皇一统六合的丰功伟绩，其词铺张尽致，文字雍容肃穆。铭文可纪事、可抒情、可颂德、可自勉，风格多样，各具风采。比如，刘禹锡《陋室铭》体现个人襟怀抱负、情怀雅趣，语言生动蕴藉，如行云流水；苏轼《九成台铭》不拘一格，潇洒为文，既阐明音乐与天地自然人世之关系，又颇有人生之哲理蕴含其中。

第二章
旅游文学在导游工作中的作用

当人们登临山水胜迹，游目骋怀之时，如有古人诗文名句涌上心头，吟咏在口，其中的妙处自然令人有颇多玩味之处，旅游者从中所得到的审美体验、文化韵味都要大大超过景物古迹本身给人的直接感受。旅游文学作品中丰富的文化文学知识，多彩的风俗风情记载，对于扩大旅游者的见闻，增长旅游者的学识，都有直接的作用。旅游文学作品对于旅游事业的发展，旅游景区的规划，旅游景观的开发，旅游设施的设计，也有重要作用。

第一节　审美作用

一、营造诗意画境之美

旅游文学作为一种精神产品，能够陶冶人们的情操，净化人们的心灵，具有突出而丰富的美感价值。元结《右溪记》以细腻的笔调描绘右溪美景，"清流触石，洞悬激注；佳木异竹，垂阴相荫"，清新秀丽。徐弘祖《游黄果树瀑布记》描绘瀑布水势，"路左一溪悬捣，万练飞空，溪上石如莲叶下覆，中剜三门，水由叶上漫顶而下，如鲛绡万幅，横罩门外，直下者不可以丈数计，捣珠崩玉，飞沫反涌，如烟雾腾空，势甚雄厉"，绚丽多彩。均能营造诗意画境，融情于景，极具美感。

二、体现理性哲理之美

写景之外，旅游文学作品也多寓理于景，借山水景物进行说理议论，体现出哲理之美。如王安石《游褒禅山记》，不以记游为重点，重在就游山所见谈感受，发议论，其意在说明无论研求高深的学问，还是创立宏伟的事业，都必须勇往直前、百折不挠的道理。苏轼的《石钟山记》，写景状物绘声绘色，实际上是为了揭示凡事都应该进行实际考察而不应主观臆断这样一个深刻的哲理，把形象的描写和理性的分析巧妙地融合起来，体现出一种理趣。

三、呈现语言艺术之美

如诗如画的语言之美，是旅游文学重要的审美特征之一。旅游诗词的语言固然具有鲜明的音乐美感，平仄相间、协调搭配，造成节奏和旋律的变化，体现出特定的声情气韵，对仗的要求则体现出一种整齐铿锵的节奏和形式上的美感。优秀的游记作品，描摹物象、叙写行踪，其语言也体现出形象生动、色彩丰富、节奏鲜明的基本特点，表现出独特的形象美、绘画美和音乐美，传达出含蓄隽永的艺术境界。如柳宗元《永州八记》，运用生动的比喻、巧妙的夸张和色彩的渲染，状写山水景物，营造清冷隽秀之美感。

第二节　认识作用

旅游文学是一种有着特殊魅力的文学作品。品读旅游文学作品，不仅是艺术享受，也是一种足不出户的纸上遨游，仿佛与作者相伴而行，一同登山涉水，访古览胜，万千景象尽汇眼底，能够开阔眼界、增长知识。

一、认识自然世界

旅游文学作品能够扩大我们的认识视野，是我们认识外部世界的一个重要途径。旅游的重要目的就是走近自然，体会自然山水的丰富与美好，放松心境、愉悦心情。旅游文学作品往往以细腻生动的笔触去描摹大自然的美景，赞美自然的生机与活力。历代作品中不乏其例，"日出江花红胜火，春来江水绿如蓝"（白居易《忆江南》）表现出的是作者面对自然美景的热情与喜悦，"池塘生春草，园柳变鸣禽"（谢灵运《登池上楼》）则体现出诗人对自然生机的敏锐感觉与细腻捕捉,"乱花渐欲迷人眼,浅草才能没马蹄"(白居易《钱塘湖春行》)则表现了诗人对春意盎然的自然生机的欣赏与向往。苏轼富有哲理意味的《题西林壁》诗,通过阐述观察与认识世界具有相对性的道理,揭示了一种独特的认识方法,对于我们如何欣赏理解自然界的丰富变幻有直接的启迪作用。旅游文学对于大自然美景和无限生机的礼赞,会唤起阅读者热爱自然、热爱生命的美好感情,使人们更加热爱生活,以更大的热情去创造美好的新生活。

二、认识人文世界

旅游文学是对旅游生活的反映,其重要特征之一就是具有丰富的知识性可以使人们增长知识,开阔眼界,所以旅游文学有着极大的认识价值。旅游文学作品记录了旅游者的游历过程,描写了山水风光、城镇村庄等自然情况,反映了各地的历史掌故、神话传说,还记叙了各地的民俗风情,内容丰富,不一而足。通过旅游文学作品,我们不但可以了解到某一国家、某一地区的现实情况,包括自然状况、地理形势、风土人情等,还可以了解到它们的历史沿革、古迹名胜、前贤名人等文化遗产。比如《马可·波罗游记》,从一个欧洲人的角度记载了元大都及扬州、泉州等城市的基本状况、社会见闻与风情民俗,记述了元帝国经济文化的繁荣,展示了中国历史文化的灿烂与辉煌,对于当时从来没有到过中国的欧洲人来说,就具有极大的认识价值。梁思成的《曲阜孔庙》,详细介绍了孔庙的发展沿革、孔庙的基本结构规制、孔庙的历史文化意义等情况,对于普通的阅读者来说,这些比较深入专业的知识有着很高的认识价值。在旅游文学作品中,作者描摹山水、记述见闻,借景抒情、寓物言志,既要反映一定的社会现实,也往往会兴起对于历史的感慨与反思。苏轼的前后《赤壁赋》,不仅能够帮助我们更好地游览欣赏赤壁风景之美,还能够获得与赤壁有关的历史知识,兴起一种历史感怀和人生感喟。杜牧的《过华清宫绝句》,笔触委婉而深刻,从荔枝入手揭示统治阶层的荒唐行径,引发读者对于历史兴亡的认识与思考。

第三节 教育作用

一、培养爱国情怀

文人游历天下，饱览祖国的大好河山，汲取自然天地之精华，以求对自己的精神意志有所提升，对自己的心性修为有所涵养。所以文人寻访山水，登临古迹，往往会以一种充满激情的笔触去描摹风景的秀丽，歌颂历史的悠久，表达自己对祖国壮丽河山与深厚传统的真挚热爱。我们在阅读这些作品时，也自然会受到积极向上的高昂情绪的感染，得到心灵的愉悦与审美的享受，对祖国无限江山的热爱之情与自豪感油然而生，从而培养起一种崇高而博大的爱国情怀。

二、陶冶高尚情操

旅游文学作者在观赏景物、游览胜迹时，或在山水中体会闲适自然之趣，或通过写景体现对现实社会的关注，或借由古迹表达面向历史的深思，往往体现出丰富的情感与深邃的思考，能够让人在欣赏中身心愉悦、内心充实，能够培养我们亲近自然、热爱生活、积极对待人生的态度。旅游文学作品中展现的高尚情怀与积极心态，能够发挥启发和引领作用，陶冶我们的情操，提升我们的精神境界，从而与作者通过饱含激情的旅游文学作品达成一种丰富而深刻的交流。

三、弘扬优秀文化

旅游文学作者游历山水，不仅记录见闻、记载史实，而且览物抒怀、逸兴遄飞，体现深刻的认识水平和丰富的思想内涵。旅游文学作品中描述祖国的名山胜水、文物古迹，包含着历史、地理、社会、艺术、政治、经济等各方面的丰富知识，也体现着作者对于中华优秀文化的深刻理解与深挚情感。一方面能够增加我们对于祖国历史文物、风土人情等的深入了解，另一方面能够更深刻地理解中华优秀传统文化，接受直观而深刻的传统文化教育。

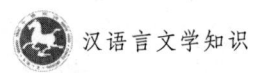

第四节　宣传作用

一、扩大旅游景点知名度

山水名胜与诗文名作往往交相辉映，一地的自然山水、古迹文物、风俗人情等旅游资源，之所以被旅游者所熟知并欣赏热爱，与旅游文学作品的宣传推动作用是密不可分的。元代文人许有壬说："山川景物因人而胜，因文章而传。人品既高，文足范后，山川景物之得所托而传于久远也必矣。"（《〈圭塘欸乃集〉跋》）无数寂寂无闻的景点因著名文人品题而声名鹊起，也有本来就广为人知的山水胜景因名人名作而更加声名远播，成为旅游热点。比如浙江绍兴的兰亭，自王羲之写《兰亭集序》后才渐为人所知，以致成为旅游胜地。即使是杭州西湖这样的名胜之地，白居易、苏轼等著名文人的宣传作用也是非常重要的，苏轼诗甚至为它赢得了西子湖的美名，郁达夫说："楼外楼头雨似酥，淡妆西子比西湖。江山也要文人捧，堤柳而今尚姓苏。"（《咏西湖》）旅游文学的这种宣传推扬作用随着文学作品的日益广泛传播体现得越来越明显。

二、丰富旅游景点文化内涵

旅游文学作品揭示宣传了旅游景点本身的魅力，同时与景点相关的逸闻轶事、文坛佳话的流传，也会给景点增添一种人文之美、丰富内涵，使旅游景点资源增色不少。文人作家的事迹与思想，已经融入他们所描写的风景名胜与江山古迹之中，成为旅游资源内涵不可分割的一部分。比如，苏轼的前后《赤壁赋》写江山美景、抒古今之情、发人生感慨，为湖北黄冈赤壁赋予丰富的文化内涵，增添了别样的光彩。此外，名胜景点多有名人所撰楹联，描绘山水景物、表达审美体验、融会哲思禅意，往往集优美的文辞意境、精湛的书法镌刻艺术于一体，与美景胜迹交相辉映、珠联璧合，也会使旅游景点的文化内涵更为丰富。

三、提升大众旅游品位

旅游不是简单的游山玩水，而是一种精神的深度体验。旅游文学作品以各种方式表达作者对景点风物的感受，抒发深挚情感，表达人生感悟，引起后来旅游者的强烈共鸣，唤起旅游者的热情。而旅游文学作品蕴含的丰富美感、广博知识、人生经验和哲理感悟，也吸引着旅游者去深入理解旅游文学作品，提高鉴赏能力，感受人文内涵，对自然风景和江山胜迹有更深入的理解和更深刻的体会，从而可以极大丰富旅游者对于旅游的认识认知，提高大众的旅游审美品位。

第五节 对旅游的发展与开发作用

一、促进旅游资源发展

旅游文学有助于旅游部门规划旅游景点，宣传旅游文化遗产，开展好旅游业务。比如，旅游部门可以根据古代旅游文学的描写记载，恢复已经失传的旅游活动形式，恢复作为旅游景观的历史建筑物，发现不为现代人所知的旅游资源等，使旅游资源更加丰富并具有深厚的文化内涵。湖南张家界之所以逐渐成为国家级的风景名胜区，就是由于受到历代吟咏张家界的旅游文学作品启发而逐步开发、建设规划的结果。江西庐山桃花源风景区，也是在现实的自然景观的基础上，结合陶渊明《桃花源记》的描写开发规划而成，"忘路谷""桃花溪"等景点甚至可以与陶渊明的记载一一对应，旅游文学作品丰富促进了当地的旅游资源发展。

二、促进旅游景观开发

各地的旅游部门在利用旅游资源时，可以根据旅游文学描写的内容，以及从与旅游文学相关的传说中得到启发，规划开发文化旅游线路，形成新的旅游景观。比如，连云港花果山、济宁水泊梁山、北京大观园的旅游景观，就是依据《西游记》《水浒传》《红楼梦》等古典名著中的相关景点景物描写、旅行游历记载，同时结合本地自然风景资源特点而开发形成的。再如，在安徽境内，与李白有关的文物古迹有上百处，著名的有当涂李太白墓、马鞍山采石矶太白楼与捉月台、桃花潭踏歌岸阁等，旅游部门可以对这些资源进行整体统筹规划设计，围绕李白在安徽不同景点的作品，一方面深入开发各景点的具体旅游景观，另一方面可以进一步开发以唐诗为主题的文化旅游景观带，进一步增强旅游文化内涵。

我国有十分丰富的旅游资源，许多自然景观、人文景观还没有得到充分开发，但已在旅游文学作品中得到了不同程度的反映，为我们开拓旅游资源、创新旅游景观提供了开发的价值和信息。

第一章
华北地区旅游景点诗文

第一节　北京市旅游景点诗文

一、诗词

天坛松月

清·戴梓

深夜冷溶溶①，圜丘②露气浓。
月明时绕鹊③，松老欲成龙。
古殿④浮空翠⑤，晴山落远钟。
当年禋祀⑥地，短草乱遗踪。

【作者】　戴梓（1649~1726），字文开，浙江仁和（今杭州）人。通兵法，懂天文算法，擅长诗书绘画，是一位博学多才之士。作为清初火器制造家，发明"连珠铳"和"威远将军炮"。有《耕烟草堂诗钞》《治河十策》等著述传世。

【题解】　天坛，是明清两代皇帝祭天、祈谷的场所。其建筑布局严谨，结构奇特，装饰瑰丽，文化内涵深厚，是现存的中国古代规模最大、伦理等级最高的祭祀建筑群。天坛分为内、外坛两部分，南部圜丘坛和北部祈谷坛之间以一条高出地面的甬道——丹陛桥相连。内、外坛两层回字形围墙南方北圆，通称天地墙，象征天圆地方。天坛建筑反复使用阳数特别是"九"及其倍数，使"天"的观念在祭祀建筑中得以充分的体现。天坛遍植松树和柏树，苍松参天，古柏肃穆，寄寓着古人祭天时的崇敬之情。

祈谷坛，用于春季祈祷丰年。祈年殿作为中心建筑坐落在汉白玉石圆台基座上，是一座上殿下屋、镏金宝顶、蓝瓦红柱、金碧辉煌的彩绘三层重檐圆形大殿。按照"敬天礼神"思想设计，殿为圆形，象征天圆；瓦为蓝色，象征蓝天。壮观恢宏，颇有拔地擎天之势。

圜丘坛，专门用于皇帝冬至日举行祭天大典。其中心建筑祭天台（拜天台），即圜丘台，是一座三层露天圆形石台，台中心是一块呈圆形的天心石，也叫太极石，又称为"亿兆景从石"，具有奇妙的回音现象。

【注释】 ① 溶溶：月光荡漾的样子。② 圜（yuán）丘：圜丘坛，三层圆形，象征天。圆台层数、台面直径、墁砌石块、四周栏板均用天数（阳数），特别是九及其倍数，表示天的至高至大。圜：天体。通"圆"，圆形。③ "月明"句：化用曹操《短歌行》"月明星稀，乌鹊南飞。绕树三匝，何枝可依"诗句。④ 古殿：祈年殿。建于明永乐十八年（1420 年）名为大祀殿，明嘉靖二十四年（1545 年）在大祀殿原址上建成大享殿，清朝乾隆十六年（1751 年）将大享殿更名为祈年殿。⑤ 浮空翠：（祈年殿）飘浮于清湛的月空中。运用夸张手法极写祈年殿之高。浮：飘在空中。翠：青绿色。⑥ 禋（yīn）祀：古代祭天的一种仪式。禋：烧柴升烟祭天。泛指祭祀。

【简析】《天坛松月》通过秋夜、冷月、绕鹊、老松、古殿、远钟、短草等景物渲染天坛的苍凉与萧瑟。化用曹操《短歌行》诗句，寓情于景，形象地传达出难择栖枝、无所依托的感受。最后通过"当年禋祀地，短草乱遗踪"这一历史兴衰景象抒发世事无常的深沉感慨。

御花园花朝①

清·爱新觉罗·弘历

堆秀山②前景物芳，更逢晴日霭烟光③。

负冰锦鬣④游文沼⑤，试暖文禽绕鱼堂⑥。

彩燕缤纷先社日⑦，青旛⑧摇曳⑨引韶阳⑩。

莫嫌花事⑪迟追赏，通闰⑫应知春倍长。

【作者】 爱新觉罗·弘历（1711～1799），年号"乾隆"，寓意"天道昌隆"，是中国历史上最长寿和实际执掌国家最高权力时间最长的皇帝。嘉庆四年（1799年）逝世于养心殿，庙号高宗，葬于清东陵之裕陵。

【题解】 北京故宫御花园，位于紫禁城中轴线北端，始建于明永乐十八年（1420年），经明、清两朝多次扩建、改造，使花园成为汇集中国古典建筑和古典园林的精粹之作。御花园以钦安殿为中心，园林建筑主次相辅、左右对称，景色四季常青。

【注释】 ① 花朝：花朝节，传统纪念百花生日的节日，与中秋节相对应。俗称"花神节""百花生日""花神生日""挑菜节"。节日期间，游览赏花称为"踏青"，以五色彩纸粘在花枝上，称为"赏红"。清代的花朝节，北方一般在农历二月十五，南方多在农历二月十二。② 堆秀山：位于御花园东北侧，以叠石技巧著称，山势险峻，磴道陡峭。山脚正面洞门上方匾额以满汉两种字体题镌"堆秀"二字。山顶御景亭是皇帝登高远眺吟咏之地。③ 霭烟光（ǎi）：春光笼罩。霭：弥漫，笼罩。烟光：云霭雾气。也指春天的风光。唐代黄滔《祭崔补阙》："闽中二月，烟光秀绝。"④ 锦鬣（liè）：有花纹的鱼。锦：鲜艳华美。鬣：鱼类颌旁的鳍。⑤ 文沼（zhǎo）：美丽的池塘。文：彩色交错。沼：水池，池塘。⑥ 试暖句：化用苏轼《惠崇春江晚景》"竹外桃花三两枝，春江水暖鸭先知"诗句。⑦ 社日：这里指春社。社日，中国古老的传统节日，又称土地诞，分为春社和秋社。⑧ 青旛（fān）：古代春令作劝耕、护花等用的青旗。旛：同"幡"，长形旗子。泛指旗子。⑨ 摇曳（yè）：飘荡。⑩ 韶阳：明媚的春光。唐皇甫冉《东郊迎春》："律向韶阳变，人随草木荣。"韶：美好。⑪ 花事：赏花之事。另春时花最盛，诗文中也多以"花事"指春日。⑫ 闰：闰月。

【简析】 这首诗描写花朝节在御花园赏春的情景。堆秀山、晴日、烟光、锦鬣、文沼、文禽、鱼堂、彩燕、社日、青旛、韶阳、花事等景物景色工笔重彩地描绘出一幅春光明媚的早春画面。诗作所呈现出的生机勃勃，清

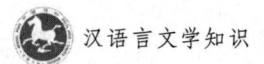
舒美好的格调具有显明的美感效应。

颐和①园

清·爱新觉罗·溥杰

一园竹树绕泉石，四季冬春夏复秋。
放棹只疑天上坐②，凭栏真个画中游。
岚光③叠翠巍云塔④，湖影回廊⑤漾⑥梵楼⑦。
合璧⑧大圆横玉带⑨，斜阳无语卧铜牛⑩。

【作者】　爱新觉罗·溥杰（1907～1994），末代皇帝溥仪的胞弟。

【题解】　清朝皇家园林颐和园，坐落于北京西郊，是中国保存最完整的一座皇家行宫御苑，集中了中国古典建筑的精华，被誉为"皇家园林博物馆"，居于中国古典园林之首，是世界上最广阔的皇家园林之一。

颐和园前身为清漪园，与圆明园毗邻。乾隆十五年（1750年），乾隆为孝敬其母崇庆皇太后建清漪园，咸丰十年（1860年），清漪园被英法联军焚毁。光绪十四年（1888年）慈禧挪用海军军费重建并改称颐和园，作为她归政后颐养之处。颐和园由万寿山和昆明湖组成，全园分为三个区域：以仁寿殿为中心的政治活动区，以玉澜堂、乐寿堂为主体的帝后生活区，以万寿山和昆明湖组成的风景游览区。

【注释】　①颐和：颐养天和。颐，保养。和：温和，喜悦；和谐，协调。适中，恰到好处。②放棹（zhào）句：化用杜甫《小寒食舟中作》"春水船如天上坐"诗句。棹：船桨。用桨划船。③岚（lán）光：雾气经日光照射而发出的光彩。唐代李绅《若耶溪》："岚光花影绕山阴，山转花稀到碧㟧。"岚：山、林中雾气。光：明亮，光辉。④塔：指玉泉山玉峰塔。颐和园以西山群峰为借景，玉泉山玉峰塔是其借景造园的点睛之笔。在颐和园昆明湖上，可以远眺玉峰塔。⑤回廊：颐和园长廊，这是中国古建筑和园林长廊之最。长廊东起邀月门，西至石丈亭，中间穿过排云门，两侧对称点缀着留佳、寄澜、秋水、清遥四座重檐八角攒尖亭。象征春夏秋冬四季。长廊柁（tuó）画是园中最珍贵的艺术品，属于"苏式彩画"，题材有山林、花鸟、景物、人物故事等。1990 年，长廊以建筑形式独特、绘画丰富多彩，被评为世界上最长的画廊。⑥漾：荡漾，漂浮。⑦梵（fàn）楼：佛寺楼阁。这里指万寿山佛香阁。梵：与佛教有关的事物。佛经原用梵文写成，故称。⑧璧：圆形，扁平，正中有孔的玉。泛指美玉。⑨玉带：玉带桥，桥身用汉白玉和青白石砌成，桥拱高而薄，纤秀挺拔，轻巧流畅，洁白如玉，形若玉带，故名。半圆桥洞与水中倒影构成圆形，或喻之为圆璧，或譬之为满月。⑩铜牛：坐落在廓如亭北面的堤岸上，铸造于清乾隆二十年（1755 年），牛背上所刻篆文《金牛铭》为爱新觉罗·弘历撰写。

【简析】 这首诗，首联和颔联概览颐和园四季如画美景。颈联和尾联分别简约描写玉峰塔、长廊、佛香阁、玉带桥、铜牛等景物风光，笔调简淡，格调清雅，别具韵致。诗中多处运用修辞手法，比喻手法如"天上坐""画中游""横玉带"，夸张手法如"岚光叠翠巍云塔"，比拟（拟人）手法如"斜阳无语"，使诗作的表现力十分丰富。整首诗犹如一幅幽雅静谧的山水画幅，给人以高雅独到的审美感受。

登万里长城

清·康有为

汉时关塞重卢龙①，立马长城第一峰②。
日暮长河盘大漠③，天晴外部④数⑤疆封⑥。
清时堡堠传烽静⑦，出塞山川作势雄。
百万控弦⑧嗟⑨往事，一鞭冷月踏居庸。

【作者】 康有为（1858～1927），又名祖诒，字广厦，号长素，广东南海人，世称"南海先生"。清末维新运动领袖，变法失败后先逃亡日本，后游历 42 个国家。最后转为保皇派。著有《康子篇》《新学伪经考》等。

光绪十四年（1888 年），康有为进京应试落第，农历八月单骑游居庸关万里长城，写下了《登万里长城》两首七律，这首是其二。康有为早期诗歌风格雄浑，富于激情。

【题解】 长城，是世界上修建时间最长、工程量最大的冷兵器战争时代的国家军事性防御工程，其工程之浩繁，气势之雄伟，堪称世界奇迹，是世界历史上伟大工程之一。

春秋战国时各国为了互相防御，各在形势险要的地方修筑长城。《左传·僖公四年》："楚国方城以为城"，长城始见记载。战国时齐、楚、魏、燕、赵、秦和中山等国相继兴筑。秦始皇灭六国完成统一后，为防御匈奴南侵，于秦始皇三十三年（前214年）将秦、赵、燕三国的北边长城予以修缮，连贯为一。故址西起临洮（今甘肃岷县），北傍阴山，东至辽东，俗称"万里长城"，至今犹有遗迹残存。此后汉、北魏、北齐、北周、隋各代都曾在北边与游牧民族接境地带筑过长城。明代为防御鞑靼、瓦剌侵扰，自洪武至万历时，前后修筑长城十八次，北部长城东起山海关东南老龙头，西至嘉峪关，称为"边墙"。宣化、大同二镇之南，直隶、山西界上，并筑有内长城，称为"次边"。东北为防御兀良哈三卫和建州女真、海西女真的骚扰，在明正统、成化年间修筑了起自山海关附近铁场堡，经今辽河东西岸，直到今丹东市东北九连城鸭绿江边的辽东边墙。今天我们所见到的长城主要是明代长城。大部至今仍基本完好。

长城主体工程是绵延万里的高大城墙，其间分布着百座雄关、隘口，还有成千上万座敌台、烽火台。长城景观中，八达岭长城保存最为完好，金山岭长城、慕田峪长城、司马台长城、古北口长城、天津黄崖关长城、河北山海关、甘肃嘉峪关等处都是著名游览胜地。

【注释】 ①卢龙：卢龙塞，古塞名，位于河北迁安市西北，即今河北喜峰口，属燕山山脉东段的隘口。清末隶属于直隶省永平府，因府治在卢龙而得名。历史上一直作为军事要塞而成兵家必争之地。②第一峰：指八达岭。③日暮长河盘大漠：化用王维《使至塞上》"大漠孤烟直，长河落日圆"诗句。长河：黄河。盘：纡（yū）曲。纡，引申为萦回，缠绕。④外部：指长城以北的少数民族地区。⑤数（shǔ）：计算，查点。⑥疆封：边界。⑦清时堡堠传烽静：清平时没有战争。与作者《过昌平城望居庸关》"时平堡堠生青草，欲出军都吊鬼雄"诗句中"时平"句意同，以反语出之，乃是激愤之词。清：清平，太平。堡：土筑小城，泛指军事上的防御建筑，如碉堡。堠：古代瞭望敌情的土堡，标记里程的土堆。传烽静：指没有战争。烽：古代边境用以报警的烟火。白天放烟报警叫烽，夜晚举火报警叫燧。

⑧控弦：开弓。此处运用借代手法代指手持武器的士兵。控：引弓，开弓。

⑨嗟（jiē）：慨叹，忧叹。与首句"重"字遥相策应，隐寓作者对国事的深切关心。

【简析】　这首七律，首联和颔联写景，描写在雄伟的八达岭上，纵览山河壮色，赞美莽莽群山、巍巍长城的雄伟景象，开阔恢宏，气势磅礴。颈联和尾联吊古伤今，兼有议论，表达对国势衰败，民族危亡的关切。"日暮长河""外部疆封""清时堡堠""出塞山川""百万控弦""冷月居庸"……虚实相间，情景交融；古今对比，郁勃苍凉。描写抒情和议论熔于一炉，热血与感伤，豪情与悲壮冶于一处，令人唏嘘不已感慨万端。

二、楹联

题写长城联

当代·罗哲文

起春秋、历秦汉、及辽金、迄元明，上下两千多年。有多少将帅元戎①、戍卒②吏丞③、百工④黔首⑤，费尽移山心力，筑修起伟大工程。聪明智慧、坚强毅力、血汗辛勤，为中华留下丰碑国宝；

跨峻岭、穿草原、横瀚海、经绝壁，纵横十万余里。望不断长龙雉堞⑥、雄关隘口、亭障墩堠⑦，有如玉带明珠，点缀成江山锦绣。起伏奔腾、飞舞盘旋、月宫遥见，给世界增添壮丽奇观。

【作者】　罗哲文（1924～2012），四川宜宾人，中国古建筑学家。1940年，16岁的罗哲文考入中国营造学社，师从梁思成、刘敦桢。代表作品有《中国古塔》《中国古代建筑简史》《长城史话》《中国帝王陵》《长城赞》等。

【题解】　长城，见康有为《登万里长城》。

【注释】　①将帅元戎：军队中的将领。将：领兵。引申为将领。帅：军队的统帅，主将。元戎：主将。②戍卒：驻军，指守边士兵。戍：驻守，守边。卒：步兵。③吏丞：各级官员。吏：大小官员的通称。丞：官名。古代辅佐帝王的最高官吏，又指各级长官的副职。④百工：各种官吏，犹言百官。也指从事各种工艺生产的人。此处意为后者。⑤黔首：战国及秦代对平民的称谓。运用借代手法以黔首代指平民。黔：黑色，黑。⑥雉堞（zhìdié）：指城墙。雉：量词。计算城墙面积的单位。长三丈高一丈为一雉。堞：城墙上齿状矮墙，又称女墙。⑦亭障墩堠：概括指长城各种军事设施。亭障：边塞险要地设置的堡垒。《史记·大宛列传》："于是酒泉列亭障至玉门矣。"墩：土堆，指墩状物。

【简析】 这副长联，上联以时间为序，分别运用排比手法胪（lú）列并赞叹长城悠久历史的进程与拓展以及"将帅元戎""戍卒吏丞""百工黔首"的丰功伟绩。下联以空间为列，与上联对应地运用排比手法描摹并赞颂长城阔大空间的磅礴与绵延以及"玉带明珠""江山锦绣""飞舞盘旋""月宫遥见"的壮丽奇观。"丰碑""长龙""玉带明珠""锦绣"等比喻栩栩如生，气象万千。整副楹联视野开阔，境界恢宏，笔力遒劲，情感酣畅。

题天安门广场人民英雄纪念碑联

当代·陈谦

聚五千年浩气，凝四亿①众深情，化万仞②泰山，而成烈魄③；
超八百里湖光，挟七二峰岳色，壮微躯秭米④，来仰丰碑。

【作者】 陈谦（1919~1992），字执中，晚号老鹣（jiān）。湖南湘阴人，国学根基深厚，书法工颜体，联与诗颇有造诣，笔触铿锵，力造高深，情感充沛。著有《老鹣联稿》。

【题解】 人民英雄纪念碑矗立于天安门广场中心。1949年9月30日毛泽东主席率领出席全国政协会议的委员们集体奠基，1952年8月1日开工，1958年5月1日落成。纪念碑台座为两层须弥座，下层大须弥座束腰部分四面镶嵌8块巨大的汉白玉浮雕和两块装饰浮雕，浮雕内容反映了从鸦片战争到解放战争中国人民反帝反封建的革命历史。碑身正面镌刻着毛泽东题写的"人民英雄永垂不朽"8个镏金大字，碑身另一面镌刻着周恩来总理书写、毛泽东主席撰写的镏金碑文。人民英雄纪念碑，是中华人民共和国成立后第一个由国家兴建的大型纪念碑，是新中国美术史、建筑史上最为重要的大型公共艺术工程，也是中国历史上最大的一座纪念碑。

【注释】 ① 四亿：概数。1949 年年底全国总人口可供参考数据约 5 亿，不如人口普查数据精确。中华人民共和国第一次人口普查是 1953 年 6 月，人口数据是 6.02 亿人。② 仞：长度单位。古以八尺或七尺为一仞。③ 魄：依附形体而存在的精神。这里指烈士忠魂。④ 微躯秭（zǐ）米：此处为谦词。极言"来仰丰碑"的后人之微不足道，与上联"万仞泰山"构成相反相成的对比，以示对烈士忠魂的无限敬仰之情。微躯：微贱的身躯。秭：数词，亿亿。《诗经·周颂·丰年》："丰年多黍多余，亦有高廪，万亿及秭。"米：去皮壳的谷物，特指稻米。引申为细微，一点儿。毛泽东在《七古·送纵宇一郎东行》诗中有："丈夫何事足萦怀，要将宇宙看秭米"的诗句。

【简析】 这副楹联上联写历代先烈抛洒热血，气贯长虹，忠魂永在，下联写后人仰望丰碑，缅怀深切，壮志尤坚。联语中多用夸张的修辞手法，"五千年""四亿众""万仞""八百里""七十二峰""秭米"等数目字都是虚写，意在夸张，在于极言崇敬赞叹之情，极大地丰富了人们的联想，引起了人们的强烈共鸣。

故宫太和门联

佚名

日丽丹山 ①，云绕旌 ② 旗辉凤羽 ③；
祥开紫禁 ④，人从阊阖 ⑤ 觐 ⑥ 龙光。

【题解】 故宫，又称紫禁城，始建于明永乐四年（1406 年），明清两代的皇宫。故宫是我国现存最大最完整的古建筑群，也是世界上现存规模最大最完整的古代木结构建筑群。宫殿布局依据《周礼·冬官考工记》中所载"左祖，右社，面朝，后市"的原则，沿南北向中轴线排列，南北取直，左右对称。这条中轴线沿紫禁城向外延伸，南达永定门，北到鼓楼和钟楼，贯穿整个京城。紫禁城由外朝、内廷两大部分组成。外朝以太和殿、中和殿和保和殿三大殿为主。以乾清门为界，其北为内廷，以乾清宫、交泰殿、坤宁宫为中心，东西两翼有东六宫和西六宫。中轴线上坤宁宫的北面是御花园。

太和门，是太和殿前大门，是进入午门之后的第二道大门，是进入皇宫朝见皇帝必经之门。太和门作为紫禁城内最大的宫门，也是外朝宫殿的正门。故宫太和门建成于明永乐十八年，当时称奉天门。清光绪十四年（1888年）被焚毁，次年重建。太和门在明代是"御门听政"之处，皇帝在此接受臣子的朝拜和上奏，颁发诏令，处理政事。清代初年的皇帝也曾在此赐宴，后来"御门听政"改在乾清门。

【注释】 ①丹山：古谓产凤之山名。这里代指皇宫。丹：朱红色。《吕氏春秋·本味》："流沙之西，丹山之南，有凤之丸，沃民所食。"《说唐》第十三回："凤翅展丹山，天下咸欣瑞兆。"②旌（jīng）：杆头缀有牦牛尾，下有彩色羽毛为饰的一种旗子。泛指旗子。③凤羽：凤凰的羽毛。借指凤凰，仙鸟。与"丹山"呼应，比喻旌旗飘飘如凤羽辉辉。④紫禁：紫禁城。以天上的紫微星垣喻代皇帝的居处。"紫"指紫微星垣。恒星三垣，紫微垣居中央，太微垣、天市垣陪设两旁。《后汉书·卷四十八》："天有紫微宫，是上帝之所居也。王者立宫，象而为之。"皇帝自诩为受命于天的"天子"，其居所象征紫微宫与天帝对应，以"天人合一"理念突出其政权合法性和皇权至高性。⑤阊阖（chānghé）：神话中的天门。借指皇宫的正门，宫门。这里指太和门。⑥觐（jìn）：古代诸侯秋天朝见天子。引申为拜会，会见。

【简析】 这副楹联，上联写皇宫光芒万丈，旌旗飘扬，凤羽生辉。下联写紫禁城沐浴吉祥，朝门开敞，群臣入殿觐见帝王。联语突显皇家壮丽辉煌气象，极度渲染了皇权的神圣与至高无上。

颐和园仁寿殿联

清·爱新觉罗·弘历

星朗紫宸①，明辉腾北斗②；
日临黄道③，暖景④测南荣⑤。

【作者】 见爱新觉罗·弘历《御花园花朝》。

【题解】 颐和园，见爱新觉罗·溥杰《颐和园》。

东宫门、仁寿殿一带是颐和园宫廷区的"外朝"部分，始建于乾隆年间，光绪时重修。由大殿、配殿、庭院、宫门、朝房、影壁、牌楼及石桥和广场构成。仁寿门在清漪园时称二宫门，重建后称仁寿门，是从东宫门入园的第二道宫门。仁寿殿在仁寿门内庭院正中，始建于乾隆年间，原名勤政殿，光绪时重修，并引孔子《论语》中"仁者寿"的语意改殿名为"仁寿"。殿内明间正中有地平床，设象征封建皇权的九龙宝座，彰显其作为颐和园政治中心并堪比故宫太和殿的重要地位。

【注释】　①紫宸（chén）：帝王、帝位的代称。唐代殿名。这里代指仁寿殿。②北斗：北斗七星，是北半球天空的重要星象，由天枢、天璇、天玑、天权、玉衡、开阳、摇光（又作瑶光）七颗星组成，因排列形状曲折如斗而得名。《史记·天官书》云："斗为帝车，运于中央，临制四乡。分阴阳，建四时，均五行，移节度，定诸纪，皆系于斗。"可见北斗七星行度已寓寄一年中气候与一日中温度变化，同时有寒暖燥湿的大小循环于其中，还可以明确地理方位。③黄道：古人认为太阳绕地球而行，黄道就是想象中的太阳绕地球一年的运行轨道。也代指天子所行经的道路。这里有黄道吉日的意思，赞美欣逢吉日诸事皆宜。④景（yǐng）："影"的古字。影子。引申为测定日影。⑤南荣：房屋的南檐。唐太宗李世民《赋得夏首启节》有"北阙三春晚，南荣九夏初"诗句。

【简析】　这副楹联上联写夜景，天象吉利，歌颂皇家繁盛辉煌；下联写昼景，吉星高照，祝福帝业兴旺吉祥。这副对联与仁寿殿作为"君权神授"的皇家政治活动场所十分契合。

长城居庸①关联

清·萧诗

辽海②吞边③月；
长城锁乱山④。

【作者】　萧诗（1607~约1687），字中素，号芷崖，江南华亭（今上海松江）人。清初诗人，喜读书，工吟咏，善书画。著有《释柯集》《南村诗稿》。萧诗的这副楹联出自清朝王士禛《渔洋诗话·卷中》。

【题解】　长城，见康有为《登万里长城》。

居庸关，北京昌平区境内长城沿线著名古关城，有南北两个关口，南名"南口"，北称"居庸关"，是北京西北门户。现存有明代关城、关门以及元代城中塔基。居庸关得名，始自秦代，相传秦始皇修筑长城时，将囚犯、士卒和强征来的民夫徙居于此，取"徙居庸徒"之意。汉代沿称居庸关，三国时代名西关，北齐时改纳款关，唐代有居庸关、蓟门关、军都关等名称。居庸关形势险要，东连卢龙、碣石，西属太行山、常山，自古为兵家必争之地。居庸关山势雄奇，中间溪谷"关沟"，清流萦绕，风景绮丽，"居庸叠翠"为"燕京八景"之一。

【注释】①庸：通"佣"。受雇用出卖劳动力。引申为佣工，被雇用出卖劳动力的人。②辽海：辽海之名由来已久，《后汉书》和《三国志注》中已有关于辽海的记载。就广义辽海的地域范围而言，其东到日本海，南至黄、渤二海，西临大凌河，北达吉林市一带。今辽海地域多在辽宁境内。这里泛指长城以北地区。③边：物之四周，边缘。引申为边境，边界。④乱山：连绵起伏的群山。乱：紊乱，混乱。也指纷繁，弥漫。

【简析】 这副楹联描写居庸关长城雄浑险要的壮阔风光。"吞边月""锁乱山"突出了长城气吞山河、坚如磐石的磅礴气势，"吞"和"锁"运用比拟的修辞手法，赋予长城以浩瀚辽远、淡定从容的特征，构思巧妙，意境灵动。

三、碑铭

颐和园金牛铭

清·爱新觉罗·弘历

夏禹治河，铁牛传颂。义重安澜，后人景从①。
制寓刚戊，象取后坤②。蛟龙远避，讵数鼍鼋③。
潆④此昆明，潴⑤流万顷。金写神牛，用镇悠永⑥。
巴邱淮水，共贯同条⑦。人称汉武，我慕唐尧。
瑞应之符，逮于西海⑧。敬兹降祥，乾隆乙亥。

【作者】 见爱新觉罗·弘历《御花园花朝》。
【题解】 颐和园，见爱新觉罗·溥杰《颐和园》。

铜牛，位于颐和园昆明湖东堤廓如亭北面的堤岸上，铸造于清乾隆二十年（1755 年），是中国现存最大的古代镀金铜牛，也是颐和园昆明湖东岸的一道独特的人文景观。铜牛铸造手法写实，造型逼真，神态鲜活，是中国古代拔蜡法铸造的代表作。铜牛背上用篆体字刻有乾隆所撰的类属于记述事实和称颂功德类的《金牛铭》。

【注释】 ① 夏禹治河，铁牛传颂。义重安澜，后人景（yǐng）从：夏朝大禹每治好一处水患就铸铁牛沉入河底以防河水泛滥的事迹一直被传颂着，后人如影随形地效法而行。安：安稳，稳定。引申为安定，平静。澜：大波浪。景（yǐng）从：如影随形。比喻紧相追随。景："影"的古字。影子。② 制寓刚戊（wù），象取厚坤：铸铜牛镇守，既蕴含着天道刚正不可动摇，又蕴含着乾的天道正义并象征着坤的厚德载物。乾与坤，是《周易》的乾卦和坤卦。"乾坤"属于阴阳的范畴，是构成宇宙万物的原始物质。寓：寓意。在一事物中寄托他意。刚戊：八卦之中乾、兑两卦同属金，以刚、戊修饰限制明确是"乾"而不是"兑"。"乾"为天、为父，在五行为"金"，其象为马，代表天道、天理、正义，至阳，刚正不阿。"坤"为地，为母，在五行为"土"，其象为牛，至险至柔，厚德载物。另外，刚：也通"犅（gāng）"，公牛。《礼记·明堂位》："夏后氏牲尚黑，殷白牡，周骍（xīng）刚。"孔颖达疏："骍，赤色。刚，牡（雄性）也。"骍刚：古代祭祀用的赤色牛。戊：天干第五位。也指代中央。③ 蛟龙远避，讵数鼍（tuó）鼋（yuán）：（乾坤在前）蛟龙都远远躲避，何况鳄鼋之类。讵（jù）：反问语气，岂，难道。鼍：爬行动物，鳄鱼的一种，又名扬子鳄，也称鼍龙、猪婆龙。鼋：鳖科、鼋属动物。鼋属共有三种，其中一种生活在亚洲，鼋是鳖科动物中体型最大的一种。④ 潫（wān）：蠲潫（yūn wān），水回旋貌。⑤ 潴（zhū）：水停聚处。又水停聚。⑥ 金写神牛，用镇悠永：以铜铸牛，永远镇波安澜。镇：震慑，镇服。悠：远，长。永：长久，永远。⑦ 巴邱淮水，共贯同条：诸流贯通，海晏河清。巴邱淮水：泛指一切河流。巴丘：多认为指湖南岳阳巴丘。岳阳古称巴陵，巴陵的前身叫巴丘。"丘"作"邱"，有避圣人孔丘圣讳的说法。淮：淮河。源出河南，流经安徽、江苏。贯：穿连。又穿通。⑧ 瑞应之符，逮（dài）于西海：祥瑞的兆头，降临在昆明湖上。逮：及，达到。西海：昆明湖，古称七里泊、瓮山泊、大泊湖、西湖等。

【简析】《颐和园金牛铭》，八十字铭文，四言体裁，通篇排比，结构整饬，韵律铿锵，内涵深蕴。引用大禹治水铸镇铁牛的传说典故追溯"金写神牛"的渊源，表明"用镇悠永"的用心，祈祷"瑞应之符，逮于西海"的心愿。恭敬虔谨，崇灵礼神，避灾禳祸，扬福降瑞，寓理蕴情，文采斐然，呈现出正大典雅的庙堂气象。

天安门广场人民英雄纪念碑碑文

当代·毛泽东

三年以来，在人民解放战争和人民革命①中牺牲的人民英雄们永垂不朽！

三十年以来，在人民解放战争和人民革命②中牺牲的人民英雄们永垂不朽！

由此上溯③到一千八百四十年，从那时起，为了反对内外敌人，争取民族独立和人民自由幸福，在历次斗争④中牺牲的人民英雄们永垂不朽！

【作者】 毛泽东（1893~1976），字润之。湖南湘潭韶山人。中国人民的领袖，伟大的马克思主义者，无产阶级革命家、战略家和理论家，中国共产党、中国人民解放军和中华人民共和国的主要缔造者和领导人，政治家，军事家，诗人，书法家。1949 年至 1976 年，毛泽东担任中华人民共和国最高领导人。他对马克思列宁主义的发展、军事理论的贡献以及对共产党的理论贡献被称为毛泽东思想。毛泽东被视为现代世界历史中最重要的人物之一，是 20 世纪世界最具影响 100 人之一。

【题解】 人民英雄纪念碑，见陈谦《题天安门广场人民英雄纪念碑联》。

【注释】 ①（三年以来）人民解放战争和人民革命：指 1946 年 6 月到 1949 年 9 月第三次国内革命战争，即解放战争。②（三十年以来）人民解放战争和人民革命：1919 年到 1949 年新民主主义革命时期，分为三个阶段：一是 1919 年到 1927 年大革命时期，主要有 1919 年五四运动，1924 年国共第一次合作，1926 年北伐战争；二是 1927 年到 1937 年土地革命时期，主要有 1927 年南昌起义，1934 年红军开始长征，1936 年西安事变和平解决，国共第二次合作初步形成；三是 1937 年到 1945 年抗日战争时期，国共第二次合作，抗日统一战线形成，最后取得抗日战争胜利。③溯（sù）：逆流而上。向上推求。④ 历次斗争：1840 年到 1919 年旧民主主义革命时期中，主要 1840 年鸦片战争，1851 年太平天国农民革命战争，1856 年第二次鸦片战争，1861 年洋务运动，1883 年中法战争（清法战争），1894 年中日甲午战争，1894 年中日金旅之战，1898 年戊戌变法，1900 年反击八国联军侵华战争，1911 年以武昌起义为开端的辛亥革命。

【简析】《天安门广场人民英雄纪念碑碑文》，运笔凝练，言简意赅，涵盖周全，境界开阔。碑文运用层递的修辞手法，以时间顺序铺陈，分三个层次递降前伸，使所有英烈尽在缅怀之序，各路忠魂全位敬仰之列。另外，反复咏叹"人民英雄们永垂不朽"，炽烈奔放，气势非凡，别开生面，荡气回肠。

第二节　天津市、河北省旅游景点诗词

一、诗词

盘山道中

明·朱之蕃

盘山盘泉盘崖壁，百折犹难望岭头。
鸟乐菁林①山果熟，客停飞旆②野云流。
绿阴遮屋浑忘暑，白叟歌田不解愁。
极目雄关环帝阙③，可知奇奥④在屏幽⑤。

【作者】　朱之蕃（？--1624），字元升，祖籍金陵，明代人。传世书画作品有《君子林图卷》等，著有《使朝鲜稿》《纪胜诗》《落花诗》《南还杂著》等文集。

【题解】　盘山位于天津蓟州城区西北，主峰挂月峰被誉为"京东第一山"。盘山有记载始于汉，兴于唐，盛于清。历史上帝王将相、文人墨客竞游于此。清乾隆皇帝留下歌咏盘山的诗作千余首。盘山具有重要的历史文化地位。乾隆御书"连太行，拱神京，放碣石，距沧溟，走蓟野，枕长城，盖蓟州之天作，俯临重壑，如众星拱北而莫敢与争者也"。清代诗人王士祯在谈及盘山时写道："海内言名山者，五山之外，若黄山、匡庐……自唐文皇驻跸兹山，辽金诸帝苾止不一。迨于本朝，翠华临幸再至……诸名岳莫敢望焉。"阐述了当时盘山在全国名山中的显赫地位。目前盘山保存完好、清晰可辨的石刻共有200多处，其中属于乾隆的题诗、题文、题字等石刻最多，还存有乾隆题写的御书楹联匾额等各类遗存墨迹。

【注释】 ①菁（jīng）林：华彩之林。菁：华彩。②飞斾（pèi）：这里指酒旗。斾：古代续于旗尾成燕尾形的旗。旗帜总称。③帝阙：帝王所居之处，朝廷。此处指北京。阙：古代王宫、祠庙门前两边的高建筑物。④奇奥：奇特幽深之处。奥：室内的西南角。古人设神主或尊长居坐的地方。引申为幽深隐秘或机要的地方。⑤屏幽：所遮蔽的幽深之地。屏：屏风。引申为屏障，捍卫。幽：深，幽深。引申为草木茂密，幽深。

【简析】《盘山道中》这首诗，既描写了盘山的奇丽美景，又突出了盘山据险扼要的地理位置与重要的政治地位。首联和颈联描写盘山山峦高峻、林木茂盛、泉水盘桓的胜境风光，颔联强调盘山作为一处避暑胜地的清幽与清凉，尾联"极目雄关环帝阙，可知奇奥在屏幽"，写盘山犹如雄伟险要的关隘环绕京城，其奇奥之处正在于防卫着帝阙这一幽深之地。

步出夏门行①·观沧海

东汉·曹操

东临②碣石③，以观沧④海。水何澹澹⑤，山岛竦峙⑥。树木丛生⑦，百草丰茂。秋风萧瑟⑧，洪波涌⑨起。日月之行，若出其中；星汉⑩灿烂，若出其里。幸甚至哉，歌以咏志⑪。

【作者】 曹操（155～220），字孟德，一名吉利，小字阿瞒，一说本姓夏侯。沛国谯县（今安徽亳州）人。中国古代杰出的政治家、军事家、文学家、书法家、诗人。东汉末年宰相，曹魏政权的奠基者。建安二十五年（220年）十月，魏王曹丕自立为皇帝，国号魏，追尊曹操为皇帝，谥号为武，庙号太祖。

曹操的文学、书法、音乐等修养深厚，是"建安风骨"乃至东汉文学的代表人物之一，善于用诗歌、散文抒发政治抱负。有《孙子略解》《兵书接要》《孟德新书》等著述。

【题解】　东汉建安十二年（207 年）曹操用兵北征乌桓时登临碣石，作《步出夏门行》。曹操传世诗歌全是乐府旧题，但内容全新，首创用乐府旧题写时事，抒写政治抱负。沈德潜指出："借古乐府写时事，始于曹公。"（《古诗源》卷五）

碣石，山名。在今河北省昌黎西北。《尚书·禹贡》："导岍及岐……太行、恒山至于碣石，入于海。"秦始皇、汉武帝皆曾东游至此，刻石观海。山南去渤海四五十里，但古人记载中或作在海边，或作在海中，这是由于山势兀立，从海上远望，宛如在海边或海中之故。《水经注》又有山在濡水（今滦河）口，本居陆上，后为海水所浸，沦入水中之说，但今滦河口附近海上并无山阜。另外，碣石也是古山名。①《尚书·禹贡》："冀州，……夹右碣石入于河。"过去多数学者认为此山就是碣石山；但也有人指出《禹贡》时代黄河不可能在渤海北岸入海，此山应在渤海西岸古黄河河口。②《水经注·河水三》："（秦）始皇令太子扶苏与蒙恬筑长城，起自临洮，至于碣石。"按：《晋太康三年地记》乐浪郡"遂城县有碣石山，长城所起"。此碣石山即今朝鲜平壤西南南浦北之龙岗。③《汉书·地理志》："骊成，大揭石山在县西南。"多数学者认为此山即《尚书·禹贡》导山的碣石山，具体位置有二说：一说以今河北乐亭西南某古城，当为骊城故址，认为山在此古城西南海中，符合《水经注》的说法；一说认为即今河北昌黎西北的碣石山，骊城故址当在今秦皇岛市抚宁区境。

【注释】　①步出夏门行：乐府《瑟调曲》名，又名《陇西行》。古辞存，内容写游仙者的经历。现存最著名的歌辞为曹操所作。这首诗选自宋代郭茂倩编《乐府诗集·卷三十》。曹操《步出夏门行》分五部分，最前一章是"艳"，下为"观沧海""冬十月""土不同""龟虽寿"四章。②临：站在高处看低处。③碣（jié）石：本文取"在今河北省昌黎西北"之说。④沧：水清绿色。⑤澹澹（dàndàn）：动荡不定。⑥竦峙（sǒngzhì）：耸立，屹立。⑦丛：聚集，丛生，又指丛生的草木；众多，繁杂。⑧萧瑟：秋风声；寂静的样子；寂寞凄凉的样子。此处取"秋风声"意。⑨涌：水向上冒；波涛翻腾。此处意为后者。⑩星汉：即银河。⑪"幸甚"两句：是乐府诗的一种结构性结尾，是为配合乐曲节律而附加的套语，每一章后面都有，跟正文没有直接关系。意思是：庆幸至极，歌咏抒发志向。

【简析】 这首《步出夏门行》，"观沧海"是其第一章，是我国现存的第一首完整的四言体裁山水诗。一是描写山海风光，由整体到局部，由近处及远方，碣石、沧海、山岛、树木、百草、秋风、洪波、日月、星汉等景物一一入境，文笔清新简约，堪称中国山水诗的最早佳作，可谓是开辟了诗歌创作的一个新时代。二是写秋风萧瑟，但毫无悲秋的凄凉，而是山岛高耸，草木繁茂，海水清湛，波涛澎湃，一派高亢壮阔，慷慨激昂的万千气象。三是想象瑰丽，眼前景物与想象和夸张相融合，具有鲜明的浪漫主义色彩。对大海吞吐日月的壮阔景象的描写笔力雄健，对大海包蕴万千的深厚意蕴的升华气象宏阔。四是托物言志，志向深蕴，气势雄浑，意境开阔。寓情于景，寓志于景，通过对大海"日月之行，若出其中；星汉灿烂，若出其里"的慨叹抒发了叱咤风云的情怀，表达了踌躇满志、胸怀天下的进取精神以及英雄气概。

浪淘沙[①]·北戴河

当代·毛泽东

大雨落幽燕[②]，白浪滔天[③]，秦皇岛[④]外打鱼船。一片汪洋[⑤]都不见，知向谁[⑥]边？　　　　往事越千年[⑦]，魏武[⑧]挥鞭，东临碣石有遗篇[⑨]。萧瑟秋风[⑩]今又是，换了人间[⑪]。

【作者】 见毛泽东《天安门广场人民英雄纪念碑碑文》。

【题解】 北戴河，河北省秦皇岛市北戴河区。北戴河古称渝水。殷商、西周，北戴河区境域属孤竹国。西汉，始置案县，仍属辽西郡。1948年11月26日，北戴河地区解放，建海滨区公所，属河北省秦榆市。1954年2月，改海滨区公所为北戴河区。北戴河是中国近代旅游业的发端和缩影。1898年清政府将其正式辟为旅游避暑区，中华人民共和国成立后，北戴河又成为中央领导暑期办公的场所和各界人士疗养休息之地，1979年，北戴河对外开放并被确定为国家级风景区。北戴河景区主要由鸽子窝、中海滩、联峰山为主的三大风景区组成。海岸线沙软潮平，是海水浴、沙浴和日光浴天然的理想场所。森林茂密，生态环境良好，使北戴河成为鸟类的乐园，成为"世界四大观鸟地之一"。

1953 年，中华人民共和国第一个五年计划开始实施，国家实力增强，农村的合作化运动已有较大的进展，对工商业的改造也开始进行，建设一个工业化的强国的伟大目标开始提出。在这一背景下，毛泽东主席 1954 年在北戴河写下不朽诗篇《浪淘沙·北戴河》，词作结尾的"换了人间"，与当时的社会背景相呼应，将议论、感慨、描写集于一处，豪情万丈，意味深长。

【注释】①浪淘沙：词牌名。②幽燕：地区名。今河北省北部及辽宁一带。战国时属燕国，唐以前属幽州，所以称"幽燕"。③滔天：犹言漫天、弥天。滔：大水弥漫。④秦皇岛：市名，简称"秦"，别称港城、临榆，据传秦始皇求仙驻跸于此，故名。在河北省东北部，东临渤海，邻接辽宁省。辖海港、山海关、北戴河、抚宁四区及昌黎、卢龙二县和青龙满族自治县。地处燕山山前平原。1984 年辟为对外开放城市。名胜古迹有山海关长城、北戴河海滨、孟姜女庙、悬阳洞、秦皇行宫遗址等。山海关区为中国历史文化名城。⑤汪洋：广大无际的样子，形容水势浩大。也比喻人的气度宽宏豁达，也形容文章气势浑厚，义理深广。⑥谁：疑问代词。谁，何人，哪个，什么。⑦往事越千年：指建安十二年（207 年）曹操征乌桓经过碣石山时写下《观沧海》一诗之事。越：度过，跨过，经过。⑧魏武：指魏武帝曹操。建安二十五年（220 年）十月，魏王曹丕自立为皇帝，国号魏，追尊曹操为皇帝，谥号为武。⑨遗篇：指曹操《步出夏门行·观沧海》一诗。⑩萧瑟秋风：化用曹操《步出夏门行·观沧海》"秋风萧瑟，洪波涌起"诗句。⑪人间：人世间。

【简析】《浪淘沙·北戴河》这首词，上阕写景，景中含情。仰观"大雨落幽燕"，前瞻"白浪滔天"，展现出的自然景观雄浑壮阔，飞落腾起，汹涌澎湃，气象磅礴。"秦皇岛外打鱼船。一片汪洋都不见"的视线由近而远的渐次推移，层次跃动，意境深展。"知向谁边"的设问留下思考余地，化实为虚，以简驭繁地将人与船置于阔大的空间之中，突出风雨中海天莫辨、旷荡无崖的景象，营造出一番寥廓深邃的意境。下阕抒情，情景交融。以"往事越千年"倒转时空，以浓缩凝练的笔触勾勒魏武帝曹操"东临碣石"的豪迈剪影，发思古之幽情。思昔抚今，"换了人间"，点明主旨，使主题得以升华，对社会翻天覆地的变化慨叹强烈，余韵悠远。

综观这首词作，画面感极强，大雨，白浪，汪洋，渔船……之后运用示现的修辞手法追忆出古代英杰挥鞭策马吟咏赋诗的情境，又跨度极大地陡转成秋声又起的新天新地新人间……华章妙句，辞约义丰，词中有画，画中有情，情中有境，景物与声音交汇，形象与音响并茂，静态与动态井然，古代与当代翻转，展现了无产阶级革命家毛泽东的雄伟气魄和博大胸怀，具有鲜明的时代感、深邃的历史感。

二、楹联

孟姜女庙联

宋·文天祥

秦皇①安②在哉，万里长城筑怨③；
姜女未亡也，千秋④片石铭贞⑤。

【作者】 文天祥（1236～1283），初名云孙，字宋瑞，又字履善。道号浮休道人、文山，吉州庐陵（今江西省吉安市青原区富田镇）人。宋理宗宝祐四年（1256年），文天祥中进士第一，成为状元。南宋末年政治家、文学家，抗元名臣，民族英雄。祥兴元年（1278年），抗元失败，在五坡岭（今广东海丰）被俘，押至元大都，誓死不屈，于元至元十九年十二月（1283年）从容就义。明代时追赐谥号"忠烈"。明正德十年（1515年）于五坡岭上建立"表忠祠"，后又建"忠义牌坊"与"方饭亭"，勒文天祥画像于石。抗日战争时期"表忠祠"和"方饭亭"被侵华日军炸毁，现存的方饭亭为解放后重修。

文天祥多有忠愤慷慨之文，其诗著作经后人整理，被辑为《文山先生全集》。

【题解】 孟姜女庙，姜女庙，又称贞女祠，坐落在河北省秦皇岛市山海关区孟姜镇望夫石村。姜女庙是根据民间故事"孟姜女哭长城"这一传说为纪念孟姜女而修建的。贞女祠相传始建于宋代以前，至明万历年间（约1594年）重建，崇祯时重修，清代重修。1956年，被公布为河北省第一批重点文物保护单位。1979年孟姜女庙正式开放，成为山海关著名旅游景区。景区由福路、长阶、山门、钟亭、前殿、后殿、望夫石、梳妆台、振衣亭、海眼、姜女苑、3D 壁画等景点组成。

【注释】 ①秦皇：秦始皇嬴政（前259～前210），嬴姓，赵氏，名政（一说名"正"），又称赵政、祖龙，也有吕政一说。秦庄襄王和赵姬之子。中国古代杰出的政治家、战略家、改革家，首次完成中国大一统的政治人物，也是中国第一个称皇帝的君主。实行统一货币和度量衡、统一文字、修筑长城和驰道及直道、强迫迁徙六国富民和平民等政策。但徭役繁重，民苦不聊生。暴虐苛政，百姓靡敝，天下铸怨，二世而亡。②安：此处为疑问副词，哪里，怎么。③怨：一指心怀不满，埋怨，抱怨；二指恨，又怨恨，仇恨；悲伤，哀怨等。④千秋：犹千年，千载。谓年代久远。⑤片石铭贞：石碑上刻着孟姜女的操守不移的坚贞事迹。片石：孤石，一块石头；指石碑；指片状石料。此处指石碑。铭：刻铭以记之。铭记。贞：坚贞，有操守。

【简析】 这副楹联，上联写秦朝修筑长城劳民伤财徭役沉重致使民怨沸腾，暴虐苛政的秦始皇早已死灭无存，引出下联孟姜女坚守节操而流芳百世，千秋传颂。上下联对偶属于反对，对比手法属于对比中的多体对比，上下联相反相成，使其对秦朝暴政的鲜明谴责与对孟姜女美德的由衷赞美十分鲜明而强烈，同时也说明孟姜女这一民间故事传说具有的旺盛生命力与永恒魅力。

长城山海关联

佚名

两京①锁钥②无双③地；
万里长城第一关④。

【题解】 见康有为《登万里长城》。

山海关，古称渝关，或作榆关，又名临渝关、临闾关。为河北省旧临渝县东门，长城的起点。今属秦皇岛市。明洪武十四年（1381 年）置关戍守，因其背山面海，故取名山海关。北依角山，东南临渤海，连接华北平原与东北平原。形势险要，自古为交通要隘，有"天下第一关"之称。

【注释】 ①两京：两个京城；两个首都。此处特指清朝入山海关前的国都沈阳盛京和入山海关后的都城北京。此外，"两京"的说法还有五种：一是指周代的镐京和雒邑。二是两汉称长安、洛阳（雒阳）为两京。后因以"两京"为两汉的代称。三是指唐朝的长安和洛阳。四是指元代的大都和上都开平。五是指明朝北京和南京。②锁钥：锁和钥匙；比喻极其重要、起决定作用的因素，关键；喻军事重镇；出入要道；喻防守，比喻成事的关键，也比喻军事重镇或出入要道。此处用"锁钥"比喻扼守华北与东北的咽喉要塞的山海关。③无双：无与伦比；独一无二。此处有夸张意味。④第一关：指山海关。山海关东城门门楼上悬有巨幅匾额"天下第一关"。此处代指山海关。

【简析】 这副楹联对山海关作为扼守门户这一关键地理位置以及"天下第一关"的重要军事地位进行了礼赞。

楹联的上下联为正对关系，"锁钥"的比喻，"无双地"的夸张。"第一关"的赞誉，赋予山海关以特有的气势和神韵，言简意赅，精当传神。

三、碑铭

碣石刻石①

秦·李斯

（此上疑有阙文。②）

遂兴师旅，诛戮无道，为逆灭息。③

武殄暴强，文复无罪，庶心咸服。④

惠论功劳，赏及牛马，恩肥土域。⑤

皇帝奋威，德并诸侯，初一泰平。⑥

堕坏城郭，决通川防，夷去险阻。⑦

地势既定，黎庶无繇，天下咸抚。⑧

男乐其畴，女修其业，事各有序。⑨

惠被诸产，久并来田，莫不安所。⑩

群臣诵略，请刻此石，垂著仪矩。⑪

【作者】 李斯（约前284~前208），楚国上蔡（今河南驻马店市上蔡县）人。秦朝政治家、文学家和书法家。初为郡小吏，后从荀卿学。战国末入秦，初为吕不韦舍人，后被秦王政（秦始皇）任客卿、廷尉。秦统一后，任丞相。参与或主持制定相关律法以及统一车轨、文字、度量衡等制度。秦始皇死后，他与赵高合谋篡改遗诏，迫令秦始皇长子扶苏自杀，立少子胡亥为二世皇帝，即秦二世。后为赵高陷害被腰斩于市并夷三族。李斯以"小篆"为标准，整理文字，对中国文字的统一有积极贡献。工书法，传说泰山、琅琊等处秦刻石，均为其所书，历代都有极高的评价。著有《谏逐客书》和《仓颉篇》（汉代残简。王国维有《重辑仓颉篇》卷）。

【题解】 碣石，见曹操《步出夏门行·观沧海》。

秦刻石，一般是指《史记·秦始皇本纪》中记载的秦始皇于公元前221年统一六国后数次出巡所刻碑文。所刻之石共有七处，分别为峄山刻石（前219）、泰山刻石（前219年）、琅琊刻石（前219年）、芝罘刻石（前218年）、东观刻石（前218年）、碣石刻石（前215年）和会稽刻石（前210年）。故又称"秦七刻石""秦七碑"。七刻石碑文载于《史记·秦始皇本纪》的有六篇，峄山刻石为现行《史记》所缺载，碣石刻石现行《史记》有脱简，其他刻石《史记》有全文。刻石大多有摹拓本传世，各传本碑文与《史记》所载略有不同。

秦始皇巡游纪功刻石，既是传播治国策略的措施，也是一种封禅祭祀礼仪形式，也是宣示权力扩大其政治和宗教文化影响的行为。其目的在于昭示统一中国之后实行的一系列军事、政治与文化整合的功绩。其内容主要是颂扬秦功，宣扬秦法，阐发秦制，教诫安抚臣民。其表达方式兼容记事、状物、叙述、告诫、颂赞、抒情，语言典雅壮丽，颂词几近极致。其文体为四言颂诗体韵文（除个别字句外），多三句一韵（"琅琊刻石"为两句一韵。二世诏书为无韵之文），每篇三十六句。其章数、韵数及句数都是六的倍数。秦七刻石具有很高的历史、文学、文化、学术等方面研究价值，是治理天下的纪功丰碑，是"书同文"的历史见证，也是影响深远的政事诗。

这篇碣石刻石，亦称"碣石颂""碣石门刻石"。秦始皇三十二年（前215年）第四次出巡，东巡至碣石并在此驻跸，行宫遗址在今北戴河金山嘴。李斯为其刻石记事，以求永存。

【注释】 ①刻石：即石刻。指刻有文字、图画的碑碣或石壁等。也指石雕像或刻于石上的文字、图画等。②《史记》所录碣石刻石第一句便是"遂兴师旅，诛戮无道，为逆灭息"，较为突然，有学者认为不像是开头，语前似有阙文，似阙三韵九句。阙文：缺疑不书或遗漏的文句。③遂兴师旅，诛戮无道，为逆灭息：始皇出动军队讨伐无道暴君，使违逆天命者灭亡。一作"遂兴师旅，为逆灭息"。遂：副词。于是，就。兴：动，发动。师旅：古代军队五百人为旅，二千五百人为师，故以师旅为军队的统称，也指战争。诛：惩罚，讨伐。戮：杀人。无道：指国家无德政。指残暴不行仁义者。逆：叛乱。④武殄（tiǎn）暴强（一作"逆"），文复无罪，庶心咸服：以武力消灭残暴的诸侯，以明文法令宣布免除无罪平民的劳役，天下归心。殄：断绝，灭绝。又消灭，灭亡。暴：凶恶，残暴。文：法令条文。"文"，与武相对，包括文化教育、典章制度等。复：免除（兵役或徭役）。庶：平民，百姓。咸：皆，都。⑤惠论功劳，赏及牛马，恩肥土域：按功劳大小给予奖励，皇恩遍及全国土域，连牛马都得到了恩惠。惠：恩惠。给以好处。恩：德惠。又施恩惠，厚待，肥：形容词使动用法，"使……肥（富足）"。肥：肥厚，富足。又有使之富足的意思。⑥皇帝奋威，德并诸侯，初一泰（一作"太"）平：皇帝以德使各诸侯国统一，使天下第一次获得太平。初：开始。泰平：太平，犹治平，时事安宁和平。泰：安宁，安舒。⑦堕坏城郭，决通川防，夷去险阻：将以前六国以邻为壑修建的防御工事、关塞、堡垒、内长城、河上拥堵障碍物、川防等险阻，加以铲除平毁，以固统一。堕：通"隳"，毁坏。决通川防：挖通六国利用河川堤防筑成的军事障碍物。与上文"堕坏城郭"和下文"夷去险阻"，都是对六国残余势力的防范措施。夷：平，平坦，使……平。⑧地势既定，黎庶（一作黔首）无繇（yáo），天下咸抚（fǔ）：统一的地域和局势已定，百姓没有徭役，天下安定。黎庶：民众。繇：通"徭"，劳役。抚：安抚，抚慰。⑨男乐其畴（chóu），女修其业，事各有序：男子乐意耕种，女子干自己的活计，各种事业都井然有序。畴：已耕作的田地，田亩。修：学习，研习。序：次序，秩序。⑩惠被诸产，久并来田，莫不安所：皇帝恩惠遍及各行各业，使当地和外来的农民都安居乐业。被（bèi）：及，遍及。久并来田：使"久田者"与"来田者"合并。"久"与"来田"是根据时间区分的两种农民。"久"，"为久田者"，即长期在秦国耕垦的农民。"来田"，指从他乡迁来垦荒的农民。安所：安居，安定地生活。⑪群臣诵略（一作"烈"），请刻此石，垂著（一作"箸")仪矩：群臣歌颂皇帝伟大业绩，请求刻于此石，垂于后世，永为典范。垂：流传，留传。著：明显，显出。仪：法度，准则。矩：画方形或直角的工具；标准，法则。

【简析】 秦刻石，不仅记载了大秦帝国的丰功伟业，也体现了秦王朝端庄、整饬、雅致的帝国之风。碣石刻石主要是歌颂秦始皇建立统一大业，革除六国弊端，国家稳定繁荣，百姓安居乐业的盛世局面。其节奏高低起伏，文气张弛有度，有大国风度，新朝气象。

碣石刻石与其他秦刻石（包括本书辑录的泰山刻石）对后世产生了重要的影响。① 石刻是中国古代重要的文献形式之一。秦刻石对石刻成为中国古代重要文献形式，产生了关键的影响。② 碑志文方面，刻石长篇四言诗体，奠定了石刻铭文体式，对后代碑志铭文产生了影响，汉碑如《乙瑛碑》所载录三公奏事文书，其体制也来自秦刻石。③ 这种政事诗形式，对秦以后的一些政事公文具有重大影响。④ 文学方面，刻石文句采用四言颂诗体韵文形式，句型整齐押韵。很明显地继承了典诰以及《诗经》中《雅》《颂》的传统，语言上虽缺乏《雅》的清丽隽永，有刻板典重，重叠堆砌的问题，但形制更加整齐，对后代类似文体具有重要的影响，如唐代岑参的《走马川行》、元结的《大唐中兴颂》等作品。⑤ 书法方面，秦刻石用秦篆小篆字体，创造了小篆的典范，成为篆书艺术的高峰，对研究中国碑刻及其书法具有重大意义。

第三节　山西省旅游景点诗文

一、诗词

题云冈石窟寺①

唐·宋昱

梵宇②开金地③，香龛④凿铁围⑤。
影中群象⑥动，空里众灵⑦飞。
檐牖⑧笼朱旭，房廊挹⑨翠微⑩。

瑞莲生佛步，瑶树挂天衣⑪。

邀福功虽在，兴王⑫代久非。

谁知云朔⑬外，更睹化胡⑭归。

【作者】 宋昱（? ~756），籍贯不详。唐朝官员。唐天宝末，官至中书舍人，知选事。安史之乱时为乱兵所杀。宋昱诗作在《全唐诗》中只存《晓次荆江》《题石窟寺》《樟亭观涛》三首。

【题解】 云冈石窟，位于山西省大同市城西武州（周）山南麓、武州川北岸。依山开凿的石窟，始于北魏时代，齐、隋、唐、辽、金、元、明、清、近代多有修葺，中华人民共和国成立后设置专门保护机构，对公众开放。云冈石窟，现存主要洞窟45个，大小窟龛250多个，造像5万余尊，是我国规模最大的古代石窟群之一，与敦煌莫高窟、洛阳龙门石窟和麦积山石窟并称为中国四大石窟。云冈石窟代表5世纪至6世纪时期中国杰出的佛教石窟艺术，布局设计严谨统一，是中国佛教艺术第一个巅峰时期的经典杰作。

【注释】 ①《题云冈石窟寺》：又名《题石窟寺魏孝文所置》，《全唐诗》（第121卷 No.4491）题名为《题石窟寺》。②梵（fàn）宇：指佛教的寺庙，此处指云冈石窟。③金地：土地的美称；佛教谓菩萨所居以黄金铺地，故称。亦代指佛寺。此处指云冈石窟寺。④龛（kān）：供奉佛像的小阁或柜子。⑤铁围：铁围山，佛教用语。佛经言南赡部洲四大部洲之外有铁围山，周匝如轮，故名。⑥群象：指石窟中雕刻的佛传故事中的众多人物雕像。⑦众灵：诸神。此处指石窟壁画佛教故事中的神灵。⑧牖（yǒu）：窗子。⑨挹（yì）：牵引。⑩翠微：青绿色的山气。⑪瑞莲生佛步，瑶树挂天衣：描写石窟壁画所绘胜境。瑞莲：佛经载："菩萨生已。无人扶持。即行四方。面各七步。步步举足。出大莲华。"佛教典籍中将莲花作为佛和佛法的不二象征，如佛国被称为"莲界"，寺庙被称为"莲舍"等。瑶树：传说昆仑山上一种玉白色的树。树之美称。瑶：美玉；光洁美好。用于称美之词。天衣：佛教谓诸天人所着之衣，泛指仙神所着之衣。喻指天空中漂浮的云。⑫兴王：指励精图治、勤于王业的君王。此处指北魏孝文帝拓跋宏。⑬云朔：地名。古代云州和朔州，一般也泛指雁门关以北地区。云：云州，燕云（幽云、幽蓟）

十六州之一，自古为北方边境军事重镇。燕云十六州指中国北方以幽州（今北京）和云州（今山西大同）为中心的十六个州。唐代置的云州（平城），是秦汉时期的云中郡，为山西省大同市的前身。朔，指朔州，位于中国山西省北部，桑干河上游，西北毗邻内蒙古自治区，南扼雁门关隘。今山西朔州市一带。⑭化胡："老子化胡"。初期佛教传入中国，被认为是神仙方术的一种，时人混老子、佛为一人。认为老子化身为佛建立佛教。老子化胡说是从《史记》老子"西出函谷关而去，莫知所终"之句演化而来。通常认为记载化胡说的是西晋祭酒王孚撰写的《老子化胡经》。

【简析】　唐代宋昱以其《题云冈石窟寺》成为吟颂云冈石窟的最早诗人。诗作第一联展现了云冈石窟的历史风貌，石窟的巍峨气势跃然纸上。第二联对洞窟中雕刻的壁画进行生动描述。群像竞动，众灵飞扬，表情仪态鲜活，服饰纹样飘逸，可谓随物赋形，气象万千。第三、四联写石窟寺清晨景致与石窟内祥瑞氛围。"笼朱旭""挹翠微"格调明朗，万象相连；"生佛步""挂天衣"想象生动，逸兴遄飞。最后两联怀古抚今，祖先求赐福德凿窟建庙之功尚在，但兴衰更替，世事早已变迁。寄托着时代更迭、沧桑变化的感慨。诗人在题咏赞叹中，留下令人回味的悠悠韵味。

游悬空寺①

清·邓克劭

石屏②千仞立，古寺半空悬③。
净土④绝尘境，岑楼⑤缀⑥远天。
一湾岩畔月，半壁画中禅⑦。
俯视行人小，飘然意欲仙⑧。

【作者】　邓克劭，生卒年不详。字如许，灵丘（今大同灵丘县）人。诸生。清代文人。著有《自适集》。

【题解】　悬空寺，原名"玄空阁"，位于山西浑源县北岳恒山下金龙峡西侧翠屏峰半崖峭壁间，是北岳恒山的一个奇观。悬空寺建成于北魏太和十五年（491年），历代都进行过修缮。根据道家"不闻鸡鸣犬吠之声"理念建造，是中国仅存的佛、道、儒三教合一的寺庙，在中国众多庙宇中可谓独树一帜。全寺为木质结构，寺门向南，以西为正，上载危崖，下深危谷，楼阁空悬。寺凿崖为基，三层殿阁两座，南北高下对峙，中间断崖有栈桥连通。楼阁与栈道均以横插于徒崖洞穴中的碗口粗悬梁为基，依靠榫卯结构，整个建筑巧借岩石暗托，廊栏左右紧连，梁柱上下一统，集力学、美学与三教合流的宗教内容为一体。可谓建筑奇，选址险，结构巧，内涵深奥。寺下岩石上"壮观"两个遒劲大字，传说是唐开元二十三年（735 年）诗仙李白来恒山学道时留下的墨宝。明代旅行家徐霞客称惊叹为"天下巨观"。

【注释】　①悬空寺：原名"玄空阁"，"玄"取自中国道教教理，"空"则来源于佛教的教理，又因其悬挂在悬崖上，汉语"悬"与"玄"同音，因此得名。②石屏：指翠屏峰峭壁。以"屏"比喻翠屏峭壁。③半空悬：实写悬空寺上载危崖、下深危谷、楼阁空悬的情景。④净土：一名佛土，佛教语，佛教认为没有任何污浊的极乐世界。此处指悬空寺。⑤岑（cén）楼：高楼。此处指悬空寺。岑：小而高的山。⑥缀：缝，缝合，引申为联结，连缀。⑦禅：佛教用语。"禅那"的略称，"静思"的意思；泛指有关佛教的事物。⑧飘然：轻捷貌；高远貌，超脱貌；轻松闲适貌。飘然欲仙：同成语飘飘欲仙，飘浮上升，像要超脱尘世而成仙。

【简析】　这首五言律诗《游悬空寺》，景致描写虚实相生，俯仰自如；想象丰富，画面空灵；抒情达意，韵致灵妙；语言格调清婉，意境营造高邈。首联和颔联总写悬空寺镶嵌崖龛，峭壁悬立飞阁，净土岑楼绝尘，宛若人间仙境的巧夺天工。首联实写，颔联虚写，虚实相生，视野开阔。颈联抬头仰望，"一湾岩畔月，半壁画中禅"的画面既虚静空寂又清新明丽，禅意朦胧，境界超逸。尾联低头俯瞰，"俯视行人小，飘然意欲仙"的夸张，既夸饰了悬空寺之高峻陡峭，又突显了轻盈自在潇洒自如的感受。

二、楹联

晋祠门联

清·刘大鹏

巍巍冠盖①日纵横②，景其美兮，景其淑③兮，景其灵④兮，晋阳⑤

焜耀⑥无双地；

　　混混⑦源泉时激溅⑧，清且涟猗⑨，清且直⑩猗，清且沦⑪猗，山右⑫声名第一区⑬。

　　【作者】　刘大鹏（1857～1942），字友凤，号卧虎山人，梦醒子，又号潜园居士，山西太原县（现太原市晋源区）赤桥村人。跨清末、近代与现代的学者，著名地方史学者、地方文化学家。刘大鹏的一生可概括为三个阶段：少年数次科考，中年塾师廿年，晚年亦农亦商又亦政亦绅。刘大鹏乡里人立刘友凤先生碑，碑末铭曰："乡邦文献，关怀有缘，表扬潜德，著述连篇，天不应遗，杀青何年。晋水潺潺，相与鸣咽，千秋万祖，其视此镌。"刘大鹏著有《晋祠志》43卷、《退想斋日记》200多册、《晋水志》13卷、《卧虎山房诗集》23卷、《潜园琐记》6卷等，尤以前两种最为著名。

　　【题解】　晋祠，坐落于晋阳古城西南方向（今太原西郊）的悬瓮山脚下。原名为晋王祠，初名唐叔虞祠，是为纪念晋国开国诸侯（后被追封为晋王）的唐叔虞（姬虞封地古称唐国，故称为唐叔虞）及母后邑姜后而建。晋祠的创建年代现已无从稽考，根据北魏地理学家郦道元所著《水经注》等记载可知晋祠早在北魏之前已经存在。晋祠是中国现存最早的皇家祭祀园林，分布着近百座殿、亭、台、楼、阁、榭、洞、庙、桥等建筑，有"三绝""八景"，"三大国宝建筑"等景观，现在已成为一处时代序列完整的集宋元明清至民国本体建筑类型、雕塑、园林景观、石刻碑文于一身并享誉海内外的旅游胜地。古往今来文人骚客留下大量诗歌、散文、楹联，为晋祠这方原本熠熠生辉的绚烂之地增添了更加丰厚的人文底蕴。

　　【注释】　①巍巍冠盖：悬瓮山高耸雄峙超群出众。巍巍：高峻的样子；形容崇高。冠盖：官吏的冠服和车盖。亦借指官吏；超群出众。②纵横：交错貌。纵：直，与"横"相对。横：与"纵"相对。地理上东西为横，南北为纵。③淑：水清澈，《说文·水部》："淑，清湛也。"美好，漂亮。④灵：善美，美好。⑤晋阳：晋阳古城为今太原故城，位于晋水之阳（北），始建于春秋周敬王二十三年（前497年）。历史上晋阳城军政地位特殊，曾作为赵国初都、汉晋干城、东魏霸府、北齐别都、盛唐北京而享誉江河南北。⑥焜耀（kūnyào）：同"焜燿"，明照，辉耀；光辉，辉煌。⑦混混

（gǔngǔn）：同"滚滚"，大水奔流的样子。⑧ 潋滟（liànyàn）：水满溢的样子；水波荡漾的样子。⑨ 清且涟猗（yī）：出自《诗经·魏风·伐檀》："坎坎伐檀兮，置之河之干兮，河水清且涟猗。"下文的"清且直猗""清且沦猗"出处都相同。涟：波纹。猗：文言语气助词。义同"兮"。此楹联的"涟猗"，有版本作"涟漪"。⑩ 直：不弯曲。这里指水流的直波。⑪ 沦：兴起微波。这里指小波纹。⑫ 山右：山西省旧时别称。古人地理上以西为右，以东为左，山西位于太行山之西，故又称其为山右。⑬ 第一区：言晋祠在山西三晋大地名列第一。刘大鹏在《晋祠志·流寓》赞叹："三晋山水之美，莫胜于晋阳，而晋阳山水之美，莫胜于晋祠。晋祠在山水之间，为境美，为景美，而为古今骚客游人共欣赏其美，斯美为不虚矣。"清朝杨二酉题太原晋祠景清门楹联："山环水绕无双地，神乐人欢第一区。"

【简析】 这副正对楹联对晋祠的优美的自然风景和重要的人文地位进行了高度的赞美与赞叹。首先，上联写山，静山，悬瓮山高耸雄峙，超群出众，风景秀美，灵淑辉煌，实为举世无双。下联写水，动水，晋水奔流不息，灵动婉转，微波荡漾，姿态婉然，确乎第一胜境。山水之间的晋祠，山环水绕，动静相宜，一片生机盎然。其次，同义词运用很有特色。上联"美、淑、灵"互相点缀，为山的雄伟气势增添几分柔美之姿。下联"涟、直、沦"互相渲染，为水的清湛灵动添增了无限旖旎之态。上下联之间互为衬托，相辅相成，美山与奇水交相辉映，蓊郁葱翠，流转顾盼，洋溢着旺盛的生命力。

应县木塔联

佚名

俯瞩①桑干②，滚滚波涛萦③似带；
遥临恒岳④，苍苍岫嶂⑥屹⑦如屏。

【题解】 应县木塔，辽代佛塔，中国现存最高最古的木结构佛塔。是山西朔州市应县西北"佛宫寺"的主体建筑。建于辽清宁二年（1056年），金明昌六年（1195年）增修。木塔平面呈八角形，塔顶八角攒尖式，顶部端立一座铁刹。塔外形立面重檐，"明五暗四"，整体为9层高塔。塔身式样繁复，结构精巧。塔内外两道八角形结构框架，用大梁和斗拱互相拉结。柱头间有水平构件，内外槽之间全部用纵横交错的主柱、木环、斗扶、深架与斜撑相互搭连。全塔没有一钉一铆，木柱之间使用 60 多种斜撑、梁、枋和短柱，集复杂而精细的 50 多种斗拱式样于一体，在单一建筑上使用斗拱种类之多实属建筑史罕见。

近千年来木塔安然无恙，创造了中国建筑史上抗震、避雷、防腐等多项奇迹，反映了中国古代木构建筑在结构组成、力学平衡等方面创造的高超技艺和辉煌成就。应县木塔文化背景浓厚，将唐末、五代、宋、辽、金、元、明、清以来的政治、经济、历史、文化、宗教、社会、民俗等展现在人们面前，犹如一座异彩缤纷的艺术博物馆。

【注释】①俯瞰：从高处往下看。俯：屈身，低头，与"仰"相对。瞰：视，望。②桑干：桑干河，永定河的上游，河北省西北部和山西省北部。据传每年桑椹成熟时河水干涸，故名。古称灅（lěi）水，隋代称桑干河，金代称卢沟，旧名无定河。上源为山西省的元子河与恢河，两河于朔州附近汇合后称桑干河。在河北省怀来县朱官屯与洋河交汇后称为永定河。永定河经官厅水库、由北京南部入海河。海河到大沽口汇入渤海。③萦（yíng）：缠绕，绕；曲折。有版本作"荧"。④恒岳：北岳恒山，亦名"太恒山"，古称玄武山、崞（guō）山，高是山，玄岳等，明末清初被确定为"五岳"之北岳恒山。位于山西浑源，主峰天峰岭号称"人天北柱""绝塞名山"。古北岳恒山，从春秋战国到明代中期一直在今河北境内保定市辖县曲阳西北，主峰原名常山，今通称大茂山。清顺治十七年（1660 年）移祀北岳于浑源恒山。⑤苍苍：深青色。⑥岫（xiù）嶂：险峰峻峦。岫：山洞，岩穴；峰峦。此处指峰峦。嶂：高而险峻的山峰。⑦屹：高耸的样子。

【简析】这副楹联通过在塔上的俯视与遥望，咏叹了应县木塔的巍峨壮观与端庄秀丽。内容方面，上联写俯视桑干河，波涛滚滚，似带萦绕。下联写遥望恒岳，苍峰屹立，屏障绵延。木塔周围萦河碧野，远接山岳的壮丽风光尽收眼底。艺术手法方面，一是以映衬手法烘托木塔。通过对周围桑干河萦绕蜿蜒与恒岳岫嶂高耸的描写来烘托木塔崛地擎天的英姿。二是比喻传神尽态，"萦似带""屹如屏"的明喻，生动地展现了桑干河的迂回曲折与恒岳的巍峨崔嵬，诗情画意自成奇趣。

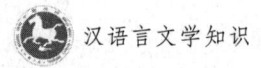

第四节　内蒙古自治区旅游景点诗文

一、诗词

青冢①

清·王循

怨魄②传青冢，灵风③此黑河④。

黄沙迷古渡，翠霭⑤护烟螺⑥。

女子英雄泪，琵琶壮士歌。

一心争不朽，莫⑦谩⑧憾双蛾⑨。

【作者】　王循，生平不详。清朝人。

【题解】　青冢，是史籍记载和民间传说中西汉明妃王昭君的墓地。蒙古语称"特木尔乌尔虎"，意为"铁垒"，现在特指位于今内蒙古自治区呼和浩特市南大黑河河畔的昭君墓。远望墓冢呈青黛色，传说深秋时节，四野草木枯黄，唯有昭君墓草青茵，"青冢拥黛"被誉为呼和浩特八景之一。杜甫《咏怀古迹》其三："一去紫台连朔漠，独留青冢向黄昏。"明末清初著名学者仇兆鳌注："《归州图经》：边地多白草，昭君冢独青。"昭君墓景区主要有青泉牌坊、石雕嫱云、和亲铜像、董必武诗碑、昭君出塞陈列、昭君诗碑廊等景点。

【注释】　①青冢：绿色的坟墓。冢：高大的坟墓。后作"塚"。青冢是相关昭君诗作中常出现的一种意象。西汉元帝竟宁元年（前33年），匈奴呼韩邪单于入朝求亲，宫女王昭君向掖庭令请求远嫁。昭君到匈奴后，被封为"宁胡阏氏"（王后），在匈奴几十年，结束了长期以来汉同匈奴之间的战争局面，起到安定边疆，增进民族团结的进步作用。"昭君冢独青"，彰显的是一种生机勃发的生命力。其意向是昭君出塞和亲、民族团结的象征。②怨魄：指王昭君。此处含有诗人的不平之声。③灵风：春风，东风；阴惨的风；阴灵的节概；修道者或神灵的风范。根据下文"翠霭""英雄""壮士"，此处可理解为"春风"或"神灵的风范"。④ 黑河：指昭君墓附近的大黑河。位于内蒙古河套地区东北隅，是黄河上游末端一条大支流，发源于内蒙古自治区卓资县境的坝顶村，流经呼和浩特市近郊，于托克托县城附近注入黄河。⑤ 霭（ǎi）：云雾。气象学上把轻雾也称为"霭"。⑥ 烟螺：喻烟霭缭绕的山峰。此处喻指青冢。烟：云气，雾。⑦ 莫：无，没有。⑧ 谩（màn）：通"漫"，徒然；不要，莫。⑨ 蹙（cù）双蛾（一作"峨"）：皱眉头。蹙：减缩，收缩。也指聚拢，皱。蛾：蛾眉，娥眉。女子长而美的眉毛。

【简析】 王循的《青冢》很有特色。风格方面，格调高昂豪壮。诗作不同于吟咏昭君类诗词多表现出的哀怨悲愤格调，对昭君有别样的解读。昭君之泪是因志不得的"英雄泪"，琵琶弹奏的是抒发不让须眉的"壮士歌"。"争不朽"，一扫悲怨之愁，传达一种高亢激昂的情怀。艺术手法方面，一是诗作出现了有关昭君诗词中常出现的多种意向，如青冢、泪、琵琶、双蛾等，随物寄情，成为其写意抒情的载体。特别是"琵琶"，从某种程度上说，是昭君的化身。歌咏昭君诗词中，多是写琵琶传递昭君心中难以诉说的孤寂与乡思，而这首诗中琵琶弹奏的是情调铿锵的壮士之歌。二是运用拟人手法，赋予"翠霭"以人的特征"护"，情感真挚，寄情于物，情景交融。

二、楹联

内蒙古呼和浩特长白书院联

清·薛时雨

盛世本同文，合①左云右玉②封疆③，息马投戈，沙漠浸成邹鲁俗④；
将军不好武⑤，萃⑥黑水白山⑦俊彦⑧，敦诗说礼⑨，边关长此诵弦⑩声。

【作者】 薛时雨（1818～1885），字慰农，另一字澍生，晚号桑根老农。安徽全椒（现安徽省滁州市全椒县）人。清代咸丰三年（1853年）进士，官至杭州知府，兼督粮道，代行布政、按察两司事。晚清著名词人之一。薛时雨主张经世致用，"培才宜宽，用才宜严"，培育了许多人才。薛时雨一生著述颇多，传有《藤香馆诗删存》《藤香馆词》《西湖橹唱》《江舟欸乃词》及《札礼》若干卷。

【题解】 呼和浩特长白书院，位于内蒙古呼和浩特市新城区书院街，始建于同治十一年（1872年）。清乾隆四年（1739年）于归化城东北筑绥远城（今内蒙古呼和浩特市），设绥远城厅，为绥远将军驻所。绥远城建成后不久，就在将军衙署内办起官学。同治七年（1868年），满族官员定安担任绥远城将军，对教育事业"至为留意"，于同治十一年（1872年）将官学搬迁至新城内东南空房，督劝八旗官兵捐建，创办长白书院，书院前东西向街道始称书院街。书院创建之初，从八旗官员中选派人员进行管理，不分种族，使满族、汉族和蒙古族学生都可以通过考试录取。教学内容以四书五经等中国传统文化典籍为主，藏书亦多，对归绥的文化教育事业的发展起到了重要作用。光绪五年（1879年），时任绥远城将军瑞联将"长白书院"改名"启秀书院"。光绪三十年（1904年）在启秀书院旧址，设立绥远城中学堂。更名为"绥远中学堂"，设满文、蒙古文、汉文、外文四科，实行新学制。1912年新城绥远中学堂并入旧城绥远城中学堂改称归绥中学校。1935年改为绥远省立工科职业学校（分为毛织科和制革科），是呼和浩特地区最早的职业技术学校之一。

【注释】 ①合：会和，联合。结合，合并。②左云右玉：左云县和右玉县，地理位置两县相连。左云县，隶属于山西省大同市，东靠大同，西接右玉，南邻朔州。右玉县，隶属于山西省朔州市，位于山西省的西北端。"左云右玉"都与内蒙古交界，古代多作为拱卫大同的塞北军事重镇。③封疆：疆界；封疆大吏。清代总督、巡抚总揽一省或数省的军政大权，一般把他们与古代分封疆土的诸侯相比拟，因称封疆大吏。或称疆臣、疆吏、封疆。此处指绥远的安定将军管理绥远一带军事要地。④息马投戈，沙漠浸成邹鲁俗：偃武修文，将沙漠边陲变成文化礼仪之地。息马：放马，使马休息。投戈：放下武器，谓休战。浸：浸泡。浸润。邹鲁：邹国、鲁国的并称。孔子生于鲁国，孟子生于邹国。旧用"邹鲁"为文教兴盛之地的代称，是借代的修辞手法。⑤将军不好武：言驻守绥远的定安将军身为将军却不好兵黩武。出自杜甫《陪郑广文游何将军山林》"将军不好武，稚子总能文。"定安将军，姓叶赫那拉，字静书，满洲镶黄旗人，同治七年（1868年）授绥远城将军，任期6年。⑥萃：聚集。又聚在一起的人或物。⑦黑水白山：黑龙江和长白山。泛指中国东北或北方地区。⑧俊彦（yàn）：杰出之士，贤才。《尚书·太甲上》：“帝求俊彦，启迪后人。”俊：优秀，才智出众。引申为才智出众的人。彦：有才德；贤士。⑨敦诗说礼：重视学《诗》讲《礼》。意思是以诗、礼教育人。敦：重视。此句化用《左传·僖公二十七年》"说礼乐而敦诗书"文句。⑩诵弦：诵读诗歌；指礼乐教化。语本《礼记·文王世子》："春诵夏弦，大师诏之。"郑玄注："诵，谓歌乐也；弦，谓以丝播诗。"孔颖达疏："'诵谓歌乐'者，谓口诵歌乐之篇章，不以琴瑟歌也；云'弦谓以丝播诗'者，谓以琴瑟播彼诗之音节，诗音则乐章也。"

【简析】 这副楹联具有两方面的特点。内容方面，楹联通过赞美绥远城满族将军定安创办长白书院、偃武修文的德政，进而赞颂长白书院在当地以及更广大的北方地区振兴文教的巨大贡献。上联写长白书院建成后，释甲胄而读书，化干戈为礼乐，塞北地域文化沾溉"浸成邹鲁俗"的景象。下联写书院的各族俊彦，诵歌诗乐，勤修礼制，边关地区长兴教化的情景。既称赞了定安将军兴建长白书院的功绩，又反映了归绥地区文化教育发展的景况，反映了当时满、蒙古、汉各民族多元文化和谐与文化认同的状况。艺术手法方面，一是用典自然。"邹鲁""敦诗说礼"的典故，恰切合乎书院传诗播礼的文化背景。二是上下联正对，无论是词句还是平仄格式都十分严格工稳。"左云右玉"与"黑水白山"地域类名称相对、"息马投戈"与"敦诗说礼"概括性事务相对，结构整齐，韵律铿锵，表达角度虽有不同，但互相补充，互相强调，鲜明地突出了长白书院的特色，极富感染力。

第二章
东北地区旅游景点诗文

第一节　辽宁省旅游景点诗文

一、诗词

盛京旧宫再依皇祖原韵 ①

清·爱新觉罗·弘历

枚枚②青琐③与银铺④，一例都京制度符⑤。
体⑥从帝王御宫殿，心惟黎庶⑦莫寰区⑧。
酌斟⑨奢俭临⑩中国，环卫旗民⑪壮远图。
敬仰戎衣⑫未解际，依然有暇视规模⑬。

【作者】　见爱新觉罗·弘历《御花园花朝》。

【题解】　盛京，狭义指沈阳故宫，清朝（后金 1625～1644）入关前称名。盛京由清太祖努尔哈赤始建于天命十年（1625 年），天聪八年（1634 年）清太宗皇太极尊沈阳为"盛京"。崇德元年（1636 年），皇太极在盛京称帝，改国号大清。清廷迁都北京后盛京行宫成为陪都，也称奉天行宫。位于辽宁沈阳市沈河区明清旧城中心。顺治十三年（1656 年）清朝以"奉天承运"之意在盛京城设奉天府，故沈阳又名"奉天"。沈阳故宫其建筑布局分为东中西三部分。东路：努尔哈赤时期建造的大政殿与十王亭；中路：清太宗（皇太极）时期续建的大中阙，包括大清门、崇政殿、凤凰楼以及清宁宫，清宁宫东侧关雎宫、衍庆宫，西侧麟趾宫、永福宫等；西路：乾隆时期增建的文溯阁等建筑。沈阳故宫以汉族传统建筑风格和布局为主，兼备蒙古、满等民族风格和布局，是中国现存仅次于北京故宫的最完整的皇宫建筑。

【注释】 ① 皇祖：指清朝第四位皇帝爱新觉罗·玄烨，年号康熙。爱新觉罗·玄烨《盛京旧宫》："双悬凤阙隐金铺，想见龙飞握瑞符。殿列丹霄崇大政，宫开紫极接神区。君臣际会风云日，版籍留存山海图。堂构有怀追往事，土阶俭朴示规模。"这首《盛京旧宫再依皇祖原韵》作于乾隆四十八年（1783）第四次东巡中。② 枚枚：细密的样子。③ 青琐：门窗等镂刻的青色图纹。④ 银铺（pū）：银饰铺首。铺首是门上的衔环兽面。常作虎、螭、龟、蛇等形，多为金属制成，有金铺、银铺、铜铺等，是一种含有驱邪意义的传统建筑门饰。⑤ 制度符：制定相关法度、标准。制：规定，制定。度：标准，限度；制度，法度。符：契约，凭证。⑥ 体：政体；规格，格式。⑦ 黎庶：民众。⑧ 奠寰（huán）区：统一天下。奠：定，奠定。寰区：犹寰宇。⑨ 酌斟：斟酌。反复衡量，考虑取舍。⑩ 临：监察，统管。⑪ 旗民：旗人与汉人。旗人：指清代编入旗籍的人。特指满族人。⑫ 戎衣：此处专指清入关前与明王朝的战事。戎衣：军服、战衣。也指军旅之事；战事。⑬ 规模：法度，格局。

【简析】 这首爱新觉罗·弘历的诗作《盛京旧宫再依皇祖原韵》，主要是赞颂清先祖开创基业，皇业兴旺的丰功伟绩。诗作从盛京皇宫门饰细节开始，详述祖上规制政体、制定法度以及勤政不息，敬天勤民的功绩，通过赞美伟业来歌颂升平，呈现的是一种帝王的家国情怀。咏史说理，议论质直。虽是帝王御制诗作，仍可窥见爱新觉罗·弘历帝学宸章的邃密渊深。

二、楹联

题千山景物联 ①

当代·尚文化

千朵莲花 ② 山滴翠 ③，二宫 ④ 六观 ⑤，红墙绿瓦清幽地，风光无限；
万株古柏树生岚 ⑥，五寺 ⑦ 七庵 ⑧，暮鼓晨钟世外天，仙客有缘。

【作者】 尚文化，1927 年出生，辽宁省铁岭开原市马家寨乡花山村人。曾任中国楹联学会副会长，辽宁省楹联学会会长，是著名的楹联学家。在全国 10 多家报刊上发表楹联作品 4000 多副，有的楹联墨迹被国内一些名胜景点镶嵌存用。结集出版有《楹联写作与欣赏》《辽宁名胜楹联》《蹊径集——我的自学楹联之路》《竹吟堂楹联点评》等书。

【题解】 千山，位于辽宁省鞍山市东南，为长白山支脉。山峰总数为 999 座，故名"千山"，又有"积翠山""千华山""千顶山""千朵莲花山"等名称。清代诗人姚元之赞叹："欲向青天数花朵，九百九十九芙蓉。"千山山高峡多，峰陡路险，名胜古迹众多，可谓"无峰不奇，无石不峭，无庙不古，无处不幽"，是集佛寺、道观、园林于一山的旅游胜地，素有"东北明珠"之称。启功所书千山山门中门楹联赞道："南海八千路；辽东第一山。"

佛、道两家共居一山，佛道共融是千山文化发展的独特态势。北魏时期，千山就已有佛教徒踪迹。发展到辽金时期，成为关东著名的佛教圣地。而早在西汉时期，就有道家在千山炼丹修行，后成为道教主流全真派圣地。千山由此又有"东北祈福第一山"之称。千山胜迹，现存的庙宇有九寺、六观、六宫、三庵、财神庙等多处庙宇，还有唐代古城遗址等遗迹，自然风光秀丽，人文景观荟萃，文化底蕴丰厚。

【注释】 ① 这副楹联作者题于千山无量观。无量观，又称老观或无梁观，始建于清康熙六年（1667 年），后经重修和改建，成为千山八大道观中最大的庙宇。观内主要建筑有观音殿、老君殿、三官庙、大仙堂等。② 千朵莲花：千山山峰总数为 999 座，故名"千山"，又有"千朵莲花山"之称。③ 滴翠：滴下青绿色。滴：一滴一滴落下。翠：青绿色。④ 二宫：此处指五龙宫和太和宫。明清鼎盛时期的九宫是：太和宫、斗母宫、圣仙宫、圣清宫、东极宫、朝阳宫、五龙宫、西海宫、太安宫。⑤ 六观：指元通、无量、武圣、普安、慈祥、青云六观。明清鼎盛时期的八观是：其中无量观、慈祥观、青云观合称为三大道院，再加上玄真观、元通观、凤朝观、三清观、武圣观。⑥ 岚（lán）：林中雾气。⑦ 五寺：指大安、龙泉、祖越、中会、香岩寺五大禅林。⑧ 七庵：指南泉、鎏金、伴云、木鱼、龙泉、石龙、遁颐（重建）七庵。明清鼎盛时期十二茅庵是：鎏金庵、南泉庵、木鱼庵、洪谷庵、皇姑庵、伴云庵、小皇庵、西明庵、双龙庵、龙泉庵、观音庵、石龙庵。

【简析】 这副楹联，内容方面，反映千山"佛道共融"的状况。楹联中"二宫六观""五寺七庵""暮鼓晨钟"等内容正是千山佛教与道教共居一山的写照。意境方面，寓意于形，景情交融。通过对千山道观、寺庙、佛庵等景物的描写，寄寓对千山红墙绿瓦、暮鼓晨钟的世外幽地的赞美，风光无限，意境朗澈，文化意蕴丰厚。结构方面，上下联正对工稳巧妙，韵律严谨，耐人品读。修辞手法方面，一是"千朵莲花"既是镶嵌（嵌名）手法又兼有比喻手法，匠心独运。二是"滴翠"比拟兼夸张，通过拟物直接赋予千朵莲花山以"滴"的动态，夸张地写千山"清幽地""世外天"葱翠浓郁得几乎要滴露出来，鲜活地突显了千山的钟灵毓秀。三是上下联相关对称数字，实虚相映，运用巧妙。

沈阳故宫衍庆^①宫联

清·阮元

水能性澹^②为吾友；
竹解心虚^③是我师。

【作者】 阮元（1764～1849），字伯元，号芸台、雷塘庵主、揅（yán）经老人、怡性老人，江苏扬州仪征人。清乾隆五十四年（1789年）进士，去世后获赐谥号"文达"。作为经学家、训诂学家、金石学家，生平著述丰富，有主编《经籍籑诂》、校刻《十三经注疏》、汇刻《皇清经解》、撰《揅经室集》等30余种著述传世。

【题解】 沈阳故宫题解，见清·爱新觉罗·弘历《盛京旧宫再依皇祖原韵》。

衍庆宫，属沈阳故宫中路建筑。沈阳故宫中路建筑为清太宗时期续建的皇帝政治活动和后妃居住的场所，主要有大清门、崇政殿、凤凰楼、清宁宫等建筑。中路轴线上的凤凰楼为寝宫区门户，衍庆宫，位于"凤凰楼"右侧。清太宗皇太极时期沈阳故宫中，有所谓"崇德五宫"后妃，均来自蒙古，都姓博尔济吉特。这五宫分别为中宫清宁宫，东宫关雎宫，西宫麟趾宫，次东宫衍庆宫，次西宫永福宫。衍庆宫是皇太极东侧福晋淑妃巴特玛璪的寝宫。

【注释】 ①衍（yǎn）庆：绵延吉庆，常用作祝颂之词；古代宫殿名。衍：蔓延，扩大。庆：善。又有福、幸福的意思。②澹（dàn）：安静；味道颜色等清淡，不浓烈。③心虚：谦虚不自满。《淮南子·原道训》："故得道者，志弱而事强，心虚而应当。"

【简析】 这副楹联，联语化用唐白居易《池上竹下作》诗句"水能性淡为吾友，竹解心虚即我师"。清吴隐《古今楹联汇刻》言陈元龙取颈联，改"即"为"是"成联，说明此楹联是陈元龙首先集句的作者。后阮元题写，称阮元为题写者更加妥当。

这副题于衍庆宫的楹联，借"水""竹"两种事物的特征，除表达仁人君子所应具有的修养美德外，也蕴含有齐家、治国的深邃哲理，蕴藉深沉，耐人寻味。上联表达水性淡泊，堪为己友。下联言竹性虚心，堪为己师。联语取物为喻，"文以载道"。贤达旷逸，目标高远，呈现出一种山包海容的博大襟怀与气度。

第二节　吉林省旅游景点诗文

一、诗词

长白山

清·吴兆骞

长白雄①东北②，嵯峨③俯塞州④。
迥临沧海曙⑤，独峙⑥大荒⑦秋。
白雪横千嶂⑧，青天泻二流⑨。
登封如可作，应待翠华游⑩。

【作者】 吴兆骞（1631~1684），字汉槎，号季子。吴江松陵镇（今江苏吴江）人。九岁能赋，"欲追步盛唐"，被吴伟业誉为"江左三凤凰"之一。顺治十四年（1657年）科场案，无辜遭累，遣戍宁古塔。顺治十六年（1659年）春，谪戍东北的二十九岁诗人吴兆骞开始了二十三年边塞诗人的生涯。吴兆骞撰有《秋笳集》，存诗文500余篇。其中多篇诗文对长白山山脉和支脉哈达岭、龙冈山等进行了详尽的描摹和歌咏。

【题解】　长白山，狭义的长白山，位于吉林省东南部地区，是中国和朝鲜界山。文字记载中，《山海经》称"不咸山"，北魏称"徒太山"，唐称"白山""太白山"，金始称"长白山"。长白山脉中国侧最高峰白云峰，在吉林省白山市抚松县境内东南、天池西侧，是中国辽东地区第一高峰。长白山是一座休眠火山，山顶宽阔的环形火山口积水为湖，称为天池。长白山是鸭绿江、松花江和图们江的发源地。长白山四千年前就是满族先世肃慎的发祥地与聚居地，是满族文化圣山，清代享有"圣地"之誉，皇帝须亲自或委派大臣到吉林乌拉（今吉林市）望祭长白山。

【注释】　① 雄：勇武有力。引申为称雄，胜过。② 东北：中国东北方向国土的统称。③ 嵯峨（cuó'é）：高峻的样子。也指高俊的山峰。④ 塞州：泛称，不是地方行政区划级别。一般指长城以北地区。长白山属长城以北的塞外之地。塞：边关、险要处。⑤ 迥临沧海曙：（长白山巍峨高峻）远远面对东边的沧海日出。迥：远。沧海：地理上应指长白山东部日本海。曙：日出。⑥ 峙（zhì）：屹立，耸立。⑦ 大荒：荒远之地。⑧ 白雪横千嶂：皑皑白雪横贯千峰万峦。横：横亘，横贯。嶂：高而险峻的山峰。⑨ 二流：指天池北侧的瀑布。⑩ 登封如可作，应待翠华游：这两句是串对假设关系。意思是皇上若封祭圣山长白山，可期待加入皇家祭祀行列。登封：登山封禅。指古帝王登泰山祭天祭地。此处指封祭长白山。翠华：皇帝仪仗中一种用翠鸟羽作为装饰的旗。也代指皇帝。

【简析】　这首五律选自吴兆骞《秋笳集》卷七，塞外长白山在吴兆骞笔下第一次大放异彩。第一，诗作大处落笔，极力铺陈长白山独尊群岳的巍峨气势和重要的战略地位。首联、颔联和颈联的"雄东北""俯塞州""迥临沧海""独峙荒秋""雪横千峰""下泻二流"，无一不强调突出了长白山特殊的地理位置及不同凡响的气质。其中"横""泻"一静一动，形象地刻画出长白山千峰矗立、冰封雪盖、飞瀑直下的壮丽奇观。尾联与前三联相呼应，先点明长白山作为满族发祥地和满族圣山的重要文化地位。第二，言志寓含隐情但能超越。"登封如可作，应待翠华游"隐含着改变遣戍宁古塔境遇的期盼。但前三联所展现出的长白山瑰丽恢宏的意境，使诗作基本上超越了个人遭遇实现了个体精神境界的升华。第三，诗作笔力遒劲，体大思精，意境气势恢宏，雄丽豪迈，在抒写塞北长白山的粗犷雄阔中，充满积极向上的力量，为清初流人边塞诗注入一股刚健雄浑之气。

二、楹联

吉林北山玉皇阁联

清·成多禄

绝妙朋游①，有明月一杯，好山四座；
是何意态②，看大江③东去，秋色西来。

【作者】 成多禄（1864～1928），原名恩龄，字竹山，号澹堪。祖居山西，清初由京师迁乌拉，乌拉是女真的氏族部落之一，因世居于松花江畔（今吉林省吉林市龙潭区）而得名。最后北迁吉林省其塔木镇（吉林省长春市九台区），隶汉军正黄旗。生平跨晚晴、近代与现代，民国初年任吉林省第二届参议院议员，民国教育部审核处处长。吉林市历史文化名人，精通诗文，尤善书法。墨迹遍及东北三省，驰名全国。有《澹堪诗草》行世，有今人编注《成多禄集》，还有《成多禄年谱》《吉林成氏家谱》等。所留墨迹，有为于荫霖著《悚斋诗存》写印本、吉林北山《代省长王公维宙德政碑》书丹等。

【题解】 吉林北山，在吉林城区西北，主峰西峰与东峰间有拱形石桥相通，名鸾佩桥，亦称"揽辔桥"。北山风景区，可远眺吉林城，遥望松花江，是一处集山水林木自然景观与佛道儒三教合一的古庙群等历史古迹人文景观于一处的旅游胜地。

玉皇阁，又称大雄阁，建于乾隆四十年（1775年），以山门、牌楼、朵云殿为中轴，东西配殿左右对称，依山势前低后高，主次分明，是吉林北山寺庙群中地势最高、建筑最雄伟的庙宇。奉祀以道教为主兼容儒、释为一寺。清代中叶有"千山寺庙甲天下，吉林北山庙会盛千山"之说。现在人们逐渐将各种庙会办成了兼有集市贸易和旅游特点的盛会。

【注释】　① 朋游：朋友交往，《后汉书·朱穆传论》："朱穆见比周伤义，偏党毁俗，志抑朋游之私，遂著〈绝交〉之论。"朋友，唐杜审言《赠苏味道》："舆驾返京邑，朋游满帝畿。"② 意态：神情姿态。唐杜甫《天育骠骑歌》有"是何意态雄且杰，骏尾萧梢朔风起"诗句。③ 大江：指松花江。

【简析】　这副楹联，意境充盈深邃，情味隽永，引人入胜，具有独特的艺术风格。上下联都从大处落笔，正对巧妙，"朋游""意态""明月""大江""好山""秋色"，写人写景状物，神采飞扬，景色浑括，情思真挚，于写景抒怀之中寓其逸兴遄飞之意，言其抑扬开合之志。其中"明月一杯"比拟拟物，直接赋予"明月"可盛入杯中之物，姿态婉然。此外，成多禄作为晚清著名书法家，书法取法欧、颜、苏、翁各体所长，自成一家，享有东北四大书圣之一的美誉。这副楹联由成多禄撰并题写，还具有重要的书法艺术价值。

第三节　黑龙江省旅游景点诗文

一、诗词

长相思^①

当代·鲁歌

山一弯，水一弯，山水相连窄复宽，诗情山水间。

兴正欢，酒正酣^②，湖上风光且细看，舟行莫便^③还。

【作者】　鲁歌（1913～1988），原名张肇科，安徽当涂人。1938 年毕业于武汉大学中文系。鲁歌善作古诗词，出版有《可斋诗词选》。书法艺术造诣颇深，擅魏碑、汉隶，亦能小篆，尤工行草。生前曾为中国作家协会会员、中国书法家协会会员、内蒙古怡斋书法协会名誉会长、内蒙古古典文学学会筹备组负责人。

【题解】 镜泊湖，唐称"忽汗海"，辽称"仆燕水"，金称"阿卜湖（阿卜隆湖）"，明称"镜泊湖"，清称"毕尔腾湖"。位于中国黑龙江省牡丹江市宁安市境西南部松花江支流牡丹江干流上。镜泊湖水质澄清、水产丰富，是中国最大、世界第二大的高山堰塞湖。镜泊湖分为北湖、中湖、南湖和上湖四个湖区，由西南至东北的走向呈S形，吊水楼瀑布，大孤山、小孤山、白石砬子、城墙砬子、珍珠门、道士山和老鸹砬子等著名景观分布在湖光山色之中。镜泊湖风景名胜区，由百里长湖、火山口原始森林、渤海国上京龙泉府遗址三部分组成。园区内景观资源包括湖泊、河流、瀑布、湿地、火山、熔岩台地、地下熔岩隧道、原始森林、野生动植物栖息地、古城遗址和民族民俗等多项内容，可谓是一处融历史、人文、动植物、考古学、地质学、美学价值和生物多样性于一体的休闲胜地。

【注释】 ①长相思：词牌名，又名"吴山青""山渐青""相思令""长思仙""越山青"等。以白居易词《长相思·汴水流》为正体："汴水流，泗水流，流到瓜州古渡头。吴山点点愁。思悠悠，恨悠悠，恨到归时方始休。月明人倚楼。"这首《长相思·山一弯》，基本用变体格式。②酣（hān）：酒喝得很畅快；尽情。③便：副词。就，随即。

【简析】 这首《长相思》（山一弯），上阕总写山水，景色旷逸，诗情缠绵；下阕细写湖面，尽情泛舟，无意返还。词作情感融于山、水、湖面、行舟等景物铺陈之中，语言朴素自然，情义真切舒朗，可谓言虽尽而情意更深长。词作的情感节奏借助《长相思》词牌的感情由热烈而渐趋和婉的特点而起伏延展，格调清新，给人以一种荡气回肠的美感体验。

二、楹联

题太阳岛、松花江联

当代·门奎

遥看太阳岛，烟霞疏疏①，数百丈林荫藏秀阁琼楼②，隐隐现现，绿内缀③红，如此风光，蔚为人间仙境④；

放眼松花江，雾霭⑤淡淡，十里长波面荡彩船画舫⑥，往往来来，动中含静，这般景色，堪称水上洞天⑦。

【作者】 门奎，1957年生，笔名莫克，黑龙江木兰人。中国楹联学会会员，黑龙江民间文艺家协会会员，哈尔滨楹联学会理事。在《对联》《中国楹联报》等全国多家报刊发表楹联等作品，联作收入多部书籍。传略收入《当代对联艺术家辞典》《中国对联宝典》等辞书。

【题解】 太阳岛，是坐落在黑龙江省哈尔滨市松花江北岸的一个河岛。太阳岛景区属于江漫滩湿地风情名胜区，突出城市"绿肺"功能，成为中国国内的一处著名的沿江生态区，是一处由冰雪文化、民俗文化等资源构成的多功能风景区。景区主要有太阳石、太阳门、水阁云天、松鼠岛、天鹅湖、太阳岛花卉园、东北抗联纪念园、冰雪艺术馆、太阳岛美术馆等景点景观。

【注释】 ①烟霞疏疏：云霞疏淡。烟霞：烟雾，云霞；泛指山水美景。疏疏：服饰整齐鲜亮；稀疏。陆游《渔翁》诗："江烟淡淡雨疏疏，老翁破浪行捕鱼。"此处义为稀疏。②秀阁琼楼：华丽堂皇的建筑物。秀：特出，优秀；美丽，俊秀。阁：楼阁。供游憩、藏书等用。琼：美玉。比喻美好的事物。琼楼：形容瑰丽的建筑物。如"琼楼玉宇"，古人常指所谓仙界或月宫中的楼台亭阁。③缀：缝，缝合，引申为联结，连缀；装饰。④蔚为人间仙境：蔚然成美不胜收的人间仙境。蔚：草木茂盛；有文采，华美；云气弥漫的样子。⑤霭：云雾；弥漫，笼罩。⑥画舫：装饰华丽的游船。唐·白居易《寄献北都留守裴令公》："春池八九曲，画舫两三艘。"⑦洞天：道教称神仙所居住的洞府，意谓洞中别有天地。这里言太阳岛犹如仙境。

【简析】 这副楹联上联写遥看太阳岛人间仙境一样的迷人胜境；下联写放眼松花江水上洞天一般的豁朗美景。首先，楹联善于凸显画图之美，"烟霞疏疏""雾霭淡淡""秀阁琼楼""彩船画舫""绿内缀红""动中含静"勾勒出一幅别致的"隐隐现现""往往来来"的生动画图。其次，在景色描绘中蕴含艺术理趣之美。一是结构十分工整，正对相当平稳。二是运用缩喻的修辞手法，将太阳岛和松花江喻为"人间仙境""水上洞天"，典故自然拈来，比喻生动传神，具有浓郁的艺术感染力。

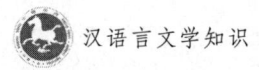

镜泊①湖望湖亭联

佚名

听飞瀑雄声，声声振耳；
挹②众山彩色，色色娱③人。

【题解】 镜泊湖，题解见鲁歌《长相思》。

镜泊湖望湖亭，是一座依岩而立的小巧的八角亭，位于吊水楼瀑布左岸峭崖之上，旁有一棵高大遮天的古榆树。望湖亭至瀑布流前筑有铁环锁链护栏。古榆下有一条经人工凿成的石头阶梯蜿蜒伸向崖底的黑石潭边。

【注释】 ①镜泊：明净如镜的湖泊。镜：明净。泊：湖泊，湖泽。②挹（yì）：舀，汲取；牵引。③娱：欢乐，戏乐；使快乐。"娱"的使动用法。

【简析】《镜泊湖望湖亭联》，上下联分别以相对称的"听""挹"领起，上联写望湖亭上听到的瀑布雄声；下联写望湖亭上看到的镜泊胜景。这副楹联，首先是精于练字，"挹"字，言镜泊湖荟萃了"众山彩色"，以夸张手法赞美，湖光皎澄，色彩婉然，意韵谐婉。然后是巧用叠音，"声声"与"色色"的叠音修辞手法，不仅使其声与色的范围扩大、程度加强，而且旋律轻快，构成一幅声色俱佳的生动画面。联语虽短，但情感连绵不断，诗情与画意相映生辉。

第三章
华东地区旅游景点诗文

第一节　上海市旅游景点诗文

一、诗词

豫园 ① 新咏

现代·陈诏

　　十里洋场 ② 一翠螺 ③ ，豫园新境足吟哦 ④ 。
　　画家笔底林泉 ⑤ 小，巨匠胸中丘壑 ⑥ 多。
　　清曲 ⑦ 笛声和鸟语，衣香鬓影 ⑧ 映春波。
　　粉墙权作 ⑨ 凡尘隔，留得闲情赋薜萝 ⑩ 。

　　【作者】　陈诏，1928 年生，浙江宁波人。曾为中国红楼梦学会理事、中国金瓶梅学会理事、上海市作家协会会员。著有《红楼梦小考》《红楼梦谈艺录》《金瓶梅小考》《金瓶梅六十题》《中国馔食文化》等专著。

　　【题解】　豫园，位于上海市黄浦区老城厢东北部，北靠福佑路，东临安仁街，西南与老城隍庙和商城毗邻。豫园历史变迁复杂，是一座始建以来空间格局变化较大的园林。豫园始建于明嘉靖三十八年（1559 年），园主人潘允端曾任四川布政使，为明刑部尚书潘恩之子。豫园建造之初，本意是园主仕途不如意，落第之后所萌生，欲让父母在园中安度晚年，其后实际成为潘允端退隐之所。1956 年起，豫园进行了大规模的修缮，修葺后的豫园分成三穗堂、万花楼、点春堂、会景楼、玉华堂、内园六大景区，各具特色的景区用花墙分隔。豫园作为著名的江南古典园林，素有"城市山林"之誉，又有"奇秀甲于东南"之说，是上海市区内唯一一座明式园林。

【注释】 ① 豫园：潘允端在《豫园记》中说："匾曰'豫园'，取愉悦老亲意也。"豫：安乐，安逸。也有喜欢、快乐的意思。② 十里洋场：多指 20 世纪 30 年代前后的旧上海外滩景象。多含贬义。在 1840～1842 年的鸦片战争中，中国大门被英国军舰轰开，清政府被迫签订丧权辱国的《南京条约》。其条约文本中上海被列为首批对外通商的口岸。1843 年英国驻上海领事宣布上海港开埠通商。到 19 世纪六七十年代，上海已成为中外商家林立、华洋客商云集的租界，以"洋场"而闻名。③ 翠螺：一指妇女的发髻。螺：螺髻，螺形发髻。二用以喻山峦的形状。此处比喻豫园翠螺般青翠葱郁地立于上海滩。④ 吟哦：吟娥，吟咏。推敲诗句。⑤ 林泉：山林与泉石。亦指隐者悠游之地。⑥ 丘壑：山陵和溪谷等山水幽深之处；隐者所居之处；比喻深远的意境。⑦ 清曲：多指扬州清曲，又名"广陵清曲""维扬清曲"，俗称"小唱"或"唱小曲"，主要流行于扬州、镇江和上海等地，用扬州方音表演。⑧ 衣香鬓影：亦作"衣香鬓影"。谓妇女服饰华美，容貌艳丽。"衣香""鬓影"都是用与女性相关的装饰借代指女性。清魏源《秦淮镫船引》："衣香鬓影天未霜，酒龙诗虎争传觞。"⑨ 权作：姑且当作。权：副词，姑且，暂且。⑩ 薜萝（bìluó）：薜荔与女萝两种植物的简称。诗文中往往用"薜萝"借指隐士的服装或住处。南朝谢灵运《从斤竹涧越岭溪行》："想见山阿人，薜荔若在眼。"

【简析】 这首吟咏赞誉豫园的诗作，绘景抒情，重在言志。先看绘景。直接写景：一是首联将豫园形象地比喻为"翠螺"，颈联"清曲笛声和鸟语，衣香鬓影映春波"，直接写豫园内乐曲声与鸟语合鸣悠扬，女性的美丽服饰与激滟水波互相映照。同时，"十里洋场"与"翠螺"的热闹繁华与清新幽静，"清曲笛声"与"衣香鬓影"的清美与华丽的对比，相反相成，相得益彰。既生动地描绘了豫园清曲乐声阵阵，水廊曲池处处的旖旎风光，又鲜活地展现出当时豫园乃至上海的地域风情。二是间接写景：颔联"画家笔底林泉小，巨匠胸中丘壑多"，运用画论使"纸上林泉"与"胸中丘壑"关联的园中"小"林泉，足见大胸怀的手笔加以心灵移情，赞美豫园的美景如画，格局高雅。再看言志。诗作意有双关地传达出归隐意向。颔联"画家笔底林泉小，巨匠胸中丘壑多"，一方面赞美豫园，另一方面的归隐意涵与豫园造园及其用途相关。潘允端建造豫园的初衷是让父母在园中安度晚年，但其父潘恩在园刚建成不久便亡故，豫园实际成为潘允端自己的退隐之所，也成为明清江南文人远离官场生涯之后回归自然纯朴、恬淡安逸生活的实例。在这一背景下，"林泉""丘壑"的"归隐"意涵有了底色，再与尾联"粉墙权作凡尘隔，留得闲情赋薜萝"呼应，其隐含的出世意蕴已然得以透露，这也使得豫园成为作者的超越自然山水的精神家园。

二、楹联

豫园卷雨楼联

佚名

邻碧①上层楼②，疏帘卷雨，幽③槛临风，乐与良朋数④晨夕；
送青⑤仰灵岫⑥，曲洞闻莺，闲亭放鹤，莫教佳日负春秋⑦。

【题解】　卷雨楼，位于豫园三穗堂景区。三穗堂景区主要景点有三穗堂、仰山堂卷雨楼、大假山与二亭、元代铁狮、"渐入佳境"游廊与"美人腰"太湖石、萃秀堂等。卷雨楼是仰山堂之上的二楼名称。仰山堂位于三穗堂之后，与三穗堂以瓶门花墙相连形成一个整体，其一层称仰山堂，二层为卷雨楼。建于清同治五年（1866 年）。仰山堂面阔五间，后有檐廊，曲槛临池，隔水与大型假山景相望。二楼卷雨楼为曲折凸形楼台，取初唐诗人王勃《滕王阁》诗句"珠帘暮卷西山雨"之意。卷雨楼雨中登楼，烟雾迷蒙，山光隐约，如置身雨山水谷之中，是为豫园绝景。

【注释】　①邻碧，指依傍山石。碧：青绿色。这里指石之青美。运用借代修辞手法代指青石。②楼：指卷雨楼。③幽：有版本作"画"。④数（shǔ）：计算，查点。⑤送青：目送青山。⑥灵岫：指仙山的峰峦；指仙山的山洞。此处"灵岫"指豫园大假山。大假山与仰山堂和卷雨楼隔一泓池水相望，卷雨楼是观赏大假山景色的绝佳之处。大假山由明代江南叠石名家张南阳精心设计并用数千吨武康黄石堆砌建造，享有"江南假山之冠"美誉。岫（xiù）：山洞，岩穴；峰峦。⑦负春秋：辜负岁月年华。负（fù）：辜负；亏，欠。春秋：四季的代称；指人的年岁。此处形容岁月年华。

【简析】 这副楹联，内容方面，上联嵌入"卷雨"楼名称，写卷雨楼上与好友微风细雨中所观烟雾迷蒙、山光隐约的豫园绝景，乐而不知回返。下联写天气晴朗放眼观赏大假山胜景，莺语鹤飞，希望人们不要辜负如此美景和大好时光。艺术手法方面，一是上下联各用两句四字当句对，"疏帘卷雨，幽槛临风"与"曲涧闻莺，闲亭放鹤"，节奏铿锵，音律和谐。二是"送青"以拟人手法赋予"青山"可以相送的生命特征，亲切形象，生动活泼。意境方面，意境淡雅舒朗，"疏""幽""曲""闲"等词，巧妙地突出了卷雨楼雅静闲适的风光，渲染出一种淡泊娴静的氛围。

第二节　江苏省旅游景点诗文

一、诗词

泊秦淮

唐·杜牧

烟笼寒水月笼沙[1]，夜泊[2]秦淮近酒家。
商女[3]不知亡国恨，隔江[4]犹唱后庭花[5]。

【作者】 杜牧（803~852），字牧之，唐京兆万年（今陕西西安）人。晚唐诗人，与李商隐齐名，世称小李杜。"小李杜"为唐诗留下了最后一抹耀眼的余晖。杜牧自负经略之才，诗、文均有盛名，多指陈时政之作。文以《阿房宫赋》为最著。写景抒情诗作明丽隽永，多清丽生动，绝句诗尤受人称赞。传世有《樊川文集》20卷。

【题解】 秦淮河，中国长江下游右岸支流。古称龙藏浦，汉代起称淮水，唐以后改称秦淮。秦淮河有南北两源，北源句容河发源于句容市宝华山南麓，南源溧水河发源于南京市溧水区东庐山，两河在南京市江宁区方山埭西北村汇合成秦淮河干流，东向西横贯南京主城，南部从西水关流出，注入长江。秦淮河是南京市最大的地区性河流，被称为南京的母亲河，被称为"中国第一历史文化名河"。

"十里秦淮"一般指夫子庙秦淮风光带。位于南京市秦淮区中部，以夫子庙古建筑群为中心、十里内秦淮河为轴线、明城墙为纽带，东起东水关，西至西水关（今水西门），串联起众多全国重点文物保护单位和文物古迹，分为夫子庙—白鹭洲景区、老门东—老门西景区、大报恩寺—金陵兵工厂景区、朝天宫—评事街景区。

【注释】 ①烟笼寒水月笼沙：迷离的云气与清冷的月色笼罩着寒水与沙岸。此句使用互文手法，使上下文"烟""月""水""沙"各有交错省略而互文见义。烟：云气，雾。笼：笼括，笼罩。这一句先声夺人，先把人们带入特定的环境氛围之中，突出强调了景物特征，具有强烈的吸引力和感染力。重复的"笼"字准确鲜明地显现出薄雾轻烟笼罩着的秦淮河月夜景色，形象生动，使人如临其境。②泊（bó）：停船靠岸。③商女：歌女。一般认为此处指"歌女"。④江：指秦淮河。⑤后庭花：本是江南的一种花名，多在庭院中栽培，故称"后庭花"，又叫"玉树后庭花"，以花为曲名是乐府民歌一种情歌曲子。此处《玉树后庭花》指由南朝陈朝最后一个皇帝陈叔宝（陈后主）填入新词的作品。此作在宫中盛行的过程也正是其王朝灭亡的过程，被称为亡国之音。

【简析】 这首绝句《泊秦淮》是"唐人七绝中的压卷之作"，其特征主要有两点：第一，写景叙事渲染怅惘感伤氛围。前两句写景叙事融情，景中寓情，景情浑然。景色蒙蒙茫然，氛围寂清沉郁，为其后作者抒发忧虑情怀渲染了浓重的伤感氛围。"烟笼寒水月笼沙"的互文手法不仅使得烟、月、寒水、沙滩四种意象有机联系起来，鲜明生动地描绘出秦淮河夜色迷蒙的景物特点，而且在景物描写中以映衬手法正衬出诗人此时此刻的凄凉心境。质朴直言的"夜泊秦淮近酒家"，既点明了时间夜晚、地点秦淮河，又照应了题目，别具匠心，具有承上启下的勾连作用。第二，抒怀言志委婉含蓄。"商女不知亡国恨，隔江犹唱后庭花"，借商女之口，引入《玉树后庭花》遗曲典故，以南朝灭亡的史实来怀古鉴今，影射当时江河日下的晚唐现实。"犹"强调的不仅仅是对六朝兴亡的感慨，更是以深刻的历史忧患意识道出

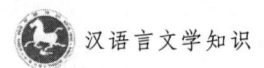

汉语言文学知识

了对"后人哀之而不鉴之，亦使后人而复哀后人也"（杜牧《阿房宫赋》）的现实担忧。从时人习以为常的歌声中听出亡国之音，使之更具有讽刺鞭笞的典型意义。所抒之怀委婉含蓄，言在此而意在彼，意蕴深藏，意味悠长。

寄扬州韩绰判官①

唐·杜牧

青山隐隐水迢迢②，秋尽江南草未凋③。
二十四桥④明月夜，玉人何处教吹箫⑤。

【作者】 杜牧，见杜牧《泊秦淮》。

【题解】 扬州，位于江苏省中部，长江北岸、江淮平原南端，长江与京杭大运河交汇处。扬州在中国古代几乎经历了通史式的繁荣，并伴随着文化的兴盛，有江苏省陆域地理几何中心（扬州高邮市）之称，有"淮左名都，竹西佳处"之称，又有"中国运河第一城"的美誉。扬州，古称广陵、江都、维扬，建城史可上溯至公元前486年春秋时期，举世闻名的京杭大运河开凿。春秋吴国为伐齐国而开凿邗沟，公元前486年，即夫差筑邗沟的第二年，在今扬州市西北蜀冈之上筑邗沟，这是最早的扬州古城。隋炀帝开凿出一条以洛阳为中心，东西连接长安—洛阳—扬州—江南地区，南北纵贯杭州 涿郡（北京），连接海河、黄河、淮河、长江和钱塘江五大水系的京杭大运河的前身——隋唐大运河。使扬州成为一个东西南北交汇的中心点，四方辐辏的通都大邑。南朝时期，已有"腰缠十万贯，骑鹤下扬州"的说法。至唐朝，扬州之盛，在唐诗构建的"诗意扬州"中更加大放异彩。现在的扬州是世界遗产城市、世界美食之都、世界运河之都、东亚文化之都、首批国家历史文化名城和具有传统特色的风景旅游城市。

这首七绝，是杜牧离扬州幕府后不久寄赠韩绰之作。当时杜牧被任为监察御史，由淮南节度使幕府回长安供职，具体写作时间在唐文宗大和九年（835年）秋或唐武宗开成元年（836年）秋。杜牧曾在扬州近八年，曾在淮南节度使（使府在扬州）牛僧孺幕中做过推官和掌书记，韩绰是他交情甚笃的同僚。

【注释】 ①寄扬州韩绰判官：寄赠朋友扬州韩绰判官的诗。韩绰其人其事不详。判官：观察使、节度使的属官、幕僚，相当于后代师爷一类的人物。②青山隐隐水迢迢：既指山遥水长，又意寓思念之深。欧阳修《踏莎行·候馆梅残》有"离愁渐远渐无穷，迢迢不断如春水"诗句。迢迢：遥远的样子。③秋尽江南草未凋：虽是深秋时节，但江南草木应该并未凋零，风光应该依旧旖旎。此处是不在江南的杜牧的想象之辞，通过对江南青山绿水的眷恋，生发出对远在扬州繁华之乡故人的怀念。凋：草木衰落，凋落。④二十四桥：历史上的扬州古二十四桥已颓圮。其有二说：一说确有二十四座桥。据沈括《梦溪笔谈·补笔谈》载，唐时扬州城内水道纵横，有茶园桥、大明桥、九曲桥、下马桥、作坊桥、洗马桥、南桥、阿师桥、周家桥、小市桥、广济桥、新桥、开明桥、顾家桥、通泗桥、太平桥、利园桥、万岁桥、青园桥、参佐桥、山光桥等二十四座桥，后水道逐渐淤没。宋元祐时仅存小市、广济、开明、通泗、太平、万岁诸桥。现今仅有开明桥、通泗桥的地名，桥已不存在。另一说是桥名为"二十四"，或"二十四桥"。李斗《扬州画舫录》录十五载："二十四桥即吴家砖桥（注：在扬州西郊），一名红药桥，在熙春台后。"红药桥之名出自姜夔《扬州慢》："二十四桥仍在，波心荡，冷月无声。念桥边红药，年年知为谁生？"现扬州已修复二十四桥景区，由玲珑花界、熙春台、单孔石拱桥及望春楼四部分组成。⑤玉人何处教吹箫：玉人在哪里教习吹箫？吹箫：传说春秋时有箫史善吹箫，穆公女弄玉慕之，好之，穆公遂以女妻之。史教玉吹箫作凤鸣声，后凤凰飞止其家，夫妇俱随凤凰飞去。事见汉刘向《列仙传·萧史》。后用为男女相慕的典实。此处用典，将传说与现实交织在一起，表达的仍是对江南一往情深的向往。玉人：比喻容貌像玉一样美丽的人；指仙女。此处有两种解释。一说是指韩绰，有杜牧对同僚韩绰的调侃意味。古代，"玉人""美人"都可用来称誉男性，用以形容风流俊美的才郎。中唐元稹《莺莺传》中有崔氏莺莺"题其篇曰《明月三五夜》。其词曰：待月西厢下，迎风户半开。拂墙花影动，疑是玉人来。"其中用"玉人"指张生。二说指扬州歌妓。教（jiāo）：教授，传授。

【简析】 这首七绝《寄扬州韩绰判官》，其艺术特征可以从三个方面分析：一是大处落笔，情韵悠然。"青山隐隐水迢迢，秋尽江南草未凋"，回忆想象中江南的秋日风光，不但描绘出山清水秀、绰约多姿的江南秋景，而且荡漾着诗人思念江南的无限柔情，更蕴含着友人之间山遥水长的遥远思念。二是用典精巧，与现实有机融合。"玉人吹箫"典故唤起对曾经的江南生活的无限向往的联想，清丽俊爽，风流秀曼，情虽切而辞不露。三是风调悠扬，意境优美。诗作以轻松口吻问候友人近况，思绪微妙，内蕴奥秘。优柔平实，使其至极绚烂，归于平淡。

登金陵凤凰台

唐·李白

凤凰台上凤凰游，凤去台空江自流①。
吴宫②花草埋幽径③，晋代衣冠成古丘④。
三山⑤半落青天外⑥，二水⑦中分白鹭洲⑧。
总为浮云能蔽日⑨，长安⑩不见使人愁。

【作者】 李白（701～762），字太白，号青莲居士，又号"谪仙人"。其出生地有两说：一说是唐代设安西都护府管辖的碎叶城（今吉尔吉斯斯坦托克马克市西南），另一说是唐剑南道绵州（今四川省江油市青莲乡），自言祖籍陇西成纪人（今甘肃省天水市秦安县）。李白是伟大的浪漫主义诗人，有"诗仙"美誉，后人将李白与诗圣杜甫并称"大李杜"。李白诗作其乐府、歌行及绝句成就为最高。风格豪迈奔放，雄奇飘逸。存世诗文千余篇，有《李太白集》30卷传世。盛唐李白的诗歌对后代的影响极为深远，惠及中唐韩愈、孟郊、李贺，宋代苏轼、陆游、辛弃疾，明清的高启、杨慎、龚自珍等著名诗人。

【题解】 金陵，南京古称。金陵之名源出于公元前333年楚威王熊商于石头城筑金陵邑。229年，吴帝孙权在此建都，金陵从此崛起，使中国的政治中心走出黄河文化板块的格局，引领了长江流域及整个中国南方地区的发展。六朝时，金陵作为中国的经济、文化、政治、军事中心，是世界第一个人口超过百万的城市，也是当时世界上最大的城市。

凤凰台，《南京交通旅游图》标记秦淮区集庆路与凤台路交叉口集庆门城墙西南有"凤凰台遗迹"。原亭台已废，周边有凤台路、来凤街、凤游路、凤游寺等地名。据清代《江南通志》载："凤凰台在江宁府城内之西南隅，犹有陂陀，尚可登览。宋元嘉十六年，有三鸟翔集山间，文彩五色，状如孔雀，音声谐和，众鸟群附，时人谓之凤凰。起台于山，谓之凤凰山，里曰凤凰里。"

【注释】　①江：长江。②吴宫：三国孙吴建都金陵所筑的宫殿。③幽径：僻静的小路。④晋代衣冠成古丘：东晋多少王族已成荒冢古丘。东晋：南渡后建都于金陵。衣冠：士大夫的穿戴；借指士大夫，官绅。这里借代指世族士绅、达官贵人、社会名流等。丘：坟墓；废墟。⑤三山：山名。据《景定建康志》载："其山积石森郁，滨于大江，三峰并列，南北相连，故号三山。"三山挖平后的旧址为今三山街。⑥半落青天外：形容极远，看不太清楚。⑦二水：指秦淮河流经南京后，西入长江，被横截其间的白鹭洲分为二支。一作"一水"。⑧白鹭洲：古代长江中的沙洲，洲上多集白鹭，故名。因江水外移，今已与陆地相连，位于今南京市水西门外。⑨浮云蔽日：双关兼比喻。表层指诗人望西北长安所见实景，深层指谗臣当道，障蔽贤良。陆贾《新语·慎微篇》："邪臣之蔽贤，犹浮云之障日月也。"浮云：漂浮在天空中的云彩；用以比喻。一是比喻与己无关，二是比喻小人。⑩长安：借代手法，以京城长安指朝廷和皇帝。

【简析】　这首《登金陵凤凰台》是李白诗集作中为数不多的七言律诗之一。这是一首脍炙人口的怀古抒怀诗，是李白长安遭排挤而四处游历，南游到金陵所作，登临阅胜，览古观今，感情基调苍劲悲凉，意境悠远，气势恢宏。

诗作描写金陵山水既隐现杳渺又壮阔雄大，咏叹吴宫晋代史实，感慨兴衰更替，最后以自身境遇抒发愤懑之志而委婉作结。其艺术特色有二：一是览古观今的触发点由吴宫晋代遗迹联想起的历史的时空推移，以自己当时的境遇为支点抒发情感。二是其情感的抒发从历史盛衰角度形成时空沧桑的兴衰比较关照，"三山半落"与"二水中分"，使其由空间比照的巨大历史变迁得以整体而概括的表现，时空构造极具艺术境界。三是在感慨物事盛衰无常的同时借古伤时，隐寓自己遭遇谗佞的境遇，使其情感的抒发更加真切实在，意境更加充沛浑厚，沉郁苍凉。

枫桥夜泊①

唐·张继

月落乌啼②霜满天③，江枫④渔火⑤对愁眠⑥。
姑苏⑦城外寒山寺，夜半钟声⑧到客船。

【作者】 张继（约715～约779），字懿孙，襄州人（今湖北襄阳人）。据诸家记录，知其为天宝十二年（753年）进士。大历中，以检校祠部员外郎为洪州（今江西南昌市）盐铁判官。张继作为唐代著名诗人，与皇甫曾、元结同时代。《全唐诗》录有张继诗一卷，约50首；又四部丛刊本有《张祠部诗集》传世。从两本诗集看，张继的足迹遍及大江南北，游历过今天的陕西、河南、河北、湖北、湖南、浙江、江苏等地。张继诗作爽朗激越，不事雕琢，比兴幽深，事理双切，对后世颇有影响。《枫桥夜泊》是张继最著名的诗篇。

【题解】 枫桥风景名胜区，位于苏州城古运河畔，以寒山古寺、江枫古桥、铁铃古关、枫桥古镇和古运河"五古"为主要游览内容。枫桥古镇，位于姑苏区枫桥路枫桥景区，是大运河、古驿道和枫江的交汇处，沿河形成两条市街——枫桥大街和寒山寺弄。枫桥，即江枫古桥，桥横跨于运河至苏州的要塞处，古驿道也在此交汇，使其成为水陆两驿道的中转站。近年来枫桥景区恢复了夜泊处、听钟桥、愁眠轩等旧观或建筑，以突出张继七绝《枫桥夜泊》对枫桥、寒山寺传名产生的重大文化影响。

寒山寺，即寒山古寺，位于苏州市姑苏区枫桥路枫桥景区，始建于南朝梁武帝天监年间（502～519），初名"妙利普明塔院"，又名枫桥寺。一说为"寒山"乃泛指肃寒之山，非寺名。另一说为唐代贞观年间，寒山、拾得两位高僧到此住持，易名为寒山寺。一千多年间寒山寺先后至少遭到五次焚毁，最后一次重建是清代光绪年间。历史上寒山寺曾是中国十大名寺之一，寺内古迹甚多，存有张继诗的石刻碑文，寒山、拾得的石刻像，文徵明、唐寅所书碑文残片等。寒山寺是祈福胜地，每年12月31日，寒山寺都会举行跨年敲钟108下仪式。

【注释】 ①枫桥夜泊（bó）：张继夜泊处，位于枫桥旁，邻近明朝抗倭遗迹铁铃古关。泊：停船靠岸。②乌啼：一说为乌鸦啼鸣，另一说为乌啼镇。③霜满天：此处运用夸张手法夸大写夜晚的寒凉。④江枫：一是解释为"江边枫树"，江指吴淞江，古称松江或吴江、亦名松陵江、笠泽江，长江支流黄浦江的支流。吴淞江流经吴江、苏州、昆山、嘉定、青浦以及上海市区，进入上海市区后称为苏州河。在今上海市黄浦公园北侧外白渡桥以东汇入黄浦江。二是解释为"江村桥"和"枫桥"。"枫桥"在苏州阊阖门外西郊，本名"封桥"，因张继此诗而改为"枫桥"。三是解释作泛指江南深秋时分江边的红叶类树木。⑤渔火：一说通常解释为"鱼火"，就是渔船上的灯火；另一说指"渔伙"，即一同打鱼的伙伴。《全唐诗》"渔火"作"渔父"。⑥对愁眠：伴愁眠之意。诗人张继落第途经此地，满怀羁旅之愁，自是于霜夜江枫渔火之中愁烦难眠。⑦姑苏：苏州的别称，因城西南的姑苏山而得名。⑧夜半钟声：也叫"分夜钟"或"无常钟"。苏州和邻近地区的佛寺，有打半夜钟的风俗。原寺钟在第二次世界大战期间被日本侵略者盗走。

【简析】《枫桥夜泊》情感基调是"愁"，唐朝安史之乱后，张继落第途经寒山寺时写下这首羁旅诗，情感的基本底色满布羁旅之愁。其艺术特征可以从三个方面加以分析：一是意象密集。二十八个字的诗句中，残月、栖鸦、霜天、江边、枫林、渔火、古城、寺影、钟声、客船等景物高度概括了夜泊情景，密集地铺陈出一幅夜泊愁眠的画图，构成一种意韵浓郁的审美情境。二是层次铺展井然有序，心理节奏浓淡明暗外化自然。前二句既描写秋夜江边之景又蕴含羁旅之愁。后两句意象疏宕，烘托出空灵旷远的意境。四句中景色的远近、高低、动静、冷暖等客观景物融于时间、节气、风物之中层层展开，使羁旅者内心的心理节奏，浓浓淡淡、明明暗暗地自然显现，具有极强的艺术感染力。三是意境清幽寂远。这首羁旅诗作，以月行无痕，夜寂无澜，反衬渔火醒目，霜寒可感，钟声可闻，情景浑融幽远，疏密错落，客愁被点染得朦胧隽永，幽清婉然。

张继这首《枫桥夜泊》对后世产生的巨大影响有两个方面：一方面扩大了枫桥和寒山寺两处名胜的名声和影响；另一方面，《枫桥夜泊》的影响和传播从唐代一直持续到当下，其范围已经由文学扩展到绘画、音乐等诸多领域，其传播的文化内容也越来越丰富。

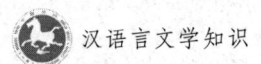

二、游记

沧浪亭^①记^②

宋·苏舜钦

予以罪废无所归^③，扁舟南游，旅于吴中^④，始僦^⑤舍以处。时盛夏蒸燠^⑥，土居皆褊^⑦狭，不能出气。思得高爽虚辟^⑧之地，以舒所怀，不可得也。

一日过郡学^⑨，东顾草树郁^⑩然，崇阜广水^⑪，不类乎城中。并水^⑫得微径于杂花修竹间，东趋^⑬数百步，有弃地，纵广函五六十寻^⑭，三向皆水也^⑮。杠^⑯之南，其地益阔，旁无民居，左右皆林木相亏蔽^⑰。访诸旧老^⑱，云："钱氏有国^⑲，近戚孙承祐之池馆也。"坳隆胜势^⑳，遗^㉑意尚存。予爱而徘徊^㉒，遂以钱四万得之。构亭北碕^㉓，号沧浪焉。前竹后水，水之隅^㉔又竹无穷极。澄川翠干^㉕，光影会合于轩户^㉖之间，尤与风月^㉗为相宜^㉘。

予时榜^㉙小舟，幅巾^㉚以往，至则洒然忘其归。觞而浩歌^㉛，踞而仰啸^㉜。野老不至，鱼鸟共乐。形骸^㉝既适则神不烦；观听无邪^㉞则道以明。返思^㉟向之汩汩^㊱荣辱之场，日与锱铢^㊲利害相磨戛^㊳，隔此真趣，不亦鄙^㊴哉！

【作者】 苏舜钦（1008～1048），字子美，其籍贯计有梓州铜山、绵州盐泉、开封和武功四种说法。一般认为苏舜钦生于开封，祖籍绵州盐泉（今四川绵阳市游仙区玉河镇）。宋景祐元年（1034年），考中进士。苏舜钦是以范仲淹为领袖的政治革新运动的积极参加者，又是以欧阳修为盟主的诗文革新运动的重要倡导者。文学方面，他诗文兼擅，与欧阳修齐名，时称"欧苏"，与梅尧臣合称"苏梅"。著有《苏学士文集》《苏舜钦集》16卷，《四部丛刊》影清康熙刊本，今存《苏舜钦集》。

【题解】 沧浪亭，位于江苏省苏州市姑苏区人民路沧浪亭街，是苏州现存历史最悠久、变迁最复杂、内涵最丰富的一座古典园林，沧浪亭因苏舜钦《沧浪亭记》而声名远扬。

五代时吴越国的开国国王武肃王钱镠（852～932）建立吴越国，此处原为五代时吴越国广陵郡王钱元璙的花园，五代末为吴越国外戚吴军节度使孙承祐的别池苑馆舍。北宋庆历年间（1041～1048）为苏舜钦购得，在园内建沧浪亭，后以亭名为园名。南宋初年（12世纪初）曾为名将韩世忠的住宅。自元朝起，沧浪亭为僧居后，逐渐成为苏州古城内一处寺庙园林。清代，沧浪亭成为巡抚衙门的附属园林，其主题也从私家园主排解忧郁转变为对濯缨名士的高山仰止的纪念，成为激励执政官员勤政廉政的一个重要场所。园内陆续建起了苏子美祠、中州三贤祠、康熙御碑亭、五百名贤祠以及看山楼、翠玲珑馆、仰止亭等建筑。

【注释】　①沧浪亭：亭名源自《孟子·离娄上》"有孺子歌曰：'沧浪之水清兮，可以濯我缨；沧浪之水浊兮，可以濯我足。'"后遂以"沧浪"指此歌。关于沧浪的意思《史记》说法有三：一谓汉水之别流；一谓地名，非水名；一谓汉水。自屈原被逐之后，"沧浪"的"隐逸"内涵得以丰富，苏舜钦以此意题园名以言志。②记：一种记叙性文体。这种散文体裁，以叙事为主。通过记叙、写景、状物、记人以托物言志，抒发情怀。有碑记、游记、杂记、记事等类型。如《桃花源记》《岳阳楼记》等。③予以罪废无所归：苏舜钦在政治上倾向于以范仲淹为首的改革派。庆历四年（1044年）范仲淹、杜衍、富弼等人延揽人才，准备实行新法。苏舜钦是杜衍的女婿，被范仲淹推荐为集贤殿校理，监进奏院。御史中丞王拱辰等反对派，诬奏苏舜钦以监主自盗，苏舜钦被削籍为民。归：归趋，归宿。④吴中：江苏吴县一带。亦泛指吴地。吴县，从秦朝至1995年一直为行政区划名，撤县后其行政区域相当于现在苏州市吴中区和相城区。⑤僦（jiù）：租赁。⑥燠（yù）：热，暖。⑦褊（biǎn）：衣服狭小，引申为心胸狭窄，气量小。又泛指狭窄，狭小。⑧虚辟：空旷开阔。⑨过郡学：拜访苏州府学宫。过：拜访。探望。郡学：郡国的最高学府。此处指苏州文庙和府学合一的府学。《吴县志·文庙》与《府学金石目》等书载：北宋"景祐年，范文正公仲淹守乡郡，因州人朱公绰等请兴闻于朝。二年乃诏苏州立学。"⑩郁：繁盛貌。郁，通"鬱"。⑪崇阜（fù）：高冈；高丘。阜：土山。⑫并（bàng）水：沿着水流。并：通"傍"，依傍，靠着。⑬趋：奔向，奔赴。⑭纵广（guàng）函五六十寻：纵横400～480尺。广：横。函：包含、容纳。"函"一作"合"。寻：古代长度单位。八尺（或七尺）为一寻。⑮三向皆水也：三面环水。⑯杠

（gāng）：独木桥，小桥。⑰亏蔽：遮掩。亏：欠缺，短少。蔽：遮挡，遮蔽。⑱访诸旧老：访问当地老人。诸：之于。⑲钱氏有国，近戚孙承祐之池馆也：五代时吴越国的开国国王武肃王钱镠（liú）建立吴越国，五代末成为钱氏外戚孙承祐的池馆。⑳坳（āo）隆胜势：高低起伏，地势有利。坳：洼下的地方；山、水弯曲的地方。隆：高。胜：美好，优美。势：形势，趋势。㉑遗：遗留，剩下。㉒徘徊：来来回回地走，回旋不进。㉓碕（qí）：曲折的堤岸。㉔隅：角，角落。一作"阳"。㉕澄川翠干：水流清澈，翠竹茂盛。澄：水静而清，引申为清澈，明净。㉖轩户：窗和门。㉗风月：清风明月。泛指美好的景色。㉘宜：合适。㉙榜（bàng）：船桨。引申为摇桨，划船。㉚幅巾：古代男子以全幅细绢裹头的头巾。后裁出脚即称幞头。此处描述的是闲散者的装束。㉛觞（shāng）而浩歌：饮酒放歌。觞：向人敬酒。又指自己饮酒。浩歌：放声歌唱。㉜踞（jù）而仰啸：蹲坐着仰天长啸。这里形容其散诞不羁的状态。踞：蹲，蹲坐。啸：撮口发出长而清越的声音。㉝形骸：人的躯体，躯壳；外貌，容貌。㉞邪：不正，邪恶。㉟返思：一作"反思"。㊱汩汩（gǔgǔ）：水急流的样子；动荡不安的样子。㊲锱铢（zīzhū）：极微的数量。旧制锱为一两的四分之一，铢为一两的二十四分之一。此处比喻中的借喻兼夸张夸小，极言其少。㊳磨戛（jiá）：磨擦撞击。戛：敲击。引申为摩擦。㊴鄙：庸俗，浅陋。

【简析】《沧浪亭记》（节选）的主要内容是叙事写景，借景抒情并言志，营造出景情志交融的审美空间。通过对沧浪亭的叙事写景和抒情以及议论，在山水景物描写中寄寓其挫败失意客居异乡无所归依的身世飘零之感与入世与出世兼具之志。

其艺术特征可以从四方面简要分析：一是叙事平易精炼，作者"以罪废无所归，扁舟南游，旅于吴中"后，在水石花竹环抱之处购得弃地一块，建亭名沧浪。对其寻地、建亭、赏玩过程的记叙，要言不烦，简明典要。二是写景生动，抒情隽永，"前竹后水，水之隅又竹无穷极，澄川翠干，光影会合于轩户之间，尤与风月为相宜"。对沧浪园旖旎风光的描写，秀丽明净，清新自然，形象传神，令人神往。文笔朴素清新，引人入胜。抒发以山水自娱的既恬淡闲适又情思郁结的情感。三是抒志畅达，说理恳切，议论激越。就《沧浪亭》的"志"而言，其内涵比较复杂，矛盾舛互，出世与入世并行不悖。①"沧浪亭"之"沧浪"有"达则兼济天下，穷则独善其身"的象征，入世与出世相辅相成，或者也可以说是相反相成。②文中出世归隐意向显明。苏舜钦仕途惨淡的失落，由暗淡前程生出的无力感，使作者倾心隐居的生活。沧浪亭天然美好的景色，使作者沉浸在超脱俗世的安宁之中，表现一种强烈的寄情山水、远离官场的归隐意图。③文中隐中求显也意向豁朗。作者虽"殇而浩歌，踞而仰啸……鱼鸟共乐"，但也是"野老不至"，可见，苏舜钦寄情山水，是政治失意后的一种精神寄托。四是议论、说理言辞恳切，多有跌宕的愤懑之情。"返思向之汩汩荣辱之场，日与锱铢利害相磨戛，隔此真趣，不亦鄙哉"，其中"锱铢"以夸张手法夸小突出与微小利害相磨戛的不值。这是苏舜钦遭受政治打击以后的清醒的反思和冷静的自责，其议论有纵横驰骋，雄奇激越之势，表现出某种不断进取的激励之志。语言切直，豪迈雄健，瑰奇雄豪。

三、楹联

寒山寺联

清·邹福保

尘劫历一千余年①，重复旧观②，幸有名贤来作主③；
诗人题二十八字④，长留胜迹，可知佳句不须多⑤。

【作者】　邹福保（1852～1915），字咏春，号芸巢，苏州府元和县（今苏州市旧城区）人。光绪十二年（1886年）榜眼。其"榜眼府第"位于苏州，前门为塔倪巷10号，后门出九胜巷。光绪三十三年（1907年）称病回籍。返苏后，被聘为紫阳书院最后一任掌院，继而又任苏州师范学堂监督（校长），月俸百，皆拒不受。后又主持自治局、谘议局等，亦不取分文报酬。时人誉为"亮节高风，三吴人望"。邹福保著作甚多，其稿本《四贤斋文略》《彻香堂经史论》《史余偶录》《壶天别录》《留雪轩隐书》《青霞仙馆散体文》《青霞仙馆古今诗稿》等今藏苏州博物馆。

【题解】　寒山寺，题解见唐·张继《枫桥夜泊》。

【注释】　①尘劫历一千余年：指佛寺寒山寺已有一千多年的历史，其间经历至少五次焚毁的劫难。尘劫：佛教称一世为一劫，无量无边劫为尘劫。后亦泛指尘世的劫难。《楞严经》卷一："纵经尘劫，终不能得。"② 重复旧观（guān）：这里是指寒山寺最后一次重建。寒山寺于清咸丰十年（1860 年）毁于战火之后又在清光绪三十二年（1906 年）复建。复：恢复。③ 幸有名贤来作主：此为记事。指当时江苏巡抚陈夔龙主持拓建寺院的事迹。光绪三十二年（1906 年）陈夔龙调任江苏巡抚，拓展寺院，铸钟建钟楼，嘱俞樾重书张继《枫桥夜泊》诗，并刻碑记事。④ 诗人题二十八字：指张继七绝《枫桥夜泊》："月落乌啼霜满天，江枫渔火对愁眠。姑苏城外寒山寺，夜半钟声到客船。"⑤ 可知佳句不须多：此为议论。寺因诗而闻名，对张继《枫桥夜泊》诗作的显著影响给予了高度评价。

【简析】 这副楹联的手法主要是通过记事与议论，从侧面写寒山寺的历史沿革和因诗传名的佳话。上联记事，写寒山寺历经千余年，又有明贤主持重建，得以恢复原貌。下联议论，言张继七绝《枫桥夜泊》对寒山寺传名的不朽意义。楹联虽未对寒山寺具体情形进行正面描写，但其侧面的记事与议论，不仅深耕了特定的历史、宗教等内涵，而且使寒山寺与其诗作《枫桥夜泊》更加水乳交融，相得益彰，意境更加深邃，情韵更加浓厚。

莫愁湖联

清·彭玉麟

胜地足流传①，直博得一代芳名②，千秋艳说③；

赏心多乐事，且看此半湖烟水④，十顷荷花⑤。

【作者】 彭玉麟（1816～1890），字雪琴，号退省庵主人、吟香外史，祖籍衡永郴桂道衡州府衡阳县（今湖南衡阳市衡阳县渣江），生于安徽省安庆府（今安庆市内）。清朝著名政治家、军事家、书画家。与曾国藩、左宗棠并称大清三杰，与曾国藩、左宗棠、胡林翼并称中兴四大名臣。湘军水师创建者、中国近代海军奠基人。去世后，谥刚直，并建专祠。彭玉麟一生经历无数，战功累累，且留有丰富的艺术创作。绘画以画梅名世。其诗作《彭刚直诗集》（八卷）由俞曲樾结集，收录诗作 500 余首。

【题解】　莫愁湖，位于南京建邺区外秦淮河西侧，是南京主城区内仅次于玄武湖的第二大湖泊，有"金陵第一名胜""金陵四十八景之首""江南第一名湖"等美誉。六朝时期，长江南岸线北移，形成湖面。南唐时期，时称横塘，亦称石城湖。相传南齐时，为纪念莫愁将石城湖改名为莫愁湖。南宋以前，莫愁湖所在的位置，正是长江中的白鹭洲。明朝中叶，莫愁湖为徐达后裔、魏国公徐氏的别业，成为金陵名园之一。清朝乾隆五十八年（1793年），莫愁湖进行大规模整治，沿湖修筑"郁金堂"等楼台十余座；咸丰年间毁于战火，清朝同治十年（1871 年）重建莫愁湖，湖景渐复旧观。1929年，莫愁湖被辟为公园。1979年大规模整修莫愁湖公园。莫愁湖园内楼、轩、亭、榭错落有致，景区内主要有莫愁女故居、郁金堂、苏合厢、胜棋楼、华严庵、莫愁水院、棋文馆、粤军阵亡将士墓、抱月楼、海棠精品园、中日友好鸢尾园等景观，还有数十座亭阁，如五显亭、赏心亭、待渡亭、邹鲁碑亭、折柳亭、二水亭、凤来亭、平亭、白鹭亭、四方亭、光华亭、抱月吟风亭以及湖心岛上的湖心亭等。

这副楹联彭玉麟题于湖心亭。湖心亭位于莫愁湖东北部之湖心岛上，是莫愁湖盛景之一。初建于明嘉靖三十一年（1552），万历年间重建，现亭为1953 年重建。

【注释】　①胜地：有名的风景优美的地方。这里指莫愁湖。胜：美好，优美。②一代芳名：指使莫愁湖得名的莫愁女。莫愁女版本基本有三种：一是郢州石城（今为湖北钟祥）莫愁女。正史的记载，首见于南朝《宋书》。二是洛阳莫愁女。南朝梁武帝萧衍（464～549）诗《河中之水歌》："河东之水向东流，洛阳女儿名莫愁。莫愁十三能织绮，十四采桑南陌头。十五嫁为卢家妇……头上金钗十二行，足下丝履五文章。珊瑚挂镜烂生光，半头奴子擎履箱。人生宝贵何所望？恨不早嫁东家王。"把莫愁女的籍贯、身世、家境都作了叙述。三是南京莫愁女。南京莫愁女，到宋代才有文字记载。洪迈在《容斋随笔》中认为是将"石城"（湖北郢州石城）与"石头城"（南京古称）混淆所致。现在南京莫愁女说最为通行，人们一般只知道南京莫愁女。③艳说：此处意为美丽的说法。艳：漂亮，美丽。说：说法，主张，学说。一说莫愁女的传说；另一说既指莫愁女传说，也指朱元璋与徐达弈棋时因徐达将棋子走成"万岁"字样而将莫愁湖赐给徐达的传说。④ 烟水：雾霭迷蒙的水面。宋辛弃疾《沁园春·灵山齐庵赋》词："新堤路，问偃湖何日，烟水濛濛？"烟：云气，雾。此处"半湖烟水"，应指莫愁湖胜景"莫愁烟雨"。⑤ 十顷荷花：言在湖心岛湖心亭上观赏荷花的胜景。莫愁湖荷花久负盛名，每逢夏季，莲叶映日，莲花满池，清香满园。

【简析】 这副楹联，上下联都以第一句作为领句总括，采用呼应手法于其后具体说明。上联写联想，由莫愁的传说和朱元璋赐予徐达莫愁湖的传说引出千秋轶事，生发感慨，引人遐思；下联写眼前美景，在湖心亭观赏莫愁烟雨与胜景荷花，湖水烟波浩渺，荷花香远益清，意境雅丽，令人神往。此外，上下联除正对外，还对称采用句内自对的对偶手法，"一代芳名"对"千秋艳说"，"半湖烟水"对"十顷荷花"，对仗工稳自然，结构环环相扣，实可称为山水风光楹联的上乘之作。

题南京长江大桥联

当代·窦天语

一线① 流中国。越三峡，带五湖②，波连九派③，名冠四河④。过六朝胜地⑤，虎踞龙蟠⑥，倍觉涛声雄万里；

半天亘⑦ 彩虹。通百衢⑧，惠七省⑨，货畅双原⑩，车驰八闽⑪。壮十亿声威，鹰扬⑫ 鹏举⑬，长留功业著千秋。

【作者】 窦天语（1922～2014），中华诗词学会发起人之一、当代楹联名家，曾任江苏楹联研究会顾问。著有《天语诗存》。

【题解】 南京长江大桥，位于南京市鼓楼区下关和浦口区桥北之间。作为南京的标志性建筑、江苏的文化符号、中国的辉煌，被列为新金陵四十八景之一。

南京长江大桥是长江上第一座由中国自行设计和建造的双层式铁路、公路两用桥梁，作为中国南北交通要津和命脉，在中国桥梁史和世界桥梁史上具有重要地位，是中国经济建设的重要成就，具有极大的经济意义、政治意义和战略意义。2014 年 7 月入选中国不可移动文物，2016 年 9 月入选首批中国 20 世纪建筑遗产名录。

【注释】　①一线：指长江。②五湖：一是先秦古籍常谓吴越地区有五湖，六朝以来有多种解释：一说是太湖的别名；一说是太湖东岸的五个与太湖相通连的湖，实即五个湾；一说指太湖及其附近的四个湖。从《国语·越语》和《史记·河渠书》看来，五湖的原意当泛指太湖流域一带所有的湖泊。二是五个大湖的总称。有多种说法。近代一般以洞庭、鄱阳、太湖、巢湖、洪泽为五湖。此处意为后者。③九派：长江在湖北、江西一带，分为很多支流，因以九派称这一带的长江。派：江、河的支流。④四河：中国古代四渎，分别为长江、黄河、淮河、济水。曾经是中国境内从西向东，独成水系、独立入海的四大河流；目前中国四大河流为长江、黄河、黑龙江、珠江。此处应意为后者。长江是四大河流之冠。⑤六朝胜地：指南京。南京被称为"六朝古都"，从三国东吴（229 年）开始近 400 年间，连续有东吴、东晋、南朝宋、齐、梁、陈六个朝代在南京金陵建都。胜地：有名的风景优美的地方。⑥虎踞龙蟠：也作"龙蟠虎踞""龙盘虎踞""虎踞龙盘"，形容地势雄壮险要，也特指南京。李白《永王东巡歌》之四："龙蟠虎踞帝王州，帝子金陵访古丘。"踞：蹲，蹲坐，倚靠。"虎踞"言如虎之蹲踞。蟠（盘）：伏，盘伏。"龙蟠"言如龙之盘旋。此处是形容南京长江大桥的雄伟壮观。⑦亘（gèn）：延续，连接；贯通。⑧衢（qú）：四通八达的道路，大路。⑨七省：有各种说法。此处应指华东七省：江苏省、浙江省、山东省、安徽省、福建省、江西省和上海市；泛指大桥所连接的南北广大地区。⑩双原：指华北平原、长江中下游平原。此处也是泛指大桥所连接的南北广大地区。⑪八闽：福建省的别称。福建古为闽地。宋时始分为八个府、州、军。元代分为福州、兴化、建宁、延平、汀州、邵武、泉州、漳州八路。明代改八路为八府，清仍之，因有八闽之称。⑫鹰扬：威武貌。《诗经·大雅·大明》："维师尚父，时维鹰扬。"毛传："鹰扬，如鹰之飞扬也。"逞威；大展雄才。三国魏曹植《与杨德祖书》："昔仲宣独步於汉南，孔璋鹰扬於河朔。"⑬鹏举：谓奋发有为。曹植《玄畅赋》："希鹏举以抟天，蹑青云而奋羽。"

【简析】　这副楹联，内容方面咏叹长江和大桥。上联歌咏涛声万里的长江，强调赞美了大桥所在六朝胜地南京的虎踞龙蟠，地雄势壮。下联赞美气势威武的大桥，突出赞叹了大桥连接四面八方，促进百业兴旺的重要作用。

艺术手法方面，首先，上下联的正对运用映衬手法，上联的长江与南京绿叶般正衬下联的大桥，奔腾万里的长江，虎踞龙盘的南京，更加突显了大桥宏伟壮观的特征。上下联既主次分明又互相依存，相辅相成，具有较强的艺术感染力。其次，这副楹联十分讲究动词的布局，上联"流、越、带、连、冠、过、觉"与下联对称"亘、通、惠、畅、驰、壮、留"等动词，立体澎湃，刻画细致；状物言情，极富表现力。总之，这副楹联，大处放眼，气势豪放；行文恣肆，潇洒自如，意蕴隽永，耐人寻味。

中山陵联

当代·汪尔驹

废两千载帝制①，首义②归功先行者；

积四十年经验，遗言启迪后继人③。

【作者】 汪尔驹，当代人。生平不详。

【题解】 中山陵，是中国近代伟大的民主革命先行者孙中山先生的陵寝及其附属纪念建筑群，位于南京市玄武区紫金山南麓钟山风景名胜区内。陵寝建筑群依山势而建，由南往北沿中轴线逐渐升高，以祭陵路径为顺序，主要有陵前广场、墓道、陵门广场、阶梯、大祭台和陵后花园六大区域，还有音乐台、光华亭、流徽榭、仰止亭、藏经楼、行健亭、永丰社、永慕庐、中山书院等建筑环绕在陵墓周围。空中俯瞰，犹如一座平卧的"自由钟"。中山陵景区建筑融汇中国古代与西方建筑之精华，气势宏伟，寓意深远，其和谐统一的蓝色主体色调强化了陵园庄严肃穆的氛围，艺术价值极高，被誉为"中国近代建筑史上第一陵"。

【注释】 ① 废两千载帝制：概括了孙中山先生领导辛亥革命，结束清朝统治、推翻帝制，建立中华民国的丰功伟绩。② 首义：指武昌起义，是辛亥革命的开端。③ 积四十年经验，遗言启迪后继人：意思出自孙中山《遗嘱》："余致力国民革命凡四十年，其目的在求中国之自由平等。积四十年之经验深知欲达到此目的，必须唤起民众及联合世界上以平等待我之民族，共同奋斗。现在革命尚未成功，凡我同志，务须依照余所著《建国方略》《建国大纲》《三民主义》及《第一次全国代表大会宣言》，继续努力，以求贯彻。最近主张开国民会议及废除不平等条约，尤须于最短期间促其实现。是所至嘱！"

【简析】《中山陵联》内容以历史内容取胜，简明扼要地概括了孙中山先生的一生。上联概括了孙中山先生领导辛亥革命，结束清朝统治、推翻帝制，建立中华民国的丰功伟绩。下联概括了孙中山先生晚年思想的伟大转变，开始实行"联俄、联共、扶助农工"三大政策，实现国共第一次合作，并留下启迪后人的"革命尚未成功，同志仍需努力"的遗言。

第三节　浙江省旅游景点诗文

一、诗词

灵隐寺

唐·宋之问①

鹫岭②郁岧峣③，龙宫④锁寂寥⑤。
楼观沧海⑥日，门对浙江潮⑦。
桂子月中落⑧，天香⑨云外飘。
扪萝⑩登塔远⑪，刳⑫木取泉遥⑬。
霜薄花更发⑭，冰轻叶未凋⑮。
夙龄尚遐异⑯，搜对涤烦嚣⑰。
待入天台⑱路，看余度石桥⑲。

【作者】　宋之问（约 656～712），又名少连，字延清，唐汾州隰城人（今山西汾阳市）人，一说虢州弘农（今河南灵宝）人。初唐诗人。宋之问的诗与沈佺期齐名，世称"沈宋体"。宋之问创作实践中使六朝以来的格律诗法则更趋细密，使五言律的体制更臻完善，并创造了七言律诗新体，成为律诗的奠基人之一。存世有辑本《宋之问集》二卷。

【题解】　灵隐寺，又名云林禅寺，位于浙江杭州西湖区，背靠北高峰，面朝飞来峰。始建于东晋咸和元年（326 年），相传其开山祖师为西印度僧人慧理和尚。清《一统志》引《舆地志》言晋代西印度僧人慧理和尚，东晋咸和初，他由中原云游入浙至武林（即今杭州），见有一峰而叹曰："此乃中天竺国灵鹫山之小岭，不知何年飞来？佛在世日，多为仙灵所隐。"遂于峰前建寺，名曰灵隐。宋宁宗嘉定（1208～1224）年间，灵隐寺被誉为江南禅宗"五山"之一。清康熙二十八年（1689 年），康熙帝南巡时，赐名"云林禅寺"。

灵隐寺主要以天王殿、大雄宝殿、药师殿、直指堂（法堂）、华严殿为中轴线，两边附以五百罗汉堂、济公殿、联灯阁、华严阁、大悲楼、方丈楼等建筑。灵隐寺前有飞来峰、冷泉、龙泓洞等胜景，有宋元石刻佛像。一直是西湖游览胜地，也是中国佛教禅宗十大名刹之一。

【注释】 ① 宋之问：关于这首《灵隐寺》的作者，历史上本有异说。一说唐初诗人宋之问所作，一说"初唐四杰"之一骆宾王所作，一说宋之问与骆宾王骆共作。本文取作者为"宋之问"一说。② 鹫（jiù）岭：此处以印度灵鹫山借指飞来峰。③ 岧峣（tiáoyáo）：亦作"岧嶤""迢峣"，山高峻貌。④ 龙宫：这里指佛寺灵隐寺。⑤ 寂寥：寂静。⑥ 沧海：这里指东海。⑦ 浙江潮：是指钱塘江潮。钱塘江，古称浙，全名"浙江"。⑧ 桂子月中落：灵隐寺旁有月桂峰，传说就是当年月宫落下桂子的地方。桂子：桂花。⑨ 天香：芳香的美称。特指桂、梅、牡丹等花香。⑩ 扪（mén）萝：抓持着藤萝。扪：持、执。萝：一种蔓生植物。⑪ 登塔远：攀登远处的古塔。⑫ 刳（kū）：剖，剖开。⑬ 取泉遥：到远处去取水。⑭ 发：生，出。⑮ 凋：草木衰落，凋落。⑯ 夙（sù）龄尚遐异：年轻时喜好远处奇异美景。夙龄：少年。夙：早，早晨。引申为早年。尚：推崇，尊重。遐：远。异：不同。引申为奇特的，与众不同的。⑰ 搜对涤烦嚣：寻幽访胜洗涤尘世中的烦恼。搜：寻求，搜罗。涤：清洗，清除。烦嚣：（声音等）嘈杂扰人。⑱ 天台：天台山，位于浙江省天台县城北，西南连仙霞岭，东北遥接舟山群岛，素以"佛宗道源、山水神秀"享誉海内外。孙绰、王羲之、谢灵运、孟浩然、李白、朱熹、陆游、徐霞客等都在天台山留下诗文。⑲ 石桥：指天台山天然石梁桥，在中方广寺昙华亭外。"石梁飞瀑"被誉为"天下第一奇观"。天然石梁桥是一种两端与山体连接而中间悬空的天然桥状地形。

【简析】　这首五言古诗《灵隐寺》大约作于宋之问被贬越州期间。在众多歌咏西湖及其周边名胜的诗篇中，这首作于初唐的诗作是目前所能看到的最早一首。思路方面，诗作按游览顺序描写深秋时节灵隐寺一带山水超凡脱俗的奇丽风光，以去天台山度石桥的想象情景结篇。开篇四句起势突兀，将近景飞来峰、灵隐寺以及远景东海、钱塘江聚纳于一处，用典自然，诗境开阔。此外实景"楼观沧海日，门对浙江潮"与虚实融合的"桂子月中落，天香云外飘"是历来为人传诵的名句，特别是"桂子月中落，天香云外飘"驰动想象，将天上桂月与灵隐桂香融为一体。这四句不仅正对工稳，而且景象神异。之后诗人继续"扪萝"以"登塔"，"刳木"以"取泉"，虽是深秋季节，但所见是"花更发""叶未凋"，强调"夙龄尚遐异，搜对涤烦嚣"本是一直的喜好。细节朗然，志趣独出，寓意深隐。最后想象"入天台路""度石桥"，游兴未尽，游意尚远。内容方面，入胜境而观佳处，灵隐寺清幽肃境，江海峰峦恢宏形胜，开豁胸怀，振人豪情，同时将经宦海风波之后归趋寂寞的心绪融进诗作，隐含宦海浮沉之慨。总之，诗脉井然，内容丰富，想象豁然，言辞凝练，境界清幽开阔，风格清新洒脱。

钱塘观潮

清·施闰章

海色雨中开，涛飞江上台①。
声驱千骑疾②，气卷万山来。
绝岸③愁倾覆，轻舟故溯洄④。
鸱夷⑤有遗恨，终古使人哀⑥。

【作者】　施闰章（1618～1683），字尚白，号愚山，江南宣城（今属安徽省）人。清顺治六年（1649年）进士，曾奉使广西，任刑部员外郎，提调山东学政，迁江西布政司参议。施闰章主要以诗人名世。著有《学余诗集》五十卷，《学余文集》28卷。

【题解】　钱塘江，古称浙，全名"浙江"，又名"折江""之江""罗刹江"，一般浙江富阳段称为富春江，浙江下游杭州段称为钱塘江。钱塘江是

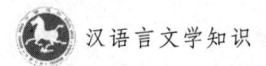

浙江省最大河流，是吴越文化的主要发源地之一。

钱塘江潮，又称海宁潮，即杭州湾钱塘江口的潮涌，被誉为"天下第一潮"，是世界的一大自然奇观。钱塘江潮是由天体引力和地球自转的离心作用，加上杭州湾喇叭口的特殊地形所造成的特大涌潮。观赏钱塘秋潮，早在汉、魏、六朝时就已蔚成风气，至唐、宋时，此风更盛。相传农历八月十八日，是潮神的生日，所以潮峰最高。钱塘潮形态有交叉潮、一线潮、回头潮、冲天潮、丁字潮、乖潮、鬼王潮等。

【注释】①江上台：指钱塘江上的观潮台。②声驱千骑（jì）疾：以千骑奔驰比喻并夸张钱塘江潮涛声的震天动地。驱：鞭马疾行。引申为奔驰。骑：骑马的人，骑兵；一人一马。白居易《长恨歌》："千乘万骑西南行。"疾：迅速，敏捷。③绝岸：陡峭的岸。④溯洄（sùhuí）：逆着弯曲的水道。也指弯曲的水流。《诗经·秦风·蒹葭》："溯洄从之，道阻且长。"⑤鸱夷（chīyí）：皮革制的口袋。也作"鸱鴺"。《国语·吴语》：（伍子胥因忠谏被吴王赐死）"乃使取申胥（注：伍子胥）之尸，盛以鸱夷，而投之于江。"《吴越春秋》也有记载。后人传说伍子胥化为钱塘江潮潮神。此处代指伍子胥。⑥哀：悲伤，悲痛。引申为悲愤，沉痛。

【简析】这首五言律诗《钱塘观潮》，最大的特点是运用多种表现手法，紧扣诗题"观"，写诗人雨中观潮所见所思所感。

前两联"观"潮。首联以雨为背景直接描绘"涛飞江上台"的景象，抓住江潮"飞"的动态进开钱塘江潮的巨大声势。颔联驰骋想象，夸张兼比喻，声音如"千骑疾"，气势如"万山来"，潮声之大，气势之猛，汹涌澎湃，惊心动魄。颈联"观"人，从作者视角观人。一是写作者自己对"绝岸"的轻舟"愁倾覆"，一抹人文关怀的底色跃出纸面。二是"观""吴儿弄潮"的"轻舟故溯洄"，写江中弄潮儿以其高超的本领随着潮头任意起伏腾跃回旋的景象，使前两联钱塘大潮的磅礴气势与弄潮儿的英雄气概形成鲜明对比。尾联用典写志，以鸱夷子胥潮典故抒发沉郁的感慨。运用对比手法与前三联的高昂激越的情景形成明显对照，为钱塘潮增加了凝重的历史内涵，使作者为鸱夷申胥鸣不平的哀伤，温厚婉然，耐人寻味。

春题湖上

唐·白居易

湖上春来似画图，乱^①峰围绕水平铺^②。
松排^③山面千重翠，月点^④波心一颗珠。
碧毯线头抽早稻^⑤，青罗裙带展新蒲^⑥。
未能抛得杭州去，一半勾留是此湖^⑦。

【作者】　白居易（772~846），字乐天，晚年笃信佛教，号香山居士，又号醉吟先生。祖籍太原，到其曾祖父时迁居下邽，生于河南新郑。曾任翰林学士、江州司马、杭州刺史、苏州刺史等职。白居易晚年大多在洛阳履道里第度过，与刘禹锡唱和，时常游历于龙门一带。逝世后葬于洛阳香山。

白居易是唐代伟大的现实主义诗人，继承了《诗经》以来的比兴美刺传统，重视诗歌的现实内容和社会作用。他提出"文章合为时而著，歌诗合为事而作"的现实主义创作原则。其诗作题材广泛，主要有闲适诗和讽喻诗两类。与李白、杜甫并称为唐代三大诗人。与元稹合称"元白"，与刘禹锡并称"刘白"。有"诗魔"和"诗王"之称。传世著述有《白氏长庆集》。

这篇《春题湖上》作于白居易任杭州刺史期间。其尾联的惜别之情以及诗题"春"表明，写作时间当在作者离任前的春天。白居易在杭州期间，创作了多首歌咏西湖诗篇，其中最著名的是三首七言律诗，即《钱塘湖春行》《西湖晚归回望孤山寺赠诸客》以及这首《春题湖上》。

【题解】　西湖，位于浙江杭州市区西部，地处中国东南丘陵边缘和中亚热带北缘，湖泊的天然地表水源是金沙涧、龙泓涧、赤山涧（慧因涧）、长桥溪四条溪流。西湖最早称武林水，后又有钱水、钱塘湖、明圣湖、金牛湖、石涵湖、上湖、潋滟湖、放生池、西子湖、高土湖、西陵湖、龙川、销金锅、美人湖、贤者湖、明月湖诸多名称，但是历代普遍公认并见诸文献记载的是钱塘湖和西湖两个名称。

西湖的湖体轮廓呈近椭圆形，南、西、北三面环山，湖中白堤、苏堤、杨公堤、赵公堤将湖面分割成若干水面。苏堤和白堤横贯西湖，把西湖分隔为西里湖、小南湖、岳湖、外湖和里湖五部分。白堤原名白沙堤，白居易主持修筑，将杭州市区与风景区连接在一起。苏堤为苏东坡主持修筑，横贯西湖南北。西湖有100多处公园景点，有60多处国家、省、市级重点文物保护单位和20多座博物馆，是中国十大风景名胜之一。

【注释】①乱：纷繁，弥漫。②平铺：平着展开。唐白居易《南湖早春》：有"乱点碎红山杏发，平铺新绿水蘋生"诗句。③排：排列。④点：点缀。⑤碧毯线头抽早稻：早稻秧苗犹如青翠的碧毯线头。抽：（草木）发芽，长出。⑥青罗裙带展新蒲：蒲叶犹如舒展的青罗飘带。青罗：青色丝织物。此处"青"应指绿色。蒲：香蒲，多年生水生或沼生草本植物；菖蒲，多年生草本植物，喜冷凉阴湿环境。此处应指香蒲。⑦勾留：稽留，耽搁。勾，本作"句"。

【简析】《春题湖上》这首描写杭州西湖春景的律诗，是历代描写西湖的佳作名篇。首先，诗作在铺写点染景物底蕴上抒情写志。前三联写景"画图"。景物紧扣诗题"春"，突出"早"，围绕"绿"，描绘了一幅格调清新的山水"画图"。"湖上春来似画图"总括西湖春景如画之后再具体描绘：远望参差的群峰，葱翠的松林围绕一湖春水，湖面点缀一波珠月；近观"早"稻青翠如碧毯线头，"新"蒲舒展似飘裙带，景致中蕴含着不尽深情。尾联抒情，抒写对杭州的无限留恋之意，情韵悠远，画意诗情融于一体。其次，语言平实，鲜活清澈；笔触跃动，境界清新。远山葱翠蓊郁，近水波平如镜，眼前绿稻平铺，青蒲飘展，如画春湖清新秀丽，一派生机盎然。最后，十分讲究运用修辞手法。一是比喻。明喻"画图""月珠"，传神尽态，诗意浓郁。倒喻"碧毯线头抽早稻，青罗裙带展新蒲"，将喻体"碧毯""青罗裙带"前置于本体"早稻""新蒲"之前，画境清朗，情景交融。二是比拟。"点"直接赋予月亮以点染、装点的特征，跳跃灵动，极富感染力。三是析数。"一半勾留是此湖"运用析数的修辞手法，表达对杭州的深情爱恋，情思无尽，引人入胜。

二、游记

冷泉亭记

唐·白居易

东南①山水，余杭郡②为最；就郡言，灵隐寺为尤③；由寺观，冷泉亭为甲④。亭在山下，水中央，寺西南隅。高不倍寻，广不累丈⑤，而撮奇得要⑥，地搜胜概⑦，物无遁形⑧。

春之日，吾爱其草薰薰⑨，木欣欣⑩，可以导和纳粹⑪，畅人血气⑫，夏之夜，吾爱其泉渟渟⑬，风泠泠⑭，可以蠲烦析酲⑮，起人心情⑯。山树为盖，岩石为屏，云从栋生⑱，水与阶平。坐而玩之者，可濯足⑲于床⑳下；卧而狎㉑之者，可垂钓于枕上。矧㉒又潺湲㉓洁澈，粹㉔冷柔滑，若俗士，若道人㉕，眼耳之尘、心舌之垢㉖，不待盥㉗涤，见辄除去㉘。潜利阴益，可胜言哉㉚！斯所以最余杭而甲灵隐也㉛。

杭自郡城抵四封㉜，丛山复湖，易为形胜㉝。先是领郡者㉞，有相里尹造作虚白亭㉟，有韩仆射皋㊱作候仙亭，有裴庶子棠棣㊲作观风亭，有卢给事元辅㊳作见山亭，及右司郎中河南元�㊴最后作此亭。于是五亭相望，如指之列㊵，可谓佳境殚㊶矣，能事毕矣㊷。后来者虽有敏心巧目㊸，无所加焉。故吾继之，述而不作㊹。

长庆三年㊺八月十三日记。

【作者】 见白居易《春题湖上》。

【题解】 冷泉亭，位于杭州灵隐寺山门之左，飞来峰下。掩映在灵隐寺左侧绿荫深处的冷泉，泉水晶莹如玉。冷泉溪流经灵隐寺南门前处时拦有一道堤坝形成一个长方形水潭，冷泉亭依潭而立。唐时冷泉周围有虚白、候仙、观风、见山、冷泉五座亭子。后四亭俱毁，冷泉亭也于明万历年间移建岸边。冷泉亭原亭是唐代河南人元舆（官右司郎中）主持修建的，现在的亭子为清人仿原物规制重修。亭子双层方形，黛瓦丹柱，十六根圆形亭柱构成一个开放、宽阔的空间。白居易被贬为杭州刺史时，常常流连于此，其《宿灵隐寺》有"在郡六百日，入山十二回。宿因月桂落，醉为海榴开"的诗句。

　　白居易在唐穆宗长庆二年（822年）出任杭州刺史，主持修筑了白堤。《冷泉亭记》是他任上第二年所写的一篇传世佳作。

　　【注释】　①东南：唐代的"东南"概念多指江南东道。江南东道，唐代地方监察机构十五道之一。开元二十一年（733年）以江南道分置，分为江南东道、江南西道和黔中道。江南东道治所在苏州，辖境相当于今江苏长江以南，浙江、福建二省以及安徽歙县、绩溪、休宁、祁门、黟县与江西婺源、玉山等县地。江南东道于乾元元年（758年）撤销，历时25年。②余杭郡：指杭州。余杭郡是隋大业三年（607年）的地名，治钱塘县（杭州市），辖钱塘、富阳、余杭、於潜、盐官、新城、紫溪七县。唐武德四年（621年）复余杭郡为杭州。唐天宝元年（742年）复名余杭郡，属江南东道。治在钱塘，辖钱塘、盐官、富阳、新城、余杭、临安、於潜、唐山八县。唐乾元元年（758年）又改为杭州，归浙江西道节度。③就郡言，灵隐寺为尤：就余杭郡范围而言，灵隐寺的景致最为突出。尤：优异，杰出。④由寺观，冷泉亭为甲：从灵隐寺的风景看，冷泉亭居第一位。甲：天干的第一位。也指第一或第一流的。引申为数第一，居首位。⑤高不倍寻，广不累（lěi）丈：高不到十六尺、宽不及两丈。寻：古代长度单位。八尺（或七尺）为一寻。累：堆积，聚积。引申为重叠。⑥撮（cuō）奇得要：（亭子）选取奇妙和关键地势。撮：用指爪抓取，引申为摘取；聚集，聚合。奇：特异，罕见。要：关键，要领。⑦地搜胜概：所在的地方包罗美好景色。搜：寻求，搜罗。胜概：优美的景色，美好的境界。胜：美好，优美。⑧物无遁（dùn）形：美景无所遗漏。遁：逃；隐匿。⑨薰：香草；香气，香。⑩欣欣：草木生长茂盛的样子。⑪导和纳粹：引向和谐，纳取精华。导：引导。引申为引向。和：音乐和谐。引申为调和。又和顺，和谐。又和睦，融洽。纳：接纳，容受；取。粹：纯，不杂。引申为纯正，美好。引申为精华。⑫畅人血（xuè）气：使人情感舒畅。畅：舒畅，喜悦。此处为"使……畅"的使动用法。血气：血和气，指生命；感情，经历；感情冲动时产生的勇气。⑬淳淳（tíngtíng）：水清澈平静的样子。⑭泠泠（línglíng）：声音清脆。⑮蠲（juān）烦析酲（chéng）：免除烦恼，消去困乏。蠲：除去。析：解除。酲：酒醉后的病态。⑯起人心情：振奋人的心情。起：启发。⑰山树为盖，岩石为屏：山峦、绿树成为亭的顶盖，山崖岩石变成亭的屏壁。屏：屏风。引申为屏障。⑱ 云从栋生：云彩缭绕在亭子周围，好像从亭梁上生长出来。栋：房屋的正梁。⑲ 濯足：本谓洗去脚污。后以"濯足"比喻清除世尘，保持高洁。后来"濯足"被赋予越来越多的超拔脱俗之气，成为抛却尘世、隐遁山林、逍遥世外的象征。濯（zhuó）：洗。⑳ 床：供人坐卧的器具。此处指坐的用具。㉑ 狎（xiá）：亲昵，接近。此处指玩乐。㉒ 矧（shěn）：况且，何况。㉓ 潺湲（chányuán）：水流动的样子；象声词，流水声。㉔ 粹：通"萃"。聚集。㉕ 若俗士，若道人：不论是普通人还是出家人。㉖ 眼耳之尘，心舌之垢：比喻世俗中沾染的不纯洁的东西。㉗ 盥（guàn）：洗手。泛指洗涤。㉘ 见辄除去：看到冷泉这种景色就会立即除去（尘垢）。辄：副词，立即，就，便。㉙ 潜利阴益：看不见的好处。潜：没入水中活动。引申为隐藏，深藏。阴：隐蔽，暗中。㉚ 可胜言哉：岂能说尽。胜：超过，胜过。㉛ 斯所以最余杭而甲灵隐也：这就是冷泉亭景致居余杭之最、列灵隐之首的原因。㉜ 四封。四境。此处指余杭郡城四周行政边界之内的疆土。封：疆界，边界。㉝ 形胜：谓山川壮美。亦指山川壮美之地。㉞ 先是领郡者：以前在这里担任郡守之位的人。㉟ 有相里尹（yǐn）造作虚白亭：有复姓相里的官员建造了虚白亭。相里尹：其人所指不详。相里：复姓。尹：官的通称。虚白亭：飞来峰附近。另做"相里君造""相里君造作"。㊱ 韩仆射（púyè）皋（gāo）：韩皋，字仲闻，唐长安人。任杭州刺史后，又为尚书右仆射及左仆射。仆射：唐朝尚书省长官。㊲ 裴庶子棠棣（dì）：裴庶子，即裴棠棣，又作裴常棣，曾任杭州刺史。庶子，太子东宫的属官。㊳ 卢给事元辅：卢给事，即卢元辅，字子望。任杭州刺史后曾为给事中。给事：官名，给事中的省称。给事中：门下省官员。㊴ 右司郎中河南元藇（xù）：右司郎中：尚书省的助理官员，协助尚书右丞管理兵、刑、工二部十二司之事。元藇：又作元岹。白居易的前任，任职约在唐宪宗元和十五年（820 年）前后。㊵ 如指之列：像五个手指一样排列。㊶ 殚（dān）：尽、竭尽。㊷ 能事毕矣：多亭组景以构筑山水胜境达的事情已经完成。毕：完成，结束。㊸ 敏心巧目：聪慧的心思和灵巧的眼睛。此处指机敏巧妙的想法。㊹ 述而不作：出自《论语·述而》篇，原意是只陈述前人的成说，自己并不创作。此处指只记述而不另筑新亭。㊺ 长庆三年：即唐穆宗长庆三年（823 年）。

【简析】《冷泉亭记》是白居易经历贬谪而"胸中消尽是非心"后，选择了不做朝官力求外任以地方官为隐的"中隐"道路。在这种背景下出任杭州刺史，置身于冷泉亭胜境，身心欢畅，骋怀抒情，伸发议论，既有美景胜境有益身心、陶冶性情的感悟，又有众美聚并、诸事和谐的升华。

《冷泉亭记》，结构方面，有理有致，有条不紊。由聚焦点题冷泉亭，再分写春夏胜景，再总写冷泉亭风光细节与其不可胜言之妙处，最后整体写"五亭相望""佳境殚矣"，强调冷泉亭"能事毕"之完美。

写法方面，句式上，长短错落，错落中见变化；整散相间，匀称中有参差。修辞上，层递递降与递升手法交互运用，范围由大到小，由东南而余杭而灵隐寺而冷泉亭，程度却逐渐加强，由"最"至"尤"至"甲"，醒目地聚焦到"冷泉亭"。所运用的反复手法四次间隔反复"可"，既串联起了上下文，又使冷泉亭的优美风光及其赞美之情得以突出。文中多处运用的对偶、排比手法，既表意细腻，又气势连贯。

意境方面，一是感受多元，界域综合，"草薰薰"的嗅觉与感觉、"风泠泠"的听觉、"粹冷柔滑"的触觉、"木欣欣""泉淳淳"的视觉与感觉等多种感受浑然一体，纵目山川，仰观翠荫，俯首流泉，吟咏畅议。二是"撮奇得要"地将状景、抒情、议论融为一体，引发美景胜境对道德情操的潜移默化的影响。可谓精于状景，妙于骋情，长于议论。三是将唐代"结亭组景"的风尚与余杭郡五亭的"多亭组景"生成和谐美满的美感意象，使亭构数量与审美感受彼此呼应，使审美意境得以升华。

三、楹联

西湖三潭印月联

清·程云俶

天赐湖上名园①，绿野初开，十亩荷花②三径③竹；
人在瀛洲④仙境，红尘⑤不到，四围潭水一山房⑥。

【作者】 程云俶（chù），生卒年不详，字稻村，江西新建人。清末举人，湘军将领彭玉麟门生，曾任宁波知府，创办了宁波最早的学校储才学堂。

【题解】　西湖，见白居易《春题湖上》。

三潭印月，又名小瀛洲，是西湖中最大的一个湖心岛，在西湖外湖西南部水域，大致范围包括小瀛洲及其南侧部分湖面暨三座瓶状石塔，以赏月和水上园林著称。湖心岛南北有曲桥相通，东西以土堤相连，桥堤呈"十"字形交叉，将岛上水面一分为四，整体恰如一个"田"字，形成了湖中有岛，岛中有湖的胜景。

相传宋苏轼疏浚西湖之后，在湖水深处建成三座瓶形石制界塔，名为三潭，毁于明初。明万历三十五年（1607 年），钱塘县令聂心汤取湖中葑泥在岛周围筑堤坝，初成湖中湖，作为放生之所。后在岛南湖中苏轼立塔处重建补立三座瓶形石塔。清初岛上又建筑曲桥、堂轩，沿内湖环植木芙蓉，又经清光绪年间退休将领彭玉麟在此营造别墅，小瀛洲初具风貌。

湖面上呈鼎足之势的三座瓶状石塔高 2 米许，球形中空球面有圆孔，皓月当空，塔内燃烛，烛光倒映在湖中，与天空倒映之月交相辉映。三潭印月是杭州西湖最著名的标志性景观，被誉为"西湖第一胜境"，为杭州西湖十景之一。这副楹联题于三潭印月的静凉轩。

【注释】　①名园：指三潭印月。②十亩荷花：指小瀛洲水面的荷花。宋代柳永《望海潮》："重湖叠巘清佳，有三秋桂子，十里荷花。"③三径：西汉末年王莽专政，兖州刺史蒋诩称病还乡隐居，在院中辟三径。后常用"三径"来指归隐后的住所。东晋陶渊明《归去来兮辞》："三径就荒，松菊犹存。"④瀛洲：古代传说东海中有蓬莱、方丈、瀛洲三神山，为神仙所居。也泛指想象中的仙境。这里指三潭印月即小瀛洲。⑤红尘：飞扬的尘土，形容热闹繁华，又指热闹繁华的地方；指人世间。⑥山房：山中屋舍。常指书房和僧房。宋苏轼《宿临安净土寺》："明朝入山房，石镜炯当路。"这里指这副楹联所题之处静凉轩。

【简析】　这副程云俶题三潭印月静凉轩的楹联，上联以写景为主，下联以明理为要，景、理、趣、情融为一体，景美理明趣佳情到。"天赐""仙境"等寻常几无新颖感的词语在此景此情中十分自然熨帖，突显了三潭印月小瀛洲特有的风光神韵。联语所渲染出的清幽境界，令人心神澄明。

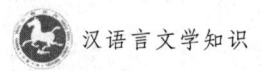

杭州灵隐寺联

元·赵孟頫

龙洞①风回，万壑②松涛连海气③；
鹫峰④云敛⑤，千岩桂月⑥映⑦湖光⑧。

【作者】 赵孟頫（1254~1322），字子昂，号松雪，松雪道人，湖州（今浙江吴兴）人。作为一代书画大家，博学多才，能诗善文，懂经济，工书法，精绘艺，擅金石，通律吕，解鉴赏。特别是书法和绘画成就最高。书法方面善篆、隶、真、行、草书，尤以楷、行书著称于世。其书风遒媚秀逸，结体严整，笔法圆熟，世称"赵体"。与颜真卿、柳公权、欧阳询并称为楷书"四大家"。赵孟頫传世书迹较多，代表作有《千字文》《洛神赋》《胆巴碑》《归去来兮辞》《兰亭十三跋》《赤壁赋》《道德经》《仇锷墓碑铭》等。著有《尚书注》《松雪斋文集》12卷等。

【题解】 灵隐寺，见宋之问《灵隐寺》。

【注释】 ①龙洞：龙泓涧，西湖南山三大溪之一，是西湖天然水源的四条溪流之一。位于杭州龙井风篁岭南侧坡，发源于龙井，流经涤心沼、过溪亭、外鸡笼，最后注入西湖。乾隆御题"龙泓涧"，为清乾隆御题龙井八景之一。②壑（hè）：山谷。③海气：海面上或江面上的雾气。唐张子容《永嘉即事寄赣县袁少府瓘》："海气朝成雨，江天晚作霞。"④鹫峰：此处以印度灵鹫山借指灵隐寺前飞来峰。⑤敛（liǎn）：收拢、聚集。⑥桂月：一是月亮的别称。传说月中有桂树，故称。《乐府诗集·杂曲歌辞八·东飞伯劳歌》："南窗北牖桂月光，罗帷绮帐脂粉香。"二是指农历八月。其月桂花盛开，故称。清厉荃《事物异名录·岁时·八月》："《提要录》：'八月为桂月。'"这里可理解为指月亮。⑦映：一作"印"。⑧湖光：日光映照在湖面上所产生的光影。此处指西湖波光。

【简析】 这副楹联，在西湖众多名胜楹联中享有盛誉。上联写洞水泠泠，山风阵阵，滚滚松涛与茫茫海气相连。下联写鹫峰兀立，云收雾敛，莹莹桂月与闪闪湖光映照。上下联的正对相当严谨，龙洞对鹫峰，千岩对万鼜，桂月对松涛，海气对湖光，不仅词性一致，平仄相谐，而且词语类别相同。特别是动词"连"与"映"，使灵隐寺的奇丽风光缥缈与清丽互相映衬，犹如一幅灵动毓秀的山水画卷。总之，楹联紧紧抓住龙涧、鹫峰、海气、湖光等灵隐寺特有的自然景致，烘托独特的佛门风光。意境旷远幽寂，神韵悠然，蕴藉着深厚的人文内涵。

第四节　山东省旅游景点诗文

一、诗词

大明湖

宋·曾巩

湖面平随苇岸长，碧天垂影入清光①。
一川风露荷花晓，六月蓬瀛②燕坐凉③。
沧海桴浮④成旷荡⑤，明河⑥槎⑦上更微茫⑧。
何须辛苦求人外⑨，自有仙乡在水乡⑩。

【作者】曾巩（1019～1083），字子固，建昌南丰（今江西南丰县）人，后居临川（今江西抚州市西）。世称南丰先生，谥文定。北宋文学家、史学家、政治家，为唐宋八大家之一，在学术思想和文学史上贡献卓越。曾巩成就很多，在文学创作方面尤为突出。散文文道并重，内容广泛，义理精深，气质内潜，精于炼句，尤擅排比、对偶，卓然自成一家。诗作质朴清新，雄浑超逸。各体诗作中以七绝成就最高。曾巩著述丰富，今存世有《元丰类稿》50卷。又传世《隆平集》30卷等。

曾巩于宋神宗熙宁五年（1072年）出任齐州（今山东济南）知州，对北宋时期济南园林的修整贡献极大。除这首《大明湖》外，还有《环波亭》《鹊山亭》《郡斋即事》等多首描写济南风光的诗作。

【题解】大明湖，在济南市区旧城北部，济南三大历史名胜之一（趵突泉、大明湖、千佛山）。湖由济南众多泉水汇流而成，经泺水河注入小清河。

湖名最初见于北魏郦道元《水经注》："北为大明湖，西即大明寺。"宋代称"四望"，也称西湖。大明湖纪念古人政绩、行踪的建筑以及自然景观很多，如历下亭、铁公祠、小沧浪、北极阁、汇波楼、南丰祠、退园、稼轩祠等。现在解放阁至大明湖的水上游路，将解放阁、黑虎泉、泉城广场、趵突泉、五龙潭、大明湖贯通相连，形成独具特色的济南泉水游览景观。

【注释】①清光：明亮柔和的光辉。②蓬瀛（yíng）：蓬莱和瀛洲，古代传说东海中有蓬莱、方丈、瀛洲三神山，为神仙所居。相传山形如壶，又称三壶山。也泛指想象中的仙境。这里指湖上诸岛。③燕（yàn）坐凉：闲坐乘凉。燕：通"宴"。宴会，以酒食待客；乐，娱乐。④桴（fú）浮：语出《论语·公冶长》："道不行，乘桴浮于海。"桴：小竹筏。⑤旷荡：空阔无边。⑥明河：银河。⑦槎（chá）：竹、木筏。西晋张华《博物志·杂说下》："旧说天河与海相通，近人有居海渚者，年年八月，有浮槎来甚大，往返不失期。此人乃立槎上，多赍（jī）粮，乘槎去。"又泛指船。⑧微茫：犹隐约。景象模糊。⑨人外：世外，人世之外。⑩水乡：借指大明湖一带。

【简析】这首七律《大明湖》，字句清新，构思巧妙；格调超逸，风致雅然。堪称写景抒情佳作，颇得唐人神韵。其特点可归纳为两点：一是远近有序，虚实相协，写景与抒情交融。首联与颔联写景，颈联与尾联抒情议论，佳景深情益然笔端。首联远景境界阔大缥缈，颔联近景笔触细腻清爽。颈联驰骋想象之虚与尾联的落笔到湖到城之实构成不可分割的有机整体，虽然在沧海与银河"浮槎"已无可能，但万顷荡波的仙乡大明湖就在眼前，何须再去苦求那虚无缥缈的世外仙境。对大明湖的赞美如神来之笔，用典自然，抒情真挚，全无牵强斧凿之迹。二是整体与细节兼顾。这首诗无论是大明湖气势的整体呈现，还是"苇岸长""荷花晓""燕坐凉"的细节描绘，都能使人感受到大明湖无处不在的美景，也使济南城"湖光、山色、水韵"一体的景象得以立体动态呈现。

望岳①

唐·杜甫

岱宗②夫③如何？齐鲁青未了④。

造化钟神秀⑤，阴阳割昏晓⑥。

荡胸生层云⑦，决眦入归鸟⑧。

会当⑨凌绝顶⑩，一览众山小⑪。

【作者】　杜甫（712～770），字子美，自号少陵野老，世称杜工部、杜少陵等，祖籍襄阳（今属湖北），曾祖父杜依艺为巩县令，遂居巩县（今属河南）。759～766年间曾居成都，后世有杜甫草堂纪念。宋以后被世人尊为"诗圣"，与李白合称"李杜"。

杜甫作为唐代伟大的现实主义诗人，许多诗作反映了唐代由盛转衰的历史情景，被称为"诗史"。杜甫上悯国难，下痛民穷，随意立题。善于运用各种诗歌形式，尤长于律诗。作品风格多样，尤以沉郁为主。语言简劲，造意卓然。对中国文学具有极其深远的影响。《全唐诗》收录杜甫诗约1149首，存世作品主要有北宋王洙辑《杜工部集》（18卷，1405篇），钱谦益编《笺注杜工部集》。

【题解】　泰山，古称东岳，也称岱山、岱岳、岱宗，春秋时改称泰山。位于山东省中部，绵亘于山东省中部长清、济南、泰安之间。泰山主峰玉皇顶在泰安市北，突兀峻拔，气势非凡。泰山不仅自然景观雄伟绝奇，更有数千年精神文化的渗透渲染和人文景观的烘托。其人文景观的布局重点从泰城西南祭地的社首山、蒿里山至告天的玉皇顶，形成"地府""人间""天堂"三重空间。岱庙是山下泰城中轴线上的主体建筑，前连通天街，后接盘道，形成山城一体的阔大格局。

自古以来，中国人就崇拜泰山，有"泰山安，四海皆安"之说。古人以东方为万物交替、初春发生之地。泰山地处东部，东方主生，五行东方属木，木为五行之首，五常中东方为仁，五帝中东方为青帝，四时中东方为春，故东方为生命之源，形成了泰山"五岳之长""五岳独尊"的地位。太平之岁古代帝王到泰山举行封禅大典，祭告天地，固其统治。从秦皇汉武，到清代帝王，或封禅，或祭祀，绵延不断，并且在泰山上下建庙塑神，立碑刻石。文人雅士对泰山更是仰慕备至，千百年来，纷纷前来游历，作诗记文，题字刻文，使之成为一座天然的文学、历史、艺术博物馆。1987年被联合国教科文组织世界遗产委员会列为世界文化与自然双遗产。

【注释】 ①岳：也作"嶽"。高俊的大山或山的最高峰。又特指五岳。这里特指东岳泰山。②岱宗：对泰山的尊称。旧谓泰山为四岳所宗，故名。岱：泰山的别名。宗：祖先；尊崇，敬仰。引申为归向，朝见。③夫（fú）：语气词。一是用于句首，以提示下文或表示对某事进行判断。二是用于句中，起一种缓冲语气的作用。三是用于句尾，表示感叹。④齐鲁青未了：郁郁苍苍的群山绵延于齐鲁大地，浩茫浑涵，无边无际。这里运用夸张手法突显泰山地域广大之广。齐：周代诸侯国，战国时为七雄之一。故址在今山东北部。鲁：周代诸侯国，在今山东曲阜一带。春秋战国时期（前255年），鲁国为楚考烈王所灭。齐、鲁两国以泰山为界，齐国在泰山之北，鲁国在泰山之南。后以"齐鲁"代称山东。青：蓝色。又深绿色。此处义为深绿色。以"青"的颜色特征借代指青葱苍翠的群山。未：副词。表示否定。相当于"不"；相当于"没有""不曾"。了：了结，完结。⑤造化钟神秀：万物主宰把大自然的神奇和秀丽都汇聚到泰山。这里仍用夸张手法极言泰山之"神秀"。造化：创造化育。亦指大自然。钟：聚集，专注。⑥阴阳割昏晓：泰山横天蔽日，山南山北如同被分割为明与暗两重天地。阴阳：最初指日光的向背，向日为阳，背日为阴。山南侧为阳，山北侧为阴。后来引申为气候的寒暖。此外，作为中国古代哲学重要概念，古代思想家用"阴阳"指生成万物的二气，并引申为自然界对立和相互消长的两个方面。割：划分。昏晓：犹朝夕。也指明暗。这一句仍用夸张手法极写泰山之"高峻"。"割"运用比拟修辞手法拟物，将"泰山"直接当作可以"切割"物体分割出明暗或昏晓，极具艺术感染力。⑦荡胸生层（一作"曾"）云：层层白云在胸中激荡。荡胸：荡于胸，心胸摇荡。荡：动，摇动。层：量词。用于重叠之物。层次，层级。⑧决眦（zì）入归鸟：极目追视着归鸟翔翔。决眦：睁裂眼角。形容张目极视的样子。眦：眼眶。入：纳入，使进入。⑨会当：该当，必须。⑩凌绝顶：登上最高峰。凌：攀登，升高。绝：极，最；独特。⑪众山小：化用《孟子·尽心上》"孔子登东山而小鲁，登泰山而小天下"之意。小：形容词意动用法，"以……为小""认为……小"。是诗人想象自己在泰山极顶俯瞰群山的情景与感受。

【简析】 这首《望岳》写于唐玄宗开元二十四年（736年），是杜甫遥望泰山绘景抒情讴歌的华章，言辞绝妙精当，气势雄伟壮阔，内涵哲理深遂，抒写了青年诗人的远大抱负和理想。可以从主题、意境、风格三方面展开分析。一是主题"望"伏脉全篇。诗题为《望岳》并围绕"望"运笔，诗文中虽未出"望"字，但"望"意盎然。先是远望，以设问"岱宗夫如何"奇出，以"齐鲁青未了"作答。驰骋想象，以地域之大烘托泰山之苍峰的连绵不断。再是神望，"造化钟神秀，阴阳割昏晓"，以夸张笔法极写泰山奇望的神奇秀丽和巍峨高大，惊叹赞颂之情溢出笔端。再是高望，极目追踪"归鸟"，胸中"层云"激荡，灵动而传神，使人如临其境。最后以想象中的俯瞰作结，"一览众山小"，卓然独立、傲视万物的豪情壮志顿时跃然纸上，金圣叹谓之"有力如虎"。二是意境宏阔，言近旨远，造意精微，可谓"以少总多，情貌无遗矣。"三是风格雄豪，气骨峥嵘，文势奔放，体势雄浑，令后出之作难以企及。

二、楹联

孔府大门联

清·纪昀

与国咸休①，安富尊荣公府第②；

同天并老，文章③道德圣人④家。

【作者】 纪昀（1724～1805），字晓岚，今河北献县人，谥号"文达"。纪昀一生中主持并参与多部重要典籍编修，几乎将一生都付与《四库全书》的纂修工程，对中国文化史发展具有重大贡献。有《阅微草堂笔记》和《纪文达公遗集》传世。

【题解】 孔府，被誉为三孔（孔庙、孔府、孔林）之一，又称衍圣公府，坐落在孔子故乡山东济宁曲阜市。衍圣公，为孔子嫡长子孙的世袭封号，是中国封建社会享有特权的大贵族，曲阜孔氏家族受历代帝王追封赐礼，谱系井然，世受封爵。衍圣公所居住的衍圣公府——孔府，是全国仅次于明清皇宫的最大府第，有"天下第一人家"之称。孔府九进庭院，三路布局：东路即东学，西路即西学。孔府的主体部分在中路，前为官衙，仿照封建王朝的六部而设六厅，后为内宅，最后为花园。1994年孔庙、孔林、孔府

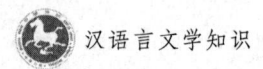

被联合国列入《世界遗产名录》。

【注释】 ①与国咸休：指孔府与国家同吉同庆。咸：皆，都。休：美善、吉庆。②公府第：指衍圣公公府。公府：君主之府；三公之府；官府；宅第的尊称。第：贵族的住宅。这种住宅有等级之分，故称。③文章：文献、礼乐方面的学问。④圣人：指孔子，孔圣人。孔子是中国古代思想家、政治家、教育家，儒家学派创始人。历经唐宋元各代，被封为"大成至圣文宣王"。明清两代，皇权至上，对孔子改称"师"不称"王"。

【简析】 纪昀所撰孔府大门楹联，上联祈愿孔子后人"与国咸休"，同享盛世。下联赞誉圣人孔子的"文章道德""同天并老"，与天齐寿。孔府特色突出，文化底蕴深厚，内涵博大精深。

此外，实地景观大门联语中"富"与"章"的书写分别采用析字手法，通过对字形结构的增损和笔画的变形来寄意寓理，表情达意。"富"字宝盖头上去掉点，寄意"富贵无头"，"章"字中"早"的一竖上下直通，寓理"文章通天"，形象而巧妙地突显了孔府尊贵显赫的地位。

大明湖小沧浪园联

清·刘凤诰

四面荷花三面柳①；
一城②山③色半城湖④。

【作者】 刘凤诰（1760~1830），字丞牧，号金门，一号无庐，又号旧史氏，今江西省萍乡人。清乾隆五十四年（1789年）一甲第三名进士，授翰林院编修。有"江西大器""江西才子"之称。

刘凤诰（gào）著述极富，但多散佚。今传有《存悔斋集》32卷、《五代史记注》74卷、《江西经籍志补》4卷等。他遣戍到黑龙江齐齐哈尔时所作塞外诗，豪宕奇崛，多为当地物产风土及历史地理实录，是考察边事研究者多所取资的珍贵文献。

【题解】 大明湖，见曾巩《大明湖》。

小沧浪园，是大明湖西北岸亭园，园南面向大明湖，园内有小沧浪亭，亭门额悬"小沧浪亭"匾额。亭建于清乾隆五十七年（1792年），其名之典取自于《楚辞·渔父》："沧浪之水清兮，可以濯吾缨；沧浪之水浊兮，可以濯吾足。"其亭坐北朝南，半浸水中，长方形式，歇山飞檐，外设围廊坐栏。

清嘉庆九年（1804年）夏，山东提督学政刘凤诰与山东巡抚、书法大家铁保曾在这里宴饮，刘氏即席赋得联语："四面荷花三面柳，一城山色半城湖。"铁保即席书写。句美字胜，传为佳话。此楹联石刻，至今嵌在庭园西廊壁洞门两侧，已成为形容济南古城风貌的名联佳句。

【注释】①四面荷花三面柳：小沧浪园采用造景与借景手法，把大明湖荷塘柳浪借到亭苑，故有此被荷颜柳色簇拥之美景。联语在赞誉小沧浪园景色的同时也将大明湖内遍植莲花，岸多柳树的风光描画得出神入化。②城：济南，别称泉城。中国历史文化名城，是拥有"山、泉、湖、河、城"独特风貌的旅游城市。③山：指历山，为济南千佛山古称。千佛山位于山东省济南市历下区，古史称舜曾在历山耕田，又曾名舜山和舜耕山。隋开皇年间（581～600），因佛教盛行，随山势雕刻有数千佛像，故又称千佛山。④湖：指大明湖。

【赏析】《大明湖小沧浪园联》的特色十分鲜明。一是尽画美景。上联近写大明湖小沧浪亭周围景色，如凭栏观赏，四面荷塘，三面柳浪。下联远描济南风光，犹登高所望，城即湖山，湖山即城。二是巧用数字。"四面、三面、一城、半城"，高度概括了济南城的特有景致，城郭与湖光山色连成一片融为一体。楹联语言清新，笔调明快，风光如画，意境优美，可谓尽画了大明湖绝景。

泰山南天门联

佚名

门辟九霄①，仰②步③三天④胜迹；
阶崇⑤万级，俯临千嶂⑥奇观。

【题解】泰山，见杜甫《望岳》。
南天门，又名三天门，坐落在泰山飞龙岩和翔凤岭之间的石壁谷山口上，位于泰山最险处的摩天云梯十八盘尽头。创建于元代至元元年（1264年），明清多次重修，中华人民共和国成立后又加以翻修，其建筑属于清代风格。南天门为城楼式建筑，上下两层。上筑摩空阁三间，黄琉璃瓦重檐歇山顶；下层石砌拱形门洞，门洞两侧就是这副"门辟九霄，仰步三天胜迹；阶崇万级，俯临千嶂奇观"的楹联。

【注释】　①九霄：指天的极高处。也以其喻帝王或帝王所居之处。九：数目。泛指多。②仰：脸向上。引申为向上。③步：走路。④三天：中国古代关于天体的学说。据《宋书》载，古来纪天体者有浑仪、宣夜、周髀三天。《晋书·天文志》归纳为浑天说、盖天说、宣夜说三类。道教称清微天、禹余天、大赤天为三天。"仰步三天胜迹"，犹言沿十八盘步步登高，渐入佳境，由"人间"进入"天庭仙界"。⑤崇：高，引申为崇高。聚，积聚。⑥嶂：高而险峻的山峰。

【赏析】　这副楹联，紧扣南天门的"高"与"险"加以描绘。首先，上联仰观，以想象虚写"九霄"，强调三天胜景的虚幻缥缈；下联俯视，以所见实写"崇阶"，突出层峦叠嶂的自然奇观。想象有根，俯仰有自。然后，"万级""千嶂"以夸张笔法进一步强化其"高"其"险"。最后，充分运用"九""三""万""千"等数词的不确定性，突出其数量极多的文化含义。总之楹联虚实结合，气魄宏阔，突显了南天门的雄伟气势和壮观景象。

三、碑铭

秦二十八年泰山刻石文

秦·李斯

皇帝临位，作制明法，臣下修饬。①
廿有六年，初并天下，罔不宾服。②
亲巡远黎，登兹泰山，周览东极。③
从臣思迹，本原事业，祗诵功德。④
治道运行，诸产得宜，皆有法式。⑤
大义休明，垂于后世，顺承勿革。⑥

皇帝躬圣，既平天下，不懈于治。⑦

夙兴夜寐，建设长利，专隆教诲。⑧

训经宣达，远近毕理，咸承圣志。⑨

贵贱分明，男女礼顺，慎遵职事。⑩

昭隔内外，靡不清净，施于后嗣。⑪

化及无穷，遵奉遗诏，永承重戒。⑫

【作者】 李斯，见李斯《碣石刻石》。

【题解】 泰山，见杜甫《望岳》。"秦七刻石"简介，见李斯《碣石刻石》。

泰山刻石作为秦七刻石之一，又称《李斯小篆碑》《封泰山碑》，是刊刻于泰山的一方摩崖石刻，是泰山石刻中时代最早的作品。泰山传说是无怀氏、伏羲、神农氏、炎帝、黄帝、颛顼、帝喾、尧、舜、禹、汤、周成王等历代帝王受天命举行封禅的地方。秦始皇宣扬自己皇权神授，在泰山上刻立铭功石碑泰山刻石，举行封禅祭祀仪式。泰山刻石分为两部分，本处辑录前半部分"始皇刻辞"（刻于秦始皇二十八年，即前219年），未辑录后半部分"二世诏书"（前209年）。该刻石（原文222字）原立于山东泰安市泰山山顶，现仅存10字，残石现存山东泰安市泰山岱庙东御座院内。1987年，泰安市博物馆复制秦刻石全文立于岱庙后寝宫。

【注释】 ①皇帝临位，作制明法，臣下修饬：皇帝即位就作制明法，臣下都严整政令，依法办事。临位：执掌朝政。临：监察，统管。到。作：创作，制造。制：规定，制定。法：法律，刑法；法则，制度；规范，准则。修：修理，整治。饬：整治，整顿。②廿（niàn）有六年，初并天下，罔（wǎng）不宾服：秦始皇二十六年，天下一统，没有不归顺的。廿：二十。罔：无，没有。宾服：归顺。《史记》"二十有六年"，石本"廿有六年"。③亲巡远黎，登兹泰山，周览东极：皇帝亲自巡视远方黎民，登上泰山，遍览东方极远之地。《史记·秦始皇本纪》："亲巡远方黎民"，石本"亲巡远黎"。巡：巡视，往来视察。黎：黑色。代指黎民，即众民，百姓。兹：此，这。周览：向四面观看。东极：东方极远之处。极：顶点，最高的位置；极点，尽头。引申为极远之地。《史记》"亲巡远方黎民"，石本"亲巡远黎"。

④从臣思迹，本原事业，祗（zhī）诵功德：同皇帝登上泰山的臣子们，追思起统一天下的进程，歌颂皇帝的丰功和伟德。从臣：随从之臣下；侍从之臣。迹：事迹，功业。本：本着，按照，根据。原：根源，来源；推究，考查。业：事业，功业。又创立功业，使成就事业。祗：敬。⑤治道运行，诸产得宜，皆有法式：治世之道得到贯彻执行，各种产业合理发展，有规章可循。产：产业。宜：合适。法式：法则，法度。《史记》"诸产得宜"，石本"者产得宜"，以"者"通假"诸"。⑥大义休明，垂于后世，顺承勿革：正确的治国方略、法律以及各种制度明确颁布执行，传给后世子孙继承，不得随便变革。大义：正道，重要的原则。义：合乎正义的行为和事情。休明：美好而清明。亦用以赞美明君或盛世。休：美善，吉庆。垂：流传，留传。承：继承，接续。革：改变，变更。《史记》"大义休明""垂于后世"，石本"大义箸明""垂于后嗣"。⑦皇帝躬圣，既平天下，不懈于治：皇帝亲理政事，平定统一天下，不懈治理国家。躬：自身，亲自实行。圣：古人对当朝皇帝的尊称。懈：怠惰，松懈。《史记》"皇帝躬圣"，石本"皇帝躬听"。⑧夙（sù）兴夜寐，建设长利，专隆教诲：皇帝早起晚睡日夜操劳，制定长远规划，创立利益长远的事业，世世代代都尊崇教诲。夙兴夜寐：早起晚睡。形容辛苦勤劳。隆：尊重，尊崇。教诲：教导，训诲。⑨训经宣达，远近毕理，咸承圣志：宣扬经义，国家得以治理，都能按始皇帝的意志行事。训：教诲，教导，解释。宣：宣扬，发扬。毕：全部，全都。理：治理，管理。咸：皆，都。⑩贵贱分明，男女礼顺，慎遵职事：贵贱等级分明，男女都尊崇礼教，各尽职守，谨慎地做好自己分内的事。慎：小心谨慎，慎重。遵：循，沿着，听从，遵守。职事：主管其事的官员。⑪昭（zhāo）隔内外，靡（mǐ）不清净，施于后嗣：对内对外应区别明确，没有不清楚的事，一直延续到子孙后代。昭：明显，显著。隔：阻拦，障隔。靡：无。后嗣：后世，后代。嗣：继承，接续。引申为继承人。又子孙，后代。《史记》"施于后嗣"，石本"施于昆嗣"。⑫化及无穷，遵奉遗诏，永承重戒：始皇帝德化无限，臣民都要遵奉，永远秉承其重要训诫。化：教化，感化。遗诏：皇帝临终时所发的诏书。重：重大，重要。戒：警告，告诫。

【简析】泰山刻石主要内容是叙述秦始皇天下一统在全国范围内申明法令，实施各项制度，要求臣民遵循法制，告诫后代"遵奉遗诏，永承重戒"。

其刻辞事实周详，义理精辟。行文简捷明快，风格典雅，笔力雄健，气魄宏大，平和中正，渲染出一派太平盛世景象。此外，其小篆字体书法，结体整齐划一，力求平正对称，横密纵疏，秩序井然，端庄雄伟，骨力强劲丰沛，富于威严雄奇的神采与山岳庙堂的气象。

第四章
华中地区旅游景点诗文

第一节　河南省旅游景点诗文

一、诗词

嵩山

明·顾炎武

位宅中央正①，高疑上界②邻。

蓄波含颍汝③，吐气接星辰。

二室④云长拥，三呼⑤响自臻⑥。

淳风传至德，孤隐秘灵真⑦。

世敝⑧将还古，人愁愿质⑨神。

石开曾出启⑩，岳降再生申⑪。

老柏摇新翠，幽花茁⑫晚馨。

岂知巢许窟⑬，多有济时⑭人。

【作者】 顾炎武（1613～1682），本名绛，明亡之后更名炎武，字宁人，号亭林，世称亭林先生。明末清初著名学者、思想家、诗文家。苏州府昆山（今属江苏昆山）人。顾炎武学识渊博，在经学、史学、音韵学、金石考古、方志舆地以及诗文等方面均有很深的造诣。与黄宗羲、王夫之一起被后人并称为"明末三大思想家"。他的专著《音学五书》持论精博，奠定了古音学的基础。《日知录》考据精辟、文词博辨，更负盛名，体现了作者"经世致用，不尚空谈"的治学思想，其中提出的"天下兴亡，匹夫有责"的政治主张，对后世产生了很大影响。

【题解】 中岳嵩山，古称嵩高、崇山、岳山。位于河南省登封市西北。分为少室山和太室山两部分。东西横卧，东连五代京都汴梁（今开封），西接十三朝古都洛阳，是中原地区第一名山。《诗经》以"嵩高惟岳，峻极于天"描述其磅礴气势。2004年2月，被联合国教科文组织列为世界地质公园。2007年3月，被评为国家5A级旅游景区。嵩山也是中华文明的文化圣地，儒、释、道名胜云集于此，少林寺、中岳庙、嵩阳书院是其中著名代表。少林寺、中岳庙、嵩岳寺塔、嵩阳书院、观星台等历史建筑群在2010年被列为世界文化遗产。

【注释】 ①位宅中央正：位居天下正中。嵩山是中岳，位于中原的正中。宅：处于某种地位。②上界：天界。③颍汝：颍水和汝水。④二室：指嵩山中的太室山和少室山。⑤三呼：历史典故，语出《汉书·武帝纪》。汉武帝到嵩山巡游，"在庙旁吏卒咸闻呼万岁者三"，后因以"嵩岳三呼"为典，表示对帝王的祝颂。⑥臻：到。⑦孤隐秘灵真：孤高的山峰隐藏着修真得道之人。灵真：道教中的修真得道。⑧世敝：时政衰败。敝：衰败。⑨质：质疑。⑩石开曾出启：神话传说典故。传说大禹治水时，为了打通轩辕山（今河南偃师县）而变成一头熊。他的妻子涂山氏因感到羞愧而离家出走，到嵩山下化为石人。后石人裂开而生启。启在大禹的三年丧期后接受了益的禅让，成为夏朝的君主。⑪岳降再生申：嵩岳显现神灵，又降生了申伯。典出《诗经·大雅·嵩高》："崧高维岳，峻极于天。维岳降神，生甫及申。"申伯是西周著名政治家、军事家，申国井国君主，为"宣王中兴"作出了贡献。⑫苗：草初生的样子。泛指出生。也有旺盛、健壮的意思。⑬巢许窟：窟：洞穴。巢父、许由隐居之处。传说巢父和许由都是尧时的隐士。《高士传·巢父》记载巢父"以树为巢而寝其上"，故得名。《高士传·许由》记载了许由洗耳的故事：帝尧曾想传位于许由，许由因闻听此事感到耳朵受到了污染，逃到嵩山下的颍水之滨临水洗耳。巢父以许由洗耳的水为污秽，不愿让他的牛在下游饮水。后世以"许由洗耳""巢由洗耳"等表示以接触尘俗

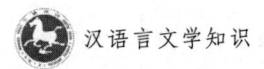

的东西为耻、身心不能容受尘俗的隐士行为。⑭济时：救世。

【简析】 这首诗表达了作者游嵩山的所见所思。前四句从"位宅中央正"到"吐气接星辰"描述了作者远观嵩山之所见。嵩山地处四方之中，山势高耸，疑与天接。颍水和汝水发源于此，河水在嵩山之下清波荡漾，山间萦绕的白云好似吐纳的气息，与天上的星辰相接。这段描写从整体着眼，描绘了嵩山雄伟壮观、山水相依的壮丽景色。

接下来的四句从"二室云长拥"到"孤隐秘灵真"，写的是作者在山中之所见。嵩山的两座山峰太室峰和少室峰高耸入云。两峰之间的山谷空旷，回声响亮，传说汉武帝巡幸嵩山，曾听到三呼万岁的回声响彻云霄。这里民风淳朴，绵延着至高的德行，孤高的灵隐峰栖居着众多修仙之人。这节诗通过丰富的想象写出了嵩山的高远与神秘。之后四句由之前的赞赏风景转向感怀时事，表现了诗人因目睹在嵩山寺庙求神拜佛的普通民众而引发的思索。嵩山一带曾是夏王朝的发祥地，许多名臣贤士也诞生于此，诗人引用典故，借古抒怀，希望能有像夏启和申伯这样重德修贤、积极作为的贤君名臣再世，救民于水火。作者借他们表达了忧国忧民、匡时救世的情怀。最后一节诗，"老柏摇新翠，幽花苗晚馨"是绝妙的写景佳句，"摇"和"苗"两个字生动地表现了"老柏"和"幽花"旺盛的生命力，百年老柏尚且摇曳翠绿的新枝，深山里的花朵也繁盛地开放，使夜晚的空气中弥漫着芳香。诗人借景抒情，表达出希望已老态显露的明王朝再度中兴的愿望。"岂知巢许窟，多有济时人"中，诗人再次引用典故，表达了对高居庙堂之人的鄙视，认为真正能够安邦济世之人，像巢父和许由一样，在污浊的世俗之外隐居。顾炎武的诗以喜用典故著称，也以善用典故见长，这首诗是其中的代表。

龙门山色

明·吕维祺

劈破层峦一水①来，俨然双阙②向城开。
千龛佛像唐雕凿③，万世神功禹削裁④。
南卷窗帘含远翠⑤，东分岳黛入深怀⑥。
邵窝白社无人管⑦，尽日岩云片片堆。

【作者】　吕维祺（1587～1641），字介孺，号豫石，新安（今属河南）人。明代崇祯年间任南京兵部尚书。以君子自律，行忠义之事。出资建立芝泉书院，广招门徒，著书立说，著述颇丰。有《明德堂文集》《孝经本义》《孝经或问》《韵母》《同文译》《切法正指》等刊行于世。1641年，吕维祺被李自成义军所俘，视死如归，引颈就刃而死，终年55岁，被追封为太傅，谥"忠节"。

【题解】　"龙门山色"是洛阳八景之一。洛阳南郊的龙门山和香山对峙，伊水中流，形若门阙，故名"伊阙"。伊阙因隋唐时与皇宫南门遥对，也称龙门。东边龙门山上最著名的是龙门石窟。龙门石窟开凿于北魏孝文帝迁都洛阳之际（493年），之后历经各朝代营造，形成了南北长达1千米的著名石窟遗存，有窟龛2345个、造像10万余尊、碑刻题记2800余品。龙门石窟与莫高窟、云冈石窟、麦积山石窟并称"中国四大石窟"。2000年被联合国教科文组织列为世界文化遗产，同时也是全国重点文物保护单位、5A级旅游景区。

　　龙门西边是香山，因出产香葛而得名。山上有白园——白居易的墓地。白居易曾说"洛阳西郊山水之胜，龙门首焉"，因而"龙门山色"被誉为洛阳八大景之首。

【注释】　① 一水：指伊河。② 双阙：阙，古代王宫、祠庙门前两边的高建筑物。双阙喻指伊河两岸的香山和龙门山，两山对峙如天然门阙。③ 千龛佛像唐雕凿：龙门石窟的佛像在北魏时期开凿，唐代达到鼎盛。④ 万世神功禹削裁：相传大禹治水，得伏羲氏及其女洛水之神的帮助，赠予金简（即《洛书》）、玉尺，得以劈开龙山，疏导了黄河洪水。削裁：开凿。⑤ 远翠：远处山林葱郁。⑥ 东分岳黛入深怀：东边青黑色的山峦与伊水交融。黛：青黑色。⑦ 邵窝白社无人管："邵窝"即北宋理学家邵雍隐居之地。邵雍一生不求功名，过着耕稼自给的隐逸生活，为其居所取名"安乐窝"，在今洛阳安乐窝村。"白社"，地名，在洛阳市东，指隐士所居之处。古代隐士以白茅为屋，因名"白社"。

【简析】　这首诗以龙门为中心，从龙门的山光水色写到龙门石窟的历史遗存和大禹治水的神话传说，再写到"邵窝白社"的隐士之乐。既有空间上的纵横开阔，也有时间上的沧桑悠远，还有人文历史的厚重古朴。

诗歌的首联描绘了大气磅礴的龙门景色。"劈破层峦一水来，俨然双阙向城开"，一个"劈"字写出了龙门的高耸直立之感，而"双阙"的比喻更显庄严。颔联"千龛佛像唐雕凿，万世神功禹削裁"把龙门的悠久历史、人文底蕴做了简明的概括。龙门石窟的营造历史长达400多年，千龛佛像是历代能工巧匠的不朽创造，大禹治水开凿的龙门更是祖先留下的万世神功。颈联把视线投向远方，远远望去，宽阔如卷帘般的伊河流水倒映着苍翠的远山，将起伏的嵩山黛色山峦拥入怀中，表现了龙门之景的开阔与辽远。尾联则由山林转向了天地，在龙门附近，过去作为隐士居所的邵窝和白社现在依然犹如世外桃源，无拘无束，唯有天上的白云层层叠叠、自由飘荡。这联诗一方面把视角推向了历史的深处，表现了这里曾因隐士居留，拥有散淡与自由之风；另一方面，时间又切换到当下，岁月流逝，物是人非，只有白云依旧片片堆叠。这句诗与崔颢的"白云千载空悠悠"有异曲同工之妙，或许是借用了该诗句的意蕴也未可知。整首诗多处运用了典故，丰富了诗歌的表现内容。诗歌语言运用了比喻、拟人等修辞手法，朴实中富有变化。

二、楹联

少林寺寺外门石柱联

佚名

地在天中①，四海名山为第一；
心传言外③，十方法教是祖元④。

【题解】 少林寺位于河南省登封城西少室山。因寺建于少室山茂密丛林之中，故名少林寺。少林寺是世界著名的佛教寺院，建于北魏太和二十年（496年）。印度高僧菩提达摩曾经来到少林，首传禅宗，因此少林寺被称为禅宗祖庭。唐王李世民在落难之时曾经得到少林十三棍僧的解救，因此唐代少林寺又有"天下第一美刹"之称。山门正门门额上的"少林寺"三个大字为康熙皇帝亲笔题写。

【注释】 ① 地在天中：地处天下正中。少林寺在嵩山，嵩山居四方之中。② 四海名山为第一：名山指的是嵩山。《诗经》中以"嵩高维岳，峻极于天"描述嵩山的雄伟险峻、天下无双。同时嵩山中的少林寺名扬四海，是"天下第一名刹"。③心传言外：即禅宗的真谛不用语言和文字表达，只以慧心相传。④十方法教是祖元：十方：佛教指东、西、南、北、东南、西南、东北、西北、上、下十个方位。祖元：指菩提达摩，释迦牟尼的二十八代传人，在少林寺传授禅宗，佛教界称达摩为汉传佛教禅宗初祖。

【简析】　这副楹联从少林寺所处的地理位置和在佛教中重要地位两个角度表现了少林寺的独特之处。

　　上联写少林寺所在的嵩山，地处天下正中，有四海名山第一的美名。这一联表现了嵩山的不同凡响，少林寺也因之备受关注。下联写少林寺传扬禅宗，是十方世界首屈一指的开创之地。此联凸显了少林寺在禅宗领域的独特地位。这是一副正对对联，上下联共同表现了嵩山少林寺独步天下的地位和功绩。

第二节　湖北省旅游景点诗文

诗词

黄鹤楼

唐·崔颢

昔人已乘黄鹤去①，此地空余黄鹤楼。
黄鹤一去不复返，白云千载空悠悠。
晴川历历汉阳树②，芳草萋萋鹦鹉洲③。
日暮乡关④何处是？烟波⑤江上使人愁。

【作者】　崔颢（约704～754），汴州（今河南开封市）人。其诗与王昌龄、高适、孟浩然、王维等人齐名。前期诗作浮艳轻薄，后来经历边塞生活，诗风变得雄浑奔放，风骨凛然。《全唐诗》存其诗42首。

【题解】　黄鹤楼位于湖北武汉武昌蛇山黄鹤矶上，是中国四大名楼之一（其他为江西南昌滕王阁、山西运城鹳雀楼、湖南岳阳岳阳楼）。建于三国吴黄武年间，在漫长历史的沧桑经历中，屡毁屡建，多达 30 余次。现在的黄鹤楼重建于 1985 年。黄鹤楼自古享有"天下江山第一楼"和"天下绝景"之称，是武汉市的标志性建筑。

【注释】 ①昔人：指传说中的仙人。一说指仙人王子安曾骑黄鹤经过此处。另一说指三国蜀国费祎在此楼驾鹤乘云飞去。②晴川历历汉阳树：川：低而平坦之地。历历：分明。汉阳，地名，武汉三镇之一，与黄鹤楼隔江相对。③芳草萋萋鹦鹉洲：鹦鹉洲上芳草茂盛。萋萋，草木茂盛的样子。鹦鹉洲，原武昌西北江中的沙丘。此洲在明末逐渐沉没。清乾隆年间，新淤鹦鹉洲，已和汉阳连成一片。④乡关：故乡。⑤烟波：雾气弥漫的水面。

【简析】 黄鹤楼历来是诗人墨客登临赋诗之地。崔颢这首《黄鹤楼》借景抒情、吊古怀乡，是题写黄鹤楼诗之绝唱。

诗歌的前四句写作者登临黄鹤楼，发思古之幽情。开头自然引入神话传说的典故。昔日的仙人已乘黄鹤离开了，此地只留下一座空荡荡的黄鹤楼。黄鹤飞去不再回还，千百年过去，唯一不变的是碧空如洗，白云悠悠。在这节诗中，诗人反复吟唱"黄鹤"，使这一意象得到强化并深入人心。仙人、黄鹤、古楼共同呈现了具有深厚文化意蕴的画面，引发了诗人追古抚今的感叹。这座历史悠久的古楼，承载着一个美丽的神话传说，任时光飞逝，白云悠悠，佳话却代代相传，从未消失。

诗歌后四句将思绪从怀古转移到眼前的景象之中。诗人站在楼头，极目远望，天高地阔，江水茫茫。他看到明朗的日光里，与黄鹤楼隔水相望的江岸平川之上清晰可见的树木；江中鹦鹉洲上青青的绿草。太阳渐渐西落，在如画的风景中，诗人顿生思乡之情，然而令人惆怅的是，家乡在何处？抬眼望去，只见江面上雾气迷蒙。

在艺术上，这首诗巧用典故，开篇即把黄鹤楼引入神话传说的神奇意境之中，也把黄鹤楼推向悠远的时空，有视野开阔、气势恢宏之感。紧接着视角由虚转实，描写眼前之景，蓝天白云、晴川碧树、沙洲芳草、落日江波、惆怅游子，意象纷繁，变化多端，构建了一幅生动优美的图画。诗人从日光明朗写到落日余晖，足可见这里的美景令诗人流连忘返，难以割舍。诗歌在语言调动上，多处运用了双声和叠音词，双声词如"黄鹤""复返"，叠音词如"悠悠""历历""萋萋",使诗歌读起来朗朗上口,悦耳和谐。

这首诗以明白晓畅的语言为我们描绘了登临黄鹤楼引发的种种情致——神话传说的神奇、吊古伤怀的寂寞、对秀丽风景的迷恋、游子思乡的惆怅等,极尽抒情之能事,令人叹服。传说李白登临黄鹤楼,原本也想为之题写诗歌,但读过崔颢的诗之后,佩服不已,写道:"眼前有景道不得,崔颢题诗在上头。"严羽在《沧浪诗话》中这样评价该诗:"唐人七言律诗,当以崔颢《黄鹤楼》为第一。"

念奴娇①·赤壁怀古

宋·苏轼

大江②东去,浪淘③尽,千古风流人物④。故垒⑤西边,人道是⑥:三国周郎⑦赤壁。乱石穿空,惊涛拍岸,卷起千堆雪⑧。江山如画,一时多少豪杰。　　　　遥想公瑾当年,小乔初嫁了⑨,雄姿英发⑩。羽扇纶巾⑪,谈笑间,樯橹灰飞烟灭⑫。故国神游⑬,多情应笑我,早生华发⑭。人生如梦,一樽还酹江月⑮。

【作者】 苏轼(1037～1101),宋代文学家。字子瞻,一字和仲,号东坡居士。眉州(今四川眉山)人。1057年考中进士。1079年因"乌台诗案"被贬黄州(今湖北黄冈)。在黄州期间,创作了《前赤壁赋》《后赤壁赋》和千古绝唱《念奴娇·赤壁怀古》。苏轼博学多才,诗、书、画俱佳,与父亲苏洵、弟弟苏辙合称"三苏",又为"唐宋八大家"之一。其文纵横恣肆,其词冲破艳科藩篱,开创豪放一派,题材丰富,意境开阔,与辛弃疾并称"苏辛"。传世作品有《东坡七集》《东坡易传》《东坡书传》《东坡乐府》等。

【题解】 赤壁,指黄州赤壁,在武汉市东南70千米的黄冈市黄州区,位于长江北岸,又名"东坡赤壁""文赤壁"。湖北还有一处赤壁在赤壁市(原蒲圻市),是三国时期著名的赤壁大战的遗址,故称"周郎赤壁""武赤壁"。

【注释】 ①念奴娇:词牌名。以《念奴娇·中秋》(苏轼)为正体,《念奴娇·赤壁怀古》(苏轼)、《念奴娇·闹红一舸》(姜夔)等为代表。②大江：指长江。③淘：冲刷，冲洗。④风流人物：杰出的历史人物。⑤故垒：旧时堡垒。⑥人道是：听说如此，有并不确定之意。⑦三国周郎赤壁：三国时期周瑜率兵以火烧之策大败曹操水军的赤壁古战场。周郎：指三国时吴国名将周瑜。周瑜，字公瑾，24岁即出任孙策麾下中郎将，掌管东吴重兵，军中呼之"周郎"。⑧千堆雪：喻指浪花层层叠叠。"千堆"有夸张之意。⑨小乔初嫁了(liǎo)：小乔，周瑜之妻。"初嫁"表达了周瑜少年得意，风流倜傥之意。⑩雄姿英发(fā)：谓周瑜体貌不凡，才华卓绝。英发：才华外露。⑪羽扇纶(guān)巾：手持羽扇，头戴纶巾，形容周瑜有儒将风度。⑫樯橹(qiánglǔ)："樯"指桅杆，"橹"指船桨。"樯橹"代指曹操的水军。⑬故国神游：指作者神游于当年的赤壁战场。⑭华发：花白的头发。⑮一樽还(huán)酹(lèi)江月：樽，酒杯。酹：以酒洒地，表示祭奠。

【简析】《念奴娇·赤壁怀古》是苏轼贬官黄州时的作品，豪放派词代表作之一。因其笔力遒劲，大气磅礴，境界宏阔，感情激越而被誉为"古今绝唱"。

词上阕，先即地写景，为英雄人物的出场做出铺垫。从滚滚东流的长江着笔，把奔腾不息的大江与历史人物联系起来，布置了一个广阔而悠远的时空背景。接着"故垒"两句，点出这里是传说中的古代赤壁战场。"乱石"三句，集中描写赤壁雄奇壮阔的景物。最后二句，总束上文，带起下阕。"江山如画"，是对上文所描写的大自然雄奇壮阔的美景脱口而出的赞美；"一时多少豪杰"则既照应了前文"风流人物"，又为下阕描写周瑜做好了铺垫。

词下阕，重在写人，由"遥想"领起五句，集中从几个方面将周瑜儒雅风流、智破强敌的形象刻画得栩栩如生。寥寥数笔表达了对历史人物的由衷赞赏，也抒发了作者对现实功业难成的万端感慨。"多情"后几句，虽然有理想与现实冲突的无奈，却未改英雄本色。"人生如梦，一樽还酹江月"，借酒抒情，思接古今，用雄浑格调书写胸中块垒，展现了作者思考历史和人生的旷达境界。

全词借古抒怀，雄浑苍凉，大气磅礴，笔力遒劲，境界宏阔，将写景、咏史、抒情融为一体，给人以撼魂荡魄的艺术力量。

黄鹤楼联

清·萨迎阿

一楼萃①三楚②精神，云鹤俱空横笛在③；
二水④汇百川支派⑤，古今无尽大江流。

【作者】　萨迎阿（？～1857），钮祜禄氏，字湘林，满洲镶黄旗人。嘉庆十三年（1808 年）举人，授兵部笔帖式。擢礼部主事，再升郎中。历任湖南永州知府、按察使、盛京工部侍郎等，后擢热河都统、伊犁将军、西安将军。著有《小太平室诗钞》等。

【题解】　见崔颢《黄鹤楼》。

【注释】　①萃：聚集。②三楚：据《史记》载，楚地原分为东楚、西楚、南楚，后多指湖北、湖南一带。③"云鹤"句：化用崔颢《黄鹤楼》中的"黄鹤一去不复返，白云千载空悠悠"和李白《与史郎中钦听黄鹤楼上吹笛》中的"黄鹤楼中吹玉笛，江城五月落梅花"。④二水：指长江与汉水。⑤百川支派：即长江和汉水的众多支流。派：江河的支流。

【简析】　这副楹联巧用数字、化用名篇，依水生情，借楼抒怀。名楼与大江相映生辉，构思精妙，气势不凡。上联借用古人诗意，虚处落笔，空灵婉约，揭示黄鹤楼凝聚了山川之精华、楚文化之内蕴。白云、黄鹤虽已远去，但黄鹤楼所蕴含的精神绵延不断，悠悠情思，伤而不悲。下联实写景观，恢宏豪放，勾勒出长江、汉水及汇入其中的纵横支流的浩瀚画面。由近及远，由空间到时间，由大江奔腾不息的景象引向逝者如斯的感慨。全联四句七言，抑扬顿挫，气脉腾挪有致，联意苍古感人，描绘了黄鹤楼特有的自然景观和人文景观，抒发了岁月不再、鹤去楼空的惆怅情绪，感慨逝者如斯、江河永恒，蕴含着中国传统文化的精髓，内涵丰厚，耐人寻味。

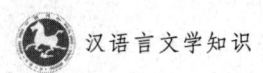

第三节　湖南省旅游景点诗文

一、诗词

山行

唐·杜牧

远上寒山①石径②斜，白云生处③有人家。
停车④坐⑤爱枫林晚⑥，霜叶⑦红于二月花。

【作者】　见杜牧《泊秦淮》。

【题解】　杜牧的这首七言绝句，影响深远。诗人秋登寒山，并未受其冷落寂静氛围的影响，而是沉醉于如诗如画的美景之中，发现了深秋山林景色独特之美，并将诗意的发现融入了此诗。

【注释】　①寒山：冷落寂静的山。②石径：石子铺成的小路。③白云生处：白云飘出的地方。另有版本为"深"，可理解为云雾缭绕的深处。④车：轿子。⑤坐：因为。⑥枫林晚：傍晚时的枫树林。⑦霜叶：经深秋寒霜之后变成红色的枫叶。

【简析】　这首诗构思新颖，立意别开生面，描摹枫林的绚丽秋色与春光争胜，令人赏心悦目。描写手法主次分明，布局精巧，前三句为宾，第四句为主。

首句写山和山路，"远"字写出山路蜿蜒绵长，"上"与"斜"字呼应，写出高而缓的山势。第二句写云和人家，白云缭绕、徐徐生出的地方，有几户人家。"人家"照应了上句的"石径"，"生"字赋予了白云生命，给予了该句极强的画面感与表现力。作者用横云断岭的手法，让片片白云遮住读者的视线，寓无限于有限当中，给人留下了想象的空间。第三句写枫林晚景令诗人无限惊喜，一个"晚"用得精妙，既点出傍晚的时间，霜叶与夕照辉映，又写出诗人流连之态，对枫叶喜爱至极。末句是全诗的中心，诗人浓墨重彩、凝聚笔力，写出一幅枫叶流丹、层林如染，满山云锦、艳若春花的秋景。一笔点睛，兴尽而止，情韵悠长，余味无穷。

最为难能可贵的是，这首诗不像一般咏秋诗那样哀伤寂寥，而是以英爽俊拔之气，谱写了秋天热烈而生机勃勃的景象，不仅展示了诗人的才华，也表现了诗人的昂扬进取的情怀。漫山霜叶以绚烂的色调，冲破了秋天肃杀的氛围，呈现出蓬勃的生命力，既是诗人内心精神世界的表露、志趣的寄托，也给读者带来启迪和鼓舞。

登岳阳楼

唐·杜甫

昔闻洞庭水①，今上岳阳楼。
吴楚东南坼②，乾坤日夜浮③。
亲朋无一字④，老病⑤有孤舟⑥。
戎马关山北⑦，凭轩⑧涕泗流⑨。

【作者】　见杜甫《望岳》。

【题解】　岳阳楼位于湖南省岳阳市，地处岳阳古城西门城墙之上，下瞰洞庭，前望君山，北倚长江。岳阳楼是古代四大名楼中唯一的一座保持原貌的古建筑，与黄鹤楼、滕王阁和鹳鹊楼并称我国古代四大名楼。岳阳楼始建于东汉，唐开元四年（716 年），中书令张说来守岳阳，定名为岳阳楼。宋庆历五年（1045 年），巴陵郡守滕子京重修岳阳楼，请范仲淹作《岳阳楼记》，岳阳楼因之声名大振，成为我国南方一大名胜。现存建筑沿袭清光绪年间重建时的形制与格局。2011 年 9 月，岳阳楼景区被评为国家 5A 级旅游景区。

【注释】　①洞庭水：即洞庭湖，位于湖南北部，长江南岸，是中国第二大淡水湖。②吴楚东南坼（chè）：浩瀚的湖水将吴楚两地分隔开来。吴楚：吴地，指今浙江、江苏一带。楚地，指春秋时期楚国疆域，即西北到武关（今陕西商县东），东南到昭关（今安徽含山北），北到今河南南阳，南到洞庭湖以南一带。后沿称这一地区为楚。坼：分裂；裂开。③乾坤日夜浮：比喻日月星辰浮动在洞庭湖水上。乾坤：此处指日月。④无一字：音讯全无。

字：这里指书信。⑤ 老病：年老多病。诗人时年 57 岁，身患肺病、风湿症，右耳已聋。⑥ 有孤舟：唯有孤零零漂泊无定的一只小船。两年后诗人即病逝于湘江舟中。⑦ 戎马关山北：西北边境的战争仍未休止。戎马：战争。关山北：指西北边境。时值吐蕃侵犯陇右、关中一带，朔方节度使路嗣恭败吐蕃于灵州城下，危机才得以解除。⑧ 凭轩：倚靠楼窗。⑨ 涕泗（tìsì）：眼泪和鼻涕。

【简析】《登岳阳楼》是一首登楼抒怀之作，诗人初到岳阳，登楼凭轩远眺，面对烟波浩渺、壮阔无垠的洞庭湖，发出由衷的赞叹；继而笔锋一转，想到自己晚年漂泊无定，国家多灾多难，自己却无能为力，不由得悲从中来。浩瀚的烟波与渺小的个体形成了强烈的直观对比，使全诗臻于雄浑悲凉的境界。

首联交代登楼缘由，"昔闻"与"今上"互衬，将过去与现在的时空连接打通。登楼观湖的夙愿得偿却未着一字悲喜，于无声处百味杂陈。

颔联写登岳阳楼之所见，用凝练的语言，勾勒出洞庭湖辽阔无边、吞吐日月星辰的画面。诗人超出视野的局限，看到水分吴楚、乾坤流转的景象，境界之广阔，气魄之宏大，可谓气压百代，绝唱千古。

颈联由壮阔湖景转向漂泊晚景，视线由"乾坤"投向"孤舟"，大者更为浩渺，小者更显落寞。亲朋隔绝，"无一字"何其孤寂；"有孤舟"更添黯然。

尾联诗人并未继续着眼于一人、一舟，虽然生活惨淡如此，但仍遥想西北边境战祸未平，自己心怀天下却因老病无法为国尽忠，只能望湖兴叹、涕泗横流。"戎马关山北"五字卓炼，诗人笔力天纵，胸襟气象比洞庭湖更为阔大。"凭轩涕泗流"一句中，则凝聚着诗人忧国忧民、感时伤世的深沉痛苦，沉郁顿挫，含蓄深远。

这首诗采用以乐写悲的手法，语言质朴自然，意境浑厚深远，感情曲折真挚，发飘零孤寂之悲哀，感战事乱离之凄苦，一唱三叹，令人扼腕。

望洞庭

唐·刘禹锡

湖光秋月两相和①，潭面无风镜未磨②。

遥望洞庭山水翠 ③，白银盘 ④ 里一青螺 ⑤。

【作者】 刘禹锡（772～842），字梦得，洛阳（今属河南）人，自言系出中山（治今河北定州）。唐代文学家、哲学家，有"诗豪"之称。其诗通俗清新，善用比兴手法寄托政治内容。所作《竹枝词》《柳枝词》《插田歌》等组诗，富有民歌特色，为唐诗中别开生面之作。著有《刘梦得文集》《刘宾客集》。

【题解】 洞庭湖，在今湖南省北部。古称云梦、九江和重湖，处于长江中游荆江南岸，古称"八百里洞庭"，跨岳阳、汨罗、湘阴、望城、益阳、沅江、汉寿、常德、津市、安乡和南县等县市区。洞庭湖之名，始于春秋、战国时期，因湖中洞庭山（即今君山）而得名。洞庭湖北纳长江的松滋、太平、藕池、调弦四口来水，南和西接湘、资、沅、澧四水及汨罗江等小支流，由岳阳市城陵矶注入长江。洞庭湖是历史上重要的战略要地，中国传统文化发源地，湖区名胜繁多，以岳阳楼为代表的历史胜迹是重要的旅游文化资源。

【注释】 ① 湖光秋月两相和：指水色与月光交相辉映。和：本意为音乐和谐，引申为调和、和顺、和谐。② 潭面无风镜未磨：湖面无风，水面平滑如镜。一说是远望湖中的景物模糊不清，如同没有打磨的铜镜。潭面：指湖面。③ 山水翠：一作"山水色"。指洞庭湖中的君山一片翠绿。④ 白银盘：比喻平静清亮的洞庭湖面。白银，一作"白云"。⑤ 青螺：比喻君山好似一枚青螺。青：深绿色。

【简析】 这首《望洞庭》是唐穆宗长庆四年（824年）秋刘禹锡赴任和州刺史，经洞庭湖时所作，描写了秋夜月光下洞庭湖与君山的优美景色。

首句采用拟人手法，赋予湖光与秋月以和谐的人性之美，描绘了二者相互辉映、水天一色的画境。皓月银辉，秋夜静美，天地之间仿若洗尽凡尘。

第二句将平静的湖面比喻成光滑的铜镜，风既不吹，水也不动，湖面朦胧而安静，夜色中湖映山景如梦如幻。

第三、四句诗人将目光集中到了君山，凝眸远望八百里洞庭，一片山青水碧。倒映月光的湖面宛如银盘，散发着柔和的光晕。在这巨大的银盘中，翠色的君山就仿佛一枚可爱的青螺。"银盘""青螺"取喻奇巧，色彩分明，

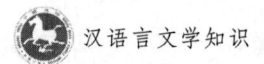

初读匪夷所思，玩味之下又觉奇妙空灵。

全诗笔调清新淡雅，意境恬淡，举重若轻，自然天成。诗人虽遭贬谪，又逢秋日，却不减奇思壮采，把人与自然的关系表现得如此亲切，把湖光山景描写得如此浪漫超逸，从中可以领略到诗人高逸清奇的情致和壮阔不凡的气度。

二、游记

大唐中兴颂

唐·元结

天宝十四载，安禄山陷洛阳。明年，陷长安①。天子幸蜀②。太子即位于灵武③。明年，皇帝移军凤翔，其年复两京④。上皇还京师⑤。於戏⑥！前代帝王，有盛德大业者，必见于歌颂⑦。若今歌颂大业，刻之金石⑧，非老于文学，其谁宜为⑨？颂曰：噫嘻前朝，孽臣奸骄⑩，为昏为妖。边将骋兵，毒乱国经，群生失宁⑪。大驾南巡，百僚窜身，奉贼称臣⑫。天将昌唐，繄睨我皇，匹马北方⑬。独立一呼，千麾万旟，戎卒前驱⑭。我师其东，储皇抚戎，荡攘群凶⑮。复服指期，曾不逾时，有国无之⑯。事有至难，宗庙再安，二圣重欢⑰。地辟天开，蠲除祅灾，瑞庆大来⑱。凶徒逆俦，涵濡天休，死生堪羞⑲！功劳位尊，忠烈名存，泽流子孙。盛德之兴，山高日升，万福是膺⑳。能令大君，声容沄沄，不在斯文㉑。湘江东西，中直浯溪㉒，石崖天齐。可磨可镌，刊此颂焉，何千万年！

【作者】 元结（712~772），字次山，河南鲁山人，中唐学者、官员。天宝十二载（753年）进士及第，后历任监察御史、水部员外郎、道州刺史。安史之乱期间，曾招募义兵，抗击史思明叛军，保十五城。为诗注重反映政治现实和人民疾苦，所作《舂陵行》《贼退示官吏》等，曾受杜甫推崇。散文亦多涉及时政，风格古朴。原有著作多部，均佚。

【题解】 安史之乱平定之后，肃宗重新稳定政权，称为"大唐中兴"。元结作为中兴功臣，悉心研究唐王朝盛衰历史，写下此篇《大唐中兴颂》，以为后人警策。颂文由书法家颜真卿书写，镌刻于湖南祁阳浯（wú）溪的摩崖上。摩崖石壁材质、元次山文与颜鲁公书，并称为"三绝"，因而《大唐中兴颂》又被称为"三绝碑"，为浯溪石刻代表作。

【注释】①陷长安：天宝十五年（756年）六月，安禄山占领长安。②天子幸蜀：潼关失守，安史大军逼近，唐玄宗率众前往四川避难。幸：封建时代称帝王亲临。此处是古代记载皇帝落难时所遵循的"为尊者讳"原则，委婉地表达了当时的情景。③太子即位于灵武：太子李亨在灵武自行即位。灵武：古称灵州，今为宁夏县级市。④复两京：收复长安和洛阳。⑤上皇：唐玄宗。⑥於戏（wūhū）：同"呜呼"，叹词。⑦歌颂：歌功颂德的诗文。⑧金石：钟鼎、碑碣。⑨非老于文学，其谁宜为：不是辞章撰写娴熟的人，还有谁适合写这篇颂文呢？文学：古代文献经典。⑩噫嘻前朝，孽臣奸骄：前朝的时候啊，乱臣贼子邪恶骄横。噫嘻（yīxī）：叹息声。表示悲哀和叹息。前朝：唐玄宗朝。孽臣：指杨国忠、李林甫等人。孽：灾祸、戕害。⑪边将骋兵，毒乱国经，群生失宁：边地节度使安禄山、史思明兴兵造反，荼毒生灵，祸乱国家治理，天下百姓不得安宁。边将：安禄山等人。骋兵：肆意兴兵。骋：放任。经：治理、管理。群生：百姓。⑫大驾南巡，百僚窜身，奉贼称臣："大驾南巡，百僚窜身"运用了互文的手法，即皇帝和百官都逃往四川。奉贼称臣：拥立安禄山，俯首称臣。奉：拥戴、拥立。⑬天将昌唐，繄（yī）睨（nì）我皇，匹马北方：上天将要使我大唐复兴，将天命授予我北上灵武的肃宗皇帝。昌唐：使唐朝昌盛、中兴。繄：句首语气词，相当于"惟""唯"。睨：斜视。我皇：唐肃宗。匹马北方：指李亨在马嵬驿兵变时率军北上灵武。⑭千麾（huī）万旟（yú），戎卒前驱：千军万马听从号令，回纥兵将冲锋在前。麾、旟：均为古代的军旗。泛指军队。戎卒：指回纥兵。⑮我师其东，储皇抚戎，荡攘群凶：王师向东进军，收复两京，广平王一方面用智谋制止了回纥兵的劫掠行为，另一方面又继续剿灭剩余的叛贼。储皇：广平王李豫，后被册封为太子。抚戎：安抚回纥士兵。荡攘：荡平铲除。肃宗为快速取胜，邀回纥兵助战，并约定"克城之日，土地、士庶归唐，金帛、子女皆归回纥"。在收复长安后，回纥叶护太子请求唐方立刻兑现承诺，广平王以现在劫掠长安会导致洛阳百姓助贼死守，拒绝了叶护。⑯复服指期，曾不逾时，有国无之：在很快的时间内就收复了疆域，使华夷各地区再次臣服，是建国以来从未有过的事。复服：恢复疆域。服：九服，指王畿以外九种不同的地区。指期：指日可待，形容速度快。有国无之：建国以来从未有过这种情况。⑰事有至难，宗庙再安，二圣重欢：虽然恢复大业极度艰难，但江山社稷最终得以保全，皇帝和上皇重新见面，共享天伦之乐。至难：最难。宗庙：祭祀祖先的场所。引申为国家、社稷。二圣：唐玄宗和唐肃宗。⑱蠲（juān）除祅灾，瑞庆大来：消除战乱，吉祥之事纷至沓来。蠲：除去。祅灾：祅通"妖"，指安史兵祸。大来：相继而来。⑲凶徒逆俦（chóu），涵濡天休，死生堪羞：犯上作乱的奸贼们，曾经沐浴天子恩德，如今无论生死都万世蒙羞。逆俦：叛党。俦：辈、同类。涵濡天休：涵：沉浸。濡：沾湿、浸湿。休：树荫，引申为庇荫。比喻深受皇帝恩泽。⑳膺（yīng）：受。㉑能令大君，声容沄（yún）沄，不在斯文：陛下的浩荡恩德、穆穆威仪永远流传，这篇文章都包含不尽。大君：肃宗。声容：盛德的名声和形象。沄沄：传播，长远流传。斯文：指这篇颂文。㉒湘江东西，中直浯溪：湘江流贯东西，浯溪在湘江中游汇入。

【简析】 这篇颂文笔力遒劲，情辞激烈。作者对英明神武、平定战乱的肃宗不吝赞美之辞，竭力褒奖，同时将矛头对准欺君误国的奸相李林甫、杨国忠，恩将仇报的边将安禄山、史思明，实则含蓄委婉地批评玄宗识人不明、用人不当，最终酿成"安史之乱"。承接了《诗经》中"见今之失，不敢斥言，取比类以言之"的比兴传统。所以，虽然是应制歌颂之作，但其中对于社会动荡和民生疾苦的悲愤，对玄宗晚年昏庸误国、宠幸奸佞的荒唐行径进行了有力的揭露和鞭挞，是一篇寓意深刻、造语奇警的颂文。

序文用散句记事，叙述创作缘起，寥寥数行，将天宝离乱、肃宗即位、收京回銮的来龙去脉交代得清楚明了。

"颂曰"二字引起下文，体例仿秦始皇金石刻辞，四言为句，三句一韵，共十五韵。第一节，叙述安史之乱，照应序文；第二节，转承上文，叙述肃宗戡乱；第三节，收束前文，加入议论，贬斥奸佞，褒扬忠烈；末节以颂语作为全篇结语。纵览全篇，序文与颂文，意相协而辞不复，以事叙史、先叙后议；情景融合为一，绘形图像，逼真生动；笔锋犀利，要言不烦，自然爽利；词句凝练，使用比喻、反诘、倒文、探问等手法，确切精当。

这篇颂文寄予了中唐文人对大唐复兴的热切期望，全文如歌如诉，是写实，也是批判，有颂扬，也有期盼。不同于汉赋、西昆体等粉饰太平、歌功颂德之类，作为写实讽喻诗派的代表，元结史笔森严、忠肝义胆，文辞雍容典雅，有雅颂遗风；声调铿锵有力，若金石之声。

<h2 style="text-align:center">衡山南天门牌坊联</h2>

佚名

门可通天，仰观碧落^①星辰近；
路承绝顶，俯瞰翠微^②峦屿^③低。

【题解】 衡山，又名南岳、寿岳、南山，为中国"五岳"之一，位于中国湖南省，绵亘于衡阳、湘潭两盆地间，有"五岳独秀"的美称。五岳是古代中国帝王巡狩祭祀的地方，舜帝就曾南巡至衡山。衡山主要山峰有祝融峰、回雁峰、紫盖峰、岳麓山等。其中，祝融峰相传是火神祝融镇守南方时的居所。1982年，衡山风景区被列入第一批国家重点风景名胜区名单；2007年被评为首批国家5A级旅游景区；同年，被列为国家级自然保护区。

南天门牌坊是坐落在祝融峰下的一座精致的石牌坊，又称"通天之门"，是通往峰顶的必经之路。牌坊分中门和左、右川门，中门上方横额镌有"南天门"三个描红大字，左、右横楣上刻有"行云""施雨"，笔势苍劲有力、醒目端正。

【注释】 ①碧落：道家称东方第一层天，碧霞满空，叫作碧落，这里泛指天空。②翠微：山腰青翠幽深处。泛指青山。③峦屿：山峦。

【简析】 此联主要运用夸张的修辞手法来描写南天门之高峻雄奇，有仰天俯地之势。上联写登上南天门，仰望霞光绚烂的天空，觉得星辰触手可及，极言地势高峻；下联写从南天门俯瞰青翠的大地，居高临下，群山尽收眼底。一俯一仰，视角变换；两重境界，互相映衬。用"近"和"低"，反衬衡山南天门地势之高峻；"碧落"和"翠微"又凸显了南天门景色的神秘和瑰丽。妙笔传神、飘忽有致，使人有身临其境之感。

题武陵源联

当代·刘新明

往张家界去！看奇峰幽壑，异兽珍禽，松涛绿浪，绕雾飞烟，宛如天上璇宫①。定睛四顾，并非玉阙瑶台，真堪赞：神工鬼斧。

到武陵源来！有芳树落英，仙山巨洞，茂林修竹，陶馆铭碑，洵②及人间胜境。闻讯重寻，却是迷津古渡③，仍可赏：流水桃花。

【作者】 刘新明，1920 年生，湖南醴陵人。毕业于国立湖南大学，从教四十年。湖南省楹联协会常务理事、诗词学会理事，参与编著《黄克强先生诗联选集》《联圃新葩》。

【题解】 武陵源风景名胜区位于湖南省西北部，由张家界市的张家界国家森林公园、索溪峪自然保护区、天子山自然保护区、杨家界新景区组合而成。武陵源为首批国家 5A 级旅游景区之一，同时也被列入《世界遗产名录》，被称为自然的迷宫、地质的博物馆、森林的王国、植物的百花园、野生动物的乐园。

【注释】 ①璇宫：玉饰的宫殿，也指传说中仙人的居所。璇：美玉。②洵：确实、诚然。③迷津古渡：指桃花源。迷津：迷失道路。

【简析】 这副长联，主要写张家界和武陵源仙境般的迷人景色。上联描写张家界的自然风光，山水雄奇秀美，云雾缭绕，宛如仙境；下联化用《桃花源记》语句，武陵源旧迹可寻，引人探幽。作者将风景之美和人文之美融为一体，赞赏之情溢于言表，人间胜境令人神往。全联语句富于激情，节奏清晰明快，用典巧妙自然，实属难得。

岳阳楼联

清·窦垿撰 清·何绍基书

一楼何奇？杜少陵五言绝唱①，范希文两字关情②，滕子京③百废俱兴，吕纯阳三过必醉④。诗耶？儒耶？吏耶？仙耶？前不见古人，使我怆然涕下⑤；

诸君试看：洞庭湖南极潇湘⑥，扬子江北通巫峡⑦，巴陵山西来爽气⑧，岳州城东道岩疆⑨。潴⑩者，流者，峙⑪者，镇⑫者，此中有真意⑬，问谁领会得来。

【作者】　窦垿（xù）（1803～1865），字于坫（diàn），号兰泉，云南罗平淑基村人。道光年间进士，晚清著名文学家；何绍基（1799～1873），湖南道县人，清道光进士，诗人、书法家。通晓经史诗文，著有《说文段注驳证》《东洲草堂文钞》。

【题解】　见杜甫《登岳阳楼》的题解。

【注释】　①杜少陵：杜甫自号少陵野老，世称杜少陵。"五言绝唱"：指杜甫的五言律诗《登岳阳楼》。②范希文：范仲淹。"两字"：指《岳阳楼记》中"先天下之忧而忧，后天下之乐而乐"中的"忧""乐"两字。③滕子京：滕宗谅，字子京。北宋河南人，与范仲淹同举进士，因故被贬到岳阳，次年他主持重修岳阳楼。④吕纯阳：吕洞宾，名岩。唐代进士。传说他后来入终南山修道成仙，为"八仙"之一。自号纯阳子。据《岳阳风土记》载，吕洞宾好酒，曾三醉岳阳楼。⑤前不见古人，使我怆（chuàng）然涕下：化用陈子昂《登幽州台歌》中诗句"念天地之悠悠，独怆然而涕下"。怆然：悲伤的样子。⑥南极潇湘：指南到潇水和湘水。⑦扬子江北通巫峡：扬子江即长江下游河段的旧称；巫峡为长江三峡之一。⑧巴陵山西来爽气：巴陵山在岳阳西方。巴陵，岳阳古为巴陵郡。爽气：清爽之气。⑨岳州城东道岩疆：岳州城东面以高峻的山峰为边界。岳州城：即今湖南岳阳市。岩：高峻的山峰。⑩潴（zhū）：水停聚处。⑪峙：屹立、耸立。⑫镇：一方的主山，这里意为山势雄镇一方。⑬此中有真意：这里面蕴含着人生的真谛。该句借用陶渊明《饮酒》诗中的"此中有真意，欲辨已忘言"。

【简析】　这副长联共102字，高度地概括了与岳阳楼有关的历史人物，绘声绘色地描绘了岳阳楼所处的地理位置和风物特点。

上联写史。作者以"一楼何奇"的设问起首，借杜少陵、范希文、滕子京和吕纯阳的诗文和传说，凸显了岳阳楼厚重的历史文化气息。四个连续的设问排比句"诗耶？儒耶？吏耶？仙耶？"点名了四位文化名人分别是诗、儒、吏、仙的代表，他们使岳阳楼与美妙的诗文和传说一起名留青史。尾句借用陈子昂《登幽州台歌》中的佳句，发出物是人非、不见前贤的悲伤感慨，寄寓了作者思古之幽情。

下联写景。以"请君试看"对上文的设问作答，从历史过渡到地理环境。以岳阳楼为中心，南、北、西、东分别以潇、流、峙、镇为特征，成就了八百里洞庭雄奇的气势，也体现了登临岳阳楼所见的万千气象，名山大川、雄关险邑，尽收眼底。笔行至此，切景着墨，作者不由发出了此中胜景真意，谁领会得来的感慨，言有尽而意无穷。

此联采用重叠排句的写作方法，上下联一问一答，前后呼应，浑然一体。谈古论今，气势豪迈。用典自然工整，联语情景交融，内涵深厚。作者写景怀古，抒情言志，留给读者无限遐想空间。

第四节　安徽省旅游景点诗文

一、诗词

望九华山赠青阳韦仲堪

唐·李白

昔在九江①上，遥望九华峰。
天河挂绿水②，秀出九芙蓉③。
我欲一挥手，谁人可相从？
君为东道主④，于此卧云松⑤。

【作者】　见李白《登金陵凤凰台》。

【题解】　九华山古称陵阳山、九子山。相传为地藏菩萨应化的道场，是中国佛教四大名山之一（其他三座分别为山西五台山、浙江普陀山、四川峨眉山）。九华山位于安徽省青阳县西南20千米，有"东南第一山"之称。九华山南望黄山，北瞰长江，东临太平湖，西接池州，绵延100多千米。以天柱峰、莲台峰、芙蓉峰、插霄峰、天台峰等九座山峰最为著名。九华山有松涛怪石、奇峰云海，其间古刹林立，是首批国家重点风景名胜区、国家5A级旅游景区、全国文明风景旅游区示范点。

天宝十三年（754年）冬，李白应秋浦好友高霁、青阳好友韦仲堪之邀，聚会于九华山，共同谱写《改九子山为九华山联句》。并在韦仲堪的盛情邀请之下，曾一度卜居于九华山东崖的龙女泉侧，读书其中。天宝十四（755年）年，李白由金陵溯江赴浔阳，船行至秋浦江面，遥望九华山秀色，自然想起了友人韦仲堪。这首诗就是李白给韦仲堪的赠诗。

【注释】①九江：古地名。注入鄱阳湖的赣江及其八大支流合称为"九江"，因而古时九江也用于代指这些江河流经的荆州、扬州一带（今安徽、湖北、江西等地）。②天河挂绿水：九华山瀑布高挂于天地之间。天河：喻指九华山瀑布好像天河。③九芙蓉：九华山的九座山峰似九朵莲花。④东道主：请客的主人。指韦仲堪，时任青阳县令。⑤卧云松：隐居。指韦仲堪在青阳过着半仕半隐的生活。

【简析】这首诗从不同角度，描绘了九华山的美景，并借景抒情，表达了对好友韦仲堪不为俗世所困的高洁情操的赞赏。首联与颔联一虚一实、相互映衬，即先用模糊化手法对景物进行处理，在九江的渺渺烟波上眺望九华峰，表现了一种朦胧隐约之美；再将镜头瞬间切换到当下，诗人在九华山之前，清晰地望见九华山碧绿的瀑布似天河一般从天而降，一个"挂"字化动为静，表现了瀑布的悬空停滞之感，细究之下，实则是诗人被瀑布的奔腾倾泻所震撼，时间仿佛在这一刻静止，给人带来强烈的视觉冲击。"秀出九芙蓉"句，则以比喻手法，化静为动，把九华山群峰写成从水面绽开的九朵莲花，渐次显露，婀娜多姿。这一联动静转换，堪称奇巧。"碧水"与"芙蓉"又给人以画面色彩的和谐美感，绚丽明媚，富有生机，形成雄放与奇秀的风格对比。

颈联和尾联气脉相连，诗人首先故作疑问，感叹茫茫人海谁才是自己的同道中人，其后顺理成章地引出在此地为官的韦仲堪，表示卧于云松之间、超脱世俗之外的韦氏是自己的知己好友。本来是赞美友人的赠诗，却要以自己为中心，来表达对友人的激赏。这其实是太白诗的一贯作法，即使是干谒诗文，李白也要在其中一展才华与豪情，全然不顾虑对方是否会生出嫉妒之感。也正因如此，才体现了李白超越世俗规矩桎梏的浪漫主义情怀与洒脱自信、风流倜傥的豪迈。只有韦仲堪这样的高人雅士与自己同游，共同领略山

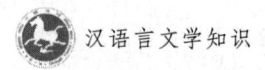

水之趣，才是一段隐逸佳话。

此诗既有对山川美景的赞叹，又有诗人对自己清高绝俗之姿的自矜，还有对友人情操的赞美，情景相生，既呈现出一个与世无争、清淡闲散的韦仲堪形象，又描绘出一个坦诚率真的李白形象。

二、楹联

黄山九龙瀑联

佚名

九匹白练①出奇观，连续奔腾，远观如八骏骅骝②添赤兔③；
三岭松涛④鸣爽籁⑤，抑扬起伏，乍听似千军健卒赴疆场。

【题解】 黄山位于安徽省南部黄山市境内，是中国十大名山之一，号称"天下第一奇山"。相传轩辕黄帝曾在此地炼丹，故称"黄山"。明朝旅行家徐霞客曾在登黄山后赞叹"登黄山，天下无山，观止矣"，足见黄山的秀丽壮美。黄山的代表景观有五绝三瀑、莲花峰、光明顶、天都峰、迎客松等，无数自然胜景与人文典故使黄山风景区实至名归地成为世界文化与自然双重遗产、国家5A级旅游景区、国家级风景名胜区、全国文明风景旅游区示范点。

九龙瀑是黄山三瀑之一，也是黄山第一大瀑布。全长600米，落差300米，一瀑九折，一折一潭，形成九瀑九潭的壮丽奇观，如白绢长垂、银河泻地，被称为"天下第一奇瀑"。景区内物类繁多、资源丰盛、人文荟萃，是吟赏山水的绝佳去处。

【注释】 ①白练：本义是白色熟绢，引申为像白绢一样的瀑布。②骅骝：赤色的骏马。③赤兔：本是吕布的坐骑，后泛指好马。④松涛：松树被风吹动时所发出的像波涛一样的声音。⑤爽籁：爽：开阔，引申为开朗、豪爽。籁：自然界发出的声音。这里指九龙瀑如松涛般轰鸣，开阔豪爽。

【简析】 全联纵横飞洒，恣肆驰骋，将九龙瀑的奔腾激荡、声如松涛的壮阔场面刻画得淋漓尽致。上联从视觉入手，运用比喻的手法把瀑布比作"白练"与"骏马"，描绘出九龙瀑激流澎湃的奇景；下联从听觉入手，运用比喻的手法将水拍崖石的阵阵轰鸣比作松涛之声，传递出九龙瀑的壮阔声势。骏马奔腾，定然马蹄作响、阵阵嘶鸣；健卒出征，定然军容整肃、威仪堂堂。上下联视听交融，使人如见其形、如闻其声，意境恢宏、动感十足，为游人参观九龙瀑时增添了别样的生趣。另外，全联巧用数字，"九匹白练"对应"八骏骅骝"，"三岭"对应"千军"，使画面更为具体鲜活，充满立体真实之感。

第五节　江西省旅游景点诗文

一、诗词

望庐山瀑布

唐·李白

日照香炉①生紫烟②，
遥看瀑布挂前川③。
飞流直下三千尺④，
疑是银河⑤落九天⑥。

【作者】　见李白《登金陵凤凰台》。

【题解】　庐山，也称匡庐，位于江西省九江市庐山市境内，东倚鄱阳湖，南靠滕王阁，西邻莲宗祖庭东林寺，北枕滔滔长江，以雄、奇、险、秀闻名于世，素有"匡庐奇秀甲天下"的美誉。庐山山峰林立、瀑布急流甚多，其中以"三叠泉瀑布"最为著名，有"不到三叠泉，不算庐山客"的美名。古往今来，无数文人墨客、仕宦名流在庐山或游览、或休憩、或讲学、或议事，极大地丰富了庐山的人文内涵，使其集教育名山、文化名山、宗教名山、政治名山于一体。1982年庐山成为首批国家重点风景名胜区；1996年被列为世界文化遗产；2007年被评为国家5A级旅游景区。

【注释】　①香炉：指香炉峰。②紫烟：指日光透过云雾，远望如紫色的烟云。③川：河流，这里指瀑布。④三千尺：形容瀑布之长。这里运用了夸张的手法。⑤银河：夜间像银白色光带的星群，也称天河、天汉。

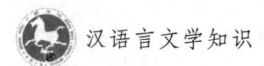
⑥九天：九重天，天的最高处。

【简析】 此诗作于开元十三年（725 年），时年 25 岁的李白离开蜀地，"仗剑去国，辞亲远游"，在出游金陵途中登上了庐山。初出茅庐、意气风发又胸蕴万丈之才的青年李白与壮丽明秀的庐山相遇，碰撞出了耀眼的诗歌火花。首句"日照香炉生紫烟"，香炉峰之名早已有之，但一个"生"字赋予了香炉峰以活力，瀑布飞泻，雾霭蒸腾而上，在日光的映射之下，仿佛炉中升起了袅袅紫烟，可谓点石成金之笔。次句"遥看瀑布挂前川"，远远地望着，瀑布好似凝滞在半空，悬挂在崖壁之上，此句化动为静，将远望形成的错觉惟妙惟肖地表现了出来。前两句交代了诗人看到的日光闪耀、紫烟缭绕、瀑布垂挂、河流湍急的全景画面，绚丽而壮美。

第三、四句"飞流直下三千尺，疑是银河落九天"，自此，诗人进入了天马行空的想象空间。在这个幻境中，诗人自己变得极为渺小，而瀑布仿佛直通天际，携雷霆万钧之势从九重天际倾泻而下，泰山压顶般的气势让人震惊之际又觉得一切似真似幻、如梦如实，而幻境的谜底正藏在诗的前两句当中，正是日照香炉、瀑布直观的景观才会让人产生恍惚迷离之感，也正是如此，后两句的夸张想象才显得顺理成章、自然融洽。李白作为天才的浪漫主义诗人，成功地运用比喻、夸张的手法，奇警生动的语言，奇特巧妙的构思，将庐山瀑布的美景写到一个后人无法企及的高度，也使该诗成为后世山水诗歌效法的典范。

登庐山

当代·毛泽东

一山飞峙①大江边，跃上葱茏②四百旋③。
冷眼向洋看世界，热风吹雨洒江天。
云横九派④浮黄鹤，浪下三吴⑤起白烟。
陶令⑥不知何处去，桃花源里可耕田？

【作者】 见毛泽东《天安门广场人民英雄纪念碑碑文》。
【题解】 庐山，见李白《望庐山瀑布》。

【注释】 ①飞峙：凌空耸立。②葱茏：青翠茂盛的样子。③四百旋：庐山的盘山公路有近四百处转弯。④九派：长江流经湖北、江西一段有很多支流，因以九派称这一段的长江。⑤三吴：指原属春秋吴地的三个行政区划。泛指长江中下游一带。⑥陶令：指陶渊明。陶渊明曾做过88天的彭泽令，故称陶令。

【简析】 1959年，中共中央政治局扩大会议和中共八届八中全会在庐山召开。毛主席在会议召开前夕登上庐山，写下了此篇诗作。首联以极豪迈的气势表现了由"望庐山"到"登庐山"的过程，其中"飞"字似神来之笔，化静为动地描绘了庐山仿若天外飞来，凌空屹立于长江之畔，使人顿生叹服之感；"跃"字则体现了主席明快愉悦的心情，山路高远、盘旋难行，但因主席的胸中充盈着激情与活力，一路上便看到四处郁郁葱葱，充满了生机与朝气，丝毫不觉颠簸劳累，有成竹在胸、睥睨天下之感。

领联第一句则将目光由当下投向了世界，新中国外部的帝国主义势力仍虎视眈眈，苏联也对中国背信弃义，故对其用"冷眼"审视；转过头来，新中国内部的社会主义建设如火如荼，朝气蓬勃，所以连洒向江面的雨滴都是由"热风"吹来，体现了主席无惧强敌的魄力与爱国恤民的情怀。

颈联继续描绘人间生活的乐景，白云飘浮在大江之上，黄鹤当空高翔，波涛直下江东腾起袅袅烟雾，"横、浮、下、起"的连环动感，虚实相间，形成了动态立体的画卷，展现了主席奇特的想象与高阔的视野。

尾联化用崔护《题都城南庄》中的"人面不知何处去"，以幽默的设问否定了桃花源的存在，表明要建立一个美好的世界，不能寄希望于与世隔绝，只能依靠广大劳动人民的艰苦奋斗。

全诗格调高广，气势雄伟，展现了主席无限的豪情、对建设社会主义的信心和对祖国河山深深的眷恋。

二、楹联

庐山五老峰联

佚名

五老峰高，秀插云霄如玉笔；

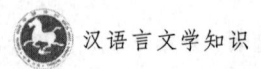

三姑石①大，响传风雨若金镛②。

【题解】 庐山，见李白《望庐山瀑布》。

庐山五老峰，是庐山胜景之一，游人必登之地。五老峰因山的绝顶被垭口隔断，分成并列的五个山峰，仰望俨若骈肩而立的五位老翁，故把这原本出于一山的五个山峰统称为"五老峰"。五老峰根连鄱阳湖，峰尖触天，山体高大险峻，虽高度略低于大汉阳峰，但其雄奇却有过之而无不及，是庐山最雄伟奇险的胜景之一。

【注释】 ① 三姑石，位于江西省上饶市铅山县与福建省南平市光泽县交界处，属于武夷山脉，在其幔亭峰北换骨岩左侧岩巅上立有三块石头，形似三位亭亭玉立的少女。相传秦时有三仙女游于此，兴雨救旱、化而为石，是故得名。② 金镛：铜制大钟。

【简析】 这副楹联的上联与下联都运用了比喻、夸张的修辞手法，想象瑰丽，夸张奇妙。上联"五老峰高，秀插云霄如玉笔"，描写庐山五老峰的峭拔俊美。将五老峰比喻为插入云霄的俊秀"玉笔"，夸张地极写其高，生动形象，别具一格。其中"插"字极见功力：一是化静为动，惟妙惟肖地表现出五老峰雄奇峭拔的视觉形象，流露出对大自然神奇功力的赞颂。二是暗示观望角度为由下向上的仰望，凸显了五老峰的高大雄壮。下联"三姑石大，响传风雨若金镛"，将三姑石比作大钟，能发出风雨之音，巧妙地与三仙姑兴雨救旱的传说相关联，夸张地营造出奔腾豪放、激情喷涌，矫健飞腾的意境。

全联对仗工整，构思奇特，读来令人心驰神往。

庐山简寂观联

明·李渔

天下名山僧占多，也该留一二奇峰，栖①吾道友②；
世间好语佛说尽，谁识得五千妙论③，出我④先师。

【作者】 李渔（1611～1680），浙江金华兰溪人。明末清初文学家、戏剧家、戏剧理论家、美学家。论著《闲情偶寄》中有关戏剧的论述，创立了较为完善的戏曲理论体系。另有《笠翁十种曲》《无声戏》《十二楼》等戏剧作品传世，被后世誉为"中国戏剧理论始祖""世界喜剧大师""东方莎士比亚"。

《闲情偶寄》还涉及了中国古代生活的各个领域。不仅涉及中国古代文化生活、闲适娱乐、居住环境唯美实用的理想追求，还涉及以日常衣食住行为核心的审美设计，因此，李渔被称为"休闲文化的倡导者"。

【题解】　庐山，见李白《望庐山瀑布》。

庐山简寂观是庐山历史上著名的道教宫观，今已不存。据说在庐山道家与佛家长期争斗，道观几乎全被富僧占去，信奉道教的李渔愤书一联挂在简寂观老君殿上，才保全了此一道观。

【注释】　①栖（qī）：本意为鸟类停留、歇宿。引申为停留、居住。②道友：一起修仙学道的同道中人。③五千妙论：指老子西出函谷关时所作的《道德经》，共五千字。④先师：指老子。老子在道教中被尊为道祖。

【简析】　此联是李渔为庐山道观鸣不平之作。上联寄愤怒于戏谑，"天下名山僧占多"，一个"占"字表达了作者对佛家寺院占据名山大川的不满，也表达了对僧侣所谓的"与世无争"的讽刺。"也该留一二奇峰，栖吾道友"，既是调侃，也是心酸，感叹道教的式微，面对这种局面，自己无能为力，只好独善其身。

下联依然以调侃开头，"世间好语佛说尽"，运用夸张的手法表达了对佛教宣传的质疑，"谁识得五千妙论，出我先师"，修真的妙法是道教的专属，而世人却鲜来问津，作者既自豪又无奈，传递出一种举世皆醉我独醒的态度。

全联皆是口语，但简而不俗，内涵丰富，使一个心有不忿、仗义执言的道友形象跃然纸上，堪称诙谐有趣，值得玩味。

第五章
华南地区旅游景点诗文

第一节　广东省旅游景点诗文

一、诗词

游肇庆七星岩

当代·叶剑英

借得西湖水一圜①，更移阳朔②七堆山③。
堤边添上丝丝柳，画幅长留天地间。

【作者】 叶剑英（1897～1986），原名叶宜伟，字沧白。广东省梅县人。伟大的无产阶级革命家、政治家、军事家，中国人民解放军的缔造者之一，中华人民共和国的开国元勋，长期担任党、国家和军队的重要领导职务。

【题解】 肇庆，古称端州，广东省地级市，旅游资源丰富，其中星湖（含七星岩、鼎湖山两大景区）最负盛名。七星岩片区总面积达 8.23 平方千米，由七座石灰岩峰排列状如天上北斗七星而得名，以峰林、溶洞、湖泊、碑刻、寺观为主体景观。素有"岭南第一奇观"的美誉，区内的摩崖石刻是岭南地区保存得最多最集中的摩崖石刻群。主要有水月岩云、星岩春晓、天柱摘星、星岩烟雨、玉屏叠翠、千年诗廊、水中林趣、卧佛含丹、仙鹤呈祥、石洞古庙等景点。

【注释】 ①圜（huán）：通"环"。②阳朔：阳朔县，隶属于广西壮族自治区桂林市，位于广西东北部，桂林市区南面，有"阳朔山水甲桂林"的美誉。③七堆山：也叫七星山，位于漓江东岸，小东江流贯其间，因七星山的七个山峰，犹如天上的北斗七星坠地而得名。

【简析】 肇庆七星岩景区，七座挺拔的岩峰，如北斗七星般散落于波光骀荡的湖面，形成秀丽的湖光山影。叶剑英元帅化用了对这里"桂林之山、杭州之水"的赞誉，没有直接赞美七星岩本身，而是含蓄地用西湖水光、七堆山色来衬托七星岩之美，写肇庆七星岩是"借"用了美如西子的西湖水，还"移"来了秀似天仙的七堆山，将两处美景融于一身，虚实交融，兼有二者山水之美，其景色之秀丽引人遐想。诗中还对沿岸柳枝随风飘曳的姿态进行了刻画，把七星岩比作美丽的画卷，呈现其风景如画的特点，如在目前。诗篇构思新颖，手法简洁，音调和谐，栩栩如生。

二、游记

九成台铭

宋·苏轼

韶阳①太守狄咸②新作九成台，玉局散吏③苏轼为之铭④。曰：

自秦并天下，灭礼乐，《韶》⑤之不作，盖千三百二十有三年。其器⑥存，其人亡，则《韶》既已隐⑦矣，而况于人器两亡⑧而不传⑨。

虽然⑩，《韶》则亡矣，而有不亡者存。盖常⑪与日月寒暑、晦⑫明风雨并行于天地之间。世无南郭子綦⑬，则耳未尝闻地籁⑭也，而况得闻于天籁⑮。使耳闻天籁，则凡有形有声者，皆吾羽旄、干戚、管磬、匏弦⑯。

尝试与子登夫⑰韶石⑱之上，舜峰⑲之下，望苍梧⑳之渺㉑莽㉒，九疑㉓之连绵。览观江山之吐吞，草木之俯仰，鸟兽之鸣号，众窍㉔之呼吸，往来唱和，非有度㉕数㉖而均㉗节㉘自成者，非《韶》之大全乎！

上方立极㉙以安天下，人和而气应，气应而乐作，则夫所谓箫韶九成㉚，来凤鸟而舞百兽者㉛，既已粲然㉜毕㉝陈于前矣。

【作者】 见苏轼《念奴娇·赤壁怀石》。

【题解】 九成台，台名。原名闻韶台，相传舜南巡时奏乐于此。狄咸知韶州期间建成。苏轼北归途中经此，为之作铭。九成：犹九重。《吕氏春秋·音初》："为之九成之台。"铭：文体的一种。

【注释】 ① 韶阳：即韶州，今广东省韶关市曲江区。② 太守狄咸：指知韶州的狄咸。太守，汉代景帝以后对一郡的最高行政长官的称呼。此处用这一古称代指知州。狄咸，字伯通，宋哲宗元符二年（1099 年），知韶州，建九成台。③ 玉局散吏：苏轼自指。元符三年（1100 年），苏轼自贬所北归，朝廷授苏轼朝奉郎、提举成都玉局观。玉局观提举属祠禄官，只食官禄，为闲官，故云"散吏"。玉局：指玉局观，宋代著名的道观。设于玉局化，在今四川成都市北。散，闲散。④ 铭：这里用作动词，指作铭文。⑤《韶》：虞舜乐名。《尚书·益稷》："箫韶九成，凤皇来仪。"帝舜制作韶乐，主要用以示范为帝的大德。⑥ 器：用具。这里指礼乐之器。⑦ 隐：隐匿；埋没。⑧ 亡：失去。⑨ 传：传布，流传。⑩ 虽然：即使这样。虽：纵然，即使。然：这样。⑪ 常：恒久。⑫ 晦：昏暗。⑬ 南郭子綦（qí）：出自《庄子·齐物论》，楚人，楚昭王庶弟。他提出了天籁、地籁、人籁的概念，为物我两忘，清高淡泊的典型。⑭ 地籁：从孔穴中发出的声音，也指一般的声响。⑮ 天籁：自然界的音响。⑯ 羽旄（máo）、干（gān）戚、管磬（qìng）、匏（páo）弦：泛指乐舞所执的雉羽、旄牛尾、盾牌、斧子以及各种乐器。羽：指古代文舞所执的雉羽。因即以为文舞的代称。旄：古时旗杆头上用牦牛尾作的装饰，因即指有这种装饰的旗。旄舞为周代六小舞之一，舞者手执牦牛尾而舞。干：盾牌。干舞为周代六小舞之一，即"兵舞"，舞者手执盾牌而舞。戚：古兵器名，斧的一种。管：乐器名。磬：古代乐器。用石或玉雕成。匏：八音之一，指笙、竽之类。弦：乐器上用以发音的丝线、铜丝或钢丝。引申指弦乐器。⑰ 夫（fú）：作语助，用在句中或句首。⑱ 韶石：山岩名。传说舜游登此，奏《韶》乐，因名。⑲ 舜峰：指舜峰山，位于湖南郴州临武县。得名于舜帝南巡至九嶷、曾住跸于此。⑳ 苍梧：苍梧山，即九嶷山，位于湖南省永州市宁远县境内。《史记·五帝本纪》："舜践帝位三十九年，南巡狩，崩于苍梧之野，葬于江南九疑，是为零陵。"㉑ 渺：邈远貌。㉒ 莽：无涯迹貌。㉓ 九疑：九疑山，又作九嶷山。㉔ 窍：孔，洞。㉕ 度：计量长短的标准。㉖ 数：指自然之理。㉗ 均（yùn）：古"韵"字。成公绥《啸赋》："音均不恒。"㉘ 节：

节拍，节奏。㉙ 上方立极：指赵佶于元符三年（1100 年）即位。上：宋徽宗赵佶。立极：即位。㉚ 箫韶九成：出自《尚书·益稷》："箫韶九成，凤皇来仪……百兽率舞。"九成：犹九章、九阕。乐曲一终为一成。㉛ 来凤鸟而舞百兽者：指《尚书》中所描述的凤凰来仪、百兽率舞的情形。㉜ 粲然：灿烂的样子。㉝ 毕：尽，全。

【简析】 音乐在文化传统中一向被赋予丰富深刻的含义。苏轼对于音乐的作用和意义的认识，也体现了这一点。他为韶阳九成台的重建感慨不已，写下了这篇声情并茂的铭文。这篇铭文立意高妙，并未通篇漫叙九成台的风光，而是透过建筑自身价值，从其历史意义切入，先叙《韶》乐不存，转论《韶》乐亡而天籁存，最后登上韶台，将视角转至九成台，极力刻画九成台上的风景，将景致与社会气象相结合，认为有《韶》一样的气象才会有如画的景致。看似论述《韶》和天籁，实则论述作者所处的社会气象。

三、楹联

广州陶陶居酒家联

佚名

陶潜善饮①，易牙善烹②，饮烹有度③；
陶侃惜分④，大禹惜寸⑤，分寸无遗⑥。

【题解】 陶陶居，广州饮食业中的老字号之一，主营茶点、月饼、菜肴。其创办时间一说为清光绪六年（1880 年），一说为光绪十九年（1893 年）。1993 年被国内贸易部授予"中华老字号"称号；1998 年经国内贸易局批准为"国家特级酒家"。此联是陶陶居酒家的一副门联。

【注释】 ①陶潜善饮：陶渊明善于饮酒。②易牙善烹：易牙擅长烹饪。易牙，春秋时期齐桓公的宠臣。③度：限度；法度。④陶侃惜分：陶侃珍惜每一分光阴。陶侃（259～334），陶潜的曾祖父，曾任东晋大司马。《晋书·陶侃传》载陶侃常对人说："大禹圣者，乃惜寸阴；至于众人，当惜分阴。岂可逸游荒醉，生无益于时，死无闻于后，是自弃也。"分，旧计量单位，十厘为一分，十分为一寸。⑤寸：古代长度单位。形容短或小。⑥遗：

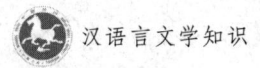

遗失。

【简析】 这副楹联有鲜明的艺术特点：① 以鹤顶格嵌入酒家名字，"陶""陶"相对，巧妙而趣味盎然，而且突出醒目，达到了特定的艺术效果。② 用典自如，此联分别以四位古人入于联中，驱使典故，自然贴切，举重若轻，以提醒世人"饮烹有度""分寸无遗"——饮酒要有分寸，不可忘乎所以；要珍惜寸阴，不要虚度大好时光而荒废了人生。③ 上联末句"饮烹有度"和下联的"分寸无遗"，分别是前两句的结尾合缀而成，遂成佳句，富于文采。这些特点，恰能体现陶陶居浓厚的文化、艺术氛围。

广州镇海楼联

清·彭玉麟

几千劫①危②楼尚存，问谁摘斗摩霄③，目空今古；
五百载故侯④安在？只我凭⑤栏看剑，泪洒英雄。

【作者】 见彭玉麟《莫愁湖联》。

【题解】 镇海楼，又名望海楼，位于广东省广州市越秀山小蟠龙冈上，为广州市标志性建筑之一，广东省文物保护单位。全楼高 25 米，巍峨壮观，被誉为"岭南第一胜览"。因楼高 5 层，故又称"五层楼"。2013 年 3 月，镇海楼被列入第七批全国重点文物保护单位。

中法战争时，彭玉麟是主战人物，他受命赴广东，驻镇海楼。当"中国不败而败、法国不胜而胜"，中法议和的消息传出后，彭玉麟义愤填膺，上书朝廷，力谏不止。然而，腐败懦弱的朝廷还是签订了不平等的《中法新约》，战争不体面地结束。悲愤交加的彭玉麟有感而作此联。

【注释】 ①几千劫：极言时间之久、所历劫难之多。佛家说法，世界经一番成败，毁灭一次、再重新开始的一个周期为一劫。后人借用指天灾人祸。②危：高。③摘斗摩霄：摘取星斗，触摩云霄。摩：碰触；迫近。④故侯：指明朝永嘉侯、镇粤将军朱亮祖。镇海楼为其主持修建。⑤凭：靠着。

【简析】　这副楹联寄托了一代爱国将领的风格襟怀。他凭栏怀古，"几千劫""五百载"的沧桑变化带动他神游于历史的长河，为曾经的繁华荣辱百感交集，思绪万千，体现了深沉的历史意识。上联的"问谁"，下联的"只我"，将作者看剑伤今的孤独感表露无遗。作者只能是倚栏看剑，却无处请缨，空洒一番英雄泪。抒发了壮志情怀落空的悲慨，却不失刚直不阿、倔强郁勃之气。气魄雄伟，沉郁苍劲，寓意深刻。

第二节　广西壮族自治区旅游景点诗文

一、诗词

送桂州严大夫

唐·韩愈

苍苍①森②八桂③，兹④地在湘南。
江⑤作青罗带⑥，山如碧玉簪⑦。
户多输⑧翠羽⑨，家自种黄甘⑩。
远胜登仙去，飞鸾⑪不假⑫骖⑬。

【作者】　韩愈（768～824），字退之，河南河阳（今河南省孟州市）人。自称"郡望昌黎"，世称"韩昌黎""昌黎先生"。唐代著名文学家、思想家、哲学家。唐德宗贞元八年（792年）中进士。贞元十九年（803年）任监察御史，上书求免灾民赋税，坐贬阳山（今属广东）令。宪宗元和十二年（817年）随裴度平定淮西有功，迁刑部侍郎。不久因谏迎佛骨，贬为潮州刺史。穆宗召还，任国子监祭酒、京兆尹等职，后官至吏部侍郎。卒谥为"文"，世又称韩文公。有《韩昌黎集》。

【题解】　桂州，治所在今桂林。桂林，著名旅游城市。1982年国务院公布为首批国家历史文化名城之一。桂林拥有世界自然遗产桂林山水、世界灌溉遗产灵渠两大世界遗产，享有"桂林山水甲天下"的盛誉。桂林四季分明，雨热基本同季，唐代诗人杜甫以"五岭皆炎热，宜人独桂林"赞誉桂林

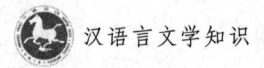

气候条件的优越。

严大夫：严谟。这首诗是韩愈送别友人严谟之际所作。当时严谟即将离京赴任桂管观察使。

【注释】　①苍苍：茂盛貌；深青色。②森：树木高耸繁密的样子。③八桂：代指桂林，后也代指广西。④兹：此。⑤江：指漓江。⑥青罗带：青绿色的丝带。青：春季植物叶子的颜色。罗：丝织物类名。⑦簪（zān）：古人用来插定发髻或连发于冠的一种长针，后来专指妇女插髻的首饰。⑧输：缴纳、献纳。⑨翠羽：翠鸟的羽毛，可作为装饰品。翠：翡翠鸟。⑩黄甘：柑橘类。司马相如《上林赋》："黄柑橙楱。"一说黄甘指黄皮果。⑪鸾：传说中凤凰一类的神鸟。⑫假：凭借。一作"暇"。⑬骖（cān）：特指驾车时位于两边的马。泛指马或马车。

【简析】　这首诗从自然景物到人文物产，层层深入地刻画了桂州风物人情之美。起笔描绘了湘南八桂之地青翠繁密、充满生机的自然图景。颔联巧妙地运用比喻手法，以高度的概括力，写出了桂林山水的秀丽之美，成为千载流传的警句。诗人以"青罗带"刻画漓江之水的清澈澄明、蜿蜒曲折，以"碧玉簪"描绘桂林之山的玲珑挺拔、崛然特立，形神兼备，特色突出，富于表现力，非常精妙。颈联叙述桂州的民风民俗，一派躬耕自足的丰饶景象，使人生发神往之情，自然对尾联所云"远胜登仙"的感受产生共鸣。诗句承转自然，技巧精湛，笔力凝练。

独秀山

唐·张固

孤峰不与众山俦①，直入青云②势未休。

会③得乾坤④融结意，擎天一柱⑤在南州⑥。

【作者】　张固，唐宣宗时期曾任桂管观察使。

【题解】　独秀山素有"南天一柱"的美誉，史称桂林第一峰，是靖江王府后花园里的天然靠山。山峰突兀而起，形如刀削斧砍，周围众山环绕，孤峰傲立，有如帝王之尊。登山306级可达峰顶，是鸟瞰桂林全景的最佳观景台。峰壁摩崖石刻星罗棋布，纵横出世，更有太平岩内的世界文化奇观——"太岁"摩崖石刻。

【注释】　①俦（chóu）：伴侣。②青云：高空。③会：领会；理解。④乾坤:《周易》中的两个卦名，指阴阳两种力量。引申为天地、日月、男女、父母等的代称。⑤擎（qíng）天一柱：形容撑起天宇的独秀山。擎：往上托，举。⑥南州：泛指南方地区。《远游》:"嘉南州之炎德兮，丽桂树之冬荣。"

【简析】　这首诗紧紧围绕"独秀"之意落笔，以众山作为孤峰的陪衬，显得巍峨突起、孤高无比、气势不凡，自然而然地显示出独秀峰在桂林山水中地位的重要性。而且，诗句写山又超越了山，山人合一，既概括了山的特异之处，给人深刻印象，又透露了作者的心态，诗人的英气扑面而来。"会得"二字，揭示了作者身为桂管观察使的抱负和理想，托物言志，立意深远。

二、楹联

桂林独秀峰联

清·廖鸿熙

撑天凌①日月；
插地震②山河。

【作者】　廖鸿熙，清朝人，生平不详。

【题解】　见张固《独秀山》。

【注释】　①凌：逾越，超过。这里以夸张的手法表现独秀峰的拔地参大。②震：震动。

【简析】　这副楹联，将悠久的人文胜迹与积极向上的情怀完美结合，笔触强烈，奇伟磅礴。"撑""插"两字，逼真地写出诗人面对独秀峰时的震撼感，显示了独秀峰的动态美，生动地突现了独秀峰孤峰横插、直冲云霄的不凡气势，独秀峰巍峨峭拔、擎天立地之概跃然纸上，充盈着作者胸中的万丈豪气。

龙隐洞联

清·刘德宜

龙从何处飞来？看秀峰对峙①，漓水②前横，终当际会③风云④，破浪不尝居此地；

隐是伊谁偕汝？喜旁倚月牙⑤，下临象鼻⑥，莫便奔腾湖海，幽⑦栖聊⑧为寄闲身。

【作者】 刘德宜，湖南新化人，生卒年不详。

【题解】 龙隐洞位于桂林月牙山下，小东江边。洞顶有一条宛如龙迹的天沟，蜿蜒贯穿洞顶，鳞甲毕现，就像一条神龙飞去后所留下的全身痕迹。有"神龙遗迹""破壁而飞"题刻。

【注释】 ①峙（zhì）：屹立，耸立。②漓水：漓江。③际会：遇合，时机。④风云：《周易·乾·文言》："云从龙，风从虎，圣人作而万物睹。"意谓同类相感。后因以"风云"比喻机遇，也比喻变幻的局势。⑤月牙：月牙岩。因酷似一弯新月而得名。⑥象鼻：指象鼻山。又称象山。原名漓山，位于桂林市内桃花江与漓江汇流处，因酷似一只站在江边伸鼻豪饮漓江甘泉的巨象而得名。⑦幽：隐。⑧聊：姑且，暂且。

【简析】 这副"藏头联"，运用嵌字法，分别以龙、隐二字作为上下联的开头，隐含洞名。联语借龙抒情，自问自答，引人入胜。"幽栖"和"寄闲身"，反映了政治失意后的抑郁心情，而"终当际会风云"和"破浪"，以腾龙破壁而飞的景趣自比，暗潜着冲天志向，既显山水之清幽，洞窟之奇特，又使人深悟作者之情怀。联语虚实映衬，切中主题，雄浑有力。层次分明，结构紧凑。

三、碑铭

复水月洞铭并序

宋·范成大

水月洞剜①漓山②之麓③，梁空踞④江。春水时至，湍⑤流贯之，石门正圆，如满月涌，光景⑥穿瑛⑦，望之皎然⑧，名宾其实⑨旧⑩矣。近岁，或⑪以一时燕私⑫，更其号"朝阳"，邦人⑬弗从，且隐山⑭东洞既曰"朝阳"矣，不应相重⑮。乾道九年秋，九月初吉，吴人范成大、莆田人林光朝考古揆⑯宜，俾⑰复其旧。成大又为之铭，百世之后，尚无改也。铭曰：

有⑱嵌⑲屏颜⑳，中浣㉑涨湍㉒，水清石寒。圆魄㉓在上，终古弗爽㉔，如月斯望㉕。漓山之英㉖，漓水之灵，婢㉗其嘉名㉘。范子㉙作颂，勒㉚于龙岏㉛，水月之洞。

【作者】　范成大（1126～1193），字至能，一字幼元，晚号石湖居士，南宋名臣，与杨万里、陆游、尤袤合称南宋"中兴四大诗人"。平江府吴县（今江苏苏州）人。范成大素有文名，尤工于诗。诗作题材广泛，以反映农村社会生活内容的作品成就最高。风格平易清新。著有《石湖集》《揽辔录》《吴船录》《吴郡志》《桂海虞衡志》等。

【题解】　水月洞位于象鼻山的象鼻和象腿之间。距今约1.2万年前，地壳抬升，漓江缩小，加速了水月洞的发育，形成一个东西通透的圆洞。《象山记》载："有石穴一，彼此可以相望，形圆而长，其半入于漓水中，水时高时下，故其穴亦时有大小。"洞在水上，如明月浮水，故以水月名之。

张孝祥于宋孝宗乾道元年（1165年）任广南西路经略安抚使兼静江知府。他与好友张维深爱水月洞，僧人了元为其在洞旁建观景亭，亭成后邀张孝祥取名。因张孝祥与张维同官建康（今南京）时，曾建朝阳亭，为纪念二人友谊，加之此亭朝东，面向朝阳，故取名朝阳亭。乾道二年（1166年），张孝祥游水月洞流连至晚不归，不久再度重游，高兴之际题诗作序，因洞口东向，把洞名、岩名统统改为"朝阳"，并把记述其事的《朝阳亭诗序》刻在水月洞北壁。

乾道九年（1173年），范成大继任期间，认为象鼻山水月洞之名自古流传，且隐山已有朝阳洞，主张恢复"水月"的洞名，作《复水月洞铭》，并刻于水月洞石壁上。

【注释】　①剜（wān）：用刀挖。②漓山：指象鼻山。③麓：山脚。④踞：蹲坐。⑤湍：水势很急。⑥景：阳光。⑦瑛：似玉的美石。⑧皎然：洁白光明的样子。⑨名宾其实：指水月洞名实相符。宾：服从，归顺。⑩旧：

久。⑪ 或：代词。代人。这里指将水月洞更名为朝阳洞的张孝祥。⑫ 燕私：泛指宴饮。⑬ 邦人：指桂林当地百姓。⑭ 隐山：在桂林西郊。⑮ 重：重复。⑯ 揆（kuí）：度量，考察。⑰ 俾（bì）复其旧：使恢复其原有名称。俾：使。旧：原来的，从前的。指原来的名称"水月洞"。⑱ 有：助词，无实义。⑲ 嵌：洞穴。⑳ 孱颜：同"巉岩"，指险峻的山。㉑ 中浣：中旬。浣：唐代制度，官吏每十天休息、洗沐一次，后因称每月上、中、下旬为上、中、下浣。㉒ 湍：急流的水。㉓ 圆魄：指形如月亮的水月洞。㉔ 终古弗爽：自古以来从未改变。终古：自古以来；永远。爽：违背，差错。㉕ 望：望日。天文学上指月亮圆的那一天。㉖ 英：神灵。㉗ 嫭（hù）：美好。㉘ 嘉：善；美。㉙ 范子：范成大的自称。㉚ 勒：雕刻。㉛ 龙岞（lóngzōng）：高耸貌。

【简析】 两位名人围绕改水月洞名和复水月洞名而引出一段笔墨逸事，成为到此游览的人们永恒的话题。在序文中，范成大总结了山水命名的原则，第一是要"名宾其实"，只有最能反映该处景物特征的名称才能永久相传；第二是"不应相重"。"朝阳洞"的命名正是因为没有遵循这些原则，所以才不被邦人所接受。相反，"水月洞"这个名字却准确地概况了洞的自然美，点化了它的精髓在于月与水的交融。这篇序文说理逻辑清晰，文气流畅自如，叙事自然平稳。

铭文则写得玉润珠辉，清腴丽雅，简洁优美。"水底有明月，水上明月浮"，溶洞的悬空高广与漓江的"湍流贯之"相辅相成，生成了一幅清朗皎洁、"浣月"出水、富于魅力的生命景象，荡漾着美的诗境。体现的正是桂林山水的灵魂，富于文化和美学内涵。

第三节　福建省旅游景点楹联

郑成功纪念馆联

当代·郭沫若

开辟①荆榛②，千秋功业；
驱除荷虏③，一代英雄。

【作者】 郭沫若（1892～1978），本名郭开贞，字鼎堂，号尚武，笔名沫若。出生于四川乐山，作家、历史学家、考古学家。代表作有诗集《女神》，历史剧《王昭君》《屈原》《虎符》《蔡文姬》等，论著《甲骨文字研究》《殷周青铜器铭文研究》等。

【题解】 郑成功（1624～1662），本名森，又名福松，字明俨、大木。福建泉州南安人。明末清初军事家，抗清名将，民族英雄。弘光时监生，因蒙隆武帝赐明朝国姓"朱"，赐名成功，改名朱成功，并封忠孝伯，世称"郑赐姓""郑国姓""国姓爷"，又因蒙永历帝封延平王，称"郑延平"。1661年，率军横渡台湾海峡，翌年击败荷兰东印度公司在台湾大员（今台湾台南市境内）的驻军，收复台湾。

郑成功逝世后，台湾民间陆续建立庙宇祭祀。

郑成功纪念馆联是郭沫若于1962年为纪念郑成功收复台湾三百周年而作。郑成功纪念馆位于福建厦门市鼓浪屿日光岩。这里曾是郑成功屯兵之地。

【注释】 ①开辟：开垦；打开通路。②荆榛（zhēn）：比喻重重阻碍。荆：灌木名。易阻塞道路。榛：丛生的树木，树丛。③荷虏：指占据台湾的荷兰殖民者。

【简析】 这副楹联，上下联各有一句出自郑成功收复台湾后所作的《复台诗》："开辟荆榛逐荷夷，十年始克复先基。田横尚有三千客，茹苦间关不忍离。"以其本人抒写心声之诗句，写其人光复与开发台湾之功，并以"千秋""一代"指其贡献巨大，恩泽惠及后代，不仅影响一个时代，且名扬后世。联语真挚厚重，节奏铿锵有力，令人肃然起敬。

武夷山一览台联

佚名

一览无余①，独占②地势；
四时皆适③，乐与天游。

【题解】 一览台位于武夷山天游峰顶，是一处绝好的武夷山水观赏台。从一览台上凭栏远眺，西望是八曲的三教峰，东望是一曲的大王峰。俯瞰九曲蜿蜒，武夷山水尽收眼底。

【注释】 ①一览无余：一眼望去，所有景物全看见了。一览：看一眼。②占：占据，占有。③适：闲适，舒畅。

【简析】 此联极言一览台地势优越，登台可一览武夷山美景，而且四时皆宜。欣赏、赞叹之情，溢于言表。楹联运用了镶嵌法中的"魁斗格"，即将"一览"台和"天游"峰这两个地名分别嵌于上联的联首和下联的联尾，颇具情趣，含蓄地写出了一览台高踞万仞之巅，是一座绝好的武夷山水观赏台，以及天游峰巍然高耸、独出群峰，登其巅、观云海，犹如天上游的胜景。妙在自然无痕，又包孕无穷，令人浮想联翩，向往不已。

漳州开元寺书舍联

宋·朱熹

鸟识玄机①，衔得春来花上弄②；鱼穿地脉③，挹④将月向水边吞。

【作者】 朱熹（1130～1200），字元晦，又字仲晦，号晦庵，晚称晦翁。祖籍徽州府婺源县（今江西省婺源），生于南剑州尤溪（今属福建省尤溪县）。南宋著名理学家、思想家、哲学家、教育家、诗人。与二程（程颢、程颐）合称"程朱学派"。谥号"文"，故世称朱文公。后世尊称朱子。著有《四书章句集注》《周易读本》《楚辞集注》等，后人辑有《朱子大全》《朱子集语象》等。其中《四书章句集注》成为钦定的教科书和科举考试的标准。

【题解】 朱熹任漳州知府时在开元寺中建书舍，这里成为他当时读书讲学的地方。

漳州开元寺的前身建于唐嗣圣年间（684年），地址在漳浦县，原名称无考，至开元年间奉诏改名为开元寺。唐贞元二年（786年），漳州州治由漳浦迁龙溪桂林村（今芗城），贞元十七年（801年），李登任漳州刺史，奏移开元寺于登高山（今芝山）南麓。

寺院建筑群布局沿中轴线设有山门、正殿、藏殿、法堂、戒堂、方丈碧玉堂、大圆觉海堂、应真阁、千佛阁、鲸音阁、御经楼、咸通塔（经幢）等，两侧为庑廊和斋堂禅房。寺内藏有珍贵佛典及珍稀宝物。寺内原有唐明皇铜像，又有金宝牌、金宝轮，皆御赐之宝。宋太宗御书经疏 120 卷，宋仁宗篆书"明堂"二字、飞白书"明堂之门"四字。因多次毁废，历经修建，胜迹现多已不存。留下遗物有咸通塔残片（现存漳州市博物馆），其他零碎残件有碑刻、柱础等石构件。在现址周边还发现开元寺遗存文物如经幢、功德碑及抱鼓石、柱础、圆柱等散件。

【注释】 ① 鸟识玄机：鸟懂得大自然的奥妙。此处为拟人手法。玄机：道家称奥妙之理。② 弄：把玩；戏耍。③ 地脉：地的脉络，这里指水流。脉：像血管一样连贯而成系统的东西。④ 挹（yì）：牵引；舀，汲取。

【简析】 这副楹联在艺术上具有以下特点：① 善用修辞，生动形象。以"识"写鸟，仿佛鸟能像人一样总结、把握住气候的变化规律，显得活泼、亲近，妙趣横生。② 属对巧妙，用字妥帖。上联的一个"弄"字与下联的一个"吞"字相对，把鸟在花木间嬉戏、鱼在水中遨游的情景，描绘得活灵活现，出神入化，构成一幅动人的春意图。生命的节奏与大自然的律动呼应交融，画面感十足。③ 意蕴深厚，发人深省。用鱼、鸟作比喻，阐明哲理，勉人进取，达到了情景交融的艺术效果，令人回味无穷。

第四节 海南省旅游景点诗文

一、诗词

五指参天

明·丘浚

五峰如指翠相联，撑起炎荒① 半壁天。
夜盥② 银河摘星斗，朝探碧落③ 弄云烟。
雨余玉笋④ 空中见，月出明珠掌⑤ 上悬。
岂是巨灵⑥ 伸一臂，遥从海外数中原。

【作者】 丘浚（1421～1495），字仲深，琼山人，明代著名思想家、史学家、政治家、经济学家和文学家。先后出任翰林院编修、侍讲学士、翰林院学士、国子监祭酒、礼部尚书、文渊阁大学士等职，弘治七年（1494年）升户部尚书兼武英殿大学士。为官后长期从事编纂工作，曾参与修《英宗实录》《宪宗实录》《续通鉴纲目》等书。在明朝宰辅中以"博极群书"著称。

【题解】 五指山，海南第一高山，素有"海南屋脊"之称。位于海南岛中部，整个山体南北长40余千米，东西宽30千米，峰峦起伏成锯齿状，形似人的五指，故得名。山脉由西南向东北方向排列，先疏后密，延伸及琼中、保亭、陵水等县市。主峰在五指山市境内，二指为最高峰，海拔1867.1米。五指山脉千米以上的山峰有三角山、铁耳峰、奇人峰等。

【注释】 ①炎荒：指南方炎热荒远之地。②盥（guàn）：承水洗手。也泛指洗涤除污。③碧落：指天空。④玉笋：比喻五指山。⑤掌：指五指山。⑥巨灵：巨神。

【简析】 这首诗从不同角度，紧扣"指"这一形象的特点，对五指山进行了描绘和渲染，修辞手法突出。诗人想象力奇特丰富，在他看来，五指山夜间像是伸手到银河中洗手，摘取星斗；早晨像是伸手去抚弄天空，玩赏云烟，拟人中兼有夸张。诗中连用比喻，雨后的五指山如出土的玉笋，展现在碧空；皓月当空，五指如掌，托月于手中，描绘出五指山傲岸雄伟的形象，内容丰富，景色多变，视野辽阔，气势磅礴。尾联如豹尾，笔力千钧，出人意表，意境瑰奇，风格豪放，隐含着指点江山的豪壮之气。

二、楹联

海角天涯胜迹联

当代·李求真

万里晴空，几片闲云浮海角①；
一湾碧水，八方游子恋天涯②。

【作者】 李求真，广东五华人。海南省楹联学会副会长、秘书长，中国楹联学会常务理事。著有《片石斋联稿》《琼州联萃》等。

【题解】 海角天涯，即"天涯海角"，位于海南省三亚市西南方，三亚湾和红塘湾之间的岬角上，为热带海滨风景名胜区。这里依山傍海，由百块大小不等的奇石组成。中央一块圆柱巨石，刻有"天涯"二字，为雍正十一年（1733年）崖州知州程哲的手迹。此石西面有花岗岩巨石，刻有"海角"二字。

【注释】 ①海角：形容地方僻远。②天涯：犹天边。极远的地方。

【简析】 此联既点明了天涯海角自然环境之优美，晴空、闲云，碧海、沙滩，风景动人，毫无远僻之地的蛮荒之色；也道出了八方游子对其神往的心态。联语将"海角""天涯"嵌入上下联尾，可谓巧妙而工稳，使这一地处僻远的景点充满了吸引力。

雷琼道大堂联

佚名

定安全之策，坐镇琼山，开乐会以会同官，统①府州县群僚，独临高位；

澄迈往②之怀，清扬陵水，佐文昌而昌化理，合万儋崖诸邑，共感恩波③。

【题解】 雷琼道，清监察区名。广东省提刑按察司分司机构之一。乾隆三年（1738年）十一月，以海南道改置，治所在琼州府（今琼山市府城镇），辖雷、琼二府，辖境包括今海南岛和雷州半岛。长官称按察司副使（正四品）或佥事（正五品），通称道员，也称巡道、道台，掌监察、司法、兵备、学校等事务。乾隆十八年（1753年）裁副使、佥事名称，定道员为正四品。同治五年（1866年）雷琼道尚存。光绪年间（1875～1908）改为琼崖道。

这副楹联悬挂于道府大堂上。

【注释】 ①统：总管，统率。②迈往：一往无前。《晋书·谢万传》："而今屈其迈往之气，以俯顺荒余，近是违才易务矣。"③恩波：指帝王的恩泽。

【简析】 这是一副嵌名联，采用嵌字手法，将雷琼道13个州县名（定安、琼山、乐会、会同、临高、澄迈、陵水、文昌、昌化、万州、儋州、崖州、感恩）嵌入联中。地名不仅是地方的标志，而且是一段历史文化的记载。品味地名其实是品味人文。将地名写入对联，以道德教化激发忠义、弘扬正气，蕴含着作者安定四方的情怀，体现出为政之要，凝练庄重。

第六章
西南地区旅游景点诗文

第一节 云南省旅游景点诗文

一、诗词

人月圆①·泛大理海子

明·杨慎

好风两日相迎送，渺渺②碧波平。玉几③云凭④，金梭⑤烟织，宝刹⑥霞明。 邀散⑦神仙，寻闲洲岛，上小蓬瀛⑧。海流东逝，海天南望，海月西生。

【作者】 杨慎（1488～1559），字用修，号升庵，又号逸史氏、博南山人等。四川新都人，祖籍庐陵。明代著名文学家，明代三才子之首。正德六年（1511年）状元及第，官翰林院修撰，参与编修《武宗实录》。嘉靖三年（1524年），因"大礼议"受廷杖，谪戍于云南永昌卫。嘉靖三十八年（1559年），卒于戍所。杨慎博览群书，又能文、词及散曲，论古考证之作范围颇广。后人辑其著述为《升庵集》。

【题解】 大理海子即洱海。洱海，古代文献中称为叶榆泽、昆弥川、西洱河、西二河等，位于云南大理郊区，为云南省第二大淡水湖。是大理"风花雪月"四景之一"洱海月"之所在。

【注释】①人月圆：词牌名。②渺渺：水远貌。③玉几（jī）：指玉几岛，位于洱海东南，因形似玉几而得名。④凭：靠着。⑤金梭：指金梭岛，位于洱海东面，因形似梭子而得名。⑥宝刹（chà）：对佛寺的敬称。刹：佛寺、佛塔。⑦散：闲散；没有一定的职务。⑧蓬瀛：蓬莱和瀛洲，古代传说中的神山名。

【简析】杨慎谪居云南30余年，对云南风光的描写生动自然。词人笔下首先营造了一个碧波渺渺的广阔而静谧的空间，接着精细刻画所见之景：落霞满天，海上升起了明月，玉几、金梭隐现于烟雾之中，此处两个岛名的嵌入形象活泼、巧妙自然，洱海变幻无穷的云态霞光，给这里营造了和谐柔美的情调。随着诗人步移景变，似乎又和仙人一起悠闲地同游洱海，进入奇妙的仙境。意境优美神秘，风姿绰约，令人流连忘返。

滇海曲（其一）

明·杨慎

梁王阁榭①水中央，乌鹊②双星③带五潢④。
跨海虹桥⑤三十里，广寒宫⑥殿夜飘香。

【作者】见杨慎《人月圆·泛大理海子》。

【题解】滇海，即滇池，又名昆明湖、昆明池，位于云南省昆明市西南，面积330平方千米，是云南省最大的淡水湖。湖水群山环抱，四周名胜古迹众多。主要景点有大观楼、西山龙门、华亭寺、聂耳墓、晋宁石寨山等。

【注释】①梁王阁榭：指三清阁。三清阁始建于元朝，原为梁王避暑行宫，古称避暑台，位于昆明西山罗汉山腹。是一组别具特色的道教建筑群。阁：中国的一种传统楼房。其特点是通常四周设隔扇或栏杆回廊，供远眺、游憩、藏书和供佛之用。榭：建在高土台上的敞屋。②乌鹊：民间传说中，为牛郎织女七夕相会，喜鹊在银河上搭建的鹊桥。③双星：指牛郎星和织女星。④五潢：又名"五车"，属毕宿，共有五星。在今御夫座。⑤虹桥：指海埂。原是一条由东向西横插在滇池中的楔形长堤，把滇池一分为二。⑥广寒宫：即月宫。传说唐玄宗于八月望日游月中，见一大宫府，榜曰"广寒清虚之府"。

【简析】 这首诗描写滇池月夜之美。诗作从滇池边瑰丽的建筑梁王阁榭写起，运用比喻的修辞手法，以"五潢"喻滇海，以"广寒宫"喻梁王阁榭，神思飞动，同时有一种抚今怀昔的情怀。风清月白之夜，游于滇池之上，或漫步于滇池之滨，月光下，波光粼粼，一碧万顷，水天相接，格调清雅，很自然过渡到诗人巧妙借用的牛郎织女的传说，以及关于广寒宫的典故，把滇池景色描绘成神仙境界，意境迷人。

滇海曲（其二）

明·杨慎

蘋①香波暖泛云津②，鱼枻③樵歌曲水滨。
天气常如二三月，花枝不断四时春。

【作者】 见杨慎《人月圆·泛大理海子》。

【题解】 见杨慎《滇海曲》（其一）。

【注释】 ①蘋（pín）：田字草，生在浅水中的蕨类植物。②云津：云津桥。始建于1297年元朝时期，1393年重修，改名"云津桥"。道光八年（1828年），官府重修该桥，改名为"得胜桥"，以彰显清将赵良栋在此打败吴三桂军队的战绩。③枻（yì）：桨，这里指船，为借代手法。

【简析】 这首诗凭借对自然及人文景观的真切感受，调动起各种感官体验，用"蘋香波暖"写出滇池的宜人景物和温暖的气候，以"渔枻樵歌"勾勒出滇池周围百姓的生活情景，声、色、香并作，美不胜收又清新自然，概括出这里"四季如春"的典型特征。杨慎带着对云南风物的无限热爱，能准确把握云南物候的特色，赋予景物生命和情感，使笔下的一山一水、一草一木都富于诗情画意，灵韵流动，体现出诗人真切的眷恋之情。

石林

当代·赵朴初

高山为谷谷为陵①，三亿年前海底行②；

可怪前人文罕记，石林异③境晚知名。

【作者】 赵朴初（1907～2000），中国人民政治协商会议第九届全国委员会副主席，中国民主促进会中央名誉主席，曾任中国佛教协会会长，著名的社会活动家、杰出的爱国宗教领袖。他的诗词曲作品先后结集为《滴水集》《片石集》。其书法俊朗神秀，在书法界久负盛名。

【题解】 石林风景名胜区位于云南省昆明市石林彝族自治县境内，这里喀斯特地质景观类型多样，面积广大，溶岩发育独特，地质演化复杂，科教价值、美学价值极高，享有"世界喀斯特的精华""天下第一奇观""造型地貌天然博物馆"的美誉。石林风景区为纯灰岩剑状喀斯特的典型集中区，大石林、小石林、步哨山、李子园箐和万年灵芝五个片区内分布着剑状、柱状、塔状、蘑菇状、平衡状及不规则状的各种石峰。

【注释】 ①高山为谷谷为陵：指地貌发生巨变。陵：大土山。②三亿年前海底行：指大约2.7亿年前（二叠纪），石林地区为海洋环境。海底沉积形成了厚层石灰岩，随后地壳运动使石林地区逐渐上升成为陆地。在地质变迁和风雨剥蚀下，形成了类型多样、形态奇特、历史悠久且具备典型性、代表性的喀斯特地貌区。③异：新奇，特殊。

【简析】 石林在自然景观上融雄、奇、险、秀、幽、奥、旷为一体，奇山怪石，变幻万千，气势恢宏，令人惊叹。但是诗人并没有将描写的重点放在对石林奇妙景观的具体描绘上，而是神游于太古，以朴实深沉的语言，概括了石林沧桑演变中蕴含的魅力，并深为其"晚知名"而遗憾。抒发了深切的感慨。在诗人眼中，这些生命之石仿佛蕴含着积淀千古的气势和力量，摄魂夺魄，使人驰骋想象。

二、楹联

滇池大观楼联

清·孙髯

五百里①滇池，奔来眼底；披襟岸帻②，喜茫茫空阔无边。看东骧神骏③，西翥灵仪④，北走蜿蜒⑤，南翔缟素⑥；高人韵士⑦，何妨选胜登临，趁蟹屿螺洲⑧，梳裹就风鬟雾鬓⑨，更蘋天苇地⑩，点缀些翠羽丹霞⑪；莫辜负，四围香稻，万顷⑫晴沙，九夏芙蓉⑬，三春⑭杨柳。

数千年往事，注到心头；把酒凌虚⑮，叹滚滚英雄谁在？想汉习楼船⑯，唐标铁柱⑰，宋挥玉斧⑱，元跨革囊⑲；伟烈丰功，费尽移山心力，尽珠帘画栋，卷不及暮雨朝云⑳，便断碣残碑㉑，都付与苍㉒烟落照；只赢得，几杵㉓疏㉔钟，半江渔火，两行秋雁，一枕清霜。

【作者】 孙髯 [（约 1711～1773），一说生于 1684～1694，终年约 79 岁到 89 岁]，字髯翁，号颐庵，清代著名民间学者，原籍陕西三原，因其父到云南任职，举家居昆明。晚年移居云南弥勒，并长眠于此。

孙髯博学多识，乾隆年间为昆明大观楼题楹联一副，计 180 字，号称天下第一长联。

【题解】 大观楼位于云南昆明市，三重檐琉璃戗角木结构建筑。清康熙二十九年（1690 年）由巡抚王继文兴建。道光八年（1828 年）增建为三层。咸丰三年（1853 年）咸丰帝题"拔浪千层"匾，咸丰七年（1857 年）长联与楼毁于兵燹。同治五年（1866 年）重建，复遭大水，光绪九年（1883 年）再修。光绪十四年（1888 年）赵藩重以楷书刊刻长联。大观楼 1983 年被公布为云南省重点文物保护单位，2013 年被公布为全国重点文物保护单位（第七批）。

【注释】 ①五百里：形容滇池阔大。②披襟岸帻（zé）：敞开衣襟，推高头巾，露出前额。披襟：敞开衣襟。披：揭开。岸帻：把帻掀起露出前额。表示态度洒脱，不拘束。岸：露额。帻：头巾。③东骧（xiāng）神骏：喻指东方的金马山。骧：马首昂举，奔驰。骏：良马。④西翥（zhù）灵仪：喻指西面的碧鸡山。翥：飞举。⑤北走蜿蜒：代指北面的蛇山。蜿蜒：曲折延伸貌。⑥南翔缟（gǎo）素：代指南面的白鹤山。缟素：白色。缟：细白的生绢；白色。素：白色生绢，引申指白色或单纯的颜色。⑦高人韵士：指超脱高雅之人。高人：犹高士，指不慕名利的人。多指隐士。韵士：风雅有情趣之人。⑧蟹屿螺洲：比喻滇池中如蟹如螺的小岛或沙洲。⑨风鬟雾鬓：形容女子发髻散乱。⑩蘋天苇地：滇池周围遍布蘋草和芦苇。⑪翠羽丹霞：指翠鸟和红霞。翠羽：翠鸟的羽毛，代指鸟雀。⑫顷：土地面积单位。百亩为一顷。⑬ 九夏芙蓉：夏季的荷花。九夏：夏季。芙蓉：莲（荷）的别名。⑭ 三春：春季的三个月。农历正月为孟春，二月为仲春，三月为季春，合称"三春"。⑮ 把酒凌虚：端起酒杯，思绪飞扬，仿佛升于遥远的天际。凌：升。虚：天空。⑯ 汉习楼船：汉武帝刘彻为征伐西南夷，在长安开凿昆明池，修造楼船，演练士兵水战。⑰ 唐标铁柱：是唐对洱海地区实行有效统治的标志。为保卫姚州和抗击吐蕃，唐朝于 707 年派监察御史唐九征为讨击使，进讨洱海地区的吐蕃。当时吐蕃在漾水和㳽水间架设铁桥，以通西洱河，并在西洱河两岸构筑城堡。唐九征首先摧毁了守桥的城堡，继而焚毁了两座铁索桥，截断了吐蕃进入西洱河地区的通道。战役结束后，命书记阎邱均在剑川勒石建碑，立铁柱以纪念这次战役的胜利。⑱ 宋挥玉斧：《续资治通鉴·宋纪》载："王全斌既平蜀，欲乘势取云南，以图献。帝（指宋太祖赵匡胤）鉴唐天宝之祸，起于南诏，以玉斧画大渡河以西曰：'此外非吾有也！'"⑲ 元跨革囊：1253 年，蒙古蒙哥汗派其弟忽必烈率领 10 万大军，分兵三路，直指云南。中路由忽必烈亲自率领，南下过大渡河，西向金沙江，入丽江东部，再南攻大理。9 月，忽必烈率军到达金沙江西岸，命令将士杀死牛羊，塞其肛门，"令革囊以济"，用作渡江之用，渡江后入丽江，大败大理守军。⑳ 尽珠帘画栋，卷不及暮雨朝云：化用唐代王勃《滕王阁诗》"画栋朝飞南浦云，珠帘暮卷西山雨"，指时光消逝之不可挽回。画栋：有彩绘的栋梁楼阁。㉑ 断碣（jié）残碑：断裂残破的记载帝王功业的碑碣。碣：圆顶的碑石。㉒ 苍：灰白色。㉓ 杵（chǔ）：捣物用的棒槌或木棒。㉔ 疏：稀。

【简析】 这副长联，气魄宏伟，蕴涵深邃，体现出如下特点：① 上联满眼风光，下联寄语凭吊，写景抒情与咏史怀古融为一体。上联作者敞开衣襟、推巾观海，写尽浩浩荡荡、空阔无边的滇海，渲染雄浑浩渺的意境，气势开阔，历历在目，美如画卷。一个"喜"字，写出登高远眺的激情，心旷神怡的愉悦之感跃然纸上。下联历数汉、唐、宋、元与滇池相关的历代事件，夹叙夹议，感慨万千。一个"叹"字，展示出一幅颇耐人玩味的历史画卷。② 领字的运用恰到好处，增强了表现色彩。一个"看"字，书写大观楼四面景观、池中胜景，历历如画；一个"想"字，把笔墨从眼前的美景拉到云南风云变幻的历史中，发出了无限的感叹。③ 善用比喻、夸张等修辞手法。如把柳枝比作风鬟雾鬓，形象生动，以万顷夸写广阔，气势不凡。郭沫若赞此联道："长联犹在壁，巨笔信如椽。"

洱海联

近代·赵藩

昆明池当属斯^①，仿凿习楼船^②，汉帝^③雄心驰域外；
浩然阁^④已无在，搜遗补碑碣^⑤，唐人高咏^⑥表楹^⑦端。

【作者】 赵藩（1851～1927），字樾村，别号蝯仙，晚年号石禅老人。白族，云南省剑川县向湖村（又名水寨）北寨人，近代著名政治家、学者、诗人和书法家。光绪乙亥年（1875年）举人，官至川南道按察使。参加过辛亥革命和护国、护法运动，历任众议员，南方军政府交通部部长，1920年辞职回滇，任云南省图书馆馆长。赵藩一生著述颇多，尤以诗词为最。晚年致力于文化事业，总纂《云南丛书》等书籍至逝世。

【题解】 洱海，见杨慎《人月圆·泛大理海子》。

此联作于赵藩与地方贤达到丰乐亭游赏之时。

【注释】 ①昆明池当属斯：昆明池应该是这里。元人将滇池当作昆明池，赵藩认为汉武帝时所称的昆明池实际指的是洱海。斯：此。②仿凿习楼船：指汉武帝于长安仿凿昆明池，建造楼船以习水战。③汉帝：指汉武帝。④浩然阁：《大理县志》载："浩然阁在城东六里洱河之湄。"清康熙之后大理出现"叶榆十六景"之说，浩然阁为其中之一，名"海阁风涛"。此阁后来倒塌，清代在原址上再建的"右临水亭"后也毁灭。光绪年间复建，更名"丰乐亭"。后来洱海水位下降，丰乐亭四周已成陆地，因年久失修，全部损毁。⑤碑碣：指唐代宗大历元年（766年），南诏王阁罗凤为宣扬自己的武功政绩所立"南诏德化碑"。⑥唐人高咏：指唐代白居易《蛮子朝》诗中记唐天宝十三年（754年）"征蛮一阵全军没"及唐德宗时"不劳一人蛮自通"的朝拜之事。一说指唐间邱均《题洱海临水亭》一诗。⑦楹：厅堂的前柱，也泛指柱子。

【简析】 此联围绕洱海而作，但不同于一般的写景联，重点不在于描摹洱海风光的明媚，而是以考据为主旨，明确指出，人们一贯将昆明的滇池当

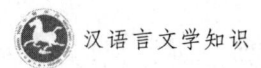

作历史上所说的昆明池，这是流传已久的谬说，昆明池实应指大理的洱海。这一结论，有其文化价值。作者引用与洱海相关的历史遗事，关于汉唐盛世的联想，增加了联语的厚重感。

蝴蝶泉联

当代·彭祜

蝴蝶舞翩跹①，为万紫千红飞去飞来，前生疑似庄周化②；
青山留胜迹，有层峦叠嶂宜晴宜雨③，此地重吟道韫诗④。

【作者】 彭祜（hù），生平不详。

【题解】 蝴蝶泉坐落在大理点苍山云弄峰下，处于洱海大断裂的北东盘，该盘在地下水溶蚀作用下，形成了众多的落水洞和溶洞，受大气降水和地表水补给，形成了岩溶含水层。该含水层中的地下水溢出地表后形成蝴蝶泉。泉水清澈如镜，由泉底冒出，一高大古树，横卧泉上，这就是"蝴蝶树"。每年春夏之交，大批蝴蝶聚于泉边，满天飞舞。

【注释】 ①翩跹（piānxiān）：轻扬飘逸貌，常用以形容轻快旋转的舞姿。②庄周化：庄周梦中变为蝴蝶。《庄子·齐物论》："昔者庄周梦为蝴蝶，栩栩然蝴蝶也。"③宜晴宜雨：无论是晴朗还是雨中，都很相称。④道韫诗：指东晋女诗人谢道韫以柳絮比飘然飞雪的诗句"未若柳絮因风起"。

【简析】 这副楹联，以万紫千红、层峦叠嶂为衬托，将蝴蝶泉边的蝴蝶盛会充分渲染出来，仿佛使人看到，成千上万只蝴蝶从四面八方飞来，在蝴蝶泉四周漫天飞舞。并展开想象，以庄子化蝶的典故，写出动人心弦的梦幻感；以谢道韫吟诗的典故，引人回味。增加了楹联的人文气息。

丽江玉泉公园得月楼联

当代·郭沫若

龙潭①倒映十三峰②，潜龙③在天，飞龙④在地；
玉水纵横半里许，墨玉为体，苍玉为神⑤。

【作者】 见郭沫若《郑成功纪念馆联》。

【题解】 玉泉俗称"黑龙潭"，又名"玉水龙潭""象山灵泉"。位于丽江北部象山脚下，水源从山麓古老的栗树丛下岩石间奔涌而出，流淌汇集成潭，犹如一块美玉，清代乾隆皇帝曾御笔亲题"玉泉龙神"封号。故名"玉泉"。已辟为城区公园，是丽江著名的风景区之一。得月楼是玉泉公园的中心建筑，始建于清光绪二年（1876年），楼名取自宋代苏麟"近水楼台先得月，向阳花木早逢春"句。位于潭中央，有桥相连，桥头岸边为一戏楼。建筑为三重檐，造型舒展优美，角檐如翼，翩翩欲飞。

【注释】 ①龙潭：指黑龙潭，即玉泉。②十三峰：玉龙雪山主峰有十三峰。③潜龙：比喻圣人在下位，隐而未显。④飞龙：借指帝王。喻其居高位而临下，犹如飞龙。⑤墨玉为体，苍玉为神：形容玉泉水的剔透莹润。墨玉、苍玉：当地所产玉石。体：物质存在的状态。神：精神。

【简析】 楹联通过对倒映的玉龙十三峰的描写，侧面写出了玉泉的水质清纯甘美，晶莹透彻。仿佛能看到山峰如玉笋屏列，倒映湖中，似瑶岛晶宫，江山多娇。又以舞动的飞龙之姿，映衬玉泉的神韵，极尽玉泉之妙，为玉泉胜景增色不少。

第二节　贵州省旅游景点诗文

一、诗词

贵阳甲秀楼

明·江东之

明河①表浅水悠悠，新筑沙堤接远洲②。
秀出三狮③连凤翼④，雄驱双骏⑤踞鳌头⑥。
渔郎矶⑦曲桃花浪，丞相祠⑧前巨壑⑨舟。
此日临渊何所羡⑩，擎天砥柱⑪在中流。

【作者】 江东之（？～1599），字长信，号念所，安徽歙县人。累官右

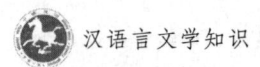
金都御史，巡抚贵州，后黜为民。著有《瑞阳集》10卷。

【题解】 明万历年间，巡抚江东之纠工垒石，在河中修鳌头矶以杀水势。在矶上修建一座阁楼，取"科甲挺秀"之意，命名为"甲秀楼"。甲秀楼是三层三檐四角攒尖顶阁楼。楼下有浮玉桥，桥上有涵碧亭，桥下有涵碧潭、水月台，桥南有翠微阁，构成遥相呼应的景观。

江东之生前遗憾甲秀楼尚未竣工，离任办理交接时，特别留下五百金存于府库，希望后续者完成。可惜后来总是被搁置。经地方士绅与时任贵州巡抚的郭子章共同努力，万历三十四年（1606年），甲秀楼终于修建完成。后楼毁重建，改名"来凤阁"。清代甲秀楼多次重修，并恢复原名。现存建筑为清宣统元年（1909年）重建。

【注释】 ①明河：南明河。②洲：水中的陆地。甲秀楼前旧有芳杜洲，后没于水中。③三狮：甲秀楼阁有三重，每层瓦脊雕有狮子。④凤翼：指形似凤翼的楼阁飞甍。⑤双骏：浮玉桥头一边一只石雕骏马，桥头正接鳌头矶。⑥鳌头：指鳌头矶，指南明河中形似鳌的巨石。⑦矶（jī）：水边石滩或突出的大石。⑧丞相祠：指甲秀楼边所建武侯祠，相传是为纪念诸葛亮七擒孟获而建。⑨壑（hè）：坑谷，深沟。⑩临渊何所羡：无须临渊羡鱼。临渊羡鱼，面对河水贪慕着鱼，这里代表出仕求官之心。⑪擎（qíng）天砥（dǐ）柱：指甲秀楼。擎：举，向上托住。砥柱：山名，古亦称"底柱山"，屹立于黄河急流之中。擎天柱，比喻担负重任的人。

【简析】 这首诗以写景为主，着重描写甲秀楼的建筑及其周围的风光景色。作为贵阳的标志，甲秀楼屹立于鳌矶之上，飞甍刻角，石柱托檐。登楼远望，环楼景物雄奇秀逸：南明河碧波荡漾，渔舟穿行于矶曲桥洞间，两岸林木覆荫。由景到人，层次逐渐深入，写到北岸巍峨的武侯祠，奉祠着蜀相诸葛亮，发人深省。尾联抒写登楼感受，博大浑厚。

黄果树庙壁题诗

佚名

黄桷①岩头挂百练②，磨盘岭脚舞长虹。
飞沫喷珠凌③霄汉④，雪花如屑赛玲珑⑤。

轰轰雷鸣应千里，滚滚银涛乱山中。

丹青⑥临抹坐长叹，妙手还须造化工⑦。

【题解】 黄果树瀑布位于贵州省安顺市镇宁布依族苗族自治县，属喀斯特地貌中的侵蚀裂典型瀑布，以水势浩大著称。黄果树瀑布群，是以著名的黄果树瀑布为中心的一个瀑布群，由形态各异的十几个地面瀑布和地下瀑布组成，分布在450平方千米区域内的贵州北盘江支流打帮河、白水河、灞陵河和王二河上。徐霞客描写黄果树瀑布："捣珠崩玉，飞沫反涌，如烟雾腾空，势甚雄厉；所谓'珠帘钩不卷，匹练挂遥峰'，俱不足以拟其壮也。"

【注释】 ①黄桷（jué）：黄果树。②练：白色的熟绢。③凌：升。④霄汉：天空。⑤玲珑：空明貌；玉声。⑥丹青：丹砂和青腰（huò），两种可制颜料的矿石，泛指绘画用的颜色。⑦造化：指自然的创造化育。

【简析】 这首诗描摹黄果树瀑布的声势，生动传神。诗人运用比喻的修辞手法，把瀑布比作白色长绢、飞舞的长虹，将其捣珠崩玉、飞沫翻涌的势头充分展现出来，加强了语意。在青山的衬托下，瀑布雪白的色调也更加突出。诗中还将瀑布的巨响比作轰鸣的雷声，对声音的摹写起到了辅助描写的作用，增添了气势。诗中豪迈奔放之景观扑面而来，令人心神激荡，一种壮怀激烈的豪情油然而生，不得不惊叹大自然的鬼斧神工。

二、楹联

贵阳甲秀楼联

清·刘蕴良

五百年①稳占鳌矶②，独撑天宇③。让我一层更上④，眼界拓开。看东枕衡湘⑤，西襟滇诏⑥，南屏粤峤⑦，北带巴夔⑧，迢递关河⑨。喜雄跨两游⑩，支持岩⑪疆半壁。恰好马撒碉隳⑫，乌蒙箐扫⑬，艰难缔造，装点成锦绣湖山。漫云筑国⑭偏荒，难与神州⑮争胜概⑯。

数千仞高临牛渡⑰，永镇边隅。问谁双柱重镇⑱，颓波挽住⑲。想秦通僰道⑳，汉置牂柯㉑，唐靖苴兰㉒，宋封罗甸㉓，凄迷风雨。叹名流几辈，留得旧迹千秋。对此云送螺峰㉔，霞餐象岭㉕，缓步登临，领略些画阁烟景。恍㉖觉蓬洲㉗咫尺㉘，招邀仙侣㉙话游踪。

【作者】 刘蕴良（1844～1914），字玉山，号我真。贵州贵阳人。同治十年（1871年）进士。有《壶隐斋联语类编》12卷，涉及贵州及全国各地的名胜古迹。

【题解】 见江东之《贵阳甲秀楼》。

【注释】 ①五百年：自建甲秀楼算起，时间约三百年，五百为取大约的整数。②稳占鳌矶：指甲秀楼建于鳌矶之上。③天宇：天空。④一层更上：出自唐代王之涣《登鹳雀楼》"欲穷千里目，更上一层楼"诗句。⑤东枕衡湘：东边靠近湖南。枕：靠近。衡湘：代指湖南。⑥西襟滇诏：西边连着云南。襟：古代指衣的交领，这里为意动用法，以……为衣襟，指以……为蔽障。滇诏：滇和南诏，古国名，代指云南。⑦南屏粤峤（jiào）：南边以广东、广西为屏障。屏：障蔽或捍卫之物，这里为意动用法，以……为障蔽或捍卫之物。粤峤：代指广东、广西。⑧北带巴夔：北边与四川相连。带：以……为带，围绕。巴夔：巴郡和夔州，代指四川。⑨迢递关河：关塞遥远。迢（tiáo）递：遥远。关：要塞。⑩两游：指长江和珠江水系干流之一西江。⑪岩：山崖；险要，险峻。⑫马撒碉隳（huī）：指扫平马乃土司龙吉兆和乌撒土目安邦彦的反叛。碉：碉堡，供观察、射击、驻兵用的建于地面上的多层工事。隳（huī）：毁坏。⑬乌蒙箐（qìng）扫：扫平乌蒙一带起义。乌蒙：指云岭分支乌蒙山脉。箐扫：扫净竹林，比喻平息叛乱。箐：竹木丛生的山谷。⑭筑（zhú）国：指贵州。古代贵阳以制作乐器"筑"而闻名。⑮神州：中国的别称。⑯胜概：胜景，美丽的景色。⑰牛渡：指牛渡河。⑱双柱重镌（juān）：甲秀楼前曾立两根圆形大铁柱。分别是清雍正十年（1732年）和嘉庆二年（1797年），为鄂尔泰镇压古州（今榕江）苗民，以及勒保镇压南笼起义，两铸铁柱的"铭勋"遗迹。1952年，铁柱移存贵州省博物馆。镌：雕刻。⑲颓波挽住：阻止水向下流。比喻稳住局势。颓：水向下流。⑳秦通僰（bó）道：秦时与僰道相通。僰，亦称僰人，古族名。春秋前后居住在以僰道（今四川宜宾）为中心的今川南及滇东一带。西汉置县。㉑汉置牂（zāng）柯：汉武帝元鼎六年（前111年）开西南夷而设置牂柯郡。㉒ 唐靖（jìng）且兰：唐代平定且兰之乱。靖（jìng）：平定。㉓ 宋封罗甸：宋太祖开宝年间，普贵纳土归顺，被封为罗甸王。罗甸，在贵州省南部。㉔ 螺峰：指贵阳市东门外的扶峰山，又名螺蛳山。㉕ 象岭：指贵阳市西北角黔灵山上的象王岭。㉖ 恍：仿佛。㉗ 蓬瀛：蓬莱和瀛洲，古代传说中的神山名。㉘ 咫（zhǐ）尺：比喻距离很近。咫：古代长度名。周制八寸，合今制市尺六寸二分二厘。㉙ 仙侣：常用以比喻理想的高尚伴侣。

【简析】　这副楹联脉络清晰。上联写景，以登楼所见，描写贵州的地理形势。下联写史，依照秦汉唐宋的历史轨迹，慨叹几辈名流，凄迷风雨。联语从"看"与"想"着眼，看上下四方，想古往今来，气势宏大的笔触中显出细腻隽秀。行文有叙有议，形象生动，属对工整，气势磅礴，意蕴深厚。读来使人豪情焕发，感慨万端。

黄果树瀑布联

佚名

白水如棉，不用弓弹[①]花自散；
红霞似锦[②]，何须梭[③]织天生成。

【题解】　黄果树瀑布，见佚名《黄果树庙壁题诗》。
【注释】　① 弹：利用弹力使纤维变得松软。② 锦：一种丝织物。具有大花纹的特点。色泽瑰丽，花纹精致古雅。③ 梭：梭子，梭织机上用以引导纬纱使之与经纱交织的器件。

【简析】　这副楹联，写出了黄果树瀑布水从断崖顶端凌空飞流而下时，层次丰富、色彩鲜明的旖旎风光。上联形态逼真，下联妩媚秀丽，分别从形和色两方面着眼，将瀑布比作白棉和红锦，呈现瀑布在不同光线映衬下的美，是对黄果树瀑布真实而优美的写照。

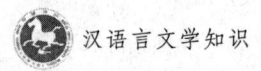

第三节　四川省旅游景点诗文

一、诗词

蜀相

唐·杜甫

丞相祠堂①何处寻，锦官城②外柏森森③。
映阶碧草自④春色，隔叶黄鹂空⑤好音。
三顾频⑥烦天下计，两朝⑦开济⑧老臣心。
出师未捷身先死⑨，长⑩使英雄⑪泪满襟。

【作者】 见杜甫《望岳》。

【题解】 蜀相，指诸葛亮，三国时蜀国丞相，杰出的政治家、军事家。谥号"忠武侯"。武侯祠位于成都南郊，最初与蜀汉昭烈庙（刘备庙）相邻。明洪武二十四年（1391年），蜀献王朱椿对武侯祠和汉昭烈庙进行了一次全面的修缮和整合，废除原在汉昭烈庙西侧的武侯祠，把诸葛亮像移入汉昭烈庙内刘备像东侧。后历经明清两代的不断修缮和整合，最终变成由汉昭烈庙、武侯祠、惠陵、三义庙四部分组成的建筑群，隶属于成都武侯祠博物馆的文化遗产保护区。

唐肃宗上元元年（760年）春，杜甫探访武侯祠，作此诗。

【注释】 ①丞相祠堂：指武侯祠。②锦官城：也称锦城，三国蜀汉管理织锦之官驻此，故名。后人用做成都的别称。③森森：繁密貌。④自：兀自，徒自。⑤空：徒然。⑥频：屡次。⑦两朝：指刘备、刘禅父子两代。⑧开济：开创大业，匡济危时。⑨出师未捷身先死：指诸葛亮多次伐魏，未能成功，至蜀建兴十二年（234年）卒于五丈原（今陕西岐山东南）军中。捷：胜利，成功。⑩长：常。⑪英雄：指包括诗人自己在内的具有报国雄心、追怀诸葛亮的有志之士。

【简析】 此诗设问自答，借游览古迹，表达了诗人对蜀汉丞相诸葛亮雄才大略、辅佐两朝、忠心报国的称颂，以及对他出师未捷而身死的惋惜之情，字里行间寄寓感物思人的情怀。全篇由景到人，情景交融，叙议结合，章法曲折宛转，自然紧凑。前两联凭吊丞相祠堂，从景物描写中感怀现实，透露出诗人忧国忧民之心；后两联咏叹丞相才德，从历史追忆中缅怀先贤，又蕴含着诗人对祖国命运的许多期盼与憧憬。由寻找瞻仰到追述回顾，由感叹缅怀到泪流满襟，顿挫豪迈，几度层折。杜甫虽然怀有"致君尧舜"的政治理想，但他仕途坎坷，抱负无法施展。他写《蜀相》这首诗时，安史之乱还没有平息。目睹国势艰危，生灵涂炭，而自身又请缨无路，报国无门，因此他对开创基业、挽救时局的诸葛亮，无限仰慕，倍加敬重。全诗内容深刻，所怀者大，所感者深，炼字琢句，承转有力。风格雄浑悲壮，沉郁顿挫，具有震撼人心的巨大力量。

乐山大佛

当代·乐时鸣

乐山佛大世无双，肩并凌云^①脚踏江^②。
西对峨眉东逝水，悬崖九曲^③望风降。

【作者】　乐时鸣（1917~2015），浙江定海人，老将军，作家，诗人。

【题解】　乐山大佛位于四川省乐山市凌云山上，开凿于唐代开元元年（713年），完成于贞元十九年（803年）。弥勒大佛坐东朝西，通高71米，肩宽28米，是世界上最大的石刻佛像。是世界文化与自然双重遗产峨眉山—乐山大佛的组成部分。

【注释】　①凌云：指凌云山。②江：指在山前汇合的岷江、大渡河、青衣江。③悬崖九曲：大佛右侧的石壁上，有一条险峻的栈道自上而下盘旋至大佛脚。

【简析】　这首诗将凌云山、山前三江、峨眉、九曲栈道几处景点串联起来，作为陪衬，展示出乐山大佛顶天立地的雄伟气概，烘托有力。

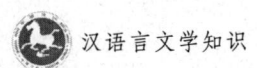

九寨沟风景区

当代·熊克威

人间仙境一沟中，天外玉峰数十重。

百处瑶池①明似镜，千寻②长海③色如虹。

悬泉喜作甘霖雨，奔浪喧成涧壑洪。

动植珍稀无二地，茂林古木绿阴浓。

【作者】 熊克威，诗人。

【题解】 九寨沟位于四川省阿坝藏族羌族自治州九寨沟县境内，是岷山山脉一条纵深40余千米的山沟谷地。九寨沟的得名来自景区内九个藏族寨子（树正寨、则查洼寨、黑角寨、荷叶寨、盘亚寨、亚拉寨、尖盘寨、热西寨、郭都寨），这九个寨子又称为"和药九寨"。由于有九个寨子的藏民世代居住于此，故名为"九寨沟"。这里河谷大小湖泊100多处，构成一个个五彩斑斓的瑶池玉盆。九寨沟国家级自然保护区主要保护对象是大熊猫、金丝猴等珍稀动物及其自然生态环境。以自然遗产列入《世界遗产名录》。

【注释】 ①瑶池：本为传说中西王母所居的昆仑山上的池名，这里形容九寨沟如神仙境界。②寻：古长度单位，八尺为寻。③长海：是九寨沟湖面最宽阔也是最深的海子。海：这里指较大的湖泊。

【简析】 这首诗起笔朴素的语言呈现出对九寨沟的总体印象："人间仙境"，接着围绕九寨沟的典型美景——玉峰、瑶池、悬泉、奔浪、茂林、古木，分别描绘这里神奇的水光山色：湖水蓝碧、清澈若镜，水草水藻、色彩绚丽。玉峰海子，漫山茂林，奔涌叠瀑，珍稀生物，不愧为人间仙境、童话世界。

二、楹联

成都杜甫草堂联

清·顾复初

异代不同时①，问如此江山，龙蟠虎卧②几诗客？

先生③亦流寓④，有长留天地⑤，月白⑥风清一草堂。

【作者】 顾复初（1800～1893），字子远，又字幼耕，号听雷居士、罗曼山人，晚号潜叟。历任四川总督吴棠、丁宝桢、刘秉璋，成都将军完颜崇实幕僚。工文章、诗词、楹联、书画。其望江楼、武侯祠诸联为世人所称道。

【题解】 杜甫草堂，为唐代大诗人杜甫流寓成都时的故居宅址。位于成都西郊浣花溪畔。草堂早已不存，唐末诗人韦庄寻得草堂遗址，重结茅屋，宋元明清历代都有修葺扩建。

【注释】 ①异代不同时：出自杜甫《咏怀古迹五首·其二》"怅望千秋一洒泪，萧条异代不同时"，表达不同时期文人相通的失意感。②龙蟠（quán）虎卧：像龙盘曲，像虎躺卧。蟠：身体弯曲。卧：躺。③先生：对杜甫的敬称。④流寓：寄居在异乡。⑤长留天地：化用杜甫《送孔巢父谢病归游江东兼呈李白》"诗卷长留天地间，钓竿欲拂珊瑚树"诗句。⑥月白：月色皎洁。

【简析】 顾复初富赡才情，天机勃发，文采飞扬。然其生平时乖命蹇，郁郁不得志，狷狂自负，而被投闲置散终了一生，内心的愤世见其著作，题草堂联尤为显现其情性。此联隐隐以自己为杜甫之继承者，可见其自命不凡，并寄托际遇不济之感慨。综观全联，气势豪放，深沉勃郁，格调高逸而又含蓄典雅。

都江堰联

佚名

完神禹斧椎工①，陆海②无双，河渠③大书秦守惠④；
揽全蜀山水秀，导江⑤第一，名园⑥生色华阳篇⑦。

【题解】 都江堰景区位于四川省成都市都江堰市城西，坐落在成都平原西部的岷江上，始建于秦昭王末年（约前256～前251），是蜀郡太守李冰父子在前人鳖灵开凿的基础上组织修建的大型水利工程，由分水鱼嘴、飞沙堰、宝瓶口等部分组成，两千多年来一直发挥着防洪灌溉的作用，使成都平原成为水旱从人、沃野千里的"天府之国"，是全世界迄今为止，年代最久、唯一留存、仍在一直使用、以无坝引水为特征的宏大水利工程。

2000 年，都江堰被联合国教科文组织列入《世界文化遗产名录》。

【注释】 ①完神禹斧椎（chuí）工：指李冰父子继承大禹的功业，修建了都江堰水利工程。神禹：即大禹，远古夏部落领袖，姒姓，夏代第一个君主，因治水有功，得舜禅位。椎：捶击的工具；用椎打击。②陆海：物产丰富的陆地。这里泛指广大地区。③河渠：指司马迁著《史记·河渠书》。④大书秦守惠：指《史记·河渠书》中颂扬了李冰修都江堰的惠民功绩。秦守：即蜀郡太守李冰。⑤导江：故地在今都江堰市。⑥名园：指离堆古园，今离堆公园。⑦华阳篇:《华阳国志》，又名《华阳国记》，东晋成汉时期史学家常璩撰写，是一部专门记述古代中国西南地区地方历史、地理、人物等的地方志著作。

【简析】 这副楹联运用典故，赞美蜀郡太守李冰父子继承大禹治水的精神，完成了都江堰大业。都江堰修建前，由于岷江、川西平原水灾不断，成了泽地，都江堰建成，消除了水患，千里平原成沃野，物产富饶的陆海成了名副其实的天府之国。上联说，誉称"陆海"的天府，盖世无双，归功于李冰太守，他接过大禹的神斧仙椎，完成了伟大的都江堰水利工程；下联说，总揽蜀中名山秀水，都江堰市第一，这离堆公园就是其中增色添彩的一处。

题九寨沟联

当代·侯正荣

九寨水清鱼读月[①]；
黄龙[②]山静鸟谈天[③]。

【作者】 侯正荣（1932～2004），书法家，四川省文史研究馆馆员、中国工艺美术学会会员、四川省政协委员、广元市政协副主席。

【题解】 九寨沟，见熊克威《九寨沟风景区》。

【注释】 ①鱼读月：以人的行为"读"比拟鱼的状态。②黄龙：黄龙风景名胜区位于四川省阿坝藏族羌族自治州松潘县境内。风景区由黄龙景区和牟尼沟景区两部分组成。地表钙华是黄龙景观的最大特色。主要景观集中于长约 3.6 千米的黄龙沟，沟内遍布碳酸钙华沉积，并呈梯田状排列，仿佛是一条金色巨龙，并伴有雪山、瀑布、原始森林、峡谷等景观。黄龙风景名胜区既以独特的岩溶景观著称于世，也以丰富的动植物资源享誉人间。从黄龙沟底部到山顶依次出现亚热带常绿与落叶阔叶混交林、针叶阔叶混交林、亚高山针叶林、高山灌丛草甸等。包括大熊猫、金丝猴在内的 10 余种珍贵动物徜徉其间，使黄龙景区的特殊岩溶地貌与珍稀动植物资源相互交织，浑然天成。以其雄、峻、奇、野风景特色，享有"世界奇观""人间瑶池"的美誉。③鸟谈天：以人的行为"谈"比拟鸟此起彼伏的啼叫。

【简析】　这副楹联运用拟人的修辞手法，把鱼写成能够做出如人一般的行为——"读"，以此体现环境清幽，水清月明。又以人的行为"谈"比拟鸟此起彼伏的啼叫，以鸟鸣反衬山中的静谧。九寨之水清、黄龙之山静如见如闻。

成都武侯祠联

近代·赵藩

能攻心①则反侧②自消，从古知兵③非好战；
不审势④即宽严皆误，后来治蜀要深思。

【作者】　见赵藩《洱海联》。

【题解】　武侯祠，见杜甫《蜀相》。

这副楹联作于赵藩任四川盐茶使期间。

【注释】　①攻心：从精神上或心理上瓦解敌方。《三国志·蜀书·马谡传》"每引见谈论，自昼达夜"，裴松之注引《襄阳记》："用兵之道，攻心为上，攻城为下。心战为上，兵战为下。"②反侧：不正直，不顺从。③知兵：懂得用兵之道。④审势：分析估量形势。审：详查、细究。势：形势。

【简析】　作者高屋建瓴，饱蘸浓墨，对诸葛亮的政绩功业进行了高度概括，从大处落笔，把诸葛亮的成就写得恰如其分。上联言诸葛亮的军事成就，其要诀在于"攻心"，化干戈为玉帛；下联言诸葛亮的"治蜀"，其特点在于"审势"，对形势有清醒认识，能宽严适度。这两点都能发人深省，

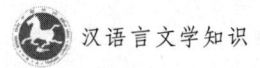

真切感人。

第四节　重庆市旅游景点诗文

一、诗词

自巴东舟行经瞿塘峡登巫山最高峰晚还题壁

唐·李白

江行几千里，海月①十五②圆。

始经瞿塘峡，遂步巫山巅。

巫山高不穷③，巴国④尽所历。

日边攀垂萝⑤，霞外依穹石⑥。

飞步凌⑦绝顶，极目无纤烟。

却顾⑧失⑨丹壑⑩，仰观临青天。

青天若可扪⑪，银汉去安在？

望云知苍梧，记水辨瀛海⑫。

周游孤光⑬晚，历览幽意多。

积雪照空谷，悲风鸣森柯⑭。

归途行欲曛⑮，佳趣尚未歇。

江寒早啼猿，松暝⑯已吐月。

月色何悠悠，清猿响啾啾⑰。

辞山不忍听，挥策⑱还孤舟。

【作者】　李白，见李白《望庐山瀑布》。

【题解】　瞿塘峡西起奉节县白帝山，东迄巫山县大溪乡，是三峡中最短的一个，却最为雄伟险峻，峡以"雄"著称。西端入口处，两岸断崖壁立，形同门户，名"夔门"，素有"夔门天下雄"之称。峡中水深流急，江面最窄处不足50米，波涛汹涌，奔腾呼啸。

关于这首诗的写作时间，说法不一。一说作于开元十三年（725年）前后，一说作于乾元二年（759年）流放夜郎之时。

【注释】 ①海月：这里指江上明月。②十五：指月中。③穷：极，尽。④巴国：古国名。《文献通考》：重庆府，古巴国，谓之"三巴"。⑤萝：一种蔓生植物。⑥穹（qióng）石：大石头。穹：大，高。⑦凌：攀登。⑧却顾：回望。却：反转。⑨失：不见，消失。⑩壑（hè）：深沟。⑪扪：抚摸。苍梧：苍梧山，即九嶷山，位于湖南省永州市宁远县境内。《史记·五帝本纪》："舜践帝位三十九年，南巡狩，崩于苍梧之野，葬于江南九疑，是为零陵。"记：识别。⑫瀛海：大海。⑬孤光：诗中指日光。⑭森柯：茂密的枝条。森：树木丛生繁密貌。柯：草木的枝茎。⑮曛（xūn）：日落时的余光，引申为黄昏。⑯暝（míng）：幽暗，昏暗。⑰啾啾（jiūjiū）：诗中形容凄厉惨烈的叫声。《楚辞·九歌·山鬼》："猿啾啾兮狖（yòu）夜鸣。"⑱策：竹杖，拐杖。

【简析】 李白的诗作，一向善于将驰骋的想象与眼前的现实巧妙地融为一体，本诗也是如此。他充分发挥想象，融入典故，描摹了重峦叠嶂的巫山的壮丽图景。他写登巫山之巅，是"日边攀垂萝，霞外倚穹石。飞步凌绝顶，极目无纤烟"，在山顶，视线毫无遮挡，令人生出无限遐想，惊叹之情溢于言表，也充分体现了诗仙的浪漫主义情怀。写归途的悲戚之意，同样富于感染力："江寒早啼猿，松暝已吐月。月色何悠悠，清猿响啾啾"，空寂凄寒，充满惆怅之情。笔力丰富多变。

夜入瞿塘峡

唐·白居易

瞿塘天下险，夜上信①难哉。
岸似双屏②合③，天如匹练④开。
逆风惊浪起，拔篙⑤暗船来。
欲识愁多少，高于滟滪堆⑥。

【作者】 白居易，见白居易《春题湖上》。
【题解】 这首诗作于唐宪宗元和十四年（819年）。白居易由江州赴任

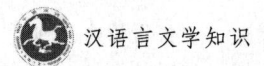

忠州刺史，经过三峡。

【注释】 ①信：确实。②双屏：两扇屏风。屏：屏风。③合：闭合，合拢。④练：白色的熟绢。⑤㮣(niàn)：拉纤用的篾索。古称"百丈"。拔：拉。⑥滟滪(yànyù)堆：俗称燕窝石，又名犹豫，是瞿塘峡夔门前的一块巨石。郦道元《水经注》记载："白帝城西有孤石，冬出水二十余丈，夏即没，秋时方出。谚云：滟滪大如象，瞿唐不可上，滟滪大如马，瞿唐不可下。"因阻碍航运安全，于1959年炸除。这块巨石存放在重庆的三峡博物馆中。

【简析】 诗人奉诏改官忠州，虽然离开了遭贬的江州，然而，作为"远郡"的忠州，却是一个偏僻的山区小城。诗人内心的复杂是可想而知的。这首诗将人生体验自然地融入景物之中，描写瞿塘峡的"险"与行船的"难"，用语朴实浅白，写得惊心动魄，历历在目。结尾由滟滪堆联想到自己屡遭贬斥，人生的"险"与"难"，恰如逆上险恶的瞿塘峡，怪不得诗人要发出忧愁比滟滪堆还高的感慨。

二、游记

三峡·巫峡（节选）

北魏·郦道元

江水又东，迳①巫峡，杜宇②所凿以通江水也。郭仲产③云："按《地理志》，巫山在县西南。"而今县④东有巫山，将郡县居治无恒故也⑤。

江水历峡，东经新崩滩。此山汉和帝永元十二年⑥崩⑦，晋太元二年⑧又崩。当崩之日，水逆流百余里，涌起数十丈。今滩上有石，或圆如箪⑨，或方似笥⑩，若此者甚众，皆崩崖所陨⑪，致怒⑫湍流，故谓之新崩滩。其颓⑬岩所馀，比之诸岭，尚为竦⑭桀⑮。

其下十余里，有大巫山，非惟三峡所无，乃当抗⑯峰岷、峨⑰，偕⑱岭衡、疑⑲。其翼⑳附群山，并概㉑青云，更就霄汉㉒辨其优劣耳。

神孟涂所处㉓，《山海经》曰："夏后启㉔之臣孟涂，是司㉕神于巴㉖，巴人讼㉗于孟涂之所，其衣有血者执之，是请生。居山上，在丹山西。"郭景纯㉘云："丹山在丹阳，属巴。"丹山西即巫山者也。又帝女居焉。宋玉所谓天帝之季女㉙，名曰瑶姬，未行㉚而亡，封㉛于巫山之阳㉜，精魂为草，寔[33]为灵芝。所谓巫山之女，高唐[34]之姬，旦为行云，暮为行雨，朝朝暮暮，阳台[35]之下，旦早视之，果如其言。故为立庙，号"朝云"焉。其间首尾一百六十里，谓之巫峡，盖因山为名也。

自三峡七百里中，两岸连山，略无[36]阙[37]处。重岩叠嶂，隐天蔽日，自非亭午[38]夜分[39]，不见曦[40]月。至于夏水襄陵[41]，沿溯阻绝[42]。或王命急宣[43]，有时朝发白帝[44]，暮到江陵[45]，其间千二百里，虽乘奔[46]御[47]风，不以疾也。春冬之时，则素湍[48]绿潭，回清倒影[49]。绝巘[50]多生怪[51]柏，悬泉瀑布，飞漱[52]其间，清荣峻茂[53]，良[54]多趣味。每至晴初霜旦，林寒涧肃，常有高猿长啸，属引[55]凄异，空谷传响，哀转[56]久绝。故渔者歌曰："巴东[57]三峡巫峡长，猿鸣三声泪沾裳。"

【作者】 郦道元（约470～527），字善长，范阳涿县（今河北涿州）人，北魏地理学家、散文家。在各地"访渎搜渠"，留心考索水道变迁和城邑兴废等，撰《水经注》，为有文学价值之地理著作。

【题解】 三峡，指长江三峡，是瞿塘峡、巫峡和西陵峡三段峡谷的总称。西起重庆市奉节县白帝城，东至湖北宜昌市南津关。这里两岸崇山峻岭，悬崖绝壁，风光奇绝。三峡旅游区景区众多，其中最著名的有丰都鬼城、云阳张飞庙、瞿塘峡、巫峡、西陵峡、三峡工程、大宁河小三峡等。其中巫峡以巫山得名，西起巫山县城东面的大宁河口，东迄巴东县官渡口，以奇秀著称。唐朝诗人元稹的诗句"曾经沧海难为水，除却巫山不是云"（《离思五首》其四），即是以"巫山云雨"的奇妙景观，表达与亡妻之间感情无与伦比的美好。峡内有三台、八景、十二峰以及孔明碑等景点。三台为楚阳台、授书台、斩龙台；八景为南陵春晓、夕阳返照、宁河晚渡、青溪渔钓、澄潭秋月、秀峰禅刹、女观贞石、朝云暮雨；十二峰为圣泉峰、登龙峰、朝云峰、神女峰、松峦峰、飞凤峰、翠屏峰、聚鹤峰、净云峰、起云峰、上升峰、聚仙峰。

本文节选自《水经注·江水二》。其中第四段（即从"自三峡七百里中"到"猿鸣三声泪沾裳"），基本引自南朝刘宋时期盛弘之的《荆州记》，文字略有改动。

【注释】 ①迳（jìng）：同"径"，经过。②杜宇：传说中的古代蜀国国王，号曰"望帝"。后归隐，让位于其相开明。时适二月，子鹃鸟鸣，蜀人怀之，因呼鹃为杜鹃。一说，通于其相之妻，惭而亡去，其魂化为鹃。③以：连词，表示后一行动是前一行动的目的。郭仲产：生卒年月、籍贯和生平事迹均不详。南朝刘宋时期元嘉和孝建年间撰写地理著作《荆州记》。④县：指巫山县。⑤将郡县居治无恒故也：大概是郡县治所不固定的缘故吧。⑥汉和帝永元十二年：100年。永元是东汉第四位皇帝和帝刘肇的第一个年号。⑦崩：山倒塌。⑧晋太元二年：377年。太元是晋孝武帝司马曜的第二个年号。⑨箪（dān）：古代盛饭的圆形竹器。⑩笥（sì）：一种盛装饭食或衣物的竹器。⑪陨：从高处掉下，坠落。⑫怒：形容气势强盛。⑬颓：下坠，落下。⑭竦：耸立。⑮桀：高出。⑯抗：匹敌，相当。⑰岷、峨：指岷山、峨眉山。⑱偕：共同，一块儿，相并列。⑲衡、疑：指衡山、九嶷山。⑳翼：两侧。㉑概：量粮食时用以刮平斗斛的工具。引申为齐，平。㉒霄汉：天空的极高处。霄：云霄。汉：天河。㉓处：居住。㉔夏后启：夏代国君，禹之子。后：君主，帝王。㉕司：主管，掌管。㉖巴：古族名、古国名，主要分布在今渝、鄂交界地带。㉗讼：诉讼，打官司。㉘郭景纯：郭璞，字景纯，晋代文学家。㉙季女：小女儿。季：排行在后的。㉚行：出嫁。㉛封：埋葬。㉜阳：山的南面。㉝寔：此，这。㉞高唐：高唐观，遗址位于巫山县西北部的巫峡镇。据《巫山县志》载："城西北半里许，山名高都，为阳台故址，旧有古高唐观。"相传楚怀王与巫山神女幽会于此。㉟阳台：阳云台，在巫山县西北。㊱略无：毫无。㊲阙（quē）：空隙，豁口。㊳亭午：正午。㊴夜分：半夜。㊵曦：阳光，太阳。㊶夏水襄陵：夏天大水涨到山上。襄：升到高处。㊷沿溯阻绝：顺流而下和逆流而上的船舶都被阻隔不能行驶。沿：顺着水道而下。溯：逆水流而上。㊸或王命急宣：有时大王的命令急需传达。或：有时。宣：宣布，传播。特指宣布帝王之命。㊹白帝：白帝城，位于重庆市奉节县，长江北岸白帝山上。㊺江陵：今属湖北荆州。㊻奔：飞奔的马。㊼御：驾驭。㊽湍：急流的水。㊾回清倒影：旋转的清波倒映着各种景物的影子。㊿绝巘（yǎn）：极高的山峰。巘：山峰。51柽（chēng）：树名，柽柳，也叫三春柳或红柳。52飞漱：飞速地向下冲荡。53清荣峻茂：水清，树荣，山高，草茂。54良：甚，很。55属（zhǔ）引：接连不断。56哀转：悲哀婉转。57巴东：郡名，东汉设置。辖今重庆市开州区、万州区以东，巫山西部以西，长江南北和大宁河中上游一带。地控三峡之险。

【简析】　作者以简洁优美的文笔，生动描绘了长江三峡雄伟壮丽、错落有致的自然风貌，刻画了三峡气象万千的景色，烘托出三峡奇兀幽深的气氛，精彩传神，具有极强的艺术魅力。①写景形神兼备。如关于新崩滩崩塌之际的景象，写得惊心动魄"水逆流百余里，涌起数十丈"，崩石之多、之巨，声响之大，不言而喻。"素湍绿潭，回清倒影"，则写出了景物之幽深秀丽，以"回清"写"素湍"的动态，以"倒影"写"绿潭"的静态，极言江水之清澈。"素湍"见浪花之雪白，"绿潭"显潭水之清澈。乘奔驭风的飞舟，飞漱峡壁的悬泉瀑布，都描摹得轻灵自然。②文中写到巴神孟涂和帝女瑶姬两则传说。神话和典故的运用，呼应了巫峡云遮雾绕、幽深秀丽的魅力，增加了诗情画意的氛围。③文末以渔歌作结，寓情于景，描绘了猿猴啼鸣的凄异，突出三峡山高水长，衬托出秋天的凄清悲凉。

三、楹联

题长江三峡联

当代·魏建国

三峡不锁蛟龙①出，天险瀛寰②傲峙；
九派③无穷银汉④来，神州物态易⑤新。

【作者】　魏建国，陕西省兴平市楹联艺术家协会会员。

【题解】　长江三峡，见郦道元《三峡·巫峡》。

【注释】　①蛟龙：古代传说能翻江倒海、腾云驾雾的一种龙。②瀛寰（huán）：亦作"寰瀛"。瀛即瀛海，寰即寰宇，是对地球水陆的总称。寰，广大的境域。③九派：长江在湖北、江西一带，分为很多支流，因以"九派"称这一带的长江。九：基数；虚指多数。派：江、河的支流。④银汉：银河。⑤易：改变。

【简析】　此联写长江三峡的气势，铿锵有力，绚丽壮美。"蛟龙"的形象，使人联想起兴云雨、利万物，气势如虹。"银汉"之来，把水流喷涌而出的形象描写得极为生动，势不可当。

第七章
西北地区旅游景点诗文

第一节 陕西省旅游景点诗文

一、诗词

华山

宋·寇準

只有天在上，更无山与齐。

举头红日近，回首白云低。

【作者】 寇準（961～1023），字平仲，北宋政治家，华州下邦（在今陕西渭南）人。官至宰相。有《寇忠愍公诗集》传世。

【题解】 华山，古称"西岳"，为五岳之一，位于陕西省渭南市华阴市，属秦岭东段。莲花（西峰）、落雁（南峰）、朝阳（东峰）、玉女（中峰）、云台（北峰）五峰耸列。沿登山磴道，有玉泉院、桃林坪、青柯坪、千尺幢、百尺峡、玉女祠等名胜。北麓有西岳庙。华岳仙掌被列为关中八景之首。素有"奇险天下第一山"之称。

这首诗是寇準少年时所写。

【简析】 这首诗极写华山巍峨高耸之非常。"只有""更无"，极尽强调之能事，说明华山极高，再没有任何一座山峰能与之平起平坐，再比华山高的就只有那蓝天了。突出了华山的高峻陡峭，气势不凡。"近""低"，写得顶天立地，气象万千。语言朴实，没有过多华丽的辞藻修饰，但颇具内涵。

过始皇墓

唐·王维

古墓成苍岭，幽宫^①像紫台^②。
星辰七曜^③隔，河汉^④九泉^⑤开。
有海^⑥人宁^⑦渡，无春雁不回。
更闻松韵^⑧切^⑨，疑是大夫^⑩哀。

【作者】　王维（701？～761），字摩诘，唐代著名诗人、画家。先世为太原祁（今山西祁县）人，其父迁居于蒲州（今山西永济市）。开元进士。官至尚书右丞，故世称王右丞。作品以山水诗最为人所称，通过田园山水的描绘，叙写隐逸情趣和佛教禅理。苏轼称他"诗中有画，画中有诗"。与孟浩然并称"王孟"。有《王右丞集》。

【题解】　秦始皇陵，中国历史上第一位皇帝嬴政（前259～前210）的陵寝，位于陕西省西安市临潼区城东骊山北麓。陵寝呈覆斗形，规模庞大，设计完善，四周分布着大量形制不同、内涵各异的陪葬坑和墓葬，已探明的有400多个，其中包括兵马俑坑。郦道元《水经注》载："秦始皇大兴厚葬……上画天文星宿之象，下以水银为四渎百川，五岳九州，具地理之势。宫观百官，奇器珍宝，充满其中。"

诗作是开元三年（715年）诗人离家赴长安，途经骊山时所作。

【注释】　①幽宫：指秦始皇墓。②紫台：王宫。③七曜（yào）：指日、月与金、木、水、火、土五星。④河汉：银河。这里指墓中以水银为江河大海。⑤九泉：地下深处，常指人死后埋葬的地方。⑥海：指水银浇筑的所谓"海"。⑦宁（nìng）：岂。⑧松韵：松树经风吹而发出的声音。韵：本指和谐悦耳的声音，这里特指急切悲哀之音。⑨切（qiè）：急，急迫。⑩大夫：指秦始皇曾加封为"五大夫"的一棵松树。《史记·秦始皇本纪》载，秦始皇登泰山封祀后，下山途中遇到暴雨，赖松树得以避雨。后来秦始

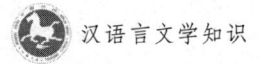

皇封这棵松树为"五大夫"。

【简析】 这是一首讽刺诗。诗作开门见山,对始皇墓的富丽奢华做出了总体勾画。接着做了进一步更细致的描写。颈联则通过无人的寂寥、无春的冷意,渐渐透露出不以为然之情。最后巧用典故,借飒飒的风中松韵,流露出惋惜、感伤之情。通过描绘秦始皇墓的宏大规模,谴责他穷奢极欲、榨取民脂民膏的一面,意在讽刺秦始皇大兴厚葬。诗中运用比喻手法,颇有微词但用语含蓄而又真切,隐含着警示之意。从客观描写到最后表明作者的态度,写得很有层次。

过华清宫绝句

唐·杜牧

长安回望绣①成堆,山顶千门②次第③开。

一骑④红尘妃子笑,无人知是荔枝来。

【作者】 见杜牧《泊秦淮》。

【题解】 华清宫,唐行宫,位于西安城东约30千米,因其温泉资源、唐明皇与杨贵妃的爱情故事享誉海内外,成为唐文化旅游标志性景区。华清宫内集中着唐御汤遗址博物馆、唐梨园遗址博物馆等文化区和飞霜殿、万寿殿、长生殿、环园和禹王殿等标志性建筑群。

这首诗是杜牧经过骊山华清宫时有感而作。

【注释】 ①绣:绣岭,骊山峰岭名。明何景明《雍大记》:"东绣岭在骊山右,西绣岭在骊山左。唐玄宗时植林木花卉如锦绣,故名。"②千门:谓山上宫殿之多。③次第:依次。④一骑:一人一马为一骑。

【简析】 这首咏史诗是杜牧经华清宫抵长安时,有感于唐玄宗、杨贵妃荒淫误国而作。安史之乱对唐王朝影响巨大,但是,诗人并未写恢宏的历史事件,而是撷取玄宗荒淫享乐的一个典型事例,把千里送荔枝、博取贵妃一笑这样一件"小事"突现出来,于细微处发现历史问题,寓谴责于叙述,发人深省。

二、游记

游太华山日记（节选）

明·徐弘祖

二月晦①入潼关②，三十五里，乃税驾③西岳庙④。黄河从朔漠⑤南下，至潼关，折而东。关正当河、山隘⑥口，北瞰河流，南连华岳，惟此一线为东西大道，以百雉⑦锁之。舍此而北，必渡黄河，南必趋武关⑧，而华岳以南，峭壁层崖，无可度者。未入关，百里外即见太华岈出云表⑨；及入关，反为冈陇⑩所蔽。行二十里，忽仰见芙蓉片片⑪，已直造⑫其下，不特三峰秀绝，而东西拥攒⑬诸峰，俱片削层悬。惟北面时有土冈，至此尽脱山骨⑭，竟发为极胜⑮处。

三月初一日入谒⑯西岳神⑰，登万寿阁⑱。向岳南趋十五里，入云台观⑲。觅导⑳于十方庵。由峪㉑口入，两崖壁立，一溪中出，玉泉院㉒当其左。循溪随峪行，十里，为莎萝宫㉓，路始峻。又十里，为青柯坪㉔，路少坦。五里，过寥阳桥㉕，路遂绝。攀锁㉖上千尺幢㉗，再上百尺峡㉘，从崖左转，上老君犁沟㉙，过猢狲岭㉚。去青柯五里，有峰北悬深崖中，三面绝壁，则白云峰㉛也。舍之南，上苍龙岭㉜，过日月岩㉝，去犁沟；又五里，始上三峰足。望东峰侧而上，谒玉女祠㉞，入迎阳洞㉟。道士李姓者留余宿，乃以余晷㊱上东峰，昏返洞。

初二日从南峰北麓上峰顶，悬南崖而下，观避静处。复上直跻㊲峰绝顶。上有小孔，道士指为仰天池㊳。旁有黑龙潭㊴。从西下，复上西峰，峰上石耸起，有石片覆其上，如荷叶。旁有玉井㊵，甚深，以阁掩其上，不知何故。还饭于迎阳㊶。上东峰，悬南崖而下，一小台峙绝壑中，是为棋盘台㊷。既上，别道士，从旧径下，观白云峰，圣母殿㊸在焉。下至莎萝坪，暮色逼人。急出谷，黑行三里，宿十方庵。出青柯坪左上，有杯渡庵㊹、毛女洞㊺；出莎萝坪右上，有上方峰；皆华之支峰也。路俱峭削，以日暮不及登。

初三日行十五里，入岳庙。西五里，出华阴西门。从小径西南二十里，入泓峪，即华山之西第三峪也。两崖参天而起，夹立甚隘，水奔流其间。循涧南行，倏㊻而东折，倏而西转；盖山壁片削，俱犬牙错入，行从牙缚㊼

中，宛转如江行调舱然⁴⁸。二十里，宿于木杯⁴⁹。自岳庙来，四十五里矣。

【作者】 徐弘祖（1587～1641），明代地理学家。字振之，号霞客，南直隶江阴（今属江苏）人。幼年好学，博览图经地志。不愿入仕，专心从事旅行，足迹所到，北至燕、晋，南及云、贵、两广，其观察所得，按日记载。去世后由季孟良等整理成富有地理学价值和文学价值的《徐霞客游记》。

【题解】 太华山，华山的别称。华山，见寇準《华山》。

《游太华山日记》选自《徐霞客游记》。《徐霞客游记》主要按日记述作者旅行观察所得，对地理、水文、地质、植物等现象，均作详细记录，开中国地理学界系统观察、描述自然的新方向。文笔生动，记述精详，也是很好的文学作品。

这里选取《游太华山日记》中从"二月晦"到三月"初三日"共四天的行程记录。

【注释】 ①晦：阴历每月的最后一天。②潼关：位于陕西省渭南市潼关县北，北临黄河，南踞山腰。郦道元《水经注·河水四》载："河在关内南流潼激关山，因谓之潼关。"杜甫《潼关吏》中有"丈人视要处，窄狭容单车。艰难奋长戟，万古用一夫"诗句，可见其险要。③税（tuō）驾：解驾；停车。谓休止、停息。税：通"脱"，解，脱，释放。④西岳庙：在华阴市东的岳镇东端，也称华阴庙。为历代帝王祭祀华山之神的要地。建筑宏伟，庙内碑刻很多。⑤朔漠：北方沙漠地带。朔：北方。⑥隘（ài）：狭窄；险要之处。⑦雉：古代计算城墙面积的单位，长三丈高一丈为一雉。⑧武关：古关名。在今陕西丹凤东南。战国秦置。⑨屼（wù）出云表：形容华山高耸入云。⑩陇：山，土岗子。⑪芙蓉片片：这里是写华山远望，层层峰峦像片片荷花的特点。⑫造：往，到。⑬攒（cuán）：聚集。⑭山骨：指岩石。⑮胜：优美的。⑯谒（yè）：拜见。⑰西岳神：指西岳大帝华山神。⑱万寿阁：位于西岳庙的最后方，是庙的制高点，为明神宗万历年间所建。⑲云台观：道观名。在华山云台峰上，故名。⑳导：向导。㉑峪：山谷。㉒玉泉院：道教主流全真派圣地，华山道教活动的主要场所，建于宋代。是登临华山的门户。㉓莎萝宫：又名莎萝庵，建于莎萝坪上。莎萝坪位于华山峪石门上一里，相传陈抟曾在坪上植莎萝树，因而得名。㉔青柯坪：在华山峪道尽头，地势平坦，有东道院和通仙观可憩息食宿。㉕寥阳桥：在寥阳洞旁。㉖锁：锁链。㉗千尺幢：为华山头道险境，是一条峭壁上的大裂缝，陷在两旁的巨石之间，共370余级台阶，坡度极陡，每级台阶的宽度不过三分之一的脚掌。俯视脚下，如临深渊。㉘百尺峡：是登山第二道险关。两壁高耸，中间夹有一块从天而降的巨石，上刻"惊心石"三个大字。㉙老君犁沟：是夹在陡峭石壁之间的一条沟状险道，深不可测，有石阶570有余。传说太上老君见此处无路可通，就牵来青牛一夜间犁成这条山沟。㉚猢狲岭：被称为"猢狲愁"的陡壁，位于老君犁沟的尽头。㉛白云峰：又名公主峰。㉜苍龙岭：在华山北峰。系一条狭而且长的山脊，踏步狭处仅尺许，两旁为深谷，游人必须牵住铁链前进。㉝日月岩：位于北峰以下三里，天梯上向北，有一块巨大的岩石矗立，四周无依无靠，形如刀斧斩成，有一触即崩之势。岩石上有两个圆形石纹，与日月相似，故得名日月岩。岩体上有摩崖石刻"云天弧光"。又据说因为岩石断崖一裂为二，形成一大一小，有人便指大者为日，指小者为月。㉞玉女祠：在中峰玉女峰。相传春秋时期萧史善吹箫，以箫声引动了秦穆公的女儿弄玉，与其一同来到此处隐居修炼，后均得道成仙，后人为了纪念两位仙人，便于此修建了一座祠宇，以供祀其像。㉟迎阳洞：在华山东峰南坡下西南隅，自细辛坪东南行百余米即达。传说三圣母（别名华岳三娘娘、华岳圣母）即被镇压在这里。㊱晷（guǐ）：日影。比喻时光，时间。㊲跻（jī）：升，登。㊳仰天池：位于华山南峰绝顶。传说太上老君常汲此水炼制金丹，所以又称池为太乙池、太上泉。㊴黑龙潭：位于仰天池南崖下。㊵玉井：在镇岳宫院内。《雍胜略》记述其"深可十丈，圆径半之"。㊶迎阳：指上文所提迎阳洞。㊷棋盘台：又名"博台"，位于华山东峰之侧。古时，因站在东峰望博台，见台上有一块方石，其上凸凹不平状若棋局，故人称棋石。宋代以后，因台上筑有亭，又多称下棋亭。㊸圣母殿：又名娘娘庙。㊹杯（bēi）渡庵：在北峰青柯坪左上方。㊺毛女洞：华山洞名。传说中仙人毛女所居。供奉毛女彩绘坐像一尊。㊻倏（shū）：迅速，极快。㊼牙罅（xià）：牙缝，极言山石间缝隙之窄。罅：裂缝。㊽宛转如江行调舱然：转来转去，人如在弯曲的江上行船，需要不断调整方向一样。㊾木杯：位于华阴市西南四十里。

【简析】　这部分日记具有以下特点：①脉络清晰，层次井然。作者先从入潼关写起，对黄河在潼关的走向、东西大道的情况做了简略的记叙，为华山的雄奇做了有力的铺垫。从百里外未入关时，到入关后，再到华山脚下，几个层次，由远而近，简洁而准确。华山之游所经之地甚多，其记叙也颇杂，有时皆为地名罗列，对具体景观描写较少，但能做到道路、河流、山脉丝毫不乱，从容细致。沿途从"路始峻""路少坦"，到"路遂绝""攀锁上千尺幢"的变化，引人入胜。从中也可以看出作者科学求实的态度。② 行文质朴自然，文笔清新简练，表现手法丰富。或白描，或比喻，或夸张，从不同角度突出其雄关要塞的形势，表现华山高峻秀美的风姿，展现了华山山形之奇、山道之险。一方面作为科学考察的记录，体现出行踪记述的客观性、严谨性，同时文中也不乏富于表现力和想象力的佳句，如"忽仰见芙蓉片片，已直造其下，不特三峰秀绝，而东西拥攒诸峰，俱片削层悬"，以"芙蓉片片"比喻三峰之秀，以"片削层悬"刻画诸峰之险，形象生动。

三、楹联

华山玉泉院联

清·严长明

三峰①三霄②通，宝掌③千秋留藓迹④；
一岳一石作，金天⑤万里矗莲花⑥。

【作者】 严长明（1731～1787），字道甫，江宁（今江苏南京）人。清代藏书家、文学家、金石学家。乾隆中赐举人，充内阁中书，供职军机处，升侍读。辞归后担任庐阳书院主讲。通古今，博学识，工诗文。著有《毛诗地理疏证》《五经算术补正》《三经三史答问》《石经考异》《汉金石例》等。

【题解】 玉泉院，道教主流全真派圣地，位于陕西华阴市玉泉路最南端。相传金仙公主在镇岳宫玉井中汲水洗头，不慎将玉簪掉入水中，却在用玉泉院泉水洗手时发现了玉簪，方知此泉与玉井相通，于是赐名此泉为玉泉。玉泉院内有希夷祠，名称来源于宋太宗赐陈抟"希夷先生"的称号。现存主要建筑有：无忧亭、七十二窗、全真七子殿、大殿、通天亭、过水凉亭等。

【注释】 ①三峰：指华山的莲花峰、玉女峰、朝阳峰。②三霄：三天。

指天空。三清天是道教所称最高神（三清天尊）所居之最高天界。即元始天尊所居之清微天玉清境，灵宝天尊所居之禹余天上清境，道德天尊所居之大赤天太清境。③宝掌：指"华岳仙掌"，是关中八景之首，华山东峰奇景之一。大自然的风剥雨蚀，在东峰的一面崖壁上形成一个手掌形石纹，五指分明，形象生动逼真。关于华岳仙掌的来历，有不同的传说。一说在上古时候，今黄河东、山西境内的首阳山同华山连年涝灾，黎民百姓苦不堪言。河神巨灵悲悯人间疾苦就手推华山，脚踏首阳山，使地轴折断，山脊裂绝，一山移而为河，河水从两山之间奔射东去。又有说上古时天地混沌，山海相连，太行、王屋及华山一带，白鹿河聚水成灾，被称为西海。巨灵大人秦洪海为治理水害，左手托华山，右足蹬中条，使山海分裂，河通地出，于是便留下了掌与足印。④藓迹：苔藓的痕迹。⑤金天：这里指西方之天。五行中金于方位属西。⑥莲花：莲花峰，又名芙蓉峰，即华山西峰。

【简析】　这副楹联的主要特点是在联中嵌入数字的"用数"手法的运用，突出了华山的独特之处。上联连用两个"三"字，强调华山诸峰林立、高不可攀而又富于传说、弥漫仙气的特点，将华山的传奇色彩渲染得淋漓尽致，令游人心向往之。下联连用两个"一"字，强调华山花岗岩浑然巨石的地质特点。联语节奏明快，铿锵有力。

华清池联

清·杨颐

绣岭①委②荆榛③，只余堠馆③留宾，记当年赐浴池④边，长恨⑤空吟白傅⑥；

环园新结构，云是唐宫旧址，问我辈沉香亭⑦北，雅才谁嗣⑧青莲⑨。

【作者】　杨颐（1824～1899），字子异，号蓉浦，晚号蔗农，广东高州人。同治四年（1865年）进士，后任国史馆纂修、都察院左副都御史、兵部左侍郎、工部左侍郎等职。著有《观稼堂诗抄》等，并与吴川陈兰彬总纂《高州府志》24册，独自担任总纂修《茂名县志》7册。

【题解】　华清池，见杜牧《过华清宫绝句》。

【注释】 ①绣岭：指骊山，骊山有东西绣岭。②委：通"萎"，衰颓，枯萎。③堠（hòu）馆：本为瞭望敌情的哨楼，也接待行旅、宾客，此处意同馆舍。④赐浴池：指唐玄宗赐浴杨玉环的华清池。⑤长恨：指白居易描述唐玄宗和杨贵妃爱情悲剧的诗作《长恨歌》。⑥白傅：即白居易，曾任太子少傅，故云。⑦沉香亭：系唐玄宗为宠妃杨玉环而建，是当年玄宗和贵妃游乐宴饮、观赏牡丹的地方。因唐时旧亭"取木沉香"而得名。⑧嗣（sì）：继承，延续。⑨青莲：指李白，号青莲居士。

【简析】 这副对联的突出手法是通过用典形成对比。①古今对照。先描述华清池的历史沧桑，接着说华清池而今重建一新，引发作者的无限叹息。②有限与永恒的对照。唐玄宗与杨贵妃的风流韵事，已成历史陈迹，往者已矣。而白居易和李白的诗作，却历久而不失其价值，永远有其生命力。

题黄帝陵联

当代·姜园宪

自轩辕①创业，上下五千年，古国文明光广宇②；
看松柏凌霄③，纵横十万里，全球赤子④仰黄陵。

【作者】 姜园宪，生平不详。

【题解】 黄帝陵，古称桥陵，位于陕西省黄陵县城北的桥山上。《史记·五帝本纪》载："黄帝崩，葬桥山。"清代陕西巡抚毕沅于陵前题碑"古轩辕黄帝桥陵"。民国时期更名为黄帝陵。

【注释】 ①轩辕：黄帝，姓公孙，名轩辕。②广宇：广阔的空间。宇：空间。③凌霄：高入云霄。凌：升高，登。霄：天空。④赤子：婴儿。引申为子民百姓。

【简析】 这副楹联上联言空间之大，下联写时间之久，时空定位把黄帝陵的博大高深久远表露无遗，高度浓缩地指出黄帝的英魂铸造出中华民族的魂魄，点明轩辕黄帝和中华民族的血浓于水的密切关系：奠宏基，德泽后世；扬正气，精神永存。庄严凝重，字字精练。用语豪放，气势贯通。

第二节　甘肃省、宁夏回族自治区旅游景点诗文

一、诗词

敦煌二十咏（选一）
莫高窟咏

佚名

雪岭干①青汉②，云楼架碧空。
重开千佛刹③，傍④出四天宫⑤。
瑞⑥鸟含珠影，灵⑦花吐蕙丛。
洗心游胜境，从此去尘蒙⑧。

【题解】　莫高窟，俗称千佛洞，坐落在河西走廊西端的敦煌。始建于十六国的前秦时期。历经十六国、北朝、隋、唐、五代、西夏、元等历代的兴建，形成世界上现存规模最大、内容最丰富的佛教艺术圣地。石窟壁画富丽多彩，绘有佛经故事、山川景物、亭台楼阁、花卉图案、飞天佛像以及劳动人民的生产场面等，是民俗风貌和历史变迁的艺术再现。

《敦煌二十咏》出自莫高窟藏经洞，吟咏敦煌的自然景观和历史风云。

【注释】　①干：冲。②青汉：天汉，即银河。汉：银河，天河。③刹：指佛寺。④傍：通"旁"，旁边，侧边。⑤天宫：诗中指佛殿。⑥瑞：祥瑞。⑦灵：神。⑧尘蒙：尘世的昏惑。

【简析】　这首诗运用夸张手法，极写雪岭之高耸、洞窟之巍峨，与石窟壁画的灵瑞之处呼应，尾联呈现洗心去尘的主旨也就水到渠成了。

访莫高窟

当代·吴丈蜀

敦煌宝窟世间传，五百迷宫①放眼看。

几许如来齐说法 ②，众多仙女欲飞天 ③。

千姿百态人抟佛 ④，姹紫嫣红 ⑤ 彩绘垣 ⑥。

万象纷纭穷 ⑦ 物相，是非得失此中参 ⑧。

【作者】 吴丈蜀（1919～2006），四川泸州人。学者、诗人、书法家。著有《读诗常识》《词学概说》《诗词曲格律讲话》等。

【题解】 见佚名《敦煌二十咏（选一）》。

【注释】 ①五百迷宫：指莫高窟约500个艺术洞窟。②法：佛教的教义。③飞天：在空中飞翔的天神。佛教壁画或石刻中常有飞天的造像。④抟佛：这里指塑造佛像。抟（tuán），（用手把东西）捏聚成团。⑤姹紫嫣红：指各色娇艳的花，也形容五彩缤纷的花十分娇艳。这里是色彩缤纷的意思。姹：美丽。嫣：美好的样子。⑥垣（yuán）：墙。⑦穷：终极，完结，引申为穷究，追究到底。⑧参：检验。

【简析】 这首诗概括了莫高窟塑像、壁画的艺术成就。衣带飘飘的仙女，千姿百态的佛像，姹紫嫣红的彩绘，的确为世间宝窟。不仅如此，莫高窟的艺术宝藏，还可以供人参透世间的是非得失，给人以思想的启迪。

贺兰夏雪

清·王以晋

白帝 ① 威生万壑间 ②，炎天不改暮冬 ③ 颜 ④。

翻疑五月江城笛，吹散梅花落满山 ⑤。

【作者】 王以晋，陕西咸宁县（今陕西长安区）人。清道光二十一年（1841年）任宁夏平罗训导。

【题解】 贺兰山，位于宁夏回族自治区与内蒙古自治区交界处。海拔2000~3000米，主峰敖包疙瘩位于银川西北，海拔3556米，是宁夏与内蒙古的最高峰。贺兰山脉为近南北走向，绵延200多千米，宽约30千米，是中国西北地区的重要地理界线，峰峦重叠，崖谷险峻，巍峨壮观。

贺兰夏雪，清代"平罗八景"之一。平罗县，位于宁夏平原北部。清道光年间，徐宝字两度担任平罗知县，编修《道光平罗纪略》，确定了平罗八景"：西园翰墨、马营远树、虎洞归云、磴口春帆、北寺清泉、杰阁层阴、边墙晚照、贺兰古雪。后张梯于道光二十一年（1841 年）至道光二十三年（1843）任平罗知县期间，完成了《增续平罗纪略》的编修，对八景进行审定，认为"西园翰墨"已废，改为"官桥烟柳"，"北寺清泉"改为"佛寺香泉"，"贺兰古雪"改为"贺兰夏雪"。

此诗即收录于《增续平罗纪略》中。

【注释】①白帝：中国古代神话中的五天帝之一，系西方之神。②壑（hè）：深沟。③暮冬：深冬。暮：迟，晚。④颜：面容；色彩。⑤翻疑五月江城笛，吹散梅花落满山：化用李白《与史郎中钦听黄鹤楼上吹笛》中"黄鹤楼中吹玉笛，江城五月落梅花"诗句，意为贺兰山的夏日雪景，使人疑是笛曲《梅花落》吹落的瓣瓣白梅。翻：反而，反倒。

【简析】贺兰山地势高寒，即使夏天，山头依然留有残雪。这首诗兼用白描、用典等手法，巧妙写出了"贺兰夏雪"的奇异之处，在塞上风光中融入江南之柔美，刚柔相济，生动飘逸，富于想象力。

二、楹联

天水麦积山石窟联

清·叶昌炽

夏无酷暑，冬不祁寒①，四季得中和②景象；
南倚雪山③，西连星海④，九州灵岳渎⑤根源。

【作者】叶昌炽（1849～1917），字兰裳，晚号"缘督庐主人"，晚清金石学家、文献学家、收藏家。历任翰林院庶吉士、国史馆协修、纂修、总纂官。精版本、富收藏。其诗文中关于清末学林交游、艺坛掌故、典章故实颇多，具有相当的史料价值与学术价值。著有《缘督庐日记》《语石》《藏书纪事诗》等。

【题解】麦积山位于甘肃省天水市麦积区，因山形酷似麦垛而得名。麦积山石窟以其精美的泥塑艺术闻名，与敦煌莫高窟、大同云冈石窟和洛阳龙门石窟并称中国四大石窟。麦积山石窟保留有大量的宗教、艺术、建筑等方面的实物资料，体现了千余年来各个时代塑像的特点，反映了中国泥塑艺术的发展和演变过程，丰富了中国古代文化史，为研究佛教文化提供了丰富的资料和史实。

【注释】 ①祁寒：大寒。祁，大。②中和：不偏不倚，适当。③雪山：指岷山。④星海：指星宿海，在青海省，为黄河散流地面而形成的浅湖群。以其罗列如星，故名。⑤岳渎（dú）：高山大河。岳：高大的山。渎：泛指河川。

【简析】 这副楹联的上联和下联，分别从四季特征和地域特点着眼，概括了麦积山石窟一带得天独厚的自然和气候条件。这里不同于人们心目中风沙漫漫的大西北固有印象，而是水土养人、气候宜人的"陇上明珠"。

题敦煌鸣沙山月牙泉联

当代·宗学义

沙岭晴鸣①，百丈金峰②开绣壤③；
月泉晓澈④，千秋玉镜⑤照灵岩⑥。

【作者】 宗学义，生平不详。

【题解】 敦煌鸣沙山地处甘肃省敦煌市南郊，位于库姆塔格沙漠东部边缘，是巴丹吉林沙漠和塔克拉玛干沙漠的过渡地带，游人滑沙时，沙子发出犹如鼓鸣、又似雷声的声响，因而得名鸣沙山。

月牙泉，古称沙井，俗名药泉。位于鸣沙山北麓，因泉形酷似一弯新月而得名。以"泉映月而无尘""亘古沙不填泉，泉不涸竭"而成为奇观。

【注释】 ①沙岭晴鸣：沙峰起伏，人们顺坡滑落，便会发出轰鸣声，称为"沙岭晴鸣"，为敦煌八景之一。②金峰：指鸣沙山。③绣壤："绣壤春耕"为敦煌八景之一。④月泉晓澈：敦煌八景之一。澈：水明净貌。⑤玉镜：指月牙泉。⑥灵岩："千佛灵岩"，为敦煌八景之一。

【简析】 这副楹联，将敦煌八景中的四景——"沙岭晴鸣""绣壤春耕""月泉晓澈""千佛灵岩"连缀在一起，意中有意，巧妙深入。尤其是月牙泉与鸣沙山共生共存的奇观，更令人惊叹。据清《敦煌县志》载"泉甘美，深不可测""四面沙龙，一泉清澈，为飞沙所不到"。浩瀚沙漠之中现清泉，显出塞外奇景之神秘与美丽。

第三节　青海省旅游景点诗文

一、诗词

苏幕遮①·青海湖

当代·乐时鸣

水连天，云接地。一色湛蓝染透湖中水，隐隐峰峦云水际②。芳草黄沙，寂寞晴光里。

雁鸥来，繁子嗣③。万里翱翔④总是家乡美。懒散鸬鹚⑤礁上醉。鸟语人喧，都道江山瑞⑥。

【作者】见乐时鸣《乐山大佛》。

【题解】青海湖位于青海省，是中国最大的内陆湖泊，也是中国最大的咸水湖。青海湖是青藏高原生物多样性最丰富的宝库，是水禽的集中栖息地和繁殖育雏场所。成为研究鸟类迁徙规律、研究高原动物食物链、生态环境、生物多样性的宝库。

【注释】①苏幕遮（zhē）：词牌名。②际：交界处，边缘处。③嗣：子孙，后代。④翱（áo）翔：展开翅膀回旋地飞。翱：鸟扇动翅膀上下飞。⑤鸬鹚（lúcí）：善潜水，捕食鱼类。普通鸬鹚也称"水老鸦""鱼鹰"。⑥瑞：吉兆，祥瑞。

【简析】这首词格调优美，写出了青海湖的旖旎风光：静谧湛蓝的湖水映衬下，大自然的生命在孕育着，动静相宜，一派和谐的景象。

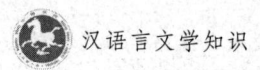

二、楹联

青海湖拟日月山石碑联

佚名

日上山，月上山，山上日月明①；
青海湖，水海湖，湖海青水清。

【题解】 青海湖，见乐时鸣《苏幕遮·青海湖》。

日月山位于青海省东部，藏语称"尼玛达娃"，蒙古语称"纳喇萨喇"，即太阳和月亮的意思。因山体红层出露，古时称"赤岭"。自古以来就是丝绸之路青海道、唐蕃古道、茶马古道的必经山隘。

【注释】 ①山上日月明：《山海经·大荒西经》载："大荒之中，有山名日月。"传说唐朝文成公主西往吐蕃与赞普松赞干布和亲，途经日月山，抛下日月宝镜，宝镜断裂化为二亭。

【简析】 这副楹联综合运用了镶嵌法、析字法，将"日""月"合为"明"，将"青""水"并作"清"，既扣合日月山山名，嵌入青海湖湖名，又蕴含着对日月山、青海湖的赞美之情，用字精巧而别具雅趣。节奏鲜明，感情色彩丰富。

第四节　新疆维吾尔自治区旅游景点诗文

一、诗词

瑶池

唐·李商隐

瑶池阿母①绮窗②开，黄竹歌声③动地哀。
八骏④日行三万里，穆王⑤何事⑥不重来？

【作者】　李商隐（约813～约858），字义山，号玉谿生，晚唐著名诗人。怀州河内（今河南沁阳）人。曾任县尉、秘书郎和东川节度使判官等职。与杜牧并称"小李杜"，与温庭筠并称"温李"。诗作构思精密，情致婉曲，诗旨隐晦。有《李义山诗集》。

【题解】　瑶池，传说中西王母所居之所。《穆天子传》："乙丑，天子觞西王母于瑶池之上。"

【注释】　①阿母：指西王母。②绮窗：雕刻或绘饰得很精美的窗户。③黄竹歌声：指黄竹诗，伪托为周穆王所作。据《穆天子传》载，周穆王往蘋泽打猎，"日中大寒，北风雨雪，有冻人，天子作诗三章以哀民"，因首句为"我徂黄竹"，故名。④八骏：传说中周穆王的八匹骏马。名称说法不一。⑤穆王：周穆王（？～约前922），西周国王，名满。周昭王之子。公元前976～前922年在位。⑥何事：为什么，怎么。

【简析】　李商隐所处的时代，有不少帝王迷信方士之术，希望长生不死。唐宪宗、穆宗、敬宗、宣宗，都曾服用长生药，执迷不悟，最后反而丧了性命。针对这样的现实，诗人以古代神话传说为题材，借古讽今，委婉地予以讥刺。

诗人从西王母的角度着笔。她自信曾祝周穆王"将子毋死"，似乎穆王就可以长生了，但是穆王已死，她却懵然不知，心里还揣着他"何事不重来"的疑团。这正否定了所谓长生不死之说以及神仙之妄，印证了诗人所要表达的：穆王也终究是凡人，死亡是人世间不可避免的事。最后一句的疑问，含蓄不尽，耐人寻味。

二、楹联

说园联

清·王树枏

萃①天山南北异果奇花，重编塞国②群芳谱③；
教绝域④人民男耕女编，三⑤复豳风⑥七月诗⑦。

【作者】　王树枏（nán）（1852～1936），河北新城人，清光绪进士。官至新疆布政使。著名边吏、学者。编纂《新疆图志》《畿辅丛书》等，著《孔子大戴礼校正补注》《尔雅郭注异同考》《墨子三家校注补正》等。

【题解】 1907 年，王树枏倡建新疆省农林试验场，1910 年建成。农林试验场别名"说园"。说园中曾有的景观有不系山房、一苇亭、霞照楼、晴碧轩、花神祠、戊己亭、望岁亭、醉月台、万花室、不周池等。

【注释】 ①萃（cuì）：聚集。②塞国：指边塞。③群芳谱：指明代王象晋关于植物栽培的著作《二如亭群芳谱》。④绝域：极远的地方。⑤三：再三，多次。⑥豳（bīn）风：《诗经》十五国风之一，为豳地民歌。豳，在今陕西旬邑、彬州一带。⑦七月诗：指《诗经·豳风·七月》。诗篇描写农夫一年的农业劳动和生活情况。

【简析】 在当时新疆的众多园林中，说园是最具中国古代风格和新疆本地果园文化特色的一座园林。这副楹联用《二如堂群芳谱》比拟试验场瓜果的丰硕，下联用《七月》诗来描绘试验场工作人员的劳作与收获。用事典雅而含蓄委婉，特色鲜明，富于诗情画意。

第八章
香港特区、澳门特区、台湾省旅游景点楹联

新界长山古寺联

佚名

长亭①惜别，古道瞻②歧③，雨笠④尘襟人日日；
山鸟吟春，寺花送晓，烟钟风磬⑤我年年。

【题解】 新界，在香港九龙半岛北部。长山古寺位于新界粉岭坪輋。寺庙进出的山径当时是来往沙头角的必经之路，所以长山古寺也一度成为旅客中途歇脚的地方。现存结构建于清朝同治七年（1868年），改为现时的两进式设计。

【注释】 ①长亭：古时于道路隔十里设长亭，隔五里设短亭，供行旅停息。也常用作饯别之所。②瞻：往上或往前看。③歧：岔路。④笠：用竹篾编成的帽子。⑤磬（qìng）：寺院中僧人敲打的形状如钵的铜铁铸的鸣器。

【简析】 这副楹联，将寺名"长山""古寺"恰到好处地分别嵌入上联和下联中，富于巧思和情味。上联怀想当年古寺的人情物态，生动描绘了迎来送往的画面，点染了一种依依惜别的惆怅气氛。下联重在营造寺院的出尘之境，鸟吟春、花送香，意境清新，有声有色，给人明丽美好的印象。

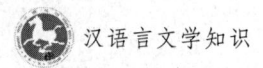

妈祖阁联

佚名

春风静，秋水明，贡士①波臣②知中国有圣人，伊母也力③；

海日红，江天碧，楼船凫艘④涉大川如平地，唯德之休⑤。

【题解】 妈祖阁，又称妈阁庙，俗称天后庙，澳门最著名的名胜古迹之一，建于1488年。相传天后为福建莆田人，又名娘妈，能预言吉凶，死后常显灵海上，帮助商人及渔民消灾解难，化险为夷，福建人遂与当地居民共同立庙奉祀。

【注释】 ①贡士：唐以后朝廷取士，由学馆出身者曰生徒，由州县出身的叫乡贡。经乡贡考试合格者称贡士。清代会试中录取的称贡士。②波臣：水族中的臣仆奴隶。③圣人：指妈祖。伊母也力：妈祖护佑平安得力有功。伊：句首语气词。母：指妈祖。也：句中语气词。④凫（fú）艘：凫舟，鸟形舟船。凫，泛指野鸭。⑤休：美善，喜庆。

【简析】 妈祖信仰产生在特殊的生态环境之下，与海洋渔业生产及其海事活动密切相关。渔民因海难丧生者不可计数，所以希望有海上守护神庇佑安全。楹联描述了风静水明、日红天碧的美好景象，而这一切，人们认为是妈祖之德所带来的。体现出妈祖是人们心目中慈爱、勇力的象征。表达了民间对于护佑沿海百姓的妈祖的感念之情，以及向往平安美好生活的朴素愿望。

台北市武圣庙联

清·王凯泰

武威华夏良将军①，扶汉于三国；

圣著春秋②善读者③，推④公第一人。

【作者】 王凯泰（1823~1875），字幼徇、幼轩，号补园主人，江苏宝应人。道光三十年（1850年）进士，选庶吉士，散馆授编修。历任浙江督粮道、浙江按察使。迁广东布政使。擢福建巡抚。光绪元年（1875年）赴台处理台湾事务，后因积劳及瘴疠侵袭病故。著有《致用堂志略》《海上弦歌集》《台湾杂咏》等。

【题解】　明清时称祀奉关羽的庙为"武庙"。台北武圣庙，奉祀关圣帝君，俗称关帝庙，创建于清乾隆二十五年（1760年）。

【注释】　①武威华夏良将军：指关羽。他武功高强，威震华夏，世称"武圣人"。②春秋：儒家经典之一《春秋》，相传孔子根据鲁国的编年史修订而成。③善读者：传说关羽曾夜读《春秋》。④推：推举，推崇。

【简析】　关羽的形象，集武威与忠义于一身。由他所衍生的关公文化，影响大，范围广。这副楹联，上联赞美关羽勇武绝伦，辅佐蜀汉事业，立下汗马功劳。下联称颂关羽为"五经"之一《春秋》的"善读者"，暗指关羽秉《春秋》大义，有浩然正气，耿耿丹心。对关羽给予极高的评价，使人感到武圣之雄风宛在。

郑成功庙联

清·唐景崧

由秀才封王^①，柱^②持^③半壁旧河山，为天下读书人顿生颜色；
驱外夷^④出境，开辟千秋新世界，愿中国有志者再鼓雄风。

【作者】　唐景崧（1841～1903），广西灌阳（一说桂林）人。清同治进士，选庶吉士。改吏部主事。中法战争期间，请缨南下越南，招抚黑旗军首领刘永福，且领军与法军激战有功，历升道员、布政使，署台湾巡抚。1895年6月，日军攻占台湾，唐景崧被迫内渡，到桂林闲居。著有《请缨日记》《看棋亭杂剧》等。

【题解】　郑成功，见郭沫若《郑成功纪念馆联》。

郑成功庙又名延平郡王祠，在台湾省台南市。始称开山圣王庙，清光绪初年，封赠郑成功延平郡王称号，改名延平郡王祠。为台湾的重要古迹。

【注释】　①由秀才封王：指郑成功的经历。他曾考中秀才，后因抗清有功被封为延平郡王。②柱：支撑。③持：支撑，扶持。④外夷：指荷兰殖民者。

【简析】 这副楹联激励当世"有志者"发扬反侵略斗争传统，洋溢着爱国激情。上联和下联一是强调"柱持旧山河"，一是强调"开辟新世界"；一重在过去，一重在影响未来；上联赞扬他的功绩，下联提出对后辈的希望，对郑成功做出了全面的肯定和颂扬，向国人发出效法郑成功的热望，具有很强的感召力。脉络分明，一气呵成，措辞质朴有力。